Gewerbe- und straßenrechtliche Probleme der landwirtschaftlichen Direktvermarktung

Europäische Hochschulschriften
Publications Universitaires Européennes
European University Studies

Reihe II
Rechtswissenschaft

Série II Series II
Droit
Law

Bd./Vol. 3136

PETER LANG
Frankfurt am Main · Berlin · Bern · Bruxelles · New York · Oxford · Wien

Hubertus Jung

Gewerbe- und straßenrechtliche Probleme der landwirtschaftlichen Direktvermarktung

PETER LANG
Europäischer Verlag der Wissenschaften

Die Deutsche Bibliothek - CIP-Einheitsaufnahme

Jung, Hubertus:

Gewerbe- und straßenrechtliche Probleme der landwirtschaftlichen Direktvermarktung / Hubertus Jung. - Frankfurt am Main ; Berlin ; Bern ; Bruxelles ; New York ; Oxford ; Wien : Lang, 2001
(Europäische Hochschulschriften : Reihe 2, Rechtswissenschaft ; Bd. 3136)
Zugl.: Mainz, Univ., Diss., 2000
ISBN 3-631-37355-4

D 77
ISSN 0531-7312
ISBN 3-631-37355-4

www.peterlang.de

Vorwort

Die landwirtschaftliche Direktvermarktung hat seit einiger Zeit immer mehr Bedeutung erlangt. In der Praxis besteht demgegenüber in rechtlicher Hinsicht bisher große Unsicherheit. Das gilt insbesondere für das allgemeine und das besondere Gewerberecht sowie das Straßenrecht.
Ziel dieser Dissertation ist es, die Vielzahl rechtlicher Fragen zu systematisieren und zu klären. Ich habe großen Wert darauf gelegt, ein möglichst breites Spektrum an relevanten Fragestellungen abzudecken und praxistauglichen Lösungen zuzuführen. Daher habe ich bei Erstellung der Arbeit engen Kontakt zu Behörden und betroffenen Landwirten gesucht. Dabei kam mir zugute, daß ich von Hause aus mit der Landwirtschaft eng verbunden bin.
Bei der Klärung weinbaulicher Fragen haben mich Herr H.G. Muckermann, Herr Norbert und Frau Marita Bär, die Herren Aloys und Stephan Klöckner, Frau Julia Klöckner und Herr Josef Koy unterstützt. Dafür möchte ich mich hiermit herzlich bedanken. Für die computertechnische Unterstützung danke ich den Herren Thomas Schmitz und Gunther Friderichs.

Daxweiler, im Dezember 2000

Hubertus Jung

Inhaltsverzeichnis

Abkürzungsverzeichnis

abgedr.	abgedruckt
AG	Amtsgericht
AZ	Allgemeine Zeitung
ähnl.	ähnlich
bbg	brandenburgisch
ders.	derselbe
dies.	diesselbe
Einl.	Einleitung
Entschl.	Entschließung
Ev.	Evangelisches
EzGewR	Entscheidungssammlung zum Gewerberecht
FAZ	Frankfurter Allgemeine Zeitung
FTVO	Feiertagsverordnung
GS	Gesetzsammlung
Hb.	Halbband
hrsg. v.	herausgegeben von
Hrsg.	Herausgeber
KWVO	Kriegswirtschaftsverordnung
Mbl.	Ministerialblatt
MGastVO	Mustergaststättenverodnung
Min.	Minister
M-V	Mecklenburg-Vorpommern
n.v.	nicht veröffentlicht
RBZ	Rheinische Bauernzeitung
Reger	Entscheidungen der Gerichte und Verwaltungsbehörden aus dem Gebiete des auf reichsgesetzlichen und gemeinrechtlichen bestimmungen beruhenden Verwaltungs-und Polizeistrafrechts, herausgegeben von A. Reger
RT-Ausschuß	Reichstagsausschuß

Sachs.	Sachsen
THWE	Taschenlexikon handwerksrechtlicher Entscheidungen
Vorbem.	Vorbemerkung
württemberg.	württembergisch
ZfRpfliB	Zeitschrift für Rechtspflege in Bayern

Im übrigen verweise ich auf das Abkürzungsverzeichnis von *Hildebert Kirchner*, Abkürzungsverzeichnis der Rechtssprache, 4. Aufl., Berlin/New York 1993.

Literatur

Abel, Wilhelm: Geschichte der deutschen Landwirtschaft vom frühen Mittelalter bis zum 19. Jahrhundert, 3. Aufl., Stuttgart 1979.

Aberle, Hans Jürgen (Hrsg.): Die Deutsche Handwerksordnung, Loseblatt, Stand Februar 1999, Berlin; zit.: Bearbeiter in: Aberle, HwO-Komm.

Achterberg, Norbert: Allgemeines Verwaltungsrecht, 2. Aufl., Heidelberg 1986.

Achterberg, Norbert/Püttner, Günther: Besonderes Verwaltungsrecht, Band I, Heidelberg 1990; zit.: Bearbeiter in: Achterberg/Püttner, Bes. VerwR..

Alsing, Ingrid (Hrsg.): Lexikon Landwirtschaft, 3. Aufl., München 1995.

Apel, Erich: Der Begriff der Verkaufsstelle nach dem Ladenschlußgesetz, GewArch. 1963, S. 219 ff.

Arndt, Hans-Wolfgang: Steuergeheimnis, steuerliche Unzuverlässigkeit und gewerberechtliches Untersagungsverfahren, GewArch. 1988, S. 281 ff.

Bartlsperger, Richard/Blümel, Willi/Schroeter, Kurt (Hrsg.): Ein Vierteljahrhundert Straßenrechtsgesetzgebung, Hamburg 1980; zit.: Bearbeiter in: Bartlsperger/Blümel/Schröter.

Baudisch, Roman: Zum Begriff des handwerklichen Nebenbetriebs, GewArch. 1965, S. 217 ff.

Berg, Winfried: Gewerbefreiheit und Handwerksmonopol, GewArch. 1982, S. 73 ff.

Bleicken, Jochen: Verfassungs- und Sozialgeschichte des römischen Kaiserreiches, Bd. 1, 2. Aufl., Paderborn, 1978.

Boerger, Peter/Hüffmeier, Heinrich: Die Landwirtschaft, Bd. 4 Teil 1, 10. Aufl., München-Münster-Hiltrup, 1990.

Bracher, Karl Dietrich: Die Krise Europas 1917-1975 (= Propyläen Geschichte Europas Bd. 6), Frankfurt-Berlin-Wien, 1982.

Brauchitsch, M. von/Ule, C.H. (Hrsg. *Reuß*): Verwaltungsgesetze des Bundes und der Länder, Band VIII Halbband 1 und 2, Köln-Berlin-Bonn, 1964-66; zit.: Bearbeiter in: v. Brauchitsch/Ule (Hrsg. Reuß), Verwaltungsgesetze des Bundes und der Länder.

Brockhaus-Enzyklopädie in 24 Bänden, 19. Aufl., Mannheim, 1986.

Der Brockhaus, 16. Aufl. in 12 Bänden, Wiesbaden 1953

Der große Brockhaus. Handbuch des Wissens in zwanzig Bänden, 15. Aufl., Leipzig 1928.

Bunjes, Johann / Geist, Reinhold: Umsatzsteuergesetz, 5. Aufl., München, 1997.

Callsen, K.: Die Regelung des Gemeingebrauchs im Bayrischen Straßen- und Wegerecht, GewArch. 1959/60, S. 177 ff.

Cartier, Raymond: Nach dem Zweiten Weltkrieg / Die Internationale Politik von 1945 bis heute, 3. Aufl., München-Zürich 1980; zit.: *Cartier*, Nach dem zweiten Weltkrieg.

Czybulka, Detlef: Die Entwicklung des Handwerksrechts, NVwZ 1991, S. 230 ff.

Dirksen, Gebhard: Das Feiertagsrecht, Göttingen 1961.

Duden, Das große Wörterbuch der deutschen Sprache in acht Bänden, 2. Aufl., Mannheim-Leipzig-Wien-Zürich 1993.

Ebner, Hans-Christoph von: Die Abgrenzung zum Gewerbebetrieb bei der Vermietung landwirtschaftlicher Maschinen durch Landwirte, GewArch. 1962, S. 217 ff.

- ders.: Entwicklungstendenzen des Gewerberechts in der Bundesrepublik Deutschland, WiVerw. 1978, S. 1 ff.

- ders.: Moderne Landwirtschaft und Gewerbeordnung, GewArch. 1983, S. 1 ff.

- ders.: Novellierung des Gaststättenrechts, GewArch. 1987, S. 69 ff.

Engelmann, Julius: Die Deutsche Gewerbeordnung in der Fassung vom 1. Juli 1883 nebst späteren Zusätzen und den Vollzugsvorschriften des Reiches, Erlangen 1885; zit.: *Engelmann*, GewO.

Ennen, Edith/Jansssen, Walter: Deutsche Agrargeschichte. Vom Neolithikum bis zur Schwelle des Industriezeitalters, Wiesbaden 1979; zit.: *Ennen/Janssen*, Deutsche Agrargeschichte.

Erbs, Georg/Kohlhaas, Max: Strafrechtliche Nebengesetze, hrsg. v. Max Kohlhaas, 3. Bde., Loseblatt, Stand Juli 1999/131 Erg.-Lfg., München; zit.: Bearbeiter in: Erbs/Kohlhaas.

Evangelisches Soziallexikon, hrsg. v. *Theodor Schober* u.a., 7. Aufl., Stuttgart 1980.

Evers, Hans-Ulrich: Wegerecht contra Verkehrsrecht, NJW 1962, S. 1034 ff.

Eyermann, Erich/Fröhler, Ludwig/Honig, Gerhart: Handwerksordnung. Kommentar, 3. Aufl., München 1973; zit.: *Eyermann/Fröhler/Honig*, HandwO.

Feuchthofen, Jörg: Der "besondere Anlaß" des § 12 Abs. 1 Gaststättengesetz, GewArch. 1985, S. 47 ff .

Fickert, Hans Carl: Straßenrecht in Nordrhein-Westfalen, 3. Aufl., 1989; zit.: *Fickert*, StrWG NW.

Freytag, Gustav: Bilder aus der deutschen Vergangenheit (neu hrsg. v. *Heinrich Pleticha*), 3 Bde., München 1987.

Friauf, Karl Heinrich (Hrsg): Kommentar zur Gewerbeordnung - GewO, Loseblatt, Stand Aug. 1999/159. Erg.-Lfg., Neuwied; zit.: Bearbeiter in: Friauf, GewO.

Friedrich, Gerhard/Schuricht, Werner: Seltenes Kern- Stein- und Beerenobst, 2. Aufl., Leipzig-Radebeul 1989.

Fröhler, Ludwig: Sind Sammelbesteller Gewerbetreibende im Sinne der Gewerbeordnung?, NJW 1963, S. 279 ff.

- ders.: Zum Begriff der handwerklichen Hilfs- und Nebenbetriebe, GewArch. 1955/56, S. 80 ff.

Fröhler, Ludwig/Kormann, Joachim: Kommentar zur Gewerbeordnung, Heidelberg 1978; zit.: *Fröhler/Kormann*, GewO.

Frotscher, Werner: Wirtschaftsverfassungs- und Wirtschaftsverwaltungsrecht, 2. Aufl. München, 1994; zit.: Frotscher, WVR.

Ganschezian-Finck: Straßeneigentum und Gemeingebrauch, NJW 1957, S. 285 ff.

Gehrmann, Ludwig, Maßvoller Schutz der Sonntage und der staatlich anerkannten Feiertage – zugleich Bemerkungen zu jüngeren Urteilen zum landesrechtlichen Feiertagsschutz, GewArch. 1989, S. 317 ff.

Gengler, Heinrich Gottfried: Deutsche Stadtrechts-Altertümer, Neudruck der Ausgabe Erlangen 1882, Aalen 1964.

Gern, Alfons: Deutsches Kommunalrecht, 2. Aufl., Baden-Baden 1997.

Götz, Volkmar: Allgemeines Polizei- und Ordnungsrecht, 12. Aufl., Göttingen 1995.

Gollnick, Heinz/Wissing, Peter/Heinrich, Jürgen: Die Landwirtschaft der DDR Ende der achtziger Jahre, Frankfurt/Main 1990.

Gornig, Gilbert / Deutscher, Christoph: Die Strauß- oder Heckenwirtschaft, GewArch. 1997, S. 17 ff.

Grabitz, Eberhard/Hilf, Meinhard: Kommentar zur Europäischen Union: Vertrag über die Europäische Union, Vertrag zur Gründung der Europäischen Gemeinschaft, Loseblatt, Stand Mai 1998; zit.: *Grabitz/Hilf*, EVG-Vertrag.

Grimm, Jacob/Grimm, Wilhelm: Deutsches Wörterbuch, 4. Band 1. Abt. III. Teil, Leipzig 1911; zit.: *Grimm*, Wörterbuch.

Grote, W.: Anmerkung zu OLG Frankfurt, Urt. v. 10. Juni 1929 - 510/28 VI - JW 1929, S. 3384.

Grothey, Ute: Direktvermarktung und hofeigene Verarbeitung in Frankreich, Witzenhausen 1992.

Hagebölling, Lothar: Handwerksbegriff und struktureller Wandel, GewArch. 1984, S. 209 ff.

Hahn, Dittmar: Aktuelle Rechtsprechung des Bundesverwaltungsgerichts zum Gewerberecht und zum Gaststättenrecht, GewArch. 1999, S. 355 ff.

- ders.: Ausgewählte Rechtsprechung des Bundesverwaltungsgerichts der Jahre 1997 und 1998 zur Gewerbeordnung, zum Gaststättengesetz und zum sonstigen Wirtschaftsverwaltungsrecht, GewArch. 1999, S. 41 ff.

Heil, B.: Die deutschen Städte und Bürger im Mittelalter, 2. Aufl., Leipzig 1906 (Nachdruck: Augsburg 1998).

Henning, Friedrich-Wilhelm: Landwirtschaft und ländliche Gesellschaft in Deutschland, Band 2, Paderborn 1995.

Höfer, Josef/Rahner, Karl (Hrsg.): Lexikon für Theologie und Kirche in 10 Bänden, Freiburg 1964.

Hoeren, Thomas/Mattner, Andreas: Die Feiertagsgesetze der Bundesländer. Synoptischer Kommentar, Köln-Berlin-Bonn-München 1989; zit.: *Hoeren/Mattner*, Feiertagsgesetze der Bundesländer.

Hoffmann, Moritz: 2000 Jahre Gaststätte, Frankfurt/Main 1954.

Honig, Gerhart: Handwerksordnung mit Lehrlingsvertragsrecht des Berufsbildungsgesetzes (BBiG), 2. Aufl., München 1999; zit.: Honig, HandwO.

- ders.: Landwirtschaft und Handwerksordnung, GewArch. 1996, S. 314 ff.

Hufnagel, Robert: Straßenbenutzung durch Amliegerwerbung (Diss. jur.), Kotzenaurach 1980.

Jacobi, Erwin: Einführung in das Gewerbe- und Arbeitsrecht, 3. Aufl., Leipzig 1922.

Jacoby, Ulrich: Der Betrieb von Videotheken an Sonn- und Feiertagen, GewArch. 1985, S. 362 ff.

Jagusch, Heinrich / Hentschel, Peter: Straßenverkehrsrecht, 35. Aufl., München 1999.

Jahn, Ralf: Zur Vereinbarkeit von Märkten mit dem Sonn- und Feiertagsschutz, NVwZ 1991, S. 1057 ff.

Jankuhn, Herbert: Vor- und Frühgeschichte vom Neolithikum bis zur Völkerwanderungszeit, Stuttgart 1969; zit.: *Jankuhn*, Vor- und Frühgeschichte.

Janovsky, Rudolph: Obstmost-Fruchtsäfte-Edelbrände, 2. Aufl., Wien 1990.

Janssen, Fritz: Zur allgemeinen gewerberechtlichen Stellung des Sammelbestellers, NJW 1963, S. 620 ff.

Jarass, Hans D.: Wirtschaftsverwaltungsrecht und Wirtschaftsverfassungsrecht, 3. Aufl., Neuwied-Kriftel-Berlin 1997; zit.: Jarass, WVR.

Jarass, Hans D./Pieroth, Bodo: Grundgesetz für die Bundesrepublik Deutschland - Kommentar, 4. Aufl., München 1997.

Jeserich, Kurt G.A./Pohl, Hans/von Unruh, Georg-Christoph (Hrsg.): Deutsche Verwaltungsgeschichte, Bd. 3, Stuttgart 1983.

Jessen, Paul: Anm. zu OLG Dresden, Urt. v. 22. Dez. 1931 - 2 Ost 278/81 - JW 1932, S. 1074, JW 1932, S. 1075 f.

Kern: Anm. zu OLG München, Urt. v. 18. Nov. 1929 - BerReg. L 1023 /29 III - JW 1930, S.. 2458 f JW 1930, S. 2458 f.

Ketteler, Bruno: Landwirtschaftliche Direktvermarktung und Öffentliches Recht, Diss. jur. Köln - Berlin - Bonn- München 1998.

Knemeyer, Franz Ludwig: Polizei- und Ordnungsrecht, 7. Aufl., München 1998.

Koch, Hans-Jörg: Weinrecht. Kommentar, 3 Bde., Frankfurt/Main; Loseblatt Stand Aug. 1996.

Kodal, Kurt: Der "gesteigerte Gemeingebrauch" in den neuen Straßengesetzen, DÖV 1960, S. 444 ff.

Kodal, Kurt/Krämer, Helmut (Hrsg): Straßenrecht. Kommentar, 5. Aufl., Köln-Berlin-Bonn-München 1995; zit.: Bearbeiter in: Kodal/Krämer, Straßenrecht.

Kötzle, Rolf: Das Gaststättenrecht in Baden-Württemberg mit dem Gaststättengesetz, der Gaststättenverordnung, der Getränkeausschankverordnung, den allgemeinen Verwaltungsvorschriften über den Unterrichtungsnachweis, dem Gesetz über die Sonntags- und Feiertagsruhe, den Vorschriften über Bahnhofswirtschaften, Verwaltungsgebühren und Preisauszeichnung, 2. Aufl., Karlsruhe 1971; zit.: *Kötzle*, Das Gaststättenrecht in Baden-Württemberg.

Kolb, Heinrich L.: Zweites Gesetz zur Änderung der Handwerksordnung und anderer handwerksrechtlicher Vorschriften, GewArch. 1998, S. 217 ff

Kolbenschlag, Heinrich/Lessmann, Kurt/Stücklen, Richard: Die neue Handwerksordnung, Köln 1954.; zit.: *Kolbenschlag/Lessmann/Stücklen*, HandwO

Kollner, Werner: Zum Begriff des unerheblichen Nebenbetriebs, GewArch. 1969, S. 49 ff.

Kopp, Ferdinand O./Schenke, Wolf-Rüdiger: Verwaltungsgerichtsordnung - Kommentar, 11. Aufl., München 1998; zit.: *Kopp/Schenke*, VwGO.

Kormann, Joachim: Die Bagatelle im Gewerberecht, WiVerw. 1981, S. 1 ff.

Kraft: Die Grenzen zwischen Landwirtschaft und Gewerbe, VerwArch. 39 (1934), S. 366 ff.

Krebs, Herbert: Vor und nach der Jägerprüfung, 49. Aufl., München 1995.

Kremer, Norbert: Die Anliegersondernutzung im neuen Straßenrecht, DVBl. 1963, S. 432.

Kroeschell, Karl: Landwirtschaftsrecht, Köln-Berlin-Bonn-München 1963.

Kuhnert, Heike / Wirthgen, Bernd: Die Bedeutung der Direktvermarktung als Einkommensalternative für die landwirtschaftlichen Betriebe in der Bundesrepublik Deutschland: eine Situationsanalyse, Bonn-Koellen 1997; zit.: *Kuhnert/Wirthgen*, Die Bedeutung der Direktvermarktung als Einkommensalternative.

Khuon, Ernst von: Chronik der Deutschen, Braunschweig o.J.

Lässig, Curt Lutz: Die Vergabe von Standplätzen auf kommunalen Volksfesten, NVwZ 1983, S. 19 ff.

Landmann, Robert von/Rohmer, Gustav: Gewerbeordnung und ergänzende Vorschriften, Bd. 1 und 2, Loseblatt, München, Stand Juli 1999/ 38. Erg.-Lfg. und 12. Aufl.; zit.: Bearbeiter in: Landmann/Rohmer, GewO.

Lang, Alfred: Zum Begriff des handwerklichen Nebenbetriebs, BayVBl. 1958, S. 241 ff.

Larenz, Karl: Methodenlehre der Rechtswissenschaft, 3. Aufl., Berlin-Heidelberg-New York 1995.

Laubinger, Hans-Werner: Die gewerberechtliche Unzuverlässigkeit und ihre Folgen, VerwArch. 89 (1998), S. 145 ff.

- ders.: Straßenkunst: Gemeingebrauch oder Sondernutzung ?, VerwArch. 81 (1990), S. 583 ff.

- ders.: Zum Anspruch der Mitglieder von Zwangsverbänden auf Einhaltung des gesetzlich zugewiesenen Aufgabenbereichs, VerwArch. 74 (1983), S. 263 (277 f.).

Leingärtner, W.: Ausgewählte Fragen der Abgrenzung der Einkünfte aus land- und Forstwirtschaft gegenüber anderen Einkünften und ihre steuerliche Auswirkung, Die Information 1981, S. 121 ff.

Lippstreu, Wolfgang: Gaststättenrechtsnovelle und Rückkehr in die Gewerbeordnung, GewArch. 1993, S. 445 ff.

Löhr, Rolf-Peter: Zum Ermessen bei Erlaubnis oder Versagung einer Sondernutzung, NVwZ 1983, S. 20 ff.

Lohner, Josef: Recht für Landwirte in Frage und Antwort, 2. Aufl. München 1995.

Maiwald, Beate: Sammelbesteller - gewerberechtliche Aspekte -, GewArch. 1991, S. 326 f.

- dies.: Zum Begriff der Sitzgelegenheit in § 2 Abs. 3 GastG, GewArch. 1992, S. 90.

Marschall, Ernst A./Schroeter, H. Wolfgang/Kastner, Fritz u.a.: Bundesfernstraßengesetz, 5. Aufl., Köln-Berlin-Bonn-München 1998; zit.: Bearbeiter in: Marschall/Schroeter/Kastner, FStrG.

Mattner, Andreas: Sonntagsruhe im Reisegewerbe, NZA 1988, S. 528 ff.

- ders.: Sonntagsruhe im Spiegel des Grundgesetzes und der Feiertagsgesetze der Länder, NJW 1988, S. 2207 ff.

- ders.: Sonn- und Feiertagsrecht, 2. Aufl., Köln-Berlin-Bonn-München 1991.

Mauer, Michael: Zur Grenze zwischen gewerblichen und anderen unternehmerischen und vermögensverwaltenden Tätigkeiten, WiVerw. 1983, S. 22 ff.

Maurer, Hartmut: Gemeingebrauch und Anliegernutzung im Straßenrecht, DÖV 1975, S. 217 ff.

Mayer, Otto: Deutsches Verwaltungsrecht, 2 Bde.,. 3. Aufl., Berlin 1924.

Meissner, Claus: Kommunikativer Straßenverkehr, JA 1980, S. 583 ff.

Merkel, H. / Möhrmann, O.: Deutsches Bauernrecht, Leipzig 1939.

Metzner, Richard: Gaststättengesetz, Kommentar, 5. Aufl. des von Ernst Rohmer begründeten und von Erich Eyermann und sodann von Georg Mörtel fortgesetzten Kommentars zum Gaststättengesetz, München 1995; zit.: *Metzner*, GastG.

Meyer-Hentschel, Karl/Rindermann, Rudolf: Das neue Recht der Messen, Ausstellungen und Märkte in der Bewährung, GewArch. 1979, S. 113 ff.

- dies.: Märkte, Messen, Ausstellungen, Berlin/New York 1980.

Michel, Elmar/Kienzle, Werner: Das Gaststättengesetz, Kommentar, 13. Aufl., begründet von Elmar Michel, fortgeführt von Werner Kienzle, bearbeitet von Renate Pauly, Köln-Berlin-Bonn-München 1995; zit.: *Michel/Kienzle*, GastG.

Mitzschke, Gustav/Schäfer, Karl: Kommentar zum Bundesjagdgesetz von Karl Schäfer und Wolfgang Belgard, 4. Aufl., Hamburg und Berlin 1982; zit.: *Mitzschke/Schäfer*, BJagdG.

Möschel, Wernhard: Zur rechtlichen Behandlung des handwerklichen Nebenbetriebs, DB 1970, S. 2205 ff.

Molitor, Erich: Vom Wesen des Handwerks, Marburg 1939.

Müller, Andreas: Rechtsauflagen bei der Direktvermarktung von Agrarprodukten, 6. Aufl., Bonn-Bad Godesberg 1995; zit.: *A. Müller*, Rechtsauflagen...

Müller, Gerhard: Die Abgrenzung Handwerk/Industrie in der Tiefbau-Branche, GewArch. 1986, S. 79 ff.

Müller, Lothar: Anmerkungen zu den Leitsätzen des DIHT aus der Sicht des Bundes, WiVerw. 1982, S. 216 ff.

- ders.: Neuordnung des Titels IV der Gewerbeordnung - Messen, Ausstellungen, Märkte -, GewArch. 1976, S. 353 ff.

Musielak, Hans-Joachim / Detterbeck, Steffen: Das Recht des Handwerks, 3. Aufl. München 1995; zit.: *Musielak/Detterbeck*, Das Recht des Handwerks.

Mutius, Albert von: Der "Störer" im Polizei- und Ordnungsrecht, Jura 1983, S. 298 ff.

Nagel, Walter H.: Straßengesetz für Baden-Württemberg, 3. Aufl., Stuttgart - München-Hannover - Berlin - Weimar - Dresden 1997; zit.: *Nagel*, StrG BW.

Nüßlein, Fritz: Jagdkunde, 10. Aufl., München 1980.

Olshausen, Eberhard von / Schmidt, Karsten: Automatenrecht, Berlin 1972.

Pahlke, Armin: Feiertagsrechtliche Grenzen erwerbsorientierter Betätigung, WiVerw. 1988, S. 69 ff.

Papier, Hans-Jürgen: Das Recht der Öffentlichen Sachen, 3. Aufl., Berlin-New York 1998.

Pappermann, Ernst/Löhr, Rolf-Peter: Grundfälle zum öffentlichen Sachenrecht, JuS 1979, S. 794 ff und 1980, S. 731 ff.

Pappermann, Ernst/Löhr, Rolf-Peter/Andriske, Wolfgang: Recht der öffentlichen Sachen, München 1987.

Paulsen, Sven (Hrsg.): 175 Jahre pfälzisches Oberlandesgericht/Festschrift, Neustadt an der Weinstraße 1990; zit.: Bearbeiter in: Paulsen (Hrsg): 175 Jahre pfälzisches Oberlandesgericht.

Petzold, Herbert: Apfelsorten, 4. Aufl., Leipzig-Radebeul 1990.

Philipp: Handwerklicher Nebenbetrieb nach der Handwerksordnung, GewArch. 1955/56, S. 149 ff.

Pinegger, Michael/Kraußer, Hans Peter.: Aktuelle Fragen des Gewerberechts, GewArch. 1997, S. 16 ff.

Pitschas, Rainer: Die Zulassung von Schaustellern zu Volksfesten nach Gewerbe- und bayerischen Gemeinderecht, BayVBl. 1982, S. 641 ff.

Pottebaum, Paul / Bullerdiek, Annette: Handbuch Direktvermarktung, 3. Aufl., Münster-Hiltrup 1994.

Püttner, Günter / Lingemann, Stefan: Aktuelle Probleme der Zulassung zu öffentlichen Einrichtungen, JA 1984, S. 121 ff.

Richter, Lutz: Zugehörigkeit oder Nichtzugehörigkeit von Gärtnereibetrieben zum Gewerbe, Berlin 1928.

Robinski, Severin: Gewerberecht: Kurzlehrbuch, München 1983.

Rohmer, Gustav: Gaststättengesetz v. 28. April 1930, München 1930; zit.: *Rohmer*, GastG.

Rohrscheidt, Kurt von: Gewerbeordnung für das Deutsche Reich in ihrer neuesten Fassung mit sämtlichen Ausführungsbestimmungen für das Reich und für Preußen sowie mit dem Kinderschutzgesetz, dem Stellenvermittlungsgesetz, dem Hausarbeitsgesetz und dem Gewerbegerichtsgesetz, 2. Aufl., Berlin 1912; zit.: *Rohrscheidt*, GewO.

Rösener, Werner: Bauern im Mittelalter, München 1985.

Roth, Wolfgang: Preisparität beim Ausschank alkoholischer und alkoholfreier Getränke - Anmerkung zu AG Überlingen, Beschluß vom 7.06.1996, GewArch. 1998, S. 19 ff.

Rother, Heinz: Das neue Recht für Messen und Märkte, NJW 1976, S. 1669 ff.

Runkel, Peter: Zur Abgrenzung Straßen- und Straßenverkehrsrecht, Diss. jur./Bonn 1977.

Rüth, Herbert: Die handwerklichen Berufsbilder auf dem Prüfstand, GewArch. 1992, S. 129 ff.

Sauthoff, Michael: Die Entwicklung des Straßenrechts seit 1986, NVwZ 1990, S. 223 ff.

- ders.: Die Entwicklung des Straßenrechts seit 1993, NVwZ 1998, S. 243 ff.

Schaeffer, Klaus: Der Begriff der Unzuverlässigkeit in § 35 Abs. 1 GewO, WiVerw. 1982, S. 100 ff.

Schalt, Thomas: Der Zulassungsanspruch des Schaustellers zu Volksfesten und Märkten in der verwaltungsgerichtlichen Rechtsprechung, GewArch. 1981, S. 150 ff.

Scheer, Bernhard: Gaststättengesetz. Kommentar, Hamburg 1959; zit.: *Scheer*, GastG.

Scheibe, Johannes/Hadel, Bernhard: Das Reisegewerbe nach Titel III der Gewerbeordnung, Köln-Berlin-Bonn-München 1971.

Schmidt, Reiner (Hrsg.): Kompendium Öffentliches Wirtschaftsrecht, Berlin 1998; zit.: Bearbeiter in: Schmidt, Kompendium.

Schmidt, Reiner (Hrsg.): Öffentliches Wirtschaftsrecht, Besonderer Teil 1, Berlin 1995; zit.: Bearbeiter in: Schmidt, ÖWR BT I.

Schmidt-Aßmann, Eberhard (Hrsg.): Besonderes Verwaltungsrecht, 10. Aufl., Berlin-New York 1995 und 11. Aufl., Berlin-New York 1999; zit.: Bearbeiter in: Schmidt-Aßmann, Bes. VerwR.

Schmidt-Tophoff, Alfons: Die Straßenbahn-Ganzwagen-Reklame, DÖV 1963, S. 493 ff.

- ders.: Reklame an, auf und über öffentlichen Straßen und Plätzen, DVBl. 1970, S. 17 ff.

Scholtissek, Friedrich-Karl: Das Ladenschlußgesetz und die Sonn- und Feiertagsgesetze der Länder unter besonderer Berücksichtigung der Agrarwirtschaft, Agrarrecht 1992, S. 36 ff.

- ders.: Zum Verbot von Märkten an Sonn- und Feiertagen, GewArch. 1991, S. 250 ff.

Schommer, Hajo: Das Ladenschlußgesetz auf dem Weg zum Ladenhüter, GewArch. 1999, S. 353 ff.

Schotthöfer, Kurt: Die unerlaubte Handwerksausübung, GewArch. 1979, S. 213 ff.

- ders.: Zum Betriebsleiterproblem im Handwerksrecht, GewArch. 1981, S. 114 ff.

Schultz-Schaeffer: Bedeutung und Berechtigung des Wanderlagerbegriffs, DVBl. 1963, S. 133 ff.

Schwannecke, Holger/Heck, Hans-Joachim: Die neue Handwerksordnung, GewArch. 1998, S. 305 ff

Schwappach, Jürgen/Klinge, Gabriele: Handwerkliche Voraussetzungen zur Annahme eines Nebenbetriebes i.S. von §§ 2 und 3 HwO, GewArch. 1987, S. 73 ff.

Schwarz, Christine: Die Landfrauenbewegung in Deutschland, Diss. phil. Mainz 1990.

Seitter, Oswald: Gaststättenrecht: Kommentar zum Gaststättengesetz mit den einschlägigen Vorschriften des Bundes und der Länder; begründet von Egon Hoffmann, 4. Aufl., Heidelberg 1994; zit.: *Seitter*, Gaststättenrecht.

Selmer, Peter: Der Vorbescheid im verwaltungsgrechtlichen Vorverfahren, JuS 1981, S. 391 ff.

Selmer, Peter / Ingo v. Münch (Hrsg.): Gedächtnisschrift für Wolfgang Martens, Berlin-New York 1987.

Sieder, Frank / Zeitler, Herbert: Bayerisches Straßen- und Wegegesetz, München 1972; zit.: *Sieder/Zeitler*, Bay.StWG

Sigl, Richard: Ladenschlußgesetz. Kommentar mit systematischer Einleitung, Stuttgart 1960; zit.: *Sigl*, LadschlG.

Silbereisen, Robert / Götz, Gerhard / Hartmann, Walter: Obstsortenatlas. Kernobst, Steinobst, Beerenobst, 2. Aufl., Stuttgart 1996; zit.: *Silbereisen*, Obstsortenatlas.

Skalweit, August: Die deutsche Kriegsernährungswirtschaft, Stuttgart-Berlin-Leipzig 1927.

Söhn, Stefan: Die Rechtsprechung zum Ladenschlußgesetz in den Jahren 1979 bis 1982, GewArch. 1983, S. 73 ff.

Sokolowski-Mirels: Anmerkung zu OLG Hamm, Urt. vom 22. August 1931 - 2 S 290/31 - JW 1932, S. 1076, JW 1932, S. 1076.

Steffens, Heinz: Gesetz zur Ordnung des Handwerks. Handwerksordung vom 17.9.1953. Kommentar, Münster 1956; zit.: *Steffens*, HandwO.

Steffens, Friedrich-Wilhelm / Bohmann, Herbert: Das Recht des Gastwirts, Hamburg 1937.

Steiner, Udo (Hrsg.): Besonderes Verwaltungsrecht, 6. Aufl., Heidelberg 1999; zit.: Bearbeiter in: Steiner, Bes. VerwR.

- ders.: Straßenrecht und Straßenverkehrsrecht, JuS 1984, S. 1 ff.

Stober, Rolf: Handbuch des Wirtschaftsverwaltungs- und Umweltrechts, Stuttgart-Berlin-Köln 1989; zit.: *Stober*, Handbuch.

- ders.: Kommunalrecht in der Bundesrepublik Deutschland, 3. Aufl., Stuttgart-Berlin-Köln 1996.

- ders.: Ladenschlußgesetz. Kommentar, 3. Aufl., Köln-Berlin-Bonn-München 1990; zit.: *Stober*, LadschlG.

- ders.: Wirtschaftsverwaltungsrecht, 11. Aufl., Stuttgart-Berlin-Köln 1998; zit.: *Stober*, WVR.

- ders.: Die Entwicklung des Gewerberechts in den Jahren 1984/1985, NJW 1986, S. 2613 ff.

Stoll, Heinrich / Baur, Fritz: Deutsches Bauernrecht, 5. Aufl., Tübingen 1944.

Tettinger, Peter / Wank, Rolf: Gewerbeordnung, 6. Aufl., München 1999; zit.: Bearbeiter in: Tettinger/Wank.

Theis, Horst E.: Ladenschlußgesetz. Kommentar, 1. Aufl., Baden-Baden 1991; zit.: *Theis*, LadschlG.

Thiele, Willi: Die straßenrechtlichen Begriffe "Gemeingebrauch" und "Sondernutzung", GewArch. 1991, S. 145 ff.

Thieme, Werner: Erneuerung der Gewerbeordnung?, ZRP 1970, S. 25 f.

Vogel, Hanspeter: Begriff und Privilegierung des Volksfestes nach § 60b GewO, GewArch. 1977, S. 362 ff.

Weis, Eberhard: Der Durchbruch des Bürgertums 1776-1847 (= Propyläen Geschichte Europas Bd. 4), Frankfurt-Berlin-Wien 1982.

Widera, Bernd: Zur Bewerberauswahl bei der Veranstaltung von Märkten und Volksfesten, VR 1986, S. 17 ff.

Wirth, Karl-Ludger: Marktverkehr, Marktfestsetzung, Marktfreiheit, Diss. jur., Berlin 1985.

- ders.: Das Institut der Festsetzung nach § 69 Gewerbeordnung, GewArch. 1986, S. 46 ff.

- ders.: Die Festsetzung von Märkten in gemeindlicher Trägerschaft, GewArch. 1986, S. 186 ff.

Wolff, Hans J. /Bachof, Otto: Verwaltungsrecht, Bd. I,. 9. Aufl., München 1974.

Würkner, Joachim: Das Recht auf sonn- und feiertägliche Hautbräunung, GewArch. 1987, S. 262 ff.

Ziegler, Jürgen: Das Eigentum am "Straßenwerk" sowie zur Sondernutzung und sonstigen Nutzung, DVBl. 1976, S. 89 ff.

Ziekow, Jan: Staatseinnahmen, Liberalismus und Polizei - die Einführung der Gewerbefreiheit in Preußen, GewArch. 1985, S. 313 ff.

- ders.: Freiheit und Bindung des Gewerbes, Diss. jur., Berlin 1992.

- ders.: Zur Einführung: Handwerksrecht, JuS 1992, S. 728 ff.

Zmarzlik, Johannes / Roggendorff, Peter: Kommentar zum Ladenschlußgesetz mit den Ladenschlußverordnungen, 2. Aufl., Heidelberg 1997; zit.: *Zmarzlik/Roggendorff*, LadschlG.

Zoeller, Otto: Der Ausschank selbsterzeugter Getränke in der Rheinpfalz, ZfRpfliB 1911, S. 14 ff.

1. Abschnitt: Einführung

Seit einigen Jahren versuchen immer mehr Landwirte, eine Einkommensverbesserung durch die Direktvermarktung ihrer Produkte zu erzielen. Der Ausdruck landwirtschaftliche Direktvermarktung hat heute den früher gebräuchlichen Ausdruck "Selbstvermarktung" weitgehend verdrängt. Unter landwirtschaftlicher Direktvermarktung ist die direkte Abgabe selbsterzeugter landwirtschaftlicher Produkte an den Verbraucher unter Umgehung des Zwischenhandels zu verstehen[1]. In einem weiteren Sinn werden auch Dienstleistungen aus dem Bereich Freizeit und Erholung, Essen und Trinken sowie der Hauswirtschaft der landwirtschaftlichen Direktvermarktung zugerechnet[2]. Keine Direktvermarktung liegt dagegen beim Absatz landwirtschaftlicher Produkte über sogenannte Marketinggesellschaften vor. Denn hier liefern die Mitglieder dieser häufig als GmbH organisierten Gesellschaften ihre Produkte an die Marketinggesellschaft, die die Produkte über den Zwischenhandel vermarktet.

Die Direktvermarktung eröffnet einerseits die Möglichkeit, durch die Umgehung des Zwischenhandels größere Gewinnspannen zu erzielen. Andererseits ist mit dem Einstieg in die Direktvermarktung ein nicht zu unterschätzendes Unternehmerrisiko verbunden. Angesichts sinkender Subventionen entschließen sich dennoch viele Landwirte, dieses Risiko einzugehen.

Die landwirtschaftliche Direktvermarktung weist eine lange Tradition auf. Ihre Anfänge sind untrennbar verbunden mit der Ausbreitung des Ackerbaus in Mitteleuropa ab dem fünften Jahrtausend vor Christus[3]. Getreidefunde in Gebieten, in denen zu diesem Zeitpunkt noch kein Ackerbau betrieben wurde, weisen darauf hin, daß zwischen den ältesten Bauern und Jägern, Sammlern und Fischern bereits ein wirtschaftlicher Austausch stattfand[4]. Dieser Austausch hatte allerdings nur geringen Umfang. Am besten läßt sich die damalige um größtmögliche Autarkie bestrebte Bauernwirtschaft als geschlossene Hofwirtschaft umschreiben[5]. Diese Wirtschaftsform blieb im Gebiet des heutigen Deutschland bis zur Ankunft der Römer vorherrschend - in der nicht eroberten Germania libera auch danach. In der Germania romana verhalfen die Römer der Landwirtschaft zu einem beachtlichen Niveau. Das gilt vor allem für den Getreide- und Weinbau. Die Verteilung der Überschüsse an Landprodukten

---

[1]) Lexikon der Landwirtschaft, Stichwort: "Direktvermarktung"; *Boerger* (Hrsg.), Die Landwirtschaft, Bd. 4 S. 128.

[2]) Vgl. *Ministerium für Wirtschaft, Verkehr, Landwirtschaft und Weinbau Rheinland-Pfalz* (Hrsg.): Faltblatt "Ideenbörse/Einkommensalternativen" (für Landwirte; Anm. des Verfassers).

[3]) *Jankuhn*, Vor- und Frühgeschichte, S. 24; *Ennen/Janssen*, Deutsche Agrargeschichte, S. 20.

[4]) *Ennen/Janssen*, Deutsche Agrargeschichte, S. 36.

[5]) *Jankuhn*, Vor- und Frühgeschichte, S. 41.

erfolgte bereits durch eine gut organisierte Händlerschaft, die sich das hochentwickelte Verkehrsnetz zunutze zu machen wußte[6]. Darüber, inwieweit die Erzeugnisse ihren Weg vom Erzeuger direkt zum Verbraucher nahmen, können nur Mutmaßungen angestellt werden. Im Gegensatz zu Belegen für den regen Handelsverkehr durch Darstellungen auf Grabmonumenten und anderen Denkmälern fehlen dafür jegliche Hinweise. In nennenswertem Umfang dürfte ein solcher direkter Güteraustausch damals nur in den dichtbesiedelten Gebieten entlang der Flüsse Rhein und Mosel stattgefunden haben, wo sich größere Städte - zu nennen sind hier vor allem Trier und Köln - entwickelt hatten[7]. Es ist davon auszugehen, daß hier die Versorgung zum Teil direkt vom Erzeuger an den Verbraucher erfolgte. Denn auch in den Städten waren weiterhin viele Bauern ansässig, die ihre Felder außerhalb der Stadt bestellten[8]. Die Völkerwanderung brachte einen Rückfall in die vorrömische Autarkiewirtschaft. Die Städte verödeten weitgehend. Stadtsässige Bevölkerung hielt sich nur an einigen Schwerpunkten, so vor allem an den Bischofssitzen[9]. Einen langsamen Aufschwung nahmen die Städte erst ab der Karolingerzeit[10]. Hintergrund dafür waren die Fortschritte der Landwirtschaft, die zu einer Produktion über den Eigenbedarf hinaus führten. In den neu aufkeimenden Städten wurden die überschüssigen Erzeugnisse der Landwirtschaft gegen Handelsartikel eingetauscht[11].

Zunehmend kam es auch zu Neugründungen von Städten. Eine entscheidende Rolle spielte hierbei die Erteilung des Marktrechts. Ein Markt durfte nur dann eingerichtet werden, wenn ein besonderes königliches Privileg vorlag[12]. Von den Märkten in einer auch weiterhin rein agrarisch geprägten Wirtschaft profitierten zunächst vor allem die Händler. Erst im Hochmittelalter begann auch die Landwirtschaft in Beziehung zum städtischen Markt zu treten. Die Marktanbindung war abhängig von Verkehrslage, Produktionsstruktur und Betriebsgröße[13]. Begünstigt waren insbesondere die Betriebe, die stadtnah oder in der Stadt selbst lagen. Denn noch um 1100 schloß der befriedete Raum einer Stadt Ackerbeete und Gärten ein. Die Mehrzahl der Einwohner bestand aus sogenannten Ackerbürgern. Dieses Verhältnis verschob sich erst allmählich hin zu mehr gewerblich tätigen Bürgern[14]. Daß dies zunächst nur langsam geschah, beruhte auch auf dem Umstand, daß zahlreiche Städte umliegende Dörfer zur

---

6) *Ennen/Janssen*, Deutsche Agrargeschichte, S. 74.
7) *Heil*, Die deutschen Städte und Bürger im Mittelalter, S. 1.
8) *Bleicken*, Verfassungs- und Sozialgeschichte des römischen Kaiserreichs, Bd. 2, S. 52.
9) *Ennen/Janssen*, Deutsche Agrargeschichte, S. 142.
10) *Abel*, Geschichte der deutschen Landwirtschaft, S. 54.
11) *Heil*, Die deutschen Städte und Bürger im Mittelalter, S. 4.
12) *Ennen/Janssen*, Deutsche Agrargeschichte, S. 142.
13) *Rösener*, Bauern im Mittelalter, S. 134.
14) *Freytag*, Bilder aus der deutschen Vergangenheit, Bd. 1, S. 72.

Vergrößerung ihrer Gemarkung an sich brachten und die Einwohner zwangen, in die Städte zu ziehen. Vielfach übersiedelten Bauern aus dem Umland auch freiwillig vornehmlich der größeren Sicherheit wegen in die Städte über. Diese Bauern bewirtschafteten von hier aus, nachdem sie das Bürgerrecht erworben hatten, ihre Äcker weiter[15]. Bald waren diese Landwirte aber nicht mehr in der Lage, den im ausgehenden Mittelalter stark steigenden Anteil von in Handel und Handwerk beschäftigten Personen zu versorgen. Namentlich der Handwerksstand gelangte zu einer Blüte. So waren in Frankfurt am Main im Jahr 1387 von je 1000 männlichen Personen 514 in einem Handwerksbetrieb beschäftigt[16]. Um die Versorgung dieser Bürger mit Lebensmitteln zu gewährleisten, war ab dem Spätmittelalter die Einfuhr von Lebensmitteln in der Regel von dem sonst obligatorischen Torzoll befreit[17]. Hiervon dürften vor allem die Bauern aus der Umgebung profitiert haben.

Der Marktplatz war mit Ständen, Bänken und Buden ausgestattet. Alle diese Verkaufsvorrichtungen hatten ihre festen Standorte[18]. Sie standen in der Regel im Eigentum der Stadtherrschaft oder der Stadtgemeinde. Für ihre Benutzung mußte eine Gebühr in Form eines Standgelds entrichtet werden[19]. Fremde, d.h. Leute von außerhalb der Stadt, waren nicht ohne weiteres zum Markt zugelassen. Die Bewohner der benachbarten Dörfer und Höfe durften sich z.B. oft lediglich zum festgesetzten Wochenmarkttag einfinden, um ihre ebenfalls zu den "forenses merces" gezählten Erzeugnisse ihrer Feld- und Gartenwirtschaft, Vieh- und Bienenzucht den Stadtbewohnern anzubieten[20]. Häufig durften bestimmte Produkte auch nur auf eigens zugewiesenen örtlich voneinander getrennten Marktplätzen verkauft werden. Hiervon zeugen heute noch Namen wie z.B. Holzmarkt, Kornmarkt und Eiermarkt in Bad Kreuznach oder Fruchtmarkt, Speisemarkt und Kuhmarkt in Bingen am Rhein. Dem Stadtrat als Träger der Marktverwaltung - hierfür wurden in der Regel je nach Bedarf ein oder mehrere sogenannte Marktmeister bestellt - oblag es "fleisch brot getreydt und andere sache, die man zu marckt brenget, flissiklich zcu beszehen, das armen und reichen dasebist recht geschech; ungerechte gewichte ellen und massen auffzcuheben"[21].

Im Mittelalter erlangten die Weinerzeuger das Recht, den Wein, den sie über den eigenen Bedarf hinaus erzeugten, auszuschenken[22]. Damit war die Urform der heutigen Strauß- oder Besenwirtschaften entstanden. Zum Weinanbau war

---

[15]) *Heil*, Die deutschen Städte im Mittelalter, S. 62.
[16]) *Heil*, Die deutschen Städte im Mittelalter, S. 90.
[17]) *Freytag*, Bilder aus der deutschen Vergangenheit, Bd. 1, S. 242.
[18]) *Gengler*, Deutsche Stadtrechts-Altertümer, S. 136 f.
[19]) *Gengler*, Deutsche Stadtrechts-Altertümer, S. 139.
[20]) *Gengler*, Deutsche Stadtrechts-Altertümer, S. 162.
[21]) Graupen 1477 zitiert nach *Gengler*, Deutsche Stadtrechts-Altertümer, S. 167.
[22]) *Hoffmann*, 2000 Jahre Gaststätte, S. 26.

jeder berechtigt. Jedoch wurde auf den Ausschank bisweilen Steuern erhoben. Die Weinzapfer des Mittelalters waren verpflichtet, den Weinausschank zuvor durch einen Weinrufer bekanntzugeben. Im Laufe der Zeit erfuhr das Recht, den selbsterzeugten Wein auszuschenken, auf Betreiben der Grundherrschaften, die auf diese Weise den Absatz ihres eigenen Weins sichern wollten, Einschränkungen. Die Grundherren, d.h. die Besitzer ausgedehnten Grundeigentums, waren eine Gesellschaftsklasse, die sich aus Beamten, der Geistlichkeit und Adeligen herausgebildet hatte. In dem Maß, in dem die Grundherren immer mehr ehemals Gemeinfreie in ihre Abhängigkeit gebracht hatten, war auch ihre ökonomische und soziale Macht gewachsen[23]. Ein- bis zweimal jährlich wurde von den Grundherren der sogenannte Bannwein ausgeschenkt, d.h. den Weinerzeugern wie auch den regulären Gastwirten war es versagt, in dieser Zeit an Fremde Wein zu verkaufen[24].

Bis ins 18. Jahrhundert blieb die Marktquote, d.h. der Anteil der landwirtschaftlichen Produkte an der Gesamtproduktion, die letztlich zum Verkauf auf den Markt kam, gering. Zahlreiche Einzelrechnungen haben ergeben, daß einem norddeutschen Modellhof von 15 - 20 ha um 1750 nach Abzug von 20 % an naturalen Verpflichtungen an feudalherrlich Berechtigte, 25 % zum Verbrauch im Hof (vor allem zur Saat) und 35 % zum Verbrauch der Bauernfamilie lediglich 20 % zum Verkauf am Markt verblieben. Bei kleineren Höfen konnte die Marktquote völlig fehlen oder sogar negativ sein, wenn nämlich die zur Verfügung stehende Fläche nicht ausreichte, um die Nahrungsmittel für die Familie zu produzieren. Je nach Güte des Bodens wird diese Grenze im 18. Jahrhundert noch bei drei bis acht Hektar angesetzt. Erst durch den Kartoffelanbau wurde sie auf einen bis drei Hektar gesenkt[25].

Insbesondere im Süden und Westen Deutschlands, wo die Kleinbetriebe vorherrschten, verlegten sich seit dem 17. und 18. Jahrhundert viele Landwirte auf Nebengewerbe. Vor allem in Westfalen und Schlesien begannen viele Bauern, über den eigenen Bedarf hinaus aus selbstgezogenem Flachs Leinen herzustellen, das sie dann als Hausierer im ganzen Norden von Holland bis zum Peipusssee absetzten. Meist bildeten sie dabei Gesellschaften vorwiegend familiärer Zusammensetzung. Zu nennen ist hier ferner die Kräuterbereitung in Krummhübel. Nichts mehr mit der Landwirtschaft zu tun hatten dagegen die ebenfalls auf die Not zurückzuführende Uhrenherstellung im Schwarzwald, die Spielwaren- und Instrumentenherstellung in Thüringen sowie die Siebanfertigung und der Rötelhandel in der Saargegend[26].

---

[23]) *Heil*, Die deutschen Städte im Mittelalter, S. 4 f.

[24]) *Hoffmann*, 2000 Jahre Gaststätte, S. 29 f. Zu Einzelaspekten der Rechtsgeschichte der Strraußwirtschaften in den verschiedenen Regionen Deutschlands vgl. *Gornig/Deutsch*, GewArch. 1997, S. 8 ff.

[25]) *Henning*, Landwirtschaft und ländliche Gesellschaft in Deutschland, Bd. 2, S. 108.

[26]) *Ennen/Janssen*, Deutsche Agrargeschichte, S. 224.

Von 1750 bis 1850 hatte die produzierte Menge an landwirtschaftlichen Gütern einen langfristigen Aufwärtstrend. In diesem Zeitraum ist aufgrund der naturalen Ertragssteigerungen einerseits und der zunehmenden Verstädterung infolge der beginnenden Industrialisierung andererseits eine Verdoppelung der Marktquote der Landwirtschaft von 20 % auf über 40 % der Gesamtproduktion zu verzeichnen[27]. Hiervon wurde allerdings nur ein geringer Teil vom Erzeuger direkt an den Verbraucher abgesetzt.
Um die Wende vom 19. zum 20. Jahrhundert erfuhr die landwirtschaftliche Direktvermarktung entscheidende Impulse durch die Landfrauenbewegung. Bereits in der Satzung des ersten landwirtschaftlichen Hausfrauenvereins in Rastenburg/Ostpreußen wurde eine "Vermehrung der Werterzeugung des ländlichen Haushalts durch erleichterten Absatz und Versorgung des städtischen Haushalts mit guter, frischer Ware durch erleichterten Einkauf" festgeschrieben[28]. Diese von den Vereinsmitgliedern vorrangig verfolgte Zielsetzung ergab sich aus den unzulänglichen Einkaufs- und Absatzmöglichkeiten auf den freien Wochenmärkten insbesondere in den dünn besiedelten Ostprovinzen des Deutschen Reichs. Der landwirtschaftliche Hausfrauenverein richtete Verkaufsstellen ein, in denen die Mitglieder ihre Produkte veräußern konnten. Die Zielsetzung des Vereins bestand darin, den Hausfrauen das oft anzutreffende demütigende Bittenmüssen um das Haushaltsgeld oder etwaige anfallende Sonderausgaben beim Ehemann zu ersparen oder wenigstens zu mildern[29]. Jede Vereinsgründung erfolgte in Verbindung mit der Schaffung einer Verkaufsstelle. Die Vereine bezweckten eine ausreichende Versorgung der städtischen Bevölkerung über den heimischen Markt im Laufe der nächsten Jahrzehnte und die Schaffung geeigneter Absatzmöglichkeiten für die Mitglieder[30].
Erhebliche Einschränkungen in ihren Absatzmöglichkeiten erfuhr die Landwirtschaft durch die Einführung der Kriegswirtschaft zu Beginn des ersten Weltkriegs. Da das Deutsche Reich in diesem Zeitpunkt nur eine Selbstversorgungsquote von 80 % aufwies,[31] wurde alsbald nach Kriegsbeginn, nämlich am 4. August 1914, ein Gesetz erlassen, das die Landeszentralbehörden oder die von diesen bestimmten Behörden ermächtigte, für die Dauer des Krieges für Gegenstände des täglichen Bedarfs, insbesondere für Nahrungs- und Futtermittel aller Art sowie für rohe Naturerzeugnisse, Höchstpreise festzusetzen[32]. Zuwiderhandlungen zogen eine Übernahme der Gegenstände

---

[27]) *Henning*, Landwirtschaft und ländliche Gesellschaft in Deutschland, Bd. 2, S. 95.
[28]) § 3 der Satzung des Reichsverbands Landwirtschaftlicher Hausfrauenverein zitiert nach *Schwarz*, Die Landfrauenbewegung in Deutschland, S. 78.
[29]) *Böhm*, Die deutsche Hausfrau und ihr Wirken in Haus und Vaterland, S. 24.
[30]) *Schwarz*, Die Landfrauenbewegung in Deutschland, S. 82 ff.
[31]) *Khuon* (Hrsg.), Chronik der Deutschen, S. 746.
[32]) Gesetz betr. Höchstpreise v. 4. Aug. 1914, RGBl. S. 339 f.

durch die Behörde nach sich und wurden mit Geldstrafe bis zu 3000 Mark oder im Unvermögensfall mit Gefängnis bis zu 6 Monaten bestraft. Das Gesetz wurde im weiteren Kriegsverlauf mehrmals verschärft. Durch Verordnung vom 22. Oktober 1915 wurden die Gemeinden unter 10000 Einwohnern berechtigt und die Gemeinden über 10000 Einwohnern verpflichtet, Höchstpreise für den Kleinhandel mit Butter festzusetzen. Als Kleinhandel wurde die direkte Abgabe an Verbraucher in Mengen unter 5 Kilogramm angesehen[33]. Am 4. November 1915 folgte eine Verordnung über die Berechtigung beziehungsweise Verpflichtung der Gemeinden, Höchstpreise für Milch beim Verkauf durch den Erzeuger festzusetzen[34]. Nach Preisgebieten unterschiedlich gestaffelte Höchstpreise für Kartoffeln waren kurz vorher eingeführt worden[35]. Bereits am 26. August 1915 war eine Verordnung erlassen worden, wonach Erbsen, Bohnen und Linsen (Hülsenfrüchte) nur durch die Zentral-Einkaufsgesellschaft m.b.H. abgesetzt werden durften. Die Erzeuger hatten ihre Produkte dieser Gesellschaft käuflich zu überlassen. Lediglich einen Doppelzentner jeder Art durften Besitzer von Hülsenfrüchten ohne Vermittlung der Zentral-Einkaufsgesellschaft absetzen[36]. Die Einführung von Höchstpreisen für Äpfel[37] sowie für Gemüse, Zwiebeln und Sauerkraut[38] vervollständigte die Zwangswirtschaft für den Bereich der Landwirtschaft.

Während des ersten Weltkrieges war die Ernährungssituation der ländlichen Bevölkerung wesentlich günstiger als die der Stadtbewohner. Da der Schwarzmarkt in den Städten aufgrund zunehmender Preisinflation häufig keine Aufstockungsmöglichkeiten der bescheidenen Lebensmittelvorräte bot, wurden sogenannte Hamsterfahrten aufs Land für viele Städter unumgänglich. Zunächst profitierten die Landbewohner von diesem Wettbewerb um ihre Erzeugnisse, weil sie - unter Mißachtung der geltenden Höchstpreise - oft hohe Preise erzielten. Indes arteten die Fahrten bald dergestalt aus, daß viele Städter, die kein Geld hatten oder nicht die verlangten Preise zahlen wollten, heimlich oder auch mit Gewalt Nahrungsmittel an sich zu bringen suchten, wobei häufig unreife Früchte abgerissen und Felder zertreten wurden[39].

Nach dem ersten Weltkrieg normalisierte sich die Lage erst allmählich. Mit der Weltwirtschaftskrise von etwa 1928 bis etwa 1932 ging ein drastischer Preisverfall für landwirtschaftliche Produkte einher. Dieser Misere versuchten viele Landwirte dadurch zu begegnen, daß sie sich stärker auf die Direktvermarktung verlegten. Zum Teil schlachteten sie ihr Vieh selbst statt es

---

[33]) RGBl. S. 689 ff.
[34]) RGBl. S. 723 ff.
[35]) VO v. 28. Okt. 1915, RGBl. S. 709.
[36]) RGBl. S. 520 ff.
[37]) VO v. 7. Okt. 1916, RGBl. S. 1143.
[38]) VO v. 25. Jan. 1916, RGBl. S. 63.
[39]) *Skalweit*, Die deutsche Kriegsernährungswirtschaft, S. 219 f.

an Metzger und Viehhändler abzugeben und verkauften das Fleisch in bratfertigen Stücken oder sie backten aus von selbsterzeugtem Getreide hergestelltem Mehl Brot. Diese Tätigkeiten wurden von den Gerichten überwiegend als unangemeldete gewerbliche Tätigkeit angesehen und mit Bußgeldern belegt[40].
Bald nach der Machtergreifung durch die Nationalsozialisten wurde am 13. September 1933 das Gesetz über den vorläufigen Aufbau des Reichsnährstands und Maßnahmen zur Markt- und Preisregelung für landwirtschaftliche Erzeugnisse erlassen[41]. § 2 des Reichsnährstandgesetzes gab dem Reichsminister für Ernährung und Landwirtschaft die Befugnis, den Reichsnährstand oder einzelne seiner Gruppen zu ermächtigen, die Erzeugung, den Absatz sowie die Preise und Preisspannen von landwirtschaftlichen Erzeugnissen zu regeln. Auf dessen Grundlage wurde nach und nach die freie Marktwirtschaft abgeschafft. Zur "Marktordnung" wurde ein System von Mindest-, Höchst- und Rahmenpreisen eingerichtet[42]. Gleichzeitig wurden auch zahlreiche Melde-, Auskunfts-, Buchführungs-, Andienungs-, Bereitstellungs- und Ablieferungspflichten, Verwendungsverbote und -gebote eingeführt[43]. 1934 wurde der freie Verkauf von Agrarerzeugnissen an den Handel sowie das Selbstvermarkten auf Wochenmärkten und die Selbstverarbeitung - zu nennen ist hier vor allem die Herstellung von Butter - verboten[44]. Einige Tage vor Beginn des zweiten Weltkriegs wurde durch die Verordnung über die öffentliche Bewirtschaftung von landwirtschaftlichen Erzeugnissen[45] wieder die Kriegsernährungswirtschaft eingeführt. Die bewirtschafteten Erzeugnisse galten mit dem Inkrafttreten der Verordnung als beschlagnahmt, d.h. über die Erzeugnisse durfte grundsätzlich nur nach den Anordnungen und Weisungen der bewirtschaftenden Stellen durch Rechtsgeschäft oder sonstige Handlungen verfügt werden. Zuwiderhandlungen erfüllten den Tatbestand des kriegsschädlichen Verhaltens in Gestalt der Vernichtung, des Beiseiteschaffens oder Zurückhaltens lebenswichtiger Rohstoffe oder Erzeugnisse. Die Strafverfolgung fiel in den Zuständigkeitsbereich von Sondergerichten, die in allen OLG-Bezirken bereits seit 1933 eingerichtet worden waren. Die Zuständigkeit dieser Sondergerichte wurde während des Krieges ständig erweitert. Landwirte kamen vor allem durch das sogenannte Schwarzschlachten von Vieh mit der KWVO in Berührung. In einem Fall aus dem Jahr 1943 wurde z.B. ein Landwirt und Metzger, der innerhalb von 2 Jahren 14 Stück Großvieh, 40 Kälber, 11 Schafe und 11 Ferkel unberechtigt und ohne Entrichtung der

---

40) Vgl. OLG Dresden, Urt. v. 22. Dez. 1931, Reger 53, S. 488 m.w.N.
41) RGBl. I S. 626.
42) *Merkel/Möhrmann*, Deutsches Bauernrecht, S. 33.
43) *Stoll/Baur*, Deutsches Bauernrecht, S. 160.
44) *V. Saldern*, Mittelstand im *Dritten Reich*, S. 69.
45) KWVO v. 27. Aug. 1939, RGBl. I S. 1521.

Schlachtsteuer geschlachtet und die dabei gewonnenen ca. 80 Zentner Fleisch an zahlreiche Abnehmer veräußert hatte, von dem Sondergericht Saarbrücken als Volksschädling wegen kriegsschädlichen Verhaltens nach § 1 Abs. 1 und 3 KWVO und § 4 Volksschädlingsverordnung[46] sowie wegen Schlachtsteuerhinterziehung zu 10 Jahren Zuchthaus verurteilt[47]. Die KWVO wurde erst durch § 102 des Gesetzes zur Vereinfachung des Wirtschaftsstrafrechts vom 26. Juli 1949[48] mit Wirkung vom 1. Oktober 1949 aufgehoben. Wegen Verstoßes gegen die KWVO ergingen sowohl in den westlichen Besatzungszonen als auch in der sowjetisch besetzten Zone noch geraume Zeit nach Kriegsende zahlreiche Urteile[49].

Nach dem zweiten Weltkrieg nahm die Direktvermarktung in den westlichen und östlichen Besatzungszonen eine unterschiedliche Entwicklung. In der sowjetisch besetzten Zone beziehungsweise der DDR wurden nach der "Bodenreform" von 1945, in deren Zuge alle Betriebe mit über 100 ha landwirtschaftlicher Nutzfläche enteignet worden waren, die Bauern "auf völlig freiwilliger Grundlage" zwischen 1952 und 1961 in landwirtschaftlichen Produktionsgemeinschaften (LPG) zusammengeschlossen[50]. Laut LPG-Statut hatte jedoch jeder Genossenschaftsbauer und -arbeiter das Recht, bis zu 0,25 Hektar (je Familie nicht mehr als 0,5 Hektar) unter Berücksichtigung von Gartenland persönlich zu nutzen. Diese Flächennutzung hatte den Zweck, "zusätzliche Bedürfnisse zu befriedigen sowie weitere Reserven für die Versorgung der Bevölkerung zu erschließen"[51]. Die Erzeugnisse aus dieser Individualwirtschaft konnten den staatlichen Abnahmestellen oder Einzelhandelsgeschäften angeboten werden und mußten von diesen zu festgelegten sehr hohen Preisen abgenommen werden. Die angelieferten Produkte, vor allem Obst, Gemüse, Blumen, Kaninchen, Eier und Hühner, wurden dann auf Anordnung des Staates meist zum halben Preis an die Allgemeinheit

- den Verkäufer manchmal nicht ausgeschlossen - verkauft[52]. Eine Direktvermarktung war für die Individualerzeuger trotzdem bis zum Zusammenbruch der DDR insoweit lukrativ, als sie auf diese Weise häufig in den Besitz der begehrten Westdevisen kamen.

Demgegenüber erfolgte mit dem Beginn des Wirtschaftswunders in der Bundesrepublik Deutschland ein Niedergang der landwirtschaftlichen

---

[46]) VO gegen Volksschädlinge vom 5. Sept. 1939, RGBl. I, S. 1679.

[47]) *Kermann* in: *Paulsen* (Hrsg.), 175 Jahre pfälzisches Oberlandesgericht, S. 244 unter Hinweis auf ein Urt. v. 20 Juli 1943 (15 SKLs 63/43; Landesarchiv Saarbrücken, Nr. 475).

[48]) WiGBl. S. 193.

[49]) Vgl. die Übersicht in NJW 1947/48, S. 34 f.

[50]) *Kroeschell*, Agrarrecht, Rn 610 f.

[51]) LPG-Gesetz, Musterstatuten, Musterbetriebsordnungen, Textausgabe 1986, S. 41.

[52]) *Gollnik/Wissing/Heinrich*, Die Landwirtschaft der DDR Ende der achtziger Jahre, S. 4.

Direktvermarktung. Immer weniger Haushalte kellerten selbst Kartoffeln ein, die von einem Landwirt geliefert wurden, sondern kauften sie kiloweise. Vorher war dies für die direktvermarktenden Landwirte ein lohnendes Geschäft, weil hier eine um bis zu 50 % höhere Gewinnspanne als bei der Abgabe an den Großhandel realisiert werden konnte[53]. Wurde vorher ein Großteil der Eier direkt vom (Klein-)Erzeuger an den Verbraucher abgesetzt, so verschwand die Direktvermarktung von Eiern durch Kleinerzeuger mit dem Aufkommen der Legebatterien in den fünfziger Jahren fast ganz. Lediglich im Weinbau fand mit dem Umstieg von der Faßweinproduktion auf die rentablere Flaschenweinproduktion frühzeitig eine umgekehrte Entwicklung hin zu mehr Direktvermarktung statt. Im übrigen nahm die landwirtschaftliche Direktvermarktung in stadtnahen Gebieten ab den siebziger Jahren wieder einen Aufschwung. Das Einkaufen auf dem Bauernhof kam vor dem Hintergrund eines zunehmend höheren Ernährungsbewußtseins mehr und mehr in Mode. Viele Verbraucher fanden den Weg zum Bauern, weil sie davon ausgingen, die Ware dort sei frischer und die Qualität besser. Andere wollten Gewißheit darüber haben, wie ihre Nahrungsmittel produziert wurde. Manche wollten auch auf dem Bauernhof einkaufen, weil es da etwas für die Kinder zu sehen gab[54]. In den folgenden Jahren waren vielerorts die mit der neuen Natursensibilität aufkommenden alternativ wirtschaftenden Betriebe Vorreiter in der Direktvermarktung[55]. Zu nennen sind hier auch die Straußwirtschaften. Nachdem der Weinübersatz über Straußwirtschaften in den fünfziger und sechziger Jahren zunächst immer geringer geworden war, nimmt er seit den siebziger Jahren immer mehr zu, wobei die hier häufig herrschende besondere Atmosphäre der Gemütlichkeit ausschlaggebend sein soll[56].

Der tiefgreifende Strukturwandel in der Landwirtschaft in Deutschland und Europa hat dazu geführt, daß die Zahl der Betriebe in Westdeutschland von 733.000 im Jahr 1984 auf 590.000 im Jahr 1996 gesunken ist. Allein 1996 ist die Zahl der westdeutschen Betriebe um 3% zurückgegangen. Vor diesem Hintergrund werben die für die Landwirtschaft zuständigen Minister, die Landwirtschaftskammern sowie die Bauern- und Winzerverbände verstärkt für die landwirtschaftliche Direktvermarktung. Denn die EU-Zuschüsse, die zur Zeit noch die Hälfte des im Jahr 1996 auf 54.000,- DM bezifferten durchschnittlichen Einnahmen eines Haupterwerbsbetriebs ausmachen, sollen nach dem Willen der EU schrittweise reduziert werden. Der britische Landwirtschaftsminister *Cunningham* prognostizierte zu Beginn seiner Präsidentschaft im EU-Agrarrat im Januar 1998, in zehn Jahren werde die EU-

---

[53]) *Kamerischs*, Stadtnahe Landwirtschaft, S. 78.

[54]) *Pottebaum/Bullerdiek*, Handbuch Direktvermarktung, S. 31.

[55]) FAZ v. 27. April 1998 S. 14.

[56]) *Gornig/Deutsch*, GewArch. 1997, S. 8. und S. 13 (FN 95).

Landwirtschaft weitestgehend ohne Subventionen auskommen müssen. Dafür werde sich zumindest die britische Regierung einsetzen[57].

Die Agrarpolitik ist ein zentraler supranationaler Politikbereich und war nach Kohle und Stahl einer der Motoren für die Vergemeinschaftung[58]. Vornehmlich wegen der anstehenden Osterweiterung der EU - einige der Beitrittskandidaten sind sehr agrarisch strukturiert - soll jetzt in diesem Bereich ein für die Zukunft tragfähiges Konzept erarbeitet werden. Unter diesem Blickwinkel ist auch die sogenannte Agenda 2000 zu würdigen, ein Vorschlag der europäischen Kommission, der im Juli 1997 von dem damaligen Präsidenten der EU-Kommission Jacques *Santer* vorgestellt wurde. Die Agenda 2000 ist ein Vorschlag, wie der Rahmen für die Gemeinschaftspolitik bis zum Jahr 2006 aussehen soll. Sie besteht aus drei Teilen: Der erste Teil enthält einen Erweiterungsfahrplan und beschäftigt sich mit der Frage, welche mittelosteuropäischen Länder zu welchem Zeitpunkt der EU beitreten sollen. Der zweite Teil behandelt institutionelle Reformen, vor allem der zukünftigen Finanzierung der Gemeinschaftspolitik und dabei in erster Linie der zukünftigen Gestaltung des EU-Agrarhaushalts. Der dritte und umfangreichste Teil beschäftigt sich schließlich mit der Reform der gemeinsamen Agrarpolitik. Die Agenda 2000 wird, so der EU-Agrarkommissar *Dr. Franz Fischler*, mehr "Markt statt Marx" bringen[59]. Sie sieht vor, daß die Preispolitik von der Einkommenspolitik getrennt wird. Die Preise sollen sich, so das Brüsseler Konzept, frei am Markt entwickeln. Die fehlenden Einkommen für die Bauern sollen - zumindest zunächst - durch direkte Ausgleichszahlungen gesichert werden. Im einzelnen ist noch strittig, wie die Prämien im einzelnen ausgestaltet werden sollen[60]. Die Ausführungen zu allen Politikoptionen zeigen aber deutlich, daß die Politik sich weiter aus den Agrarmärkten zurückziehen wird[61].

Neben der Organisation von Ausstellungen, bei denen Verkaufsideen und Dienstleistungen aus dem ländlichen Raum vorgestellt werden, und der Beratung in Marketing-Fragen durch die staatlichen Fachstellen fördern auch die Landwirtschaftskammern die Direktvermarktung in Form von Seminarlehrgängen und Einzelberatungen. Informationen für den Verbraucher werden verbreitet durch Vereine und Interessengemeinschaften, deren förderndes Mitglied häufig die Landwirtschaftskammern der jeweiligen Länder sind. Die Landwirtschaftskammern geben zudem für die einzelnen Regionen Adressenverzeichnisse von Direktvermarktern heraus, in denen das jeweilige Angebot aufgeführt ist. Schließlich vergeben die Landwirtschaftskammern für das jeweilige Bundesland das bundesweite Zeichen "Einkaufen auf dem

---

[57]) RBZ- Nr. 3/ 17. Jan. 1998, S. 6.

[58]) *Cartier*, Nach dem Zweiten Weltkrieg, S. 1065; *Bracher*, Die Krise Europas, S. 264.

[59]) FAZ v. 18. Okt. 1997, S. 10.

[60]) Top agrar 1/98, S. 28.

[61]) Top agrar 1/98, S. 31.

Bauernhof" ; hierbei handelt es sich um ein Quadrat, auf dem ein gewölbtes Tor mit zwei Flügeln zu sehen ist, dessen rechter Flügel geöffnet ist. In den beiden oberen Ecken ist jeweils eine Querstrebe eingefügt. Die Landwirtschaftskammer Rheinland-Pfalz bemüht sich nach eigenen Angaben zur Zeit beim Bundesverkehrsministerium um eine Anerkennung dieses Zeichens als Verkehrshinweis ähnlich den touristischen Hinweisen gemäß § 42 Abs. 7 StVO[62], die außerhalb der Autobahnen auf touristisch bedeutsame Ziele aufmerksam machen und an Autobahnen der Unterrichtung über Landschaften und Sehenswürdigkeiten dienen.

Alle Bundesländer fördern die landwirtschaftliche Direktvermarktung unter bestimmten Voraussetzungen auch finanziell in Form von Zuschüssen. Gefördert werden z.B. Investitionen, Marktanalysen, Markteinführung und Öffentlichkeitsarbeit. Die Höhe der Zuschüsse schwankt je nach Projektart und Bundesland[63].

Im Westen belief sich 1997 die Quote der Betriebe, die sich auf die Direktvermarktung spezialisiert haben, auf 4%, im Osten auf 6%[64]. Einer weiteren Zunahme stehen begrenzende Faktoren entgegen. Generell ist der Aufbau einer umsatzstarken Direktvermarktung an verbrauchernahen Orten, die ein ausreichendes Nachfragepotential bieten, günstiger. Kurze Anfahrtswege machen den Einkauf für den Verbraucher attraktiver. Auch für den Direktvermarkter halten sich die für die Marktbeschickung oder Belieferung von Kunden aufgewandte Zeit und die dabei entstehenden Vermarktungskosten in einem überschaubaren Rahmen[65]. Da die Direktvermarktung sehr arbeitsintensiv ist, kommt eine Schwerpunktsetzung auf dem Gebiet der Direktvermarktung vornehmlich für landwirtschaftliche Haupterwerbsbetriebe in Betracht. 1997 waren über 90 % der Direktvermarktungsbetriebe Haupterwerbsbetriebe[66]. Schließlich hängt der Erfolg in der Direktvermarktung auch sehr stark von der Person des Betriebsinhabers ab; nicht jeder ist dazu geeignet[67].

Trotzdem wird davon ausgegangen, daß auch in Zukunft die Anzahl direktvermarktender Betriebe weiter zunimmt und ein Großteil der bereits

---

[62]) Zeichen 386 der StVO.

[63]) Vgl. *Kuhnert/Withgen*, Die Bedeutung der Direktvermarktung als Einkommensalternative, S. 3.

[64]) *Kuhnert/Wirthgen*, Die Bedeutung der Direktvermarktung als Einkommensalternative, S. 12.

[65]) *Kuhnert/Withgen*, Die Bedeutung der Direktvermarktung als Einkommensalternative, S. 115; *Pottebaum/Bullerdiek*, Handbuch Direktvermarktung, S. 12.

[66]) *Kuhnert/Withgen*, Die Bedeutung der Direktvermarktung als Einkommensalternative, S. 30.

[67]) *Pottebaum/Bullerdiek*, Handbuch Direktvermarktung, S. 14.

bestehenden Betriebe ihre Direktvermarktungsaktivitäten ausdehnen werden[68]. Dafür spricht vornehmlich die steigende Nachfrage nach Lebensmitteln mit bekannter Herkunft sowie der Trend zu rustikalen Lebensmitteln und Spezialitäten. Ein weiterer Grund ist, daß die Bruttomargen in der Direktvermarktung voraussichtlich weiter steigen werden, weil die Erzeugerpreise bei der Abgabe an den Großhandel tendenziell sinken. Schließlich ist ein wachsendes Interesse an regionalen Vermarktungskonzepten im Rahmen der Förderung strukturschwacher Gebiete zu beobachten[69]. Daß zumindest regional noch erhebliche Ausweitungsmöglichkeiten bestehen, zeigt der Vergleich mit dem Nachbarland Frankreich. Die Landwirtschaftszählung von 1988 ergab, daß dort, wenn auch in unterschiedlichem Umfang, 27 % der Betriebe einen Teil ihres Einkommens durch die Direktvermarktung ihrer Produkte erzielten[70].

Viele Landwirte werden vom Einstieg in die Direktvermarktung durch die Angst vor rechtlichen Problemen abgehalten. Nach Untersuchungen der Steuerberatungsgesellschaft Bonn will fast die Hälfte der Landwirte gewerbliche Tätigkeiten vermeiden, obwohl sie aufgrund der vorhandenen Vermögenswerte und damit Beleihungsgrundlagen sowie ihrer unternehmerischen Erfahrung gute Voraussetzungen für eine solche Tätigkeit mitbringen[71].Zu beachten ist neben baurechtlichen, steuerrechtlichen und hygienerechtlichen Gesichtspunkten vor allem das Gewerberecht und Gewerbenebenrecht. Es ist im Einzelfall immer zu prüfen, ob eine gewerbliche Tätigkeit vorliegt und welche Konsequenzen dies im Einzelfall nach sich zieht. Im Bereich der Verarbeitung spielt vornehmlich die Handwerksordnung eine besondere Rolle[72]. Bei der Direktvermarktung von Wein stellt sich regelmäßig die Frage nach dem Geltungsbereich des Gaststättengesetzes. Es tauchen aber auch immer wieder Probleme in bezug auf das Ladenschlußgesetz, die Feiertagsgesetze der Länder sowie die Straßengesetze von Bund und Ländern sowie die Straßenverkehrsordnung auf. Diesen Problemen wird die vorliegende Arbeit im folgenden nachgehen.

---

68) *Kuhnert/Wirthgen*, Die Bedeutung der Direktvermarktung als Einkommensalternative, S. 118; *Pottebaum/Bullerdiek*, Handbuch Direktvermarktung, S. 12 f ; Unser Land Nr. 2 / 1998 S. 6.

69) *Pottebaum/Bullerdiek*, Handbuch Direktvermarktung, S. 37 ff.; RBZ - Nr. 24/ 13. Juni 1998, S. 13.

70) *Grothey*, Direktvermarktung und hofeigene Verarbeitung in Frankreich, S. 16 f.

71) FAZ v. 27. April 1998, S. 19; RBZ - Nr. 21/23. Mai 1998 S. 14.

72) RBZ - Nr. 21/23.Mai 1998 S. 14.

2. Abschnitt: Direktvermarktung und allgemeines Gewerberecht

I. Die Landwirtschaft im System der Gewerbeordnung

1. Überblick

Die Gewerbeordnung für den Norddeutschen Bund vom 21. Juni 1869[73] stellte im Gegensatz zur heutigen Fassung der Gewerbeordnung, die gleichsam nur noch einen Allgemeinen Teil des Gewerberechts und einige Spezialtatbestände aufweist, eine umfassende Regelung des Gewerberechts dar[74]. Die Urheber der Gewerbeordnung wollten ein auf dem Prinzip der unbedingten Gewerbefreiheit basierendes Gesetz schaffen[75]. Die Idee der Gewerbefreiheit hatte sich erst ab dem Beginn des 19. Jahrhunderts allmählich durchgesetzt. Damit einher ging die Zurückdrängung des Zunftsystems. Wesentliche Elemente der Gewerbefreiheit fanden sich bereits im preußischen Gewerbesteueredikt von 1810 und im Gesetz über die polizeilichen Verhältnisse der Gewerbe von 1811[76]. Die preußische Allgemeine Gewerbeordnung von 1845 verfolgte ein Konzept, das einen Kompromiß zwischen der Gewerbefreiheit und den im Vormärz erhobenen Stimmen für die Zunftverfassung darstellte. Grundsätzlich war der Betrieb eines oder mehrerer Gewerbe frei. Allgemeine Bedingungen waren die Dispositionsfähigkeit und ein fester Wohnsitz in den preußischen Staaten (§ 16 GewO 1845). Die bevorstehende Aufnahme eines Gewerbebetriebs war der lokalen Kommunalbehörde lediglich anzuzeigen (§§ 22, 23 GewO 1845). Der darauf ergehende Bescheid war keine Voraussetzung für die Gewerbeausübung. Ausnahmen bestanden lediglich für Gewerbe, die durch ihren Betrieb Gefahren oder Belästigungen herbeiführen konnten (§ 26 GewO 1845) und für bestimmte Berufsgruppen wie z.B. Schauspielunternehmer (§ 47 GewO 1845) oder Betreiber von Tanz- oder Fechtschulen sowie von Bade- oder Turnanstalten (§ 50 GewO 1845), die ihre sittliche Zuverlässigkeit nachzuweisen hatten. Schließlich gab es auch Gewerbe, die nur mit einem Befähigungszeugnis der Regierung, das den Besitz der zum Gewerbebetrieb erforderlichen Kenntnisse und Fähigkeiten belegte, ausgeübt werden durften (§ 45 GewO 1845). Hierzu zählten u.a. das Gewerbe des Maurers, das des Abdeckers und das der Hebamme[77].

Die Gewerbeordnung von 1869 orientierte sich weitgehend am Vorbild der preußischen Allgemeinen Gewerbeordnung von 1845. Entsprechend den damals herrschenden Ideen des Wirtschaftsliberalismus sollte allerdings soweit wie möglich auf einengende und regelnde Eingriffe in das Wirtschaftsleben

---

[73]) BGBl. S. 245.

[74]) *Stober*, WVR, § 45 I 1.

[75]) *V. Rohrscheidt*, GewO, Bd. 1 S. XV.

[76]) *Jarass*, WVR, § 1 FN 19.

[77]) *Ziekow*, Freiheit und Bindung des Gewerbes, S. 402 ff.

verzichtet werden[78] und eine Beschränkung auf gewerbepolizeiliche Bestimmungen im Hinblick auf sicherheits- und sittenpolizeiliche Aspekte erfolgen[79]. Diese Vorstellungen wurden weitgehend verwirklicht. § 1 Abs. 1 GewO konstituierte den Grundsatz der Gewerbefreiheit. Ein Nachweis der Zuverlässigkeit oder das Vorliegen eines Befähigungszeugnisses war im Gegensatz zur Preußischen Gewerbeordnung von 1845 nicht mehr erforderlich. § 14 Abs. 1 Satz 1 GewO machte den Betrieb eines stehenden Gewerbes allerdings aus Gründen der öffentlichen Sicherheit und Ordnung anzeigepflichtig. Sowohl an der Gewerbefreiheit als auch an der Anzeigepflicht hat der Gesetzgeber bis heute festgehalten. Die Anzeigepflicht ist einer der Gründe, weswegen eine Differenzierung von gewerblichen Tätigkeiten gegenüber nichtgewerblichen Tätigkeiten erforderlich ist.
Der Gesetzgeber von 1869 verzichtete, wie auch schon die preußische Allgemeine Gewerbeordnung von 1845,[80] bewußt auf eine Legaldefinition des Gewerbebegriffs, "weil", wie es in den Motiven heißt, "die Vielgestaltigkeit der gewerblichen Entwicklung eine scharfe Begriffsbestimmung nicht gestattet"[81]. Auch das Gewerbesteueredikt von 1811 hatte keine Definition des Begriffs des Gewerbes enthalten[82]. § 6 GewO[83] enthält nach allgemeiner Meinung[84] keine Begriffsbestimmung. Die Vorschrift verfolgt vielmehr zwei Ziele:

---

[78]) *Molitor*, Vom Wesen des Handwerks, S. 12.
[79]) Motive zur Gewerbeordnung, Stenograph. Berichte Bd. 9/1869 III S. 115 (117 und 121).
[80]) GS S. 41.
[81]) Motive zur Gewerbeordnung, Stenograph. Berichte Bd. 9/1869 III S. 112.
[82]) *Ziekow*, GewArch. 1985, S. 313 (315).
[83]) § 6 GewO in der Fassung der Bekanntmachung vom 1. Jan. 1987 (BGBl. I S. 425) unter Berücksichtigung der Änderungen vom 26. Aug. 1992 (BGBl. I S. 1564) und vom 27. Dez. 1993 (BGBl. I S. 2378) lautet:

"Dieses Gesetz findet, abgesehen von § 120c Abs. 5, keine Anwendung auf die Fischerei, die Errichtung und Verlegung von Apotheken, die Erziehung von Kindern gegen Entgelt, das Unterrichtswesen, auf die Tätigkeit der Rechtsanwälte und Notare, der Rechtsbeistände, der Wirtschaftsprüfer und Wirtschaftsprüfungsgesellschaften, der vereidigten Buchprüfer und Buchprüfungsgesellschaften, der Steuerberater und Steuerberatungsgesellschaften sowie der Steuerbevollmächtigten, auf den Gewerbebetrieb der Auswandererberater, die Befugnis zum Halten öffentlicher Fähren, das Seelotswesen und die Rechtsverhältnisse der Kapitäne und der Besatzungsmitglieder auf den Seeschiffen. Auf das Bergwesen findet dieses Gesetz nur insoweit Anwendung, als es ausdrückliche Bestimmungen enthält; das gleiche gilt, abgesehen von § 120c Abs. 5 für den Gewerbebetrieb der Versicherungsunternehmen, die Ausübung der ärztlichen und anderen Heilberufe, den Verkauf von Arzneimitteln, den Vertrieb von Lotterielosen und die Viehzucht."

[84]) Vgl. z.B. *Marcks* in: Landmann/Rohmer, GewO, § 6 Rn 2.

1) Es soll klargestellt werden, daß gewisse Zweige der Landesgesetzgebung wie z.B. die Unterrichtsgesetzgebung von dem Geltungsbereich der Gewerbeordnung ausgenommen sind.
2) Gewisse Bereiche der Gewerbegesetzgebung sollen der Regelung durch Spezialgesetze vorbehalten werden, weil diese (aufgrund ihrer Komplexität)[85] nicht beiläufig in einer allgemeinen Gewerbeordnung erledigt werden können[86].
Nach heute gängiger Definition ist Gewerbe jede nicht sozial unwertige (generell nicht verbotene = "erlaubte"), auf Gewinnerzielung gerichtete und auf Dauer angelegte (= nachhaltige), selbständige Tätigkeit, die weder Urproduktion (z.B. Aufsuchen und Gewinnen von Bodenschätzen, Torfabbau, Landwirtschaft), freie Berufe (freie wissenschaftliche, künstlerische und schriftstellerische Tätigkeit höherer Art sowie persönliche Dienstleistungen höherer Art, die eine höhere Bildung erfordern) oder bloße Verwaltung eigenen Vermögens ist[87]. Liegen die vier positiven Merkmale (nicht sozial unwertig, auf Gewinnerzielung gerichtet, auf Dauer angelegt und selbständig) vor, spricht man von einer gewerbsmäßigen Tätigkeit. Dagegen ist eine gewerbsfähige Tätigkeit erst anzunehmen, wenn keines der drei Negativmerkmale (keine Urproduktion, freie Berufe und bloße Verwaltung eigenen Vermögens) vorliegt[88].

2. Die Ausklammerung der Landwirtschaft aus dem Gewerbebegriff

Einzelne Merkmale des Gewerbebegriffs sind umstritten. So wird zum Teil bezweifelt, ob es sachgerecht sei, bei der Bestimmung des Gewerbebegriffs an das Merkmal der sozialen Unwertigkeit anzuknüpfen. Nach einer Ansicht legt die Bestimmung des Begriffs der sozial unwertigen Tätigkeit die Heranziehung rechtlich nicht fixierter Wertvorstellungen einer Bevölkerungsmehrheit oder -minderheit nahe[89]. Angesichts der Grundentscheidung für Berufs- und Gewerbefreiheit sei es aber allein Sache des demokratisch legitimierten Gesetzgebers, durch ein ausdrückliches Verbot bestimmte Tätigkeiten als sozial schädlich einzustufen. Daher müsse auf das Merkmal der sozial unwertigen Tätigkeit verzichtet werden[90]. Auch die in dem Entwurf des Deutschen

---

[85]) Anm. des Verfassers.
[86]) Motive zur Gewerbeordnung, Stenograph. Berichte Bd. 9/1869 III, S. 112.
[87]) BVerwG, Urt. v. 24. Juni 1976 - I C 56.76 - DÖV 1977, S. 403 = GewArch. 1976, S. 293 (294) = NJW 1977, S. 772; BVerwG, Urt. v. 26. Jan. 1993 - 1 C 25.91 - Buchholz 451.20 § 14 GewO Nr. 5 = GewArch. 1993, S. 197; *Ehlers* in: Achterberg/Püttner, Bes. VerwR. I., Kap. 1 Rn 175 ff.; *Ambs* in: Erbs/Kohlhaas, Strafrechtliche Nebengesetze, § 1 GewO Anm. 2; *Friauf* in: ders., Einl. Abschnitt A.I; *Fröhler/Kormann*, GewO, § 1 Rn 2; *Frotscher* in: Schmidt, ÖWR BT I, § 1 Rn 19 ff.; *Hahn*, GewArch. 1999, S. 355 (356); *Kahl* in: Landmann/Rohmer, GewO, Einl. Rn 32.
[88]) *Jarass*, WVR, § 15 Rn 7; *Stober*, WVR, § 45 III 2 und 3.
[89]) *Arndt* in: Steiner, Bes. VerwR, Abschnitt VII Rn 237.
[90]) *Arndt* in: Steiner, Bes. VerwR, Abschnitt VII Rn 240.

Industrie- und Handelstages für ein Gewerbegesetzbuch von 1981 enthaltene Definition des Gewerbes sah nur noch die drei Merkmale selbständig, regelmäßig und entgeltlich vor[91]. Das Merkmal der sozialen Unwertigkeit beziehungsweise des Erlaubtseins war von Anfang an umstritten[92]. Der Einwand, daß mit der Verwendung des Merkmals eine erhebliche Rechtsunsicherheit einher geht, überzeugt nicht. Denn zum einen zeigt gerade die Peep-Show-Rechtsprechung, daß hier vom Ergebnis her eine Kontinuität zu verzeichnen ist[93]. Zum andern hat das Merkmal ähnlich wie der Begriff der öffentlichen Ordnung im Polizeirecht schon allein deshalb eine Daseinsberechtigung, weil nur so neuen Entwicklungen und Fällen, die der Gesetzgeber noch nicht berücksichtigt hat, begegnet werden kann.

Ferner wird bezweifelt, ob es heute noch gerechtfertigt ist, die sogenannten freien Berufe und die Urproduktion aus dem Gewerbebegriff auszunehmen[94]. Die Herausnahme der freien Berufe kann in der Tat heute nur noch mit der Tradition begründet werden[95]. Im Rahmen dieser Arbeit gilt es vornehmlich zu untersuchen, ob die Ausgliederung der Urproduktion und hier vor allem der Landwirtschaft aus dem Gewerbebegriff auch heute noch nachvollziehbar und zweckgerecht ist. Der Entwurf des Deutschen Industrie- und Handelstages meinte, die Unterscheidung zwischen Gewerbe einerseits sowie Land- und Forstwirtschaft andererseits sei nicht mehr logisch begründbar. Nur weil noch längere Zeit vergehen werde, bis das allgemeiner Kenntnisstand sei, sei auch in nächster Zukunft aus praktischen Erwägungen die Urproduktion aus dem Gewerbebegriff auszunehmen[96]. Eine Annäherung des Landwirtschaftssektors an das Gewerberecht wird auch von der ganz herrschenden Meinung in Literatur und Rechtsprechung nicht geleugnet. Dennoch wird auch weiterhin allgemein angenommen, daß Landwirtschaft und Gewerbe sich ausschließen[97]. Klarheit darüber, ob die Herausnahme der Landwirtschaft aus dem Gewerbebegriff heute noch gerechtfertigt ist, vermag nach Auffassung des Verfassers nur eine Auslegung des Gewerbebegriffs der Gewerbeordnung nach Wortsinn, Entstehungsgeschichte, rechtssystematischen Gesichtspunkten sowie Sinn und Zweck der Gewerbeordnung zu verschaffen.

---

[91]) Gewerberecht aus einem Guß / Leitsätze für ein Gewerbegesetzbuch, S. 11.

[92]) Vgl. z.B. *Engelmann*, GewO, S. 31.

[93]) BVerwG, Urt. v. 15. Dez. 1981 - BVerwG 1 C 232.79 - BVerwGE 64, S. 274 ff.; BVerwG, Urt. v. 30. Jan. 1990 - BVerwG 1 C 26.87 - BVerwGE 84, S. 314 (317 ff.).

[94]) Vgl. z.B. *Thieme*, ZRP 1970, S. 25 f.

[95]) *Stober*, WVR, § 45 III 3c.

[96]) Gewerberecht aus einem Guß/ Leitsätze für ein Gewerbegesetzbuch, S. 14 f; auch abgedruckt in WiVerw. 1987, S. 369 ff. Diese Auffassung blieb seitens der Bundesregierung unwidersprochen, vgl. *L. Müller*, WiVerw. 1982, S. 216 ff.

[97]) Siehe z.B. *Arndt* in: Steiner, Bes. VerwR, Abschnitt VII Rn 247; *Jarass*, WVR, § 18 Rn 19; *Stober*, WVR, § 51 II 4.

Der Wortsinn des Begriffs "Gewerbe" ist zu unexakt, als daß hieraus überzeugende Rückschlüsse auf die Rechtfertigung der Landwirtschaft aus dem Gewerbebegriff gezogen werden könnten[98]. Zum Teil wird die Landwirtschaft ausgenommen,[99] zum Teil ist das nicht der Fall [100].
Die Entstehungsgeschichte hilft auch nicht weiter. Zwar geht aus den Motiven zum ersten Entwurf einer Gewerbeordnung für den Norddeutschen Bund eindeutig hervor, daß es dem Willen des Gesetzgebers entsprach, die Landwirtschaft aus dem Gewerbebegriff auszuscheiden,[101] aber das beantwortet nicht die Frage, ob die Ausklammerung heute noch gerechtfertigt ist.
Auch eine Auslegung des Gewerbebegriffs der Gewerbeordnung anhand des Vergleichs der Verwendung des Begriffs des Gewerbes in anderen Gesetzen, vermag nicht zur Klärung beizutragen, da dieser je nach Gesetz eine andere Bedeutung zukommt. Das beruht darauf, daß der Gewerbebegriff jeweils gesetzesakzessorisch ist, d.h. daß er sich jeweils nach den Zielen des Gesetzes, das ihn gerade verwendet, richtet[102]. So stellt der Gewerbegriff des § 196 Abs. 1 Nr. 1 BGB darauf ab, ob das Erwerbsstreben im Vordergrund steht. Das ist auch bei landwirtschaftlichen Betrieben außer bei den reinen Selbstversorgerbetrieben regelmäßig der Fall[103]. Im Strafrecht wiederum soll der Begriff des gewerbsmäßigen Handelns eine gewisse Dauer und Nachhaltigkeit und damit eine besondere Strafwürdigkeit umschreiben[104]. Dem Gewerbebegriff des Einkommenssteuergesetzes in § 15 Abs. 2 Satz 1 EStG und § 2 Abs. 1 GewStG sowie § 2 Abs. 2 und 3 GewStG liegen demgegenüber fiskalische Überlegungen zugrunde.

Somit kommt der Auslegung nach dem Sinn und Zweck der Gewerbeordnung entscheidende Bedeutung zu. In neuerer Zeit wurde die Ausklammerung der Landwirtschaft aus dem Gewerbebegriff unter dem Gesichtspunkt von Sinn und Zweck der Gewerbeordnung im wesentlichen mit zwei Argumenten zu begründen versucht.

Ein Argument rechtfertigt die Ausklammerung der Landwirtschaft aus dem Gewerbebegriff mit ihrer Abhängigkeit von Grund und Boden, Witterung und Jahreszeiten[105]. Demnach sind alle die Erwerbszweige der Landwirtschaft von

---

[98]) BGH, Urt. v. 7. Juli 1960 - VIII ZR 215/59 - NJW 1961, S. 725 (726).
[99]) Grimms Wörterbuch S. 5478.
[100]) *Duden*, Bedeutungswörterbuch, Stichwort: "Gewerbe".
[101]) Vgl. Motive zur Gewerbeordnung, Stenograph. Berichte Bd. 9/1869 III S. 112.
[102]) *Friauf* in: ders., GewO, § 1 Rn 8.
[103]) BGH, Urt. v. 7. Juli 1960 - VIII ZR 215/59 - BGHZ 33, 321 = NJW 1961, S. 725 (726).
[104]) *Friauf* in: ders., GewO, § 1 Rn 7.
[105]) *Fröhler* in: Landmann/Rohmer, GewO, 12. Aufl., Einl. zu § 1, Rn 93; ab der 13. Aufl. erscheint diese Ansicht nicht mehr. *Fröhler* verweist aber noch in seinem mit Kormann

der Privilegierung auszunehmen, die, weil sie nicht auf der Basis einer eigenen Futtergrundlage wirtschaften, von Grund und Boden, Witterung und Jahreszeiten nicht abhängen. Hier ist vor allem die sogenannte Massentierhaltung insbesondere im Bereich der Geflügel-, Schweine- und Kälberzucht zu nennen, bei der von Landwirtschaft im eigentlichen Sinne aufgrund der Lösung von Grund und Boden nicht mehr gesprochen werden kann, weil sowohl die Tiere selbst als auch das Futter von anderen Erzeugern gekauft werden[106].

Hiergegen läßt sich jedoch einwenden, daß heute nicht mehr alle Formen, in denen Landwirtschaft betrieben wird, witterungsabhängig und nur noch mit Einschränkung von den Jahreszeiten abhängig sind. Als Beispiel hierfür läßt sich die Pilzzucht nennen[107]. Pilze werden häufig in dunklen Räumen und in der Regel auf Baumstämmen oder Strohballen gezogen. Obwohl die Pilzzucht seit jeher als Landwirtschaft angesehen wird,[108] besteht eine Witterungsabhängigkeit nur bedingt. An einer Abhängigkeit von Grund und Boden fehlt es in der Regel sogar ganz. Außerdem erscheint die Abhängigkeit von Witterung und Jahreszeiten nicht geeignet, eine Privilegierung zu begründen. Z.B. sind auch Gaststätten und Hotelbetriebe in Wintersportgebieten von Witterung und Jahreszeiten abhängig. Dennoch zweifelt niemand daran, daß es sich hierbei um gewerbliche Tätigkeiten handelt[109]. Die Abhängigkeit von Grund und Boden sowie von Witterung und Jahreszeiten sieht kann daher die Herausnahme der Landwirtschaft aus dem Gewerbebegriff nicht rechtfertigen.

Als weiteres Argument für die Ausklammerung der Landwirtschaft aus dem Gewerbebegriff wird angeführt, daß die Landwirtschaft von den in Titel VII der Gewerbeordnung enthaltenen Arbeitnehmerschutzvorschriften ausgenommen ist. Denn diese seien auf herkömmliche gewerbliche Arbeiter zugeschnitten und

---

herausgegebenen Kommentar zur Gewerbeordnung in § 1 Rn 5 auf seine Ausführungen in Landmann/Rohmer, GewO, a.a.O. Diese Auffassung hat Vorläufer sowohl in der Literatur (vgl. z.B. *Richter*, Zugehörigkeit oder Nichtzugehörigkeit von Gärtnereibetrieben zum Gewerbe, S. 4) und in der Rechtsprechung (vgl. z.B. OLG Hamm, Urt. v. 22. Aug. 1931 - 2 S 290/31 - JW 1932, S. 1076).

106) *Fröhler/Kormann*, GewO, § 1 Rn 5; so auch: *Ambs* in: Erbs/Kohlhaas, Strafrechtliche Nebengesetze, § 1 GewO Anm. 2c; *Arndt* in: Steiner, Bes. VerwR, Abschnitt VII Rn 247; *Ehlers* in: Achterberg/Püttner, Bes. VerwR, Bd. 1, Kap. 1 Rn 183; *Friauf* in: ders., GewO, § 1 Rn 92; *Jarass*, WVR, § 18 Rn 19; *Stober*, WVR, § 45 III 3a; a.A. *v. Ebner*, GewArch. 1977, S. 281(286) u. GewArch. 1983, S. 1 (7); *Kahl* in: Landmann/Rohmer, GewO, Einl. zu § 1 Rn 64; *Marcks* in: Landmann/Rohmer, GewO, § 6 Rn 77; *Robinski*, Gewerberecht, S. 22; *Ketteler*, Landwirtschaftl. Direktvermarktung..., S. 27.

107) *V. Ebner*, GewArch. 1983, S. 1 (7 f.).

108) Die Pilzzucht läßt *Ketteler*, Landwirtschaftliche Direktvermarktung..., S. 28 unerörtert.

109) WiGBl. S. 193.

daher nicht mit den von der Natur vorgegebenen Verhältnissen in der Landwirtschaft und hier vor allem in der Viehzucht in Einklang zu bringen[110]. Diesem Argument wurde durch die Aufhebung der Vorschriften des Titels VII der Gewerbeordnung durch Artikel 5 Nr. 1 des Arbeitszeit - Gesetzes vom 6. Juni 1994 und die Einfügung der Vorschriften in das Arbeitszeit - Gesetz[111] der Boden entzogen. Denn im Arbeitszeit-Gesetz fehlt jeglicher Bezug zum Gewerbe, so daß die Vorschriften nunmehr auch auf landwirtschaftliche Arbeiter anwendbar sind. Konsequenterweise besteht nach dieser Auffassung seither kein sachlicher Grund mehr, die Landwirtschaft aus dem Gewerbebegriff der Gewerbeordnung auszuklammern.

Richtigerweise ist ausgehend von dem Schutzzweck der Gewerbeordnung die Ausklammerung der Landwirtschaft aus dem Gewerbebegriff heute nur noch insoweit gerechtfertigt, als von ihr nur geringe Gefahren für den Einzelnen und die Allgemeinheit ausgehen. Denn Sinn und Zweck der Gewerbeordnung ist der Schutz des Einzelnen und der Allgemeinheit vor Gefahren, die von dem Gewerbebetrieb als solchem oder dem Gewerbetreibenden ausgehen[112]. Zwar mögen heute aufgrund der Verwendung von künstlichem Dünger, Pestiziden und der modernen Tierhaltung von der Landwirtschaft mehr Gefahren ausgehen als zur Entstehungszeit der Gewerbeordnung. Dies ist aber nicht in einem solchen Maß der Fall, daß aus Gründen der öffentlichen Sicherheit und hier vor allem des Verbraucherschutzes unter Aufgabe des herkömmlichen Gewerbebegriffs eine - abgesehen von den reinen Selbstversorgerbetrieben - generelle Einordnung als Gewerbebetrieb geboten wäre. Das ist nur dann der Fall, wenn von dem landwirtschaftlichen Betrieb ein Ausmaß an Gefahren ausgeht, das eine behördliche Kontrolle und im Falle der Unzuverlässigkeit die Möglichkeit einer Untersagung nach § 35 Abs. 1 GewO erfordert. Zu denken ist hier an zwei Fallgruppen:

(1) die Massentierhaltung und
(2) die Formen der Landwirtschaft, die typischerweise in einem erheblichen Umfang chemische Mittel einsetzen.

Dem Umstand, daß von der Massentierhaltung erhebliche Gefahren für die Allgemeinheit ausgehen, hat der Gesetzgeber in der Vergangenheit dadurch Rechnung getragen, daß er Massentierhaltungsbetriebe nach Maßgabe des § 4

---

[110]) *V. Ebner*, GewArch. 1983, S. 1 (8); *Ehlers* in: Achterberg/Püttner, Bes. VerwR, Bd. 1, Kap. 1 Rn 183.
[111]) BGBl. I S. 1070 (1077).
[112]) Allg. M.: vgl. z.B. BVerwG, Urt. v. 24. Juni 1976 - I C 56.74 - DÖV 1977, S. 403 = GewArch. 1976, S. 293 (295) = NJW 1977, S. 772; *Arndt* in: Steiner, Bes. VerwR, Abschnitt VII Rn 233.

Abs. 1 in Verbindung mit § 2 Abs. 1 Nr. 1 BImSchG und Nr. 7 des Anhangs zur 4. Bundesimmissionsschutzverordnung und nach § 3 UVPG in Verbindung mit Nr. 24 des Anhangs zu Nr. 1 der Anlage zu § 3 UVPG als genehmigungsbedürftige Anlagen ansieht. Nach Nr. 7.1 der Anlage zur 4. Bundesimmissionsschutzverordnung liegt eine Massentierhaltung z.B. dann vor, wenn mehr als 40.000 Mastgeflügelplätze oder 2.000 Mastschweineplätze beziehungsweise 750 Sauenplätze vorhanden sind.
Aber bereits unterhalb dieser Schwelle gebietet der Schutz der Allgemeinheit sowie der Schutz der in Massentierhaltungsbetrieben beschäftigten Personen in der Regel eine Einordnung als Gewerbebetrieb. Obwohl die Bestimmungen des Steuerrechts nicht der Wahrung der öffentlichen Sicherheit und Ordnung dienen, sondern fiskalpolitische Ziele verfolgen, wird vorgeschlagen, die Maßstabsgrößen des § 13 Abs. 1 Nr. 1 EStG in Verbindung mit Richtlinie R 124a zu § 13 EStG für die Abgrenzung der Urproduktion zur gewerblichen Massentierhaltung heranzuziehen[113]. Das ist überzeugend. Da Grundlage für die Festsetzung des Höchstbesatzes die Futtergrundlage ist, können die Abgrenzungskriterien des Steuerrechts auch für das Gewerberecht fruchtbar gemacht werden. Denn solange eine überwiegend eigene Futtergrundlage gegeben ist, halten sich die von dem Viehzuchtbetrieb für die Allgemeinheit ausgehenden Gefahren in einem überschaubaren Rahmen, weil durch die Veredelung vornehmlich anhand von selbsterzeugtem Futter der Allgemeinheit nur geringe Risiken entstehen. Dagegen verwenden die Massentierhaltungsbetriebe in starkem Maß Medikamente (wegen des bei der Massentierhaltung hohen Krankheitsdrucks) und Produkte der Futtermittelindustrie (Tiermehl, Wachstumsverstärker), da für sie dann die Gewinnspanne höher liegt als beim Zukauf von Heu, Silage oder Futtergetreide

---

[113]) *Friauf* in: ders., GewO, § 1 Rn 92; *Ketteler*, Landwirtschaftl. Direktvermarktung..., S. 28 f. Der ermittelte Tierbestand wird zum Zwecke der Abgrenzung der landwirtschaftlichen Tierzucht und Tierhaltung von der gewerblichen in Vieheinheiten (VE) umgerechnet. Der Schlüssel ergibt sich aus Steuerrichtlinie R 124a Abs. 1 Satz 5 zu § 13 EStG. Danach entsprechen z.B. Legehennen 0,02 VE, Kälber und Jungvieh unter 1 Jahr 0,30 VE, Jungvieh 1 bis 2 Jahre alt 0,7 VE, Kühe einschließlich Mutter- und Ammenkühe mit den dazugehörigen Saugkälbern 1,00 VE und Zuchtschweine einschließlich Jungzuchtschweine über etwa 90 kg 0,33 VE. Gewerbliche Tierhaltung liegt vor, wenn der in § 13 Abs. 1 Nr. 1 Satz 2 aufgeführte Schlüssel nicht überschritten wird. In der Fassung dieser Vorschrift vom 29.6.1998 (BGBl. I S. 1692) ist Landwirtschaft anzunehmen, solange

für die ersten 20 Hektar	nicht mehr als 10 Vieheinheiten,
für die nächsten 10 Hektar	nicht mehr als 7 Vieheinheiten,
für die nächsten 20 Hektar	nicht mehr als 6 Vieheinheiten,
für die nächsten 50 Hektar	nicht mehr als 3 Vieheinheiten
und für die weitere Fläche	nicht mehr als 1,5 Vieheinheiten

gehalten werden.

beziehungsweise nur bei ihrer Verwendung Gewinne erzielt werden können[114]. Bei der Verwendung von Medikamenten und zugekauften Futterstoffen drohen der Allgemeinheit hohe gesundheitliche Risiken wegen möglicher Rückstände im Fleisch, das letztlich an den Verbraucher gelangt.
§ 6 Satz 2 GewO nimmt zwar von seinem Wortlaut her allgemein die Viehzucht vom Anwendungsbereich der Gewerbeordnung aus. Wenn aus § 6 Satz 2 GewO zum Teil sogar gefolgert wird, daß daher ein Eingehen auf die Frage, ob die Massentierhaltung nun als gewerbliche Tätigkeit anzusehen ist oder aber der Landwirtschaft zuzuordnen ist, überwiegend theoretischer Natur sei,[115] so kann dem nicht zugestimmt werden. Der Sinn und Zweck der Aufnahme der Viehhaltung in den Katalog des § 6 GewO bestand nicht etwa darin, klarzustellen, daß jegliche Art von Tierhaltung nicht dem Geltungsbereich der Gewerbeordnung unterliege. Vielmehr ist die ausdrückliche Aufnahme der Viehzucht in § 6 Satz 2 GewO im Zusammenhang mit dem damaligen § 56 b Abs. 3 GewO zu verstehen[116]. Nach dieser Vorschrift konnten die Landesregierungen das Umherziehen mit Zuchthengsten zur Deckung von Stuten untersagen oder Beschränkungen unterwerfen konnten. Die amtliche Begründung zum § 6 GewO aus dem Jahr 1883 stellt klar:

"Angesichts der Bestimmung des § 56b Abs. 3 GewO erscheint es wünschenswert, um nicht mittels eines argumentum e contrario die Gültigkeit der Landeskörordnungen und Beschälordnungen in Zweifel ziehen zu lassen, die Viehzucht ausdrücklich als nicht unter die Vorschrift der Gewerbeordnung fallend zu bezeichnen.[117] "

Als Form der Landwirtschaft, die typischerweise in einem ganz erheblichen Maße chemische Mittel einsetzt, ist in erster Linie der Unterglasgartenbau zu nennen. Da die hier gezogenen Pflanzen aus Gründen der Wirtschaftlichkeit und eines erhöhten Krankheitsdrucks in einem noch weit höheren Maße als im Freilandgartenbau mit Pestiziden, Flüssigdüngern und dergleichen behandelt werden, gehen von einem solchen Betrieb für die dort Beschäftigten und die Allgemeinheit erhebliche Gefahren aus. Wie der Verfasser durch Nachfrage bei Arbeitnehnern eines solchen Betrieb erfahren hat, leiden diese aufgrund der eingesetzten chemischen Mittel häufig in einem solchen Maß unter Allergien und Beschwerden der Atemwege, daß sie ihre Tätigkeit nicht fortsetzen können. Auch der Allgemeinheit - einerseits der Nachbarschaft und andererseits aufgrund der Rückstände von Pflanzenschutzmitteln in den Pflanzen dem

---

[114]) *Köpf/Petterson/Schaumann*, Biologisch-dynamische Landwirtschaft, S. 39.
[115]) *Robinski*, Gewerberecht, S. 22; *Tettinger* in: Tettinger/Wank, GewO, § 1 Rn 44; a.A. *Jarass*, WVR, § 15 Rn 23.
[116]) *Ketteler*, Landwirtschaftl. Direktvermarktung..., S. 25.
[117]) Stenograph. Berichte 1883 I S. 115 ff.

Verbraucher - drohen aufgrund des hohen Maßes an eingesetzten chemischen Mitteln erhebliche gesundheitliche Probleme.

Der hier vertretene Lösungsansatz der nur eingeschränkten Herausnahme der Landwirtschaft aus dem Gewerbebegriff hat für die landwirtschaftliche Direktvermarktung zur Folge, daß eine Zuordnung der Direktvermarktung zu dem Bereich der Landwirtschaft von vornherein ausscheidet (und damit Gewerbe im Sinne der Gewerbeordnung ist), wenn die direkt an den Verbraucher vertriebenen selbsterzeugten Produkte aus der Massentierhaltung oder aus einem Bereich der Landwirtschaft, der typischerweise in einem erheblichen Umfang chemische Mittel einsetzt, stammen.

II. Abgrenzung der Landwirtschaft vom Gewerbe

1. Bedeutung der Abgrenzung der Landwirtschaft vom Gewerbe

Die Abgrenzung von Gewerbe und Landwirtschaft hat erhebliche Bedeutung für die Praxis, weil die Einordnung als Gewerbe große Nachteile nach sich zieht. So ist ein Gewerbe nach § 14 Abs. 1 Satz 1 GewO anzumelden. Kommt der Gewerbetreibende dieser Anmeldepflicht nicht nach, begeht er eine Ordnungswidrigkeit nach § 146 Abs. 2 Nr. 1 GewO und setzt sich nach § 146 Abs. 4 GewO der Gefahr der Verhängung einer Geldbuße bis zu 10.000 DM aus. Liegt ein anmeldungspflichtiges Gewerbe vor, darf nach § 14 Abs. 5 Satz 1 GewO die zuständige Behörde Daten der Gewerbeanzeige an die in Nr. 1 bis Nr. 8 aufgezählten öffentlichen Stellen in dem dort aufgezeigten Rahmen übermitteln. § 14 Abs. 5 GewO ist durch das Änderungsgesetz vom 23. November 1994[118] eingefügt worden. Die Vorschrift trägt den Maßgaben des Volkszählungsurteils des Bundesverfassungsgerichts aus dem Jahr 1983[119] Rechnung[120]. Die zuständige Behörde wird von ihrem Recht der Datenweitergabe regelmäßig Gebrauch machen. Oft wird dies für den Gewerbetreibenden erhebliche belastende Konsequenzen - insbesondere Kosten - nach sich ziehen:

Zunächst werden Daten nach § 14 Abs. 5 Satz 1 Nr. 1 GewO an die Industrie- und Handelskammer zur Wahrnehmung der in § 1, 3 und 5 des IHK-Gesetzes vom 18. Dezember 1956[121] übertragenen Aufgaben übermittelt. Praktische Konsequenz dieser Datenübermittlung wird sein, daß der Gewerbetreibende auch Zwangsmitglied der IHK und zur Abführung von Mitgliedsbeiträgen verpflichtet wird.

Nach § 14 Abs. 5 Satz 1 Nr. 2 GewO wird die Gewerbeanmeldung den Handwerkskammern mitgeteilt. In bezug auf die landwirtschaftliche Direktvermarktung ist von besonderem Interesse, daß dies auch zur Führung von

---

[118]) BGBl. I S. 3475.

[119]) BVerfG, Urt. v. 15. Dez. 1983 - 1 BvR 209, 269, 362, 420, 440, 484/83 - BVerfGE 65, S. 1 ff. = NJW 1984, S. 419.

[120]) § 14 Abs. 5 GewO ist ohne nähere Erläuterung unverständlich: Die in den Nummern 1 bis 8 erscheinenden Feldnummern beziehen sich auf die Feldnummern der Vordrucke der Gewerbeanmeldung. Es werden jeweils nur die Daten übermittelt, die zur Erfüllung der in der Zuständigkeit des Empfängers liegenden Aufgaben erforderlich sind. Sie wurden in Abstimmung mit dem Bundesdatenschutzbeauftragten festgelegt. Die Regelung ersetzt die vorher in Nr. 6.4.1 GewAnzVwV auf der Rechtsgrundlage der Landesdatenschutzgesetze getroffene Übermittlungsregelung, die allerdings in den einzelnen Ländern unterschiedlich gehandhabt wurde. Die Form der Datenübermittlung ist im Gesetz nicht geregelt. Dies geschieht nach wie vor meist durch Übersendung des für den entsprechenden Empfänger vorgesehenen Durchschlags des Anzeigenvordrucks, in dem die nicht für ihn bestimmten Daten geschwärzt oder nicht durchgedruckt waren (näheres hierzu: *Marcks* in: Landmann/Rohmer, GewO, § 14 Rn 75 f.).

[121]) BGBl. I S. 920.

Rollenverzeichnissen über die Inhaber von Handwerks- und handwerksähnlichen Betrieben geschieht. Die Handwerkskammer wird prüfen, ob ein nicht eingetragener, aber eintragungspflichtiger Handwerksbetrieb vorliegt und gegebenenfalls deshalb tätig werden.
Nach § 14 Abs. 5 Satz 1 Nr. 4 GewO erhalten auch die Eichämter Nachricht zur Durchführung der Eichung von Meßgeräten, der Kontrolle von Fertigpackungen und der Überwachung der nach dem Eichrecht überwachungspflichtigen Betriebe und Einrichtungen.
Den Berufsgenossenschaften wird gemäß § 14 Abs. 5 Satz 1 Nr. 6 GewO die Gewerbeanmeldung mitgeteilt, damit sie die Anmeldung zur Berufsgenossenschaft, die Überwachung der Unfallverhütung und den Beitragseinzug vornehmen können. Nach Nr. 7 erhalten auch die Allgemeinen Ortskrankenkassen Mitteilung zum Zwecke des Beitragseinzugs.
Gemäß § 14 Abs. 5 Satz 2 GewO bleibt § 138 der Abgabenordnung unberührt. Nach § 138 AO 1977 erfüllen Gewerbetreibende, die der zuständigen Behörde nach § 14 GewO Anzeige erstattet haben, gleichzeitig ihre steuerrechtliche Anzeigepflicht. Die Behörde unterrichtet dann unverzüglich das nach § 22 AO zuständige Finanzamt über den Inhalt der Anzeige[122].
Schließlich führt die Einordnung als Gewerbe zur Anwendbarkeit von derart einschneidenden Vorschriften wie § 35 Abs. 1 GewO[123]. Danach ist die Ausübung eines Gewerbes ganz oder teilweise zu untersagen, wenn Tatsachen vorliegen, welche die Unzuverlässigkeit des Gewerbetreibenden in bezug auf dieses Gewerbe dartun, sofern die Untersagung zum Schutz der Allgemeinheit oder der im Betrieb Beschäftigten erforderlich ist. Unzuverlässig ist, wer nach dem Gesamteindruck seines Verhaltens nicht die Gewähr dafür bietet, daß er das konkret betriebenen Gewerbe in Zukunft ordnungsgemäß, d.h. entsprechend den gesetzlichen Vorschriften und unter Beachtung der guten Sitten, ausüben wird, bei dem also die Wahrscheinlichkeit gegen eine ordnungsgemäße Gewerbeausübung spricht[124]. Die anzustellende Prognose ist ein aus den vorhandenen tatsächlichen Umständen gezogener Schluß auf wahrscheinliches zukünftiges Verhalten[125]. Ihre aus der Anlegung des Wahrscheinlichkeitsmaßstabs folgende Ungenauigkeit ist durch strikte Beachtung des Grundrechts der Berufsfreiheit auszugleichen[126]. Maßgeblicher

---

[122]) *Ambs* in: Erbs/Kohlhaas, Strafrechtliche Nebengesetze, § 14 GewO Rn 32; *Marcks* in: Landmann/Rohmer, GewO, § 14 Rn 78.

[123]) Zur gewerberechtlichen Unzuverlässigkeit ausführlich *Schaeffer*, WiVerw. 1982, S. 100 ff. und *Laubinger*, VerwArch. 1998, S. 145 ff. mit zahlreichen Beispielen und Nachweisen aus der Rechtsprechung.

[124]) Allg. M.: vgl. z.B. BVerwG, Urt. v. 2. Febr. 1982 - 1 C 146.80 - BVerwGE 65, S. 1 = GewArch. 1982, S. 294; *Hahn*, GewArch. 1999, S. 41; *Stober*, WVR, § 46 I 2 b m.w.N.

[125]) *Schaeffer*, WiVerw. 1982, S. 100 (104).

[126]) BVerwG, Urt. v. 26. Febr. 1997 - 1 B 34.97 - GewArch. 1997, S. 242.

Zeitpunkt für die Beurteilung ist der Zeitpunkt der letzten Verwaltungsentscheidung[127]. Auf ein Verschulden kommt es nicht an[128]. Die Unzuverlässigkeit wird z.B. begründet durch fehlende wirtschaftliche Leistungsfähigkeit,[129] die Begehung einschlägiger Straftaten oder Ordnungswidrigkeiten,[130] die Nichtabführung von Steuern[131] oder Sozialversicherungsbeiträgen[132].
Festzuhalten bleibt damit, daß es für einen Direktvermarkter beziehungsweise Landwirt immer vorteilhaft sein wird, wenn seine Tätigkeit noch dem Bereich der Landwirtschaft zuzuordnen und nicht als Gewerbe zu qualifizieren ist.

2. Der landwirtschaftliche Nebenbetrieb

a) Begriff des landwirtschaftlichen Nebenbetriebes

Die Frage der Abgrenzung der Landwirtschaft vom Gewerbe stellt sich vornehmlich bei den mit der Landwirtschaft verbundenen Erwerbsarten, die als Gewerbe zu qualifizieren wären, wenn sie selbständig, d.h. losgelöst von dem landwirtschaftlichen Hauptbetrieb, betrieben würden. Derartige Betriebe firmieren in Rechtsprechung und Lehre als "landwirtschaftliche Nebenbetriebe"[133]. Der Begriff des landwirtschaftlichen Nebenbetriebes ist in der Gewerbeordnung nicht definiert, sondern wurde von Rechtsprechung und Lehre nach Erlaß der Gewerbeordnung herausgearbeitet[134]. Seit jeher wird in

---

[127]) BVerwG, Beschl. v.15. Febr. 1995 - 1 B 19.95 - GewArch. 1995, S. 200; BVerwG, Beschl. v. 14. Mai 1997 - 1 B 93.97 - Buchholz 451.20 § 35 GewO Nr. 68 = GewArch. 1997, S. 478; *Hahn*, GewArch. 1999, S. 41; ders. GewArch. 1999, S. 355 (357).

[128]) Vgl. z.B. *Arndt* in: Steiner, Bes. VerwR, Abschnitt VII Rn 262 m.w.N. aus der Rechtsprechung.

[129]) Vgl. z.B. BVerwG, Urt. v. 2. Febr. 1982 - BVerwG 1 C 146.80 - BVerwGE 1 (2) = DVBl. 1982, S. 694 (695) = DÖV 1982, S. 900 (900) = EzGewR § 35 Abs. 1 GewO Nr. 22 S. 2 f. = GewArch. 1982, S. 294 (294) = MDR 1982, S. 873 (873); *Marcks* in: Landmann/Rohmer, GewO, § 35 Rn 60; nach *Heß* in: Friauf, GewO, § 35 Rn 61 f. begründet die fehlende wirtschaftliche Leistungsfähigkeit eine Unzuverlässigkeit im Sinne des § 35 Absatz 1 Satz 1 GewO allerdings nur bei besonderen Vertrauensgewerben.

[130]) Vgl. z.B. BVerwG, Beschl. v. 2. Dez. 1959 - VII B 103.59 - EzGewR § 15 Abs. 2 GastG Nr. 1 S. 2 = GewArch. 1961, S. 85; *Ehlers* in: Achterberg/Püttner, Bes. VerwR, Bd. 1, Kap. 1 Rn 217.

[131]) Vgl. z.B. BVerwG, Urt. v. 20. Nov. 1962 - I C 40.61 - EzGewR § 35 Abs. 1 Nr. 4 S. 8 = GewArch. 1963, S. 129 (131); BVerwG, Beschl. v. 9. April 1997 - 1 B. 81.97 Buchholz 451.20 § 35 Nr. 67 = GewArch. 1999, S. 72; *Arndt*, GewArch. 1988, S. 281.

[132]) Vgl. z.B. BVerwG, Urt. v. 29.April 1958 - 1 B 70.58 - EzGewR § 35 Abs. 1 Nr. 1 S. 1 = GewArch. 1958, S. 248 f. = JR 1958, S. 471 f.; *Vollmöller* in: Schmidt, Kompendium, § 7 Rn 25.

[133]) Vgl. z.B. *Frotscher* in: Schmidt, ÖWR, BT I § 1 Rn 28; *Philipp*, GewArch. 1955/56, S. 149 (151).

[134]) *Arndt* in: Steiner, Bes. VerwR, Abschnitt VII Rn 240; *V. Ebner*, GewArch. 1962, S. 217 (219).

Rechtsprechung und Literatur angenommen, daß gewerbsmäßige Nebenbetriebe das rechtliche Schicksal des landwirtschaftlichen Hauptbetriebs teilen, also als Landwirtschaft anzusehen sind[135]. Dem liegt der Gedanke zugrunde, daß gewisse Tätigkeiten gewerblicher Art wegen ihres engen Zusammenhangs mit der Landwirtschaft nicht dem Gewerberecht unterstellt werden können, sondern als Bestandteil der außerhalb des Gewerberechts stehenden Urproduktion aufzufassen sind[136]. Ursprünglich wurde von der Rechtsprechung nur der Verkauf der selbsterzeugten allenfalls nur gereinigten oder geputzten Roherzeugnissen als landwirtschaftlicher Nebenbetrieb angesehen[137]. Indes folgte bald die Anerkennung von Betrieben, die ihre Roherzeugnisse weiter be- und verarbeiteten, als landwirtschaftliche Nebenbetriebe[138]. Aus den ersten Jahrzehnten seit Inkrafttreten der Gewerbeordnung findet sich keine gerichtliche Entscheidung zu der Frage, ab wann der Verkauf von selbsterzeugten allenfalls gereinigten und geputzten Roherzeugnissen als Gewerbe zu qualifizieren ist. In der Praxis stellte sich diese Frage offenbar erstmals im Zusammenhang mit Gärtnereien, die ihre Produkte in einem Ladengeschäft veräußerten[139]. Dagegen wurde das Problem der Abgrenzung des landwirtschaftlichen Nebenbetriebs zum Gewerbebetrieb in bezug auf be- und verarbeitete selbsterzeugte Rohstoffe frühzeitig aufgeworfen. Die - soweit ersichtlich - erste Entscheidung, die sich damit beschäftigte, stammt aus dem Jahr 1880[140].

Heute stellt sich das Problem unvermindert, ja noch in einem weit größeren Maß als früher. Insbesondere bei den vielfältigen Formen der landwirtschaftlichen Direktvermarktung kommt der Frage, bis wohin anzeigefreie Landwirtschaft und ab wann anzeigebedürftiges Gewerbe, erhebliche Bedeutung zu. Hingewiesen sei hier nur auf einige - der neueren Rechtsprechung und Literatur - entnommene Beispiele: die Direktvermarktung von Fleisch,[141] von selbst hergestelltem Bauernbrot,[142] der Verkauf von Erdbeeren im sogenannten pick-up-Verfahren[143] oder von Äpfeln in der Winterzeit nach vorheriger Einlagerung in einem Kühlhaus[144].

---

[135]) RG, Urt. v. 11. Mai 1880 - Rep. IV a 220/79 - RGZ 1, S. 265 = Reger 1, S. 49; *Stober*, WVR, § 45 III 3b.

[136]) *Lang*, BayVBl. 1958, S. 241 (242).

[137]) So OLG Dresden, Urt. v. 22. Dez. 1931, Reger 53, S. 488 (489).

[138]) RG, Urt. v. 11. Mai 1880 - Rep. IV a. 220/79, RGZ 1, S. 265 ff.

[139]) BayObLG, Urt. v. 12. Nov. 1931, GewArch. 30, S. 154.

[140]) RG, Urt. v. 11. Mai 1880 - Rep. IV a. 220/79, RGZ 1, S. 265 ff. = Reger 1, S. 49 ff.

[141]) *Ambs* in: Erbs/Kohlhaas, Strafrechtliche Nebengesetze, § 1 GewO Anm. 2c; *Friauf* in: ders., GewO, § 14 Rn 85.

[142]) BayObLG, Beschl. v. 19. Sept. 1994 - 3 Ob OWi 62/94 - GewArch. 1994, S. 478.

[143]) *V. Ebner*, GewArch. 1983, S. 1 (6).

[144]) OLG Koblenz, Beschl. v. 23. Jan. 1991 - 2 Ss 411/90 - GewArch. 1991, S. 147 = NVwZ-RR 1992, S. 18 = EzGewR § 3 FeiertG Rhl-Pf Nr. 5; *Kahl* in: Landmann/Rohmer, GewO, Einl. Rn 64.

Rechtsprechung und Literatur haben in der Vergangenheit vier Abgrenzungskriterien entwickelt, bei deren kumulativem Vorliegen ein landwirtschaftlicher Nebenbetrieb vorliegen soll[145]:

- Der Nebenbetrieb muß gegenüber dem Hauptbetrieb eine untergeordnete Stellung einnehmen.
- Zwischen landwirtschaftlichem Hauptbetrieb und Nebenbetrieb muß ein innerer Zusammenhang bestehen.
- Beide Betriebe müssen demselben Rechtssubjekt gehören.
- Soweit es sich um unbearbeitete Erzeugnisse handelt, muß die Art des Vertriebs üblich sein und, soweit in dem Nebenbetrieb eine Be- beziehungsweise Verarbeitung stattfindet, muß diese in der Landwirtschaft üblich sein.

b) Erläuterung und Klärung der einzelnen Merkmale

Die genannten Begriffsmerkmale sind im einzelnen nicht unumstritten und werden daher im folgenden näher erläutert:

aa) Das Merkmal des Nebenbetriebs im engeren Sinn

Der Begriff des Nebenbetriebs setzt schon begrifflich voraus, daß es einen landwirtschaftlichen Hauptbetrieb gibt, d.h. der Nebenbetrieb muß gegenüber dem Hauptbetrieb eine untergeordnete Stellung einnehmen beziehungsweise "dienende Funktion" haben[146]. Das ist nur dann der Fall, wenn das Schwergewicht der Produktion auf der Gewinnung roher Naturerzeugnisse liegt[147]. Hauptindiz hierfür sind die erwirtschafteten Umsätze. Diese müssen bei dem Nebenbetrieb grundsätzlich geringer sein als bei dem Hauptbetrieb.

bb) Das Merkmal des inneren Zusammenhangs

Weitere Voraussetzung für einen landwirtschaftlichen Nebenbetrieb ist ein organischer beziehungsweise innerer Zusammenhang zwischen Hauptbetrieb und Nebenbetrieb[148]. Eine organische Verbindung liegt vor, wenn der Nebenbetrieb bei Wegfall des Hauptbetriebs, falls überhaupt, so doch nur nach

---

145) *V. Ebner*, GewArch 1962, S. 217 (219) m.w.N. aus der Rechtsprechung; aus der Literatur vgl. z.B. *Fröhler/Kormann*, GewO, § 1 Rn 4.

146) Vgl. z.B. BayObLG, Beschl. v. 4. Dez. 1979 - 3 Ob OWi 162/79 - GewArch. 1980, S. 65.

147) RG, Urt. v. 14. Jan. 1889 - Rep. 3117/88 - RGSt 18, S. 371 (374); *Fröhler/Kormann*, GewO, § 1 Rn 4.

148) *V. Ebner*, GewArch. 1962, S. 217 (219); *Fröhler/Kormann*, GewO, § 1 Rn 4.

erheblichen strukturellen Umstellungen eigenständig weitergeführt werden könnte[149]. Es genügt nicht, daß ein Nebenbetrieb dem Hauptbetrieb organisatorisch angegliedert ist oder die Verbindung beider Betriebe aus Gründen der Wirtschaftlichkeit zweckmäßig erscheint. Von einem inneren Zusammenhang kann vielmehr erst dann gesprochen werden, wenn der eine Betrieb auf dem anderen aufbaut. Voraussetzung hierfür ist ein nicht nur wirtschaftlicher, sondern auch sachlicher Zusammenhang derart, daß die Produktionsmittel oder die Produktionsvorgänge ineinander greifen, also ein notwendiger innerer Zusammenhang, eine bestimmte Abhängigkeit sachlicher Art zwischen beiden Betrieben besteht[150].
Eine organische Verbindung wird immer dann zu bejahen sein, wenn eigene Erzeugnisse roh oder grundsätzlich nach einer Be- oder Verarbeitung veräußert werden[151]. Denn dann baut der Nebenbetrieb auf dem Hauptbetrieb gänzlich auf. Der Nebenbetrieb könnte im Falle des Verkaufs der eigenen rohen Erzeugnisse bei einem Wegfall des Hauptbetriebs nicht fortgeführt werden. Im Falle einer Be- oder Verarbeitung im Nebenbetrieb kann dieser in der Regel beim Fortfall des Hauptbetriebs nicht wirtschaftlich weitergeführt werden. Werden z.B. von im Hauptbetrieb selbstgezogenen Trauben im Nebenbetrieb zu Wein verarbeitet, wird sich der Nebenbetrieb bei Fortfall des Hauptbetriebs in der Regel nicht mehr lohnen, weil das Geschäft gerade darin besteht, daß die Trauben nicht zugekauft werden müssen.

Dem inneren Zusammenhang steht nicht entgegen, daß ein Teil der verkauften oder verarbeiteten Rohstoffe nicht selbsterzeugt, sondern zugekauft ist. Der Klärung bedarf, wo die Grenze verläuft, bei deren Überschreitung der innere Zusammenhang verlorengeht. In Übereinstimmung mit den Maßstäben des Steuerrechts[152] wird im Gewerberecht ein innerer Zusammenhang bejaht,

---

[149]) *Fröhler/Kormann*, GewO, § 1 Rn 4; *Kahl* in: Landmann/Rohmer, GewO, Einl. zu § 1 Rn 63.

[150]) *V. Ebner*, GewArch. 1962, S. 217 (219) m.w.N.

[151]) *Fröhler/Kormann*, GewO, § 1 Rn 4.

[152]) Nach Abschn. 135 Abs. 1 Einkommenssteuerrichtlinien (EStR) 1993 wird ein land- und forstwirtschaftlicher Betrieb durch den Zukauf fremder Erzeugnisse zum Gewerbebetrieb, wenn er dauernd und nachhaltig fremde Erzeugnisse über den betriebsnotwendigen Umfang hinaus zukauft. Beim Zukauf fremder Erzeugnisse liegt danach grundsätzlich nur dann ein land- und forstwirtschaftlicher Betrieb vor, wenn der dauernde und nachhaltige Zukauf fremder Erzeugnisse bis zu 30 vom Hundert des Umsatzes beträgt. Die zugekauften Erzeugnisse sind dabei in der Regel aus Vereinfachungsgründen mit ihrem Einkaufswert zu bewerten, wobei dieser auch Nebenkosten (z.B. Frachtkosten) umfaßt (vgl. Abschn. 135 Abs. 2 EStR 1993). Der für die Ermittlung der 30 v.H.-Grenze maßgebende Gesamtumsatz umfaßt auch die Umsätze aus dem Verkauf zugekaufter fremder Erzeugnisse (vgl. *A. Müller*, Rechtsauflagen..., S. 98 m.w.N.).

solange eine Zukaufsgrenze von 30 % nicht überschritten wird[153]. Sieht man im Brotbacken einen landwirtschaftlichen Nebenbetrieb,[154] so muß der Landwirt folglich zumindest zu 70% selbsterzeugtes Mehl verwenden[155]. Liefert ein Landwirt Getreide an eine Mühle und erhält er im Gegenzug einen entsprechenden Teil an Mehl abzüglich des Mahllohns, so ist ein innerer Zusammenhang nur solange gegeben als das Mehl zumindest zu 70% aus seinem eigenen Getreide hergestellt worden ist und er bei der Brotherstellung kein zugekauftes Mehl hinzufügt. Erhält er dagegen - wie es meist der Fall ist - nur Mehl gleicher Art und Güte,[156] liegt ein innerer Zusammenhang nicht mehr vor, weil das Getreide nicht selbst erzeugt ist.
Bei Gärtnereien sieht eine Auffassung in der Literatur die Grenze zur Gewerbsmäßigkeit überschritten, wenn diese mehr als ein Drittel der Pflanzen ankaufen[157]. Die Gewerbeanzeigenverordnungen aller Länder sehen bei Gärtnereien dagegen eine Zukaufsgrenze schon bei nur 10%[158]. Da Gärtnereien grundsätzlich als spezielle landwirtschaftliche Betriebe anzusehen sind, ist nicht einzusehen, weshalb hier eine andere Geringfügigkeitsgrenze als bei den herkömmlichen landwirtschaftlichen Betrieben anzusetzen sein soll. Für eine Differenzierung sind keine sachlichen Gründe ersichtlich. Daher wäre an sich auch hier eine Grenze von 30% anzulegen, wenn keine gesetzliche Vorgabe bestünde wie es in Form der Gewerbeanzeigeverordnungen der Fall ist.
Ein innerer Zusammenhang ist generell bei Handels- und Landschaftsgärtnereien zu verneinen, weil diese eine von der Urproduktion unabhängige Gewerbetätigkeit darstellen[159].

Schwierigkeiten bereiten Sachverhalte, in denen Dienstleistungen im Vordergrund stehen. Denn hierbei handelt es sich nicht um eine Direktvermarktung im klassischen Sinn. Indes wird heute auch dieser Bereich der Direktvermarktung zugeordnet. Ausgespart werden soll hier die Vermietung oder Verwendung von Ackerbau- und Erntemaschinen im Lohnbetrieb, weil es sich hierbei um Tätigkeiten handelt, die mit der Direktvermarktung regelmäßig keinen spezifischen Zusammenhang aufweisen[160]. Eingegangen wird hier nur

---

[153]) BayObLG, Urt. v. 19. Sept. 1994 - 3 Ob OWi 62/94 - GewArch. 1994, S. 478 = RdL 1994, S. 296; *Honig*, GewArch. 1996, S. 314 (315).
[154]) So *Ambs* in: Erbs/Kohlhaas, Strafrechtliche Nebengesetze, § 1 GewO, Anm. 2c.
[155]) Das BayObLG sah in seinem Urteil vom 19. Sept. 1994 - 3 Ob OWi 62/94 - GewArch. 1994, S. 478 = RdL 1994, S. 296 einen Mehlzukauf in Höhe von 25 % als gewerberechtlich noch unschädlich an.
[156]) Vgl. z.B. den der Entscheidung BayObLG, Urt. v. 19. Sept. 1994 - 3 Ob OWi 62/94 - GewArch. 1994, S. 478 = RdL 1994, S. 296 zugrunde liegenden Sachverhalt.
[157]) *Fröhler/Kormann*, GewO, § 1 Rn 4.
[158]) Vgl. z.B. Nr. 2.2 GewAnzVwV Hessen.
[159]) BayObLG, Beschl. v. 4. Dez. 1979 - 3 Ob OWi 162/79 - GewArch. 1980, S. 85 (87).
[160]) Hierzu *v. Ebner*, GewArch. 1962, S. 217 (219 f.).

auf die besonders relevanten Fälle der sogenannten Ferien auf dem Bauernhof und die Einrichtung eines sogenannten Partyservice.

Nach Auffassung eines Teils der Literatur ist bei der Aufnahme von Urlaubsgästen auf dem Bauernhof noch ein organischer beziehungsweise innerer Zusammenhang gegeben, soweit die Aufnahme und Betreuung der Urlaubsgäste sich in den Ablauf des landwirtschaftlichen Betriebes einordnet[161]. Demnach läge regelmäßig bei einer einfachen Vermietung von Wohnräumen an Urlauber ohne Zusatzleistungen ein innerer Zusammenhang vor.

Demgegenüber fehlt nach der Gegenauffassung bei der Aufnahme von Urlaubsgästen der erforderliche innere Zusammenhang zu dem landwirtschaftlichen Hauptbetrieb mit der Folge, daß ein landwirtschaftlicher Nebenbetrieb hier immer ausscheidet[162].

Letzterer Auffassung ist zu folgen. Wie bereits ausgeführt ist Voraussetzung für die organische Eingliederung beziehungsweise den inneren Zusammenhang ein nicht nur wirtschaftlicher, sondern auch sachlicher Zusammenhang derart, daß die Produktionsmittel oder die Produktionsvorgänge ineinander greifen, also ein notwendiger innerer Zusammenhang, eine bestimmte Abhängigkeit sachlicher Art zwischen beiden Betrieben besteht. Eine bloße organisatorische Angliederung oder die Verbindung beider Betriebe aus Gründen der Wirtschaftlichkeit genügt gerade nicht[163]. Eine derartige bloße organisatorische Angliederung ist bei der Veranstaltung von Ferien auf dem Bauernhof gegeben, weil eine solche keine sachliche Ergänzung zu einem landwirtschaftlichen Betrieb darstellt. Ein sachlicher Zusammenhang wäre z.B. dann gegeben, wenn Hauptzweck des Ferienbetriebes eine gewinnbringende Verwertung der Hoferzeugnisse wäre oder - wie bei der Vermietung von Landmaschinen[164] - eine bessere Ausnutzung ohnehin vorhandener landwirtschaftlicher Betriebsmittel. Keiner dieser Fälle liegt jedoch bei der Veranstaltung von Ferien auf dem Bauernhof vor. Denn hier liegt der Schwerpunkt in der Zurverfügungstellung einer eigens dafür eingerichteten Wohngelegenheit und in der Erbringung von Dienstleistungen, die mit der Landwirtschaft an sich nichts zu tun haben. In der Regel versorgen sich die Feriengäste sogar selbst. Allenfalls beim Angebot einer Halbpension werden eigene Erzeugnissen verabreicht, wobei allerdings auch hier das Element der Dienstleistung bei weitem überwiegt. Als Indiz dafür, daß der Urlaub auf dem Bauernhof keinen inneren

---

[161]) *Ambs* in: Erbs/Kohlhaas, Strafrechtliche Nebengesetze, § 1 GewO Anm. 2c; *Fröhler/Kormann*, GewO § 1 Rn 4.

[162]) *Kahl* in: Landmann/Rohmer, GewO, Einl. Rn 63; *v. Ebner*, GewArch. 1983, S. 1 (7).

[163]) *V. Ebner*, GewArch. 1962, S. 217, 219 m.w.N.

[164]) *V. Ebner*, GewArch. 1962, S. 217 (219 f.).

Zusammenhang zur Landwirtschaft aufweist, mag schließlich gelten, daß dieser vielfach zum Einstieg in den Ausstieg aus der Landwirtschaft gerät: Die Landwirtschaft und hier insbesondere die Tierhaltung wird häufig nur noch der Urlauber wegen betrieben, um den Erlebniswert der Ferien auf dem Bauernhof ("Streichelzoo" usw.) zu erhöhen. Landwirtschaftliche Wirtschaftlichkeitsgesichtspunkte im engeren Sinn spielen bei der Tierhaltung keine Rolle mehr[165]. Folglich nimmt die zweite Meinung zu Recht bei der Aufnahme von Urlaubsgästen auf dem Bauernhof unter Verneinung des Elements des organischen Zusammenhangs einen Gewerbebetrieb an.

Es stellt sich ferner die Frage, ob die Einrichtung eines Partyservice ebenfalls als Gewerbe zu qualifizieren ist oder ob es sich hier noch um einen landwirtschaftlichen Nebenbetrieb handelt. Unter Zugrundelegung des oben angeführten Maßstabs wird letzteres zu bejahen sein, solange eine bessere Verwertung der selbsterzeugten Produkte im Vordergrund steht. Als Indiz hierfür muß der Wert der verabreichten (aus zumindest zu 70% aus selbsterzeugten Rohstoffen bestehenden) Speisen herangezogen werden. Macht dieser mindestens 70% des Wertes der Leistung aus, ist ein landwirtschaftlicher Nebenbetrieb anzunehmen.

cc) Das Merkmal der Identität von Inhaber des Hauptbetriebs und Inhaber des Nebenbetriebs

Ein landwirtschaftlicher Nebenbetrieb setzt ferner voraus, daß beide Betriebe demselben Rechtssubjekt gehören, also keine rechtsgeschäftliche Übertragung von dem Rohstofferzeuger auf den Be- oder Verarbeiter erforderlich ist[166]. Wird aus steuerlichen Gründen[167] der Betrieb z.B. dergestalt aufgeteilt, daß ein Ehepaar Inhaber des Hauptbetriebs ist und ihr Kind eine an sich gewerbliche Tätigkeit betreibt, die gegenüber dem Hauptbetrieb eine untergeordnete Stellung einnimmt und in innerem Zusammenhang steht, liegt daher ein landwirtschaftlicher Nebenbetrieb nicht mehr vor; vielmehr ist dann bei dem "Nebenbetrieb" von einem Gewerbe auszugehen.

---

165) Vgl. Unser Land Nr. 2 / 98 S. 9.

166) *Fröhler/Kormann*, GewO, § 1 Rn 4; *Kahl* in Landmann/Rohmer, GewO, Einl. zu § 1 Rn 63.

167) Da der Nebenbetrieb unter Umständen - z.B. beim Verkauf der landwirtschaftlichen Erzeugnisse in einem Laden oder einem Verkaufsfahrzeug- der Umsatzbesteuerung unterliegt, wird in der Praxis häufig eine formale Trennung von Haupt- und Nebenerwerbsbetrieb als zweckmäßig angesehen, weil nach § 15 Abs. 1 Nr. 1 UStG ein Unternehmen unter anderem die in Rechnungen im Sinne des § 14 UStG gesondert ausgewiesene Steuer für Lieferungen oder sonstige Leistungen, die von anderen Unternehmern für sein Unternehmen ausgeführt worden sind, als Vorsteuer abziehen kann. Innerhalb eines Unternehmens besteht diese Möglichkeit nicht. Vgl. *Bunjes/Geist*, UStG, § 15 Rn 4.

Umstritten ist, ob das Erfordernis, daß der Inhaber des Hauptbetriebs und der Inhaber des Nebenbetriebs identisch sein müssen, auch für landwirtschaftliche Absatzgenossenschaften gilt. Das Problem ist hinsichtlich der landwirtschaftlichen Direktvermarktung von erheblicher Relevanz. So müßte z.B. konsequenterweise ein Wein, der aus Trauben verschiedener Genossenschaftsmitglieder hergestellt worden wäre, trotzdem als eigenes Erzeugnis der einzelnen Genossenschaftsmitglieder anzusehen sein, die die Trauben angeliefert haben, wenn die landwirtschaftliche Absatzgenossenschaft als Nebenbetrieb der Mitglieder der Absatzgenossenschaft anzusehen wäre. Die Folge wäre, daß Genossenschaftsmitglieder den Genossenschaftswein in ihrer Straußwirtschaft erlaubnisfrei ausschenken dürften, wobei es unerheblich wäre, wie hoch der Anteil der von dem jeweiligen Winzer angelieferten Trauben gewesen wäre.

Nach herrschender Ansicht müssen der Inhaber des landwirtschaftlichen Hauptbetriebs und der Inhaber des Nebenbetriebs stets personenidentisch sein. Folgt man dieser Meinung, kann ein genossenschaftlicher Betrieb selbst dann, wenn er ausschließlich Erzeugnisse der Genossen verwertet (= landwirtschaftliche Absatzgenossenschaft), nicht als landwirtschaftlicher Nebenbetrieb qualifiziert werden[168].

Nach der Gegenauffassung fallen auch landwirtschaftliche Verwertungs- und Absatzgenossenschaften, die Verarbeitungs- und Vermarktungstätigkeiten für ihre Mitglieder ausüben, bei Vorliegen der übrigen Voraussetzungen unter die landwirtschaftlichen Nebenbetriebe, üben also kein Gewerbe im Sinne der Gewerbeordnung aus[169].

Zu folgen ist der herrschenden Meinung, die eine Personenidentität verlangt. Zum einen kann nicht davon gesprochen werden, daß ein Genossenschaftsbetrieb ein integraler Bestandteil des landwirtschaftlichen Betriebs des Genossenschaftsmitglieds ist; vielmehr handelt es sich hier um zwei völlig getrennte wirtschaftliche Einheiten. Zum anderen kann dieser Auffassung auch nicht im Hinblick auf die damit verbundenen Konsequenzen gefolgt werden. Wären landwirtschaftliche Genossenschaften landwirtschaftliche Nebenbetriebe, wäre z.B. Genossenschaftswein selbsterzeugter Wein im Sinne des § 14 Satz 1 GastG. Folglich könnte dieser Wein in einer Straußwirtschaft erlaubnisfrei ausgeschenkt werden. Das stünde aber im Widerspruch zu der allgemein anerkannten Rechtsauffassung, daß der Verschnitt mit fremdem Wein dem eigenen Wein die Eigenschaft des eigenen

---

[168]) *Fröhler/Kormann*, GewO, § 1 Rn 4; *Jacobi*, Einführung in das Gewerbe- und Arbeitsrecht, S. 3; *Kahl* in Landmann/Rohmer, GewO, Einl. zu § 1 Rn 63.

[169]) *V. Ebner*, GewArch. 1983, S. 1 (11).

Erzeugnisses nimmt[170]. Es kann auch aus Gleichheitsgesichtspunkten nicht angehen, daß der Winzer, der fremden Wein zukauft, um ihn mit selbsterzeugtem Wein zu vermischen, diesen in seiner Straußwirtschaft nicht mehr erlaubnisfrei ausschenken darf[171] und damit schlechter gestellt wäre als das Genossenschaftsmitglied, das nur eine im Verhältnis zur Gesamtmenge der Trauben ganz geringe Menge eigener Trauben angeliefert hat und trotzdem einen Genossenschaftswein, der nur zu einem kaum meßbaren Bruchteil aus eigenem Wein besteht, in der Straußwirtschaft erlaubnisfrei veräußern dürfte.
Im übrigen kann daraus, daß die Absatzgenossenschaften durch das Marktstrukturgesetz und durch die Freistellung von der Pflichtmitgliedschaft in der IHK vom Gesetzgeber besonders gefördert werden, nicht gefolgert werden, daß der Gesetzgeber die Absatzgenossenschaften als landwirtschaftliche Nebenbetriebe im Sinne des Gewerberechts qualifizieren will, weil diese anders als die Gewerbeordnung nicht den Schutz des einzelnen und der Allgemeinheit vor Gefahren, die von einem Gewerbebetrieb ausgehen, bezwecken[172].

dd) Das Merkmal der Üblichkeit

Ob es noch des weiteren Merkmals der Üblichkeit der Verwertung oder der Be- oder Verarbeitung bedarf, um einen landwirtschaftlichen Nebenbetrieb annehmen zu können, ist umstritten. Die Relevanz des darüber in Rechtsprechung und Lehre herrschenden Streits ist erheblich: Folgt man der Auffassung, die einen landwirtschaftlichen Nebenbetrieb nur dann annimmt, wenn die Art des Vertriebs oder die Verarbeitung üblich ist, ist die Grenze zur gewerblichen Tätigkeit z.B. dann überschritten, wenn die Absatzorganisation völlig aus dem Rahmen des sonst in der Landwirtschaft Üblichen fällt. Betroffen sind in solchen Fällen vornehmlich die landwirtschaftlichen Direktvermarkter, die sich durch die Umsetzung neuer Ideen neue Erwerbsquellen schaffen wollen.

Nach ganz herrschender Meinung in Rechtsprechung[173] und Literatur[174] kann ein landwirtschaftlicher Nebenbetrieb nur angenommen werden, wenn die ausgeübte Tätigkeit in der Landwirtschaft üblich ist. Handelt es sich um allenfalls gereinigte Roherzeugnisse, soll es darauf ankommen, ob die Art des

---

170) *Michel/Kienzle*, GastG, § 14 Rn 3.
171) Siehe dazu eingehend unten 3. Abschnitt II.2.b).
172) Zum selben Ergebnis kommt *Ketteler*, Landwirtschaftl. Direktvermarktung ..., S. 36, der entscheidend darauf abstellt, daß es an einem inneren Zusammenhang fehle. Selbst wenn ein bestimmmter Genosse den Zusammenschluß verlasse, könne die Erzeugergemeinschaft ohne gravierende strukturelle Umstellung weiterhin am Markt agieren.
173) BVerwG, Urt. v. 12. Dez. 1972 - I C 4/71- GewArch. 1973, S. 77; BayObLG, Beschl. v. 27. Nov. 1969 - R.Reg. 4b 88/69 - GewArch. 1970, S. 127.
174) *Fröhler/Kormann*, GewO, § 1 Rn 5; *Kahl* in: Landmann/Rohmer, GewO, Einl. zu § 1 Rn 63 f.; *Kraft*, VerwArch. 39 (1934), S. 366 ff.

Vertriebs üblich ist. Handelt es sich dagegen um be- oder verarbeitete eigene Erzeugnisse, so soll maßgebend sein, ob die konkrete Art der Be- und Verarbeitung in der Landwirtschaft üblich ist. Der Begriff der Üblichkeit wird dabei nicht einheitlich gebraucht, sondern weist zahlreiche Varianten auf. Eine nähere Begründung hierfür findet sich nicht.

Nach einer Minderheitsauffassung, die bereits in der Vergangenheit in der Rechtsprechung[175] sowie vereinzelt in der älteren Literatur vertreten wurde[176] und neuerdings teilweise von der Literatur wieder aufgegriffen worden ist,[177] kommt es auf das zusätzliche Merkmal der Üblichkeit nicht an. Danach hat der landwirtschaftliche Nebenbetrieb nur die zuvor genannten drei Voraussetzungen. Begründet wird diese Auffassung damit, daß die Entwicklung in der Landwirtschaft heute so rasch sei, daß zumindest für Deutschland nicht mehr verbindlich festgestellt werden könne, ob eine Art der Verwertung oder der Be- und Verarbeitung üblich ist oder nicht. Stelle man dagegen auf die regionale Üblichkeit ab, komme man häufig zu dem Ergebnis, daß dieselbe Tätigkeit in einer Region als Landwirtschaft und in einer anderen als Gewerbe angesehen wird. Dies wiederum widerspreche dem Ziel der Gewerbeordnung, einheitliche Rechtsverhältnisse innerhalb des ganzen Staatsgebiets zu schaffen[178].

Diese Argumente vermögen nicht zu überzeugen. Auf das vierte Abgrenzungskriterium kann entgegen der Minderheitsauffassung kaum verzichtet werden. Die angeführten Argumente mögen zwar zunächst stichhaltig klingen. Entscheidend zugunsten der herrschenden Meinung schlägt aber folgende Überlegung zu Buche: Das Gewerberecht ist besonderes Ordnungsrecht. Bei den Tätigkeiten, die bisher als üblich angesehen wurden, handelt es sich regelmäßig um solche, die erfahrungsgemäß wenig Gefahren für den einzelnen und die Allgemeinheit mit sich gebracht haben. Im Ergebnis handelt es sich bei dem Kriterium der Üblichkeit um eine Ausformung des als sachlicher Grund anerkannten Grundsatzes bekannt und bewährt[179]. Auf dieses Prinzip kann auch im Hinblick auf neue noch unbekannte Gefahren, die von zukünftigen Vertriebs-, Bearbeitungs- und Verarbeitungsmethoden drohen, kaum verzichtet werden. Das ist nicht gleichbedeutend mit einem Abstellen

---

175) OLG Celle, Urt. v. 9. März 1928 - M 22/28 - JW 1928, S. 2481; OLG Königsberg, Urt. v. 14. Jan. 1932 - S 570/31 - JW 1932, S. 1077; OLG Dresden, Datum unbekannt, 1 St 84/27 zitiert nach OLG Dresden, Urt. v. 22. Dez. 1931- 2 Ost 278/81- JW 1932, S. 1074 (1075).

176) *Jessen*, Anm. zu OLG Dresden v. 22. Dez. 1931 (siehe vorhergehende FN), JW 1932, S. 1075 f.

177) *Ehlers* in: Achterberg/Püttner, Bes. VerwR. Bd. 1, Kap. 1 FN 50 (S. 76).

178) OLG Celle, Urt. v. 9. März 1928 - M 22/28 - JW 1928, S. 2481.

179) Vgl. hierzu: BVerwG, Urt. v. 12. Dez. 1972 - 1 C 4/71 - GewArch. 1973, S. 77.

ausschließlich auf das Herkommen. Vielmehr muß es der Behörde möglich sein, auf neue Gefahren angemessen zu reagieren. Schließlich legt auch der Gesetzgeber das Merkmal der Üblichkeit selbst als Abgrenzungskriterium zugrunde. Nr. 2.2.8.4 des Musterentwurfs für allgemeine Verwaltungsvorschriften zum Gaststättengesetz[180] besagt z.B.: "Der Verkauf von Wein durch den Erzeuger ist nicht gewerbsmäßig im Sinne des § 13 Abs. 2 MGastV, wenn er sich in dem Rahmen hält, in dem Erzeugnisse der Urproduktion üblicherweise verkauft werden."

Wie das Merkmal der Üblichkeit auszulegen ist, ist innerhalb der herrschenden Meinung umstritten. Es werden mehrere Auffassungen vertreten:

Nach einer Ansicht ist der Verkauf von eigenen Erzeugnissen dann kein Gewerbe, wenn er sich im üblichen Rahmen bewegt, die Be- und Verarbeitung solange Urproduktion, solange sie sich im verkehrsüblichen Rahmen hält. Letzteres sei bei der sogenannten ersten Verarbeitungsstufe der Fall, was sich aus Art. 38 Abs. 1 EG-Vertrag ergebe[181].

Diese Auffassung kann nicht überzeugen. Das zeigt ein Blick auf den Anhang II des EG-Vertrages, der bestimmt, was zur ersten Verarbeitungsstufe zählt. Demnach sind z.B. auch gehärtete und raffinierte tierische und pflanzliche Fette, Kunstspeisefett und Kunsthonig der ersten Verarbeitungsstufe und damit der Landwirtschaft zuzuordnen[182]. Derartige Be- und Verarbeitungen sind in der Landwirtschaft sicherlich nicht als verkehrsüblich anzusehen. Diese Auffassung widerspricht sich aber auch insofern selbst, als sie auch selbstgebackenes Brot der ersten Verarbeitungsstufe zurechnet[183]. Denn das Backen von Brot ist im Anhang II zum EG-Vertrag nicht aufgeführt und damit auch nicht mehr der sogenannten ersten Verarbeitungsstufe im Sinne des Art. 38 Abs. 1 EG-Vertrag zuzurechnen. Abgesehen davon kann aber auch bei objektiver Betrachtung das Backen von Brot jedenfalls erst der zweiten Verarbeitungsstufe zurechnen werden, weil das verwendete Getreide zuerst gemahlen werden muß. Das Mahlen stellt also die erste Verarbeitungsstufe dar, das Backen die zweite.

Nach einer in der Literatur vertretenen Ansicht muß die Verwertung und der Vertrieb der be- und verarbeiteten Erzeugnisse in einer "nach Herkommen und

---

180) Abgedr. in *Seitter*, Gaststättenrecht, Teil V.A.
181) *Stober*, WVR, § 45 III 3b.
182) Anhang II zum EWG-Vertrag abgedruckt in: *Grabitz/Hilf*, Kommentar zur Europäischen Union, Bd. 1.
183) *Stober*, WVR, § 45 III 3b.

Verkehrsanschauung üblichen Art und Weise" ausgeführt werden, damit ein landwirtschaftlicher Nebenbetrieb angenommen werden kann[184].
Nach dieser Auffassung muß die Verwertung und die Be- und Verarbeitung also nur "üblich" sein. Es kann dahinstehen, was hierunter zu verstehen ist. Denn entscheidend gegen diese Auffassung spricht, daß die Voraussetzungen Herkommen und Üblichkeit kumulativ vorliegen müssen. Wenn es darauf ankommt, was kraft Herkommens üblich ist, führt dies dazu, daß neue Verwertungs- und Be- und Verarbeitungsmethoden, die in der Vergangenheit noch nicht verbreitet waren, sondern sich möglicherweise erst in der Zukunft entwickeln werden, stets als unüblich zu qualifizieren sind. Die Folge wäre, daß solche Tätigkeiten stets als Gewerbe anzusehen wären. Dies trägt nicht dem Umstand Rechnung, daß der Gewerbebegriff nicht ein- für allemal feststeht, sondern nach dem Willen des Gesetzgebers dynamischer Natur ist.
Zu welchen Ergebnissen eine solche starre Auslegung des Üblichkeitsbegriffs führen würde, mag auch folgendes Beispiel illustrieren: In der Vergangenheit wurde die Herstellung von Bauernbrot z.B. als unüblich angesehen[185]. Würde aber in naher Zukunft z.B. jeder vierte Landwirt Bauernbrot herstellen, wäre nach dieser Auffassung gleichwohl ein Gewerbe anzunehmen, weil es an der Voraussetzung des Herkommens fehlen würde. Aufgrund dieser offensichtlich nicht sachgerechten Ergebnisse ist diese Meinung abzulehnen.

Das Bundesverwaltungsgericht äußerte sich in einer Entscheidung vom 12. Dezember 1972 dahingehend, daß es sich solange um eine landwirtschaftliche Tätigkeit und daher nicht um die Ausübung eines Gewerbes handele, als bei der Verwertung der Erzeugnisse "die allgemein üblichen Grenzen der landwirtschaftlichen Betriebsweise" nicht überschritten würden. Was üblich sei, richte sich nach den jeweiligen Zeitverhältnissen[186].

Das Bundesverwaltungsgericht gibt in der betreffenden Entscheidung keine Auskunft darüber, was unter "allgemein üblichen Grenzen der landwirtschaftlichen Betriebsweise" zu verstehen ist. Nach einer Entscheidung des Kammergerichts aus dem Jahr 1931 liegt eine Übung vor, wenn eine Tätigkeit von einer nicht unerheblichen Zahl landwirtschaftlicher Betriebe ausgeführt wird, diese gegenüber der sonst üblichen Vertriebsform einen nicht unbeträchtlichen Umfang angenommen hat und sich auf einen nicht ganz unbedeutenden räumlichen Bereich erstreckt[187]. Da jedoch nach dem

---

[184]) BayObLG, Beschl. v. 27. Nov. 1969 - R Reg. 4 b St 88/69 - GewArch. 1970, S. 127 (128); *Kahl* in: Landmann/Rohmer, GewO, Einl. Rn 63.
[185]) Vgl. z.B. BayObLG, Beschl. v. 27. Nov. 1969 - R.Reg. 4b 88/69 - GewArch. 1970, S. 127.
[186]) BVerwG, Urt. v. 12. Dez. 1972 - I C 4/71 - GewArch. 1973, S. 77 (78).
[187]) KG, Urt. v. 30. März 1931, Reger 53, S. 322 (323).

Bundesverwaltungsgericht die Tätigkeit "allgemein üblich" sein muß, "allgemein" aber von seinem Wortsinn her so viel bedeutet wie "allen gemeinsam", "überall verbreitet" beziehungsweise "bei allen, von allen",[188] muß die Übung im ganzen Geltungsbereich der Gewerbeordnung und von zahlreichen Landwirten betrieben werden. Damit vermeidet das Bundesverwaltungsgericht einerseits, daß es zu regionalen Verschiedenheiten in der Anwendung der Gewerbeordnung kommt, was dem der Gewerbeordnung zu Grunde liegenden Gedanken einer einheitlichen Regelung für ganz Deutschland widersprechen würde. Andererseits gehen dadurch alle nur stellenweise üblichen wirtschaftlichen Nebenbetätigungen des Landwirts der Freistellung von der Gewerbeordnung verlustig[189]. Zu den bereits bestehenden Schwierigkeiten bei der Bestimmung der allgemein üblichen Grenzen kommt hinzu, daß es bei der Bestimmung dessen, was üblich ist, auf die jeweiligen Zeitverhältnisse ankommen soll. Einerseits wird dadurch dem Zeitenwandel Rechnung getragen, andererseits wird Unklarheit verstärkt. Daß in der Praxis der zuständigen Behörden eine erhebliche Unsicherheit in der Frage besteht, wann die "allgemein üblichen Grenzen der landwirtschaftlichen Betriebsweise" überschritten werden, läßt sich daran ablesen, daß nach *Müller*[190] einzelne Ordnungsämter offensichtlich dazu übergegangen sind, die im Steuerrecht geltenden Kriterien für die Abgrenzung der Landwirtschaft zum Gewerbe entsprechend heranzuziehen. Dies erfolgt, obwohl der Gewerbebegriff des Steuerrechts gerade nicht mit dem des Gewerberechts identisch ist, sondern nur Indizcharakter hat[191].
Der vom Bundesverwaltungsgericht vertretene Üblichkeitsbegriff ist daher zumindest ergänzungsbedürftig.

Nach einer vierten Auffassung kommt es darauf an, daß die konkrete Art der Verwertung in dem betreffenden Betriebszweig der Urproduktion üblich ist, wobei Maßstab für die Üblichkeit die Verkehrsauffassung sei, die allerdings dem Wandel der Zeit unterliege[192].

Kennzeichnend für diese Auffassung ist zum einen, daß sie bei der Bestimmung der Üblichkeit - im Unterschied zum Bundesverwaltungsgericht, das auf die allgemein üblichen Grenzen der Landwirtschaft abstellt - den jeweiligen Betriebszweig der Urproduktion als maßgebend ansieht. Zum anderen greift sie

---

188) *Duden*, Das Bedeutungswörterbuch (2. Aufl.), Stichwort: "allgemein".

189) OLG Marienwerder, Urt. v. 17. Dez. 1931, Reger 54, S. 3.

190) *A. Müller*, Rechtsauflagen..., S. 16.

191) BVerwG, Urt. v. 24. Juni 1976 - I C 56.74 - DÖV 1977, S. 403 = GewArch. 1976, S. 293 = NJW 1977, S. 772. Allerdings kann es zweckmäßig sein auf die Kriterium des Steuerrechts zurückzugreifen (vgl. 2. Abschnitt I.2 a.E.).

192) *Fröhler/Kormann*, GewO, § 1 Rn 5.

bei der Frage der Üblichkeit auf die Verkehrsauffassung als Maßstab zurück. Das Abstellen auf den jeweiligen Betriebszweig erleichtert im bisher noch nicht entschiedenen Einzelfall die Beantwortung der Frage, ob eine bestimmte Verwertung üblich ist. Auszugehen ist also davon, ob der Betriebszweig Viehzucht, Milchviehhaltung, Getreideanbau, Obstbau, Weinbau, Gartenbau und so weiter betroffen ist. Im Einzelfall maßgebend soll letztlich die Verkehrsauffassung sein. Diese Ansicht überzeugt von ihrem Ausgangspunkt her, weil sie sich nicht auf einen - für sich gesehen - nichtssagenden Begriff zurückzieht, sondern durch das In-Beziehung-Setzen des Begriffs der Üblichkeit zum jeweiligen Betriebszweig berechenbare Ergebnisse ermöglicht. Allerdings bedarf diese Auffassung noch der Konkretisierung.

Dazu muß zunächst geklärt werden, wie die Verkehrsauffassung zu ermitteln ist. Am zweckmäßigsten[193] erscheint es, hierbei auf die Judikatur und die Behördenpraxis der vergangenen Jahrzehnte zurückzugreifen. Es haben sich bestimmte Fallgruppen herausgebildet. Dadurch werden konkrete Aussagen möglich. Allerdings ist den im folgenden dargestellten Gerichts- und Behördenentscheidungen nicht blind zu folgen; vielmehr sind neuere Entwicklungen - insbesondere neue Vertriebsformen - im Einzelfall zu berücksichtigen, da die Verkehrsauffassung dem Wandel der Zeiten unterliegt.

In dem landwirtschaftlichen Betriebszweig der Viehzucht ist nach allgemeiner Meinung der Verkauf lebender Tiere sowie der Verkauf von Fleisch in ganzen Hälften bei Schweinen, Schafen, Ziegen usw. oder in Vierteln bei Rindern als üblich anzusehen und daher der Landwirtschaft zuzurechnen. Dagegen gilt der pfundweise Verkauf von Fleisch, das aus selbstgemästetem Vieh gewonnen worden ist, und der Verkauf von Teilstücken (z.B. Hühnerbrust und Hähnchenschenkel) als nach der Verkehrsauffassung unüblich[194]. Dasselbe gilt für sonstige Fleischerzeugnisse wie Wurst und Dosenwurst. Üblich ist dagegen der Verkauf von Wild, das in Teilstücke zerwirkt ist, und von verkaufsfertig hergerichtem Geflügel[195]. Die abweichende Auffassung, die auch den Verkauf

---

[193]) Der Rückgriff auf die Judikatur und die Behördenpraxis erscheint deshalb am geeignetsten, weil die Auskünfte von Verbänden und Kammern sich häufig widersprechen und daher hieraus keine verläßliche Beurteilungsgrundlage gebildet werden kann.

[194]) OLG Köln, Beschl. v. 20 Febr. 1957 - Ws 530/56 - GewArch. 1964, S. 36; *Bayerisches Staatsministerium für Ernährung, Landwirtschaft und Forsten*, Broschüre Direktvermarktung/Wichtige Rechtsvorschriften für die Direktvermarktung, S. 4; *Honig,* GewArch. 1996, S. 314 (315); *Lohner,* Recht für Landwirte in Frage und Antwort, Nr. 502/S. 246; *Pinegger/Kraußer,* GewArch. 1997, S. 16 (17). Unerheblich ist, ob die Fleischerarbeiten nun von dem Landwirt selbst ausgeführt werden oder durch einen im Stundenlohn beschäftigten Hausmetzger erfolgen, vgl. *Honig* a.a.O.

[195])*Lohner*, Recht für Landwirte in Frage und Antwort, Nr. 502/S. 246; *Pinegger/ Kraußer*, GewArch. 1997, S. 16 (17).

von Fleisch in bratfertigen Stücken dem Bereich der Landwirtschaft zurechnet,[196] ist abzulehnen. Als Begründung führt diese Meinung ein Urteil des OVG Nordrhein-Westfalen vom 13. September 1976 an. Nach dieser Entscheidung ist die Herstellung von Wurst und das sogenannte qualitative Zerlegen von Fleisch in verkaufsfertige Portionen als handwerklicher Nebenbetrieb der Landwirtschaft im Sinne des § 2 Nr. 3 HandwO anzusehen[197]. Ein handwerklicher Nebenbetrieb muß aber im Gegensatz zum Hauptbetrieb immer ein Gewerbebetrieb sein[198]. Die angeführte Entscheidung vermag diese in der Literatur vertretene Auffassung also nicht zu stützen.

In dem Betriebszweig der Milchviehhaltung gilt der Verkauf der erzeugten Milch an die Molkerei ebenso wie an Letztverbraucher[199] und die Verarbeitung von Milch zu Käse, Sahne, Joghurt, Butter, Kefir und so weiter seit jeher als üblich[200].

Der Verkauf der rohen, allenfalls gereinigten Ackerbauerzeugnisse ist üblich. Dagegen ist es grundsätzlich nach der Rechtsprechung als unüblich anzusehen, wenn jemand aus selbst angebautem Getreide Brot oder andere Backwaren herstellt[201].

Im Obstbau soll es nach einer Entscheidung des OLG Koblenz unüblich sein, daß ein Landwirt sein Obst im Winterhalbjahr veräußert, nachdem er es zuvor in einem eigenen Kühlhaus eingelagert hatte[202]. Nach Informationen, die der Verfasser bei Obstbauern eingeholt hat, ist es aber mittlerweile nicht mehr ungewöhnlich, daß Obstbauern ihr Obst vor dem Verkauf selbst in Kühlhäusern einlagern. Bei Obstbaubetrieben auf dem Gebiet der ehemaligen DDR ist die eigene Einlagerung in Kühlhäusern sogar der Regelfall. Der Entscheidung des OLG Koblenz kann daher zumindest heute nicht mehr gefolgt werden.

---

[196]) *Tettinger* in: Tettinger/Wank, GewO, § 1 Rn 46.

[197]) OVG NW, Urt. v. 13. Sept. 1976 - IV A 141/74 - GewArch. 1977, S. 196.

[198]) *Ambs* in: Erbs/Kohlhaas, Strafrechtliche Nebengesetze, § 2 HandwO Rn 2; *v. Ebner*, GewArch. 1983, S. 1.

[199]) Hier sind allerdings die Garantiemengenregelungen und hier insbesondere die Einhaltung der Direktverkaufsreferenzmenge zu beachten, vgl. hierzu: *Bayerisches Staatsministerium für Ernährung, Landwirtschaft und Forsten*, Broschüre "Direktvermarktung/Wichtige Rechtsvorschriften für die Direktvermarktung", S. 9.

[200]) Vgl. z.B. RG, Urt. v. 11. Mai 1880 -Rep. IV 220/79 - RGZ 1, S. 265 (267).

[201]) BayObLG, Beschl. v. 27. Nov. 1969 - RReg. 4b 88/69 - GewArch. 1970, S. 127 m.w.N.; *Bayerisches Ministerium für Ernährung, Landwirtschaft und Forsten*, Broschüre "Direktvermarktung/Wichtige Rechtsvorschriften für die Direktvermarktung", S. 4; *Pinegger/Kraußer*, GewArch. 1997, S. 16 (17).

[202]) OLG Koblenz, Beschl. v. 23. Jan. 1991 - 2 Ss 411/90 - GewArch. 1991, S. 147 f. = NVwZ-RR 1992, S. 18 = EzGewR § 3 FeiertG Rhl-Pf Nr. 5.

Die Veranstaltung von Weinproben durch Winzer ist dem Bereich der Landwirtschaft zuzuordnen[203]. Üblich ist auch der Flaschenweinverkauf.

Als unüblich wird dagegen angesehen, wenn ein Landwirt seine Erzeugnisse in einem hofeigenen Ladengeschäft verkauft, ohne daß differenziert wird, ob es sich vorwiegend um eigene oder fremde Erzeugnisse handelt oder ob es sich um einen Laden auf dem Hofgelände selbst oder einen Laden außerhalb der Hofstelle handelt[204]. Ob es üblich ist, daß Gärtnereibetriebe ihre Erzeugnisse zu Kränzen und Sträußen verarbeitet in einem an der Betriebsstätte gelegenen Laden verkaufen, ist ungeklärt[205]. Im Hinblick auf den Sinn und Zweck der Gewerbeordnung, der darin besteht eine wirksame Überwachung der Gewerbeausübung zu ermöglichen, wird man aber auch hier einen Gewerbebetrieb annehmen müssen.

Diesen eher einzelfallbezogenen Hinweisen auf das, was nach der Verkehrsauffassung als üblich angesehen wird, können folgende Regeln entnommen werden:

- Der Vertrieb roher Erzeugnisse ist grundsätzlich als landwirtschaftlicher Nebenbetrieb anzusehen, es sei denn, mehr als 30% der veräußerten Rohstoffe sind zugekauft oder es wird ein Ladengeschäft beziehungsweise eine sonstige gewerbliche Niederlassung im Sinne von § 42 Abs. 2 GewO eingerichtet. Darauf, ob das Ladengeschäft sich außerhalb des landwirtschaftlichen Anwesens

---

[203]) VGH BW, Urt. v. 18. Mai 1988 - 3 S 1085/88 - n.v.; vgl. den Abdruck im Anhang.

[204]) BVerwG, Urt. v. 12. Dez. 1972 - 1 C 4/71 - GewArch. 1973, S. 77 f.; VG Schleswig, Urt. v. 9. Juli 1997 - 12 A 179/97 - GewArch. 1998, S. 474 = EzGewR § 14 Abs. 1 GewO Nr. 18: Letzterem Urteil lag folgender Sachverhalt (vgl. RBZ - Nr. 3/23. Jan. 1999, S. 10 f.) zugrunde: Ein Landwirt hatte in einem Laden, der räumlich nicht von den rein landwirtschaftlich genutzten Gebäuden getrennt und wöchentlich 20 Stunden geöffnet war, überwiegend selbsterzeugte Produkte verkauft. Die daneben noch angebotenen Verkaufsprodukte machten weniger als 30% des Gesamtumsatzes aus. Die zuständige Behörde sah den Betrieb dieses Hofladens als gewerbliche Tätigkeit im Sinne der Gewerbeordnung an, weil der Landwirt den Vertrieb seiner Ware verselbständigt in Form eines offenen Ladengeschäfts betreibe. Diese Entscheidung dürfte nicht die letzte zum Thema "Hofladen" gewesen sein. Trotz der Kritik aus der Fachpresse (vgl. z.B. RBZ - Nr. 3/23. Jan. 1999, S. 10 f.), daß dieses Urteil sich mit der Problematik des Hofladens zu undifferenziert auseinandergesetzt habe, ist wegen der eingangs zitierten Entscheidung des Bundesverwaltungsgerichts vom 12. Dez. 1972 damit zu rechnen, daß künftige Entscheidungen ähnlich ausfallen werden. Es ist auch nicht einzusehen, weshalb ein unter Umständen gut florierender Hofladen, von dem dieselben Gefahren ausgehen wie von einem herkömmlichen Lebensmittelgeschäft, nicht als Gewerbebetrieb angesehen werden soll.

[205]) Verneinend OLG Dresden, Urt. v. 22. Mai 1935 - 6 Ss 66/35 - JW 35, S. 2217; offengelassen in: BayObLG, Urt. v. 1. Dez. 1960 - Reg. 4 St. 225/1960 - GewArch. 1961, S. 179.

befindet oder auf diesem, kommt es nicht an[206]. Dagegen ist z.B. von Urproduktion dann auszugehen, wenn der Verkauf aus der Scheune heraus erfolgt. Als Abgrenzungskriterium dafür, ob nun ein Ladengeschäft vorliegt oder nicht, mag herangezogen werden, ob der Landwirt einen bestimmten jedermann zugänglichen Raum eingerichtet hat und feste Ladenöffnungszeiten bestehen. Ist der Raum nicht ohne weiteres jedermann zugänglich, sondern wird z.B. nur auf Klingelzeichen geöffnet, werden Umstände wie Aufwendigkeit der Verkaufseinrichtungen und des Verkaufsraums, Umfang und Art des Sortiments und so weiter eine Rolle spielen. Sind die Verkaufseinrichtungen und der Verkaufsraum aufwendig und ist das Sortiment sehr umfangreich und/oder speziell, kurz, gleicht das äußere Erscheinungsbild dem eines herkömmlichen Ladens, wird man regelmäßig ein Gewerbe zugrunde zu legen haben[207].

- Wird ein be- oder verarbeitetes Erzeugnis vertrieben, so ist ein landwirtschaftlicher Nebenbetrieb anzunehmen, solange die Be- oder Verarbeitung nicht handwerks- oder fabrikmäßig erfolgt und kein Ladengeschäft im oben beschriebenen Sinn beziehungsweise eine sonstige gewerbliche Niederlassung im Sinne von § 42 Abs. 2 GewO eingerichtet wird, mindestens 70% der verwendeten Rohstoffe selbsterzeugt sind und der Gesetzgeber keine andere Entscheidung trifft. Daß ein Gewerbe vorliegt, wenn die Be- oder Verarbeitung handwerksmäßig erfolgt, geht aus der Rechtsprechung zum Verkauf von Fleisch in bratfertigen Stücken und von Wurst und dem Verkauf von Brot aus selbsterzeugtem Getreide hervor. Denn in beiden Fällen geht die Rechtsprechung von handwerklichen Tätigkeiten aus[208].

- Stets zu berücksichtigen sind die Entscheidungen des Gesetzgebers. Nimmt dieser eine bestimmte Einordnung vor, ist diese maßgebend. So sieht der Gesetzgeber in § 55a Abs. 1 Nr. 2 GewO die Veräußerung landwirtschaftlicher Produkte im Reisegewerbe auch durch den Erzeuger ebenso wie durch jeden anderen im Reisegewerbe als Gewerbe an[209]. Der Betrieb von Straußwirtschaften ist zwar an sich auch eine übliche Art der Verwertung[210]. Der

---

206) VG Schleswig, Urt. v. 9.7.1998 - 12 A 179/97 - GewArch. 1998, S. 474 f. = EzGewR § 14 Abs. 1 GewO Nr. 18.

207) Vgl. *Michel/Kienzle*, GastG, § 1 Rn 31 und VGH BW, Urt. v. 18. Mai 1988 - 3 S 1085/88 - VBlBW. 1989, S. 107 f. zur vergleichbaren Problematik bei der Abgrenzung der Veranstaltung von Weinproben (= Landwirtschaft) vom Gastwirtschaftsbetrieb. Hier wird auch unter anderem wesentlich auf die Einrichtung als Unterscheidungskriterium zurückgegriffen.

208) Vgl. z.B. OVG NW, Urt. v. 13. Sept. 1976 - IV A 141/74 - GewArch. 1977, S. 196.

209) *Schönleiter* in: Landmann/Rohmer, GewO, § 55 a Rn 12; *Lohner*, Recht für Landwirte in Frage und Antwort, S. 247/Nr. 504; siehe im übrigen unten 2. Abschnitt III.2.

210) Bis 1930 wurden Straußwirtschaften als landwirtschaftliche Nebenbetriebe angesehen; vgl. Erl. des württemb. Min. des Innern v. 21. Okt. 1881, Reger 2, S. 4 f.; KG, Urt. v. 11.

Gesetzgeber qualifiziert den Betrieb von Straußwirtschaften aber in § 14 Satz 1 GastG gleichwohl als Gewerbe[211].

c) Erfordernis einer Gesamtbildbetrachtung

Es entspricht allgemeiner Meinung, daß selbst dann, wenn im Einzelfall die Grenzen eines landwirtschaftlichen Nebenbetriebs überschritten werden, die fragliche Tätigkeit nicht eo ipso ein anmeldungspflichtiges Gewerbe im Sinne des § 14 Abs. 1 Satz 1 GewO ist. In Bagatellfällen, d.h. den Fällen, in denen formal zwar alle Merkmale eines Gewerbes gegeben sind, die Tätigkeit aber nur geringfügigen Umfang hat, ist das Vorliegen eines Gewerbes zu verneinen[212]. Zu nennen ist hier z.B. der Fall, daß ein Gartenbaubetriebsinhaber neben seinen Gartenerzeugnissen in kleinem Umfang zugekaufte Gartengeräte, Dünger oder Blumentöpfe verkauft. Hier liegt zwar an sich mangels inneren Zusammenhangs ein landwirtschaftlicher Nebenbetrieb nicht vor, da die Zukaufsgrenze von 30% sich nur auf Rohstoffe bezieht[213], ein Gewerbe ist aber nach allgemeiner Meinung gleichwohl zu verneinen. Umstritten ist lediglich, wie dieses Problem dogmatisch zu lösen ist.

Nach der "Gesamtbildtheorie"[214] ist dann, wenn im Einzelfall alle Merkmale eines Gewerbes vorliegen in einem weiteren Schritt zu prüfen, ob nach dem "Gesamtbild" der Tätigkeit ein Gewerbe vorliegt[215]. Umgekehrt ist in dem Fall, daß zwar einer der drei Ausnahmetatbestände der Urproduktion, der Ausübung eines freien Berufes oder der bloßen Verwaltung eigenen Vermögens eingreift,

---

März 1927, GewArch. 24, S. 512; BayObLG, Urt. v. 8. März 1928, BVBl. 76, S. 346. Dasselbe gilt auch heute noch im Baurecht. So ist eine auf einem Aussiedlerhof in den Grenzen von § 14 Satz 1 GastG in Verbindung mit den einschlägigen landesrechtlichen Vorschriften geführte Straußwirtschaft dem landwirtschaftlichen Betrieb zu- und untergeordnet und nimmt daher an dessen Privilegierung gemäß § 35 Abs. 1 Nr. 1 BauGB teil, vgl. VGH BW, Urt. v. 4. April 1995 - 3 S 2388/93 (n.v.).

[211]) *V. Ebner*, GewArch. 1983, S. 1 (10); *Michel/Kienzle*, GastG, § 14 Rn 2; *Metzner*, GastG, § 14 Rn 12; *Seitter*, Gaststättenrecht, § 14 Rn 6.

[212]) *Kormann*, WiVerw. 1981, S. 1 ff.; *Frotscher* in: Schmidt, ÖWR BT I, § 1 Rn 33. Das Problem stellt sich nicht nur bei der Abgrenzung des landwirtschaftlichen Nebenbetriebs vom Gewerbe, sondern allgemein immer dann, wenn sich die Frage stellt, ob nun ein Gewerbe vorliegt oder nicht. Es kann sich auch umgekehrt stellen: Formal liegt eines der drei Negativmerkmale vor, die ein Gewerbe ausschließen, vom Gesamtbild der Tätigkeit her ist aber ein Gewerbe anzunehmen. Einen solchen Fall behandelt die Entscheidung BVerwG, Urt. v. 24. Juni 1976 - I C 56.74 - GewArch. 1976, S. 293 ff. Formal konnte in dem Betrieb des Campingplatzes die Verwaltung eigenen Vermögens gesehen werden. Allerdings war die Verwaltung so intensiv, daß vom Gesamtbild her ein Gewerbebetrieb anzunehmen war (S. 295).

[213]) Vgl. oben 2. Abschnitt II.2.b.bb).

[214]) Der Name "Gesamtbildtheorie" stammt von *Kormann*, WiVerw. 1981, S. 1 (12).

[215]) *Fröhler*, NJW 1963, S. 279 ff.; *Kormann*, WiVerw. 1981, S. 1 (12) m.w.N.

in einem weiteren Schritt zu prüfen, ob nicht insbesondere aufgrund besonderer Nachhaltigkeit der Tätigkeit trotzdem ein Gewerbe anzunehmen ist[216].
Demgegenüber ist nach der "begriffsimmanenten" Lösung bei einem Vorliegen aller Regelmerkmale für ein Gewerbe auch ein solches anzunehmen. Statt dessen sollen nicht eindeutige Fälle "begriffsimmanent", d.h. unter alleiniger Heranziehung des Gewerbebegriffs, gelöst werden. vor. Dessen positive und negative Merkmale böten genügend Spielraum. Sei ein Positiv- oder Negativmerkmal des Gewerbebegriffs zweifelhaft, sei eine Wertung innerhalb des jeweiligen Merkmals ausreichend und auch genauer als eine Gesamtbildbetrachtung nach Bejahung aller vier Positiv- und drei Negativmerkmale[217].
Letztlich kann der Theorienstreit, ob nun der "Gesamtbildtheorie" oder der "begriffsimmanenten" Lösung zu folgen ist, auf sich beruhen, da es sich hierbei lediglich um ein "dogmatisches Glasperlenspiel" handelt. In der Theorie mag zwar die "begriffsimmanente" Lösung möglicherweise eine größere Rechtssicherheit begünstigen, weil eine zweite Wertungsstufe entfällt, für die Praxis bedeutet dies jedoch keinen Fortschritt, weil im Ergebnis hier wie dort dieselben Überlegungen vorgenommen werden. Da die "begriffsimmanente" Lösung in der Sache nicht weiter führt als die "Gesamtbildtheorie", kann ohne weiteres sofort auf die "Gesamtbildtheorie" abgestellt werden.
Einerlei welcher Ansicht man folgt, bleibt es dabei, daß jedenfalls dann kein Gewerbe im Sinne des § 14 Satz 1 GewO anzunehmen ist, wenn die betreffende Tätigkeit nur in einem geringfügigen Maß ausgeübt wird. Im Zweifelsfall stellt die Rechtsprechung auf die Nachhaltigkeit der Tätigkeit und insbesondere der Gewinnerzielungsabsicht ab[218]. So ist z.B. derjenige Landwirt noch kein Gewerbetreibender, der im Jahr vier bis fünf Schweine oder zwei bis drei Rinder pfundweise verkauft. In diesen Fällen ist noch keine nachhaltige Gewinnerzielungsabsicht gegeben. Im übrigen ist Maßstab für die Abgrenzung der Landwirtschaft zum Gewerbe, ob noch die Eigenversorgung überwiegt. So ist beim Verkauf von Brot kein Gewerbe anzunehmen, solange die Eigenversorgung im Vordergrund steht und die darüber hinausgehende Mehrproduktion lediglich der besseren Ausnutzung der Arbeitskraft und der Produktionsstätte dient[219]. Auch bei einer Zerlegung in kleinere Stücke als Hälften und Vierteln, Wurst einschließlich Dosenwurst bei Schweinen und Rindern gilt eine Bagatellgrenze unterhalb derer ein Verkauf noch der

---

[216]) Seit BVerwG, Urt. v. 24 Juni 1976 - I C 56.74 - DÖV 1977, S. 403 f = GewArch. 1976, S. 293 = NJW 1977, S. 772 ständige Rechtsprechung.

[217]) *Frotscher* in: Schmidt, ÖWR BT I, § 1 Rn 33; *Janssen*, NJW 1963, S. 620 (623); *Kahl* in: Landmann/Rohmer, GewO, Einl. zu § 1 Rn 52.

[218]) BayObLG, Beschl. v. 27. Nov. 1969, RReg. 4b 88/69, GewArch. 1970, S. 127; BayObLG, Beschl. v. 19. Sept. 1994 - 3 Ob OWi 62/94 - GewArch. 1994, S. 478.

[219]) BayObLG, Beschl. v. 27. Nov. 1969, R.Reg. 4b 88/69, GewArch. 1970, S. 127.

Landwirtschaft zuzurechnen ist. Diese Grenze wird dann überschritten, wenn das Fleisch nicht mehr in erster Linie der Eigenversorgung des Landwirts dient, sondern zum Verkauf an Letztverbraucher verwendet wird[220].

---

[220]) Vgl. z.B. Nr. 2.2 GewAnzVwV Hessen (abgedr. in: Landmann/Rohmer).

III. Landwirtschaftliche Direktvermarktung und Reisegewerbe

1. Überblick

Der Gesetzgeber von 1869 hat die speziellen Bestimmungen über das "Gewerbe im Umherziehen", wie das Reisegewerbe bis zur Neuregelung 1984 hieß, vornehmlich aus Gründen der Gefahrenabwehr getroffen. Die Allgemeinheit sollte vor Gefahren, die von den "Gewerbetreibenden im Umherziehen" ausgingen, geschützt werden. Die Gewerbeordnung von 1869 unterwarf den Gewerbebetrieb im Umherziehen zwar nicht mehr den harten polizeilichen Beschränkungen, wie sie sich bis 1869 in den verschiedenen Staaten des Norddeutschen Bundes vorfanden. Ganz von den bisherigen Beschränkungen wollte er diese Gewerbeart allerdings auch nicht befreien. Er meinte, "daß der Gewerbebetrieb im Umherziehen theils im sicherheitspolizeilichen Interesse, theils auch um ihn für das Publikum mit ähnlichen Garantien zu umgeben, wie der stehende Gewerbebetrieb sie bietet, gewissen Kontrolen und Beschränkungen unterworfen werden muß, wenn nicht das Gemeinwohl Schaden nehmen soll"[221].

Um dem Bedürfnis des Verkehrs nach besonderer Überwachung Rechnung zu tragen, entschloß man sich zur Einführung der Reisegewerbekarte, die damals noch als Wandergewerbeschein bezeichnet wurde. Für den Reisegewerbetreibenden bot sie den Vorteil, daß die mit der Erteilung der Reisegewerbekarte verbundene polizeiliche Erlaubnis für das ganze Bundesgebiet und nicht nur für einen einzelnen Bundesstaat oder einen bestimmten Bezirk galt[222].

Trotz aller zwischenzeitlichen Einfügungen, Änderungen und Aufhebungen von reisegewerberechtlichen Vorschriften besteht die Reisegewerbekartenpflicht für die Reisegewerbetreibenden bis heute, es sei denn, es liegt eine Tätigkeit vor, die von der Reisegewerbekartenpflicht ausgenommen ist. An der Zielsetzung der Bestimmungen über das Reisegewerbe hat sich nichts geändert. Indes wird das Reisegewerbe vom Gesetzgeber heute nicht mehr mit demselben Argwohn wie früher betrachtet, weil es sich mittlerweile zu einem im allgemeinen seriösen Erwerbszweig gewandelt hat[223].

Was die Direktvermarktung landwirtschaftlicher Erzeugnisse angeht, so sah die Gewerbeordnung in der Fassung von 1869 in § 54 Nr. 1 GewO a.F. eine Reisegewerbekartenpflicht beziehungsweise Wandergewerbescheinpflicht auch für die damaligen "Direktvermarkter" vor. Dies änderte jedoch bereits die Novelle von 1883. Der neu eingefügte § 59a Nr. 1 GewO a.F. stellte diejenigen von der Wandergewerbescheinpflicht frei, die selbstgewonnene oder rohe

---

[221]) Motive, Stenograph. Berichte Bd. 9/1869 Bd. 3, S. 121.

[222]) Motive, Stenograph. Berichte Bd. 9/1869 Bd. 3, S. 121.

[223]) Begründung zur Vorlage der Bundesregierung zur Vorlage eines Entwurfs eines Vierten Gesetzes zur Änderung der Gewerbeordnung, BT-Drucks. 3/318 S. 15.

Erzeugnisse der Land- und Forstwirtschaft, des Garten- und Obstbaus, der Geflügel- und Bienenzucht sowie selbstgewonnene Erzeugnisse der Jagd und Fischerei feilboten. Bei der Neufassung der Regelungen über das Reisegewerbe im Jahre 1960 wurde § 59 Nr. 1 GewO a.F. weitgehend inhaltlich in den neuen § 55a Abs. 1 Nr. 2 GewO übernommen. Danach bedarf einer Reisegewerbekarte nicht, "wer selbstgewonnene Erzeugnisse der Land- und Forstwirtschaft, des Gemüse-, Obst- und Gartenbaues, der Geflügelzucht und Imkerei sowie der Jagd und Fischerei vertreibt".

2. Landwirtschaft und Reisegewerbe

Ein Reisegewerbe betreibt nach § 55 Abs. 1 GewO, "wer gewerbsmäßig ohne vorhergehende Bestellung außerhalb seiner gewerblichen Niederlassung oder ohne überhaupt eine solche zu haben, selbständig oder unselbständig in eigener Person Waren feilbietet" (Nr. 1) oder wer "selbständig unterhaltende Tätigkeiten als Schausteller oder nach Schaustellerart ausübt" (Nr. 2). Daß die Direktvermarktung und selbständige unterhaltende Tätigkeiten als Schausteller oder nach Schaustellerart keinerlei Abgrenzungsprobleme aufweisen, liegt auf der Hand. Etwas anderes gilt für § 55 Abs. 1 Nr. 1 GewO. Hier stellt sich die Frage, ob und gegebenenfalls inwieweit landwirtschaftliche Direktvermarktung Ausübung eines Reisegewerbes sein kann. Konsequenz einer Einordnung als Reisegewerbe ist, daß nach § 55 Abs. 2 GewO eine Erlaubnis in Form einer Reisegewerbekarte eingeholt werden muß.

Derjenige Landwirt, dessen Ware nicht die Voraussetzungen des § 55a Abs. 1 Nr. 2 GewO erfüllt, unterliegt der Erlaubnispflicht nach § 55 Abs. 2 GewO. Denn der ambulante Verkauf landwirtschaftlicher Erzeugnisse ist eine gewerbsmäßige Tätigkeit im Sinne des § 55 Abs. 1 Nr. 1 GewO. Anderenfalls wäre § 55a Abs. 1 Nr. 2 GewO, der insbesondere Landwirte in einer Vielzahl von Fällen von der Reisegewerbekartenpflicht befreit, überflüssig[224]. Im übrigen

---

[224]) Wohl allg. M.: vgl. z.B. *Frotscher* in: Schmidt, ÖWR BT I, § 1 Rn 126; *Stober* in: Friauf, GewO, § 55 Rn 1. Der denkbare Einwand gegen die hier vertretene Auffassung, daß § 55a GewO nicht überflüssig wäre, weil die Vorschrift nicht nur Land- und Forstwirte privilegiere, sondern "selbstgewonnene Erzeugnisse der Land- und Forstwirtschaft" und damit praktisch jedermann, der derartige im Reisegewerbe Produkte anbietet, wie z.B. einen Hobbygärtner, überzeugt nicht. Denn, selbst wenn man einem Hobbygärtner ein Interesse unterstellt, seine Gartenerzeugnisse im Reisegewerbe veräußern zu wollen, dürften Hobbygärtner in aller Regel nicht soviel Gartenbauerzeugnisse produzieren, als daß sie ihre Erzeugnisse im Reisegewerbe absetzen würden. Zumindest wird dies sehr selten vorkommen. Vor allem aber käme bei einem Hobbygärtner von vornherein kein Erfordernis einer Reisegewerbekartenpflicht im Sinne von § 55 Abs. 1 Nr. 1 GewO und damit auch keine Befreiung nach § 55a Abs. 1 Nr. 2 GewO in Betracht, da er in seiner Person nicht das Merkmal der Gewerbsmäßigkeit erfüllen würde. Denn einem Hobbygärtner fehlt es regelmäßig an der nachhaltigen Gewinnerzielungsabsicht, die aber nach der Gesamtbildtheorie erforderlich ist, um von Gewerbsmäßigkeit ausgehen zu können (vgl. oben

würde der nur für Reisegewerbetreibende Geltung beanspruchende § 56 Abs. 1 Nr. 3 Buchst. b in einem wichtigen Teilbereich leerlaufen, wenn z.B. der Winzer, der aus seinem Wagen heraus Wein verkauft, überhaupt kein Reisegewerbe ausüben würde. Denn der Zweck dieser Vorschrift besteht darin, die Reisegewerbetreibenden nicht gegenüber Schankwirtschaften ungerechtfertigterweise zu privilegieren. Der Katalog des § 56 GewO soll der Wahrung gleicher Wettbewerbsbedingungen unter besonderer Berücksichtigung von Art. 3 Abs. 1 GG dienen[225]. Wären aber die Winzer von der Reisegewerbekartenpflicht aus dem Gedanken heraus, daß es sich bei dem Verkauf um einen landwirtschaftlichen Nebenbetrieb und damit nicht von um ein Reisegewerbe handeln würde, befreit, dürften sie sogar umherziehen und Wein ausschenken, ohne daß § 56 Abs. 1 Nr. 3 Buchst. b GewO oder die Vorschriften des Gaststättengesetzes entgegenstehen würden. Die strengen Voraussetzungen, die das Gaststättengesetz an die Person des Betreibers - zu denken ist hier vor allem an die Erlaubnispflicht nach § 2 Abs. 1 Satz 1 GastG sowie an den Nachweis nach § 4 Abs. 1 Nr. 4 GastG - und an die Räume, für die Erlaubnis erteilt wird, stellt, wären dann unverständlich. Sogar der Betrieb einer Straußwirtschaft ist nur auf eine Anzeige hin und nur in bestimmten Räumen zulässig[226]. Diesem Argument kann auch nicht § 55a Abs. 1 Nr. 9 GewO entgegengehalten werden. Denn der Anbieter im Sinne dieser Vorschrift unterliegt nach § 55c Satz 1 GewO einer Anzeigepflicht, so daß eine gewisse Kontrolle seitens der Ordnungsbehörde gegeben ist. Dasselbe gilt für § 67 Abs. 1 Nr. 1 2. Halbsatz GewO, da ein Anbieter eines festgesetzten Wochenmarktes gemäß § 70 Abs. 1 GewO zugelassen werden muß sowie gemäß § 70b GewO Name und Firma an seiner Verkaufsgelegenheit anbringen muß und daher für die zuständige Behörde leicht zu ermitteln ist.

Festzuhalten bleibt, daß der Gesetzgeber in dem ambulanten Verkauf selbstgewonnener Erzeugnisse durch den Landwirt keinen landwirtschaftlichen Nebenbetrieb, sondern ein Reisegewerbe sieht, obwohl dieser Verkauf üblich ist. Denn zahlreiche Landwirte und Winzer setzen ihre Produkte mit einem Verkaufsfahrzeug über die Straße ab. Der Gärtner, der seine Blumen oder sein Gemüse anbietet, der Eierproduzent, der die von ihm erzeugten Eier absetzen will, der Apfelproduzent, der sein Obst anpreist, gehören zumindest in

---

1.Abschnitt II.3). Ist aber von einer nachhaltigen Gewinnerzielungsabsicht auszugehen, liegt kein Hobby, sondern ein Gartenbau im Nebenerwerb und damit Landwirtschaft vor, so daß die oben vertretene Begründung wieder eingreift.

225) Vgl. die Begründung zur Vorlage der Bundesregierung zum Entwurf eines vierten Gesetzes zur Änderung der Gewerbeordnung, BT-Drucks. 3/318 S. 23 sowie bereits zur Vorgängernorm des § 54 GewO a.F. die Motive zur Gewerbeordnung, Stenograph. Berichte, Bd. 9/ 1869 Bd. III S. 122; Begründung zum Gesetz betr. die Abänderung der Gewerbeordnung, Stenograph Berichte Nr. 338 S. 42.

226) Siehe dazu im einzelnen unten 3. Abschnitt II.4.

ländlichen Gebieten zum täglichen Straßenbild. Verkauft ein Landwirt Produkte, die nicht unter den Freistellungstatbestand des § 55a Abs. 1 Nr. 2 GewO (beziehungsweise des § 55a Abs. 1 Nr. 5 oder § 55a Nr. 9[227]) fallen, bedarf er also einer Reisegewerbekarte.

3. Der Verkauf selbstgewonnener Erzeugnisse im Reisegewerbe

"Selbstgewonnene Erzeugnisse" im Sinne des § 55a Abs. 1 Nr. 2 1. Halbsatz GewO sind im Gegensatz zu zugekauften Gegenständen nach allgemeiner Meinung diejenigen Gegenstände, die der Erzeuger in seinem Haushalt oder Betrieb herstellt oder gewinnt oder durch seine Angehörigen oder angestellte Arbeitskräfte herstellen und gewinnen läßt[228]. Hierunter fallen z.B. selbstgezogene Bäume,[229] die von den Grundstücksbesitzern selbst geschlagen und vertrieben werden, nicht aber solche, die von einem Aufkäufer auf dem Stamm gekauft und von diesem nur geschlagen werden,[230] ferner alle inländischen Früchte des Feldes und von Obstanlagen, Fleisch von geschlachtetem Geflügel, Eier und Federn des Geflügels, Honig, Wildbret und Fische[231]. Wurden das Wildbret oder die Fische aber gewildert beziehungsweise die Feldfrüchte usw. gestohlen, handelt es sich nicht um selbstgewonnene Erzeugnisse, weil nur diejenigen privilegiert werden sollen, die die Erzeugnisse rechtmäßig gewonnen haben[232]. Weintrauben sind Erzeugnis des Obstbaus[233]. Was dem Boden selbst entnommen wird - Mineralien, Torf, Sand, Erde, Steine - , ist nach allgemeiner Meinung kein landwirtschaftliches Erzeugnis. Es handelt sich hier aber um selbstgewonnene Erzeugnisse, wenn sie in einem landwirtschaftlichen Nebenbetrieb gewonnen wurden[234].

Der Klärung bedarf, ob unter die selbstgewonnenen Erzeugnisse nur die rohen oder auch die be- und verarbeiteten Erzeugnisse fallen.

---

227) Siehe dazu unten 2. Abschnitt III.5.

228) *Hoffmann* in: v. Brauchitsch/Ule, Verwaltungsgesetze des Bundes und der Länder, Bd. VIII Hb. 2 (Hrsg. *Reuß*), GewO, § 55a Anm. II. 2; *Schönleiter* in: Landmann/Rohmer, GewO, § 55a Rn 13.

229) Zu denken ist hier vornehmlich an Christbäume.

230) KG, Urt. v. 10. Nov. 1931, GewArch. 31, S. 406.

231) *Schönleiter* in: Landmann/Rohmer, GewO, § 55a Rn 13; *Hoffmann* in: v. Brauchitsch/Ule, Verwaltungsgesetze des Bundes und der Länder, Bd. VIII Hb. 2 (Hrsg. *Reuß*), § 55a GewO Anm. II. 2.

232) KG, Urt. v. 29. Mai 1890, Reger 11, S. 270; *Schönleiter* in: Landmann/Rohmer, GewO, § 55a Rn 20.

233) *Scheibe/Hadel*, Das Reisegewerbe nach Titel III der GewO, S. 31.

234) Vgl. z.B. *Ambs* in: Erbs/Kohlhaas, Strafrechtliche Nebengesetze, § 55a GewO Rn 6; *Hoffmann* in: v. Brauchitsch/Ule, Verwaltungsgesetze des Bundes und der Länder, Bd. VIII, Hb 2 (Hrsg. *Reuß*), § 55a GewO Anm. II.2; *Scheibe/Hadel*, Das Reisegewerbe nach Titel III der GewO, S. 31; *Stober* in: Friauf, GewO, § 55a Rn 22.

Nach herrschender Meinung nimmt die Be- und Verarbeitung den Erzeugnissen nicht die Eigenschaft "selbstgewonnen", solange die verwendeten Zutaten vom Anbieter selbst stammen[235]. Danach dürfen also Direktvermarkter grundsätzlich auch ihre be- und verarbeiteten Erzeugnisse nach § 55a Abs. 1 Nr. 2 GewO reisegewerbekartenfrei verkaufen.

Nach Auffassung eines Teils der Literatur stellt dagegen § 55a Abs. 1 Nr. 2 GewO lediglich den Vertrieb roher Erzeugnisse von der Reisegewerbekartenpflicht frei, weil der 1960 eingefügte § 55a Abs. 1 Nr. 2 GewO im Gegensatz zu § 59a Nr. 1 GewO a.F.[236] nur noch von selbstgewonnenen Erzeugnissen spreche[237]. Konsequenz dieser Meinung wäre, dass Direktvermarkter nur unbearbeitete eigene Erzeugnisse reisegewerbekartenfrei veräußern dürften.

Dieser Auffassung kann nicht beigetreten werden; vielmehr ist der herrschenden Meinung zu folgen. Daß "selbstgewonnene Erzeugnisse" im Sinne des § 55a Abs. 1 Nr. 2 GewO sowohl rohe als auch be- und verarbeitete eigene Erzeugnisse sind, ergibt sich aus dem Wortlaut sowie dem Sinn und Zweck der Vorschrift und wird durch die Entstehungsgeschichte bestätigt. Der Wortsinn von "gewinnen" umfaßt sowohl ein Erzeugen roher Naturerzeugnisse als auch die Be- und Verarbeitung von Erzeugnissen[238]. Nach dem Wortlaut können also "selbstgewonnene Erzeugnisse" sowohl selbsterzeugte rohe Naturerzeugnisse als auch be- und verarbeitete Erzeugnisse sein.
Dieses Ergebnis findet seine Bestätigung in dem Sinn und Zweck der Freistellung des Vertriebs der "selbstgewonnenen Erzeugnisse der Land- und Forstwirtschaft, des Gemüse-, Obst- und Gartenbaus sowie der Geflügelzucht und der Imkerei" von der Reisegewerbekartenpflicht. Denn dieser besteht in der Förderung der "selbstmarktenden" Erzeuger[239]. Eine Beschränkung der reisegewerbefreien Tätigkeit auf rohe Naturerzeugnisse würde diesem Zweck zuwiderlaufen.

---

235) OLG Karlsruhe, Beschl. v. 26. Jan. 1983 - 1 Ss 254/82 - GewArch. 1983, S. 158; *Ambs* in: Erbs/Kohlhaas, Strafrechtliche Nebengesetze, § 55a GewO Rn 5; *Hoffmann* in: v. Brauchitsch/Ule, Verwaltungsgesetze des Bundes und der Länder, Bd. VIII Hb. 2 (Hrsg. *Reuß*), GewO, § 55a Anm. II. 2; *Scheibe/Hadel*, Das Reisegewerbe nach Titel III der GewO, S. 31; *Schönleiter* in: Landmann/Rohmer, GewO, § 55a Rn 13.
236) RGBl. 1883 S. 177 (199).
237) *Stober* in: Friauf, GewO, § 55a Rn 22.
238) *Duden*, Bedeutungswörterbuch, Stichwort: "gewinnen".
239) Vgl. die Begründung zur Vorlage der Bundesregierung zum Entwurf eines Vierten Gesetzes zur Änderung der Gewerbeordnung, BT-Drucks. 3/318 S. 15.

Schließlich läßt sich für die herrschende Meinung auch die Entstehungsgeschichte anführen. § 59a Nr. 1 GewO der bis 1960 geltenden Fassung hatte folgenden Wortlaut:

"Eines Wandergewerbescheins bedarf nicht:
1. wer selbstgewonnene oder rohe Erzeugnisse der Land- und Forstwirtschaft, des Garten und Obstbaus, der Geflügel- und Bienenzucht sowie selbstgewonnene Erzeugnisse der Jagd und Fischerei feilbietet."

In der ursprünglichen Form stellte die Gegenüberstellung von "selbstgewonnen" und "roh" klar, daß unter die selbstgewonnenen Erzeugnisse auch die be- und verarbeiteten Erzeugnisse im Gegensatz zu den rohen Erzeugnissen fielen[240]. Indem der Gesetzgeber den Zusatz "roh" strich und nur den weiteren Begriff "selbstgewonnen", der auch die rohen Erzeugnisse mitumfaßt, beibehielt, entfernte er lediglich einen Satzteil, der vom Wortsinn her überflüssig war. Hätte sich der Gesetzgeber nach der Neufassung die Freistellung lediglich auf rohe Erzeugnisse beziehen wollen, hätte dies vor dem Hintergrund des klarstellenden Charakters des Zusatzes "oder roher Erzeugnisse der Land- und Forstwirtschaft, des Gartens und Obstbaus, der Geflügel- und Bienenzucht" nur dann Sinn gemacht, wenn das Wort "selbstgewonnen" gestrichen und das Wort "roh" beibehalten worden wäre.
Festzuhalten bleibt damit, daß auch be- und verarbeitete Erzeugnisse unter die "selbstgewonnenen Erzeugnisse" im Sinne des § 55a Abs. 1 Nr. 2 GewO fallen und reisegewerbekartenfrei veräußert werden dürfen.

Eine in Literatur und Rechtsprechung häufig vertretene Meinung verlangt allerdings, daß alle bei einer Be- beziehungsweise Verarbeitung verwendeten Grundstoffe eigene Erzeugnisse sein müssen, also nicht zugekauft sein dürfen, damit von einem "selbstgewonnenen Erzeugnis" ausgegangen werden kann[241].

Dieser Meinung kann nicht beigetreten werden. Denn auch bei einem landwirtschaftlichen Nebenbetrieb, in dem eine Be- oder Verarbeitung stattfindet, ist es ausreichend, daß lediglich 70% der verwendeten Grundstoffe selbsterzeugt sind, damit der Nebenbetrieb als landwirtschaftlicher Nebenbetrieb qualifiziert werden kann[242]. Handelt es sich aber um einen landwirtschaftlichen Nebenbetrieb, dann sind die in dem Betrieb hergestellten Produkte auch als

---

240) *Engelmann*, GewO, S. 188.

241) *Fröhler/Kormann*, GewO, § 55a Rn 13; *Schönleiter* in: Landmann/Rohmer, GewO, § 55a Rn 13; *Tettinger* in: Tettinger/Wank, GewO, § 55a Rn 21; wohl auch OLG Karlsruhe, Beschl. v. 26. Jan. 1983 - 1 Ss 254/82 - GewArch. 1983, S. 158.

242) Siehe oben 2. Abschnitt II.2.b.bb).

selbstgewonnen anzusehen[243]. Dieser Auslegung steht auch nicht der Wortsinn von "selbstgewonnen" entgegen. Denn der mögliche Wortsinn von "gewinnen" umfaßt unter anderem auch ein "Herstellen"[244]. Folglich müssen die bei der Bebeziehungsweise Verarbeitung verwendeten Grundstoffe entgegen der in der Literatur vertretenen Ansicht nicht ausschließlich selbsterzeugt sein.
Schließlich ist auch hier wieder zu berücksichtigen, daß der Gesetzgeber mit der Freistellung des Vertriebs der selbstgewonnenen Erzeugnisse der Land- und Forstwirtschaft, des Gemüse-, Obst- und Gartenbaus sowie der Geflügelzucht und der Imkerei von der Reisegewerbekartenpflicht die Förderung der - wie es in der amtlichen Begründung heißt - "selbstmarktenden" Erzeuger bezweckte. Gerade die landwirtschaftlichen Direktvermarkter bieten sehr oft be- und verarbeitete Produkte an, weil sich hier häufig Marktnischen finden und höhere Gewinnspannen realisiert werden können. Da aber der Gesetzgeber die Direktvermarktung fördern und nicht einschränken wollte und es überdies wenig sinnvoll erscheint, hier einen anderen Maßstab als bei den landwirtschaftlichen Nebenbetrieben anzulegen, spricht auch Sinn und Zweck des § 55a Abs. 1 Nr. 2 GewO dafür, daß ein Erzeugnis auch dann "selbstgewonnen" ist, wenn die verwendeten Grundstoffe nicht ausschließlich, sondern nur überwiegend selbsterzeugt sind.

4. Die Zulässigkeit des Verkaufs von Fleisch, Milch und anderen tierischen Produkten im Reisegewerbe

Fraglich erscheint, ob außer Wildbret und Geflügelfleisch auch Fleisch von anderen Tieren, wie z.B. Rindern, Schweinen, Schafen und Ziegen, sowie Milch und andere tierische Produkte reisegewerbekartenfrei direkt an den Endverbraucher veräußert werden dürfen. Voraussetzung
hierfür wäre, daß diese tierischen Erzeugnisse als "selbstgewonnene Erzeugnisse der Land- und
Forstwirtschaft" im Sinne von § 55a Abs. 1 Nr. 2 GewO eingeordnet werden könnten. Indes setzt ein Erzeugnis der Landwirtschaft im Sinne des § 55a Abs. 1 Nr. 2 GewO nach allgemeiner Meinung voraus, daß es dem Boden durch Bewirtschaftung abgewonnen worden ist[245]. Dies wird folgendermaßen

---

243) Vgl. *Ambs* in: Erbs/Kohlhaas, Strafrechtliche Nebengesetze, § 55a GewO Rn 6; *Hoffmann* in: v. Brauchitsch/Ule, Verwaltungsgesetze des Bundes und der Länder, Bd. VIII, Hb 2 (Hrsg. *Reuß*), § 55a GewO Anm. II.2; *Scheibe/Hadel*, Das Reisegewerbe nach Titel III der GewO, S. 31; *Stober* in: Friauf, GewO, § 55a Rn 22.

244) *Duden*, Bedeutungswörterbuch, Stichwort: "gewinnen".

245) *Ambs* in: Erbs/Kohlhaas, Strafrechtliche Nebengesetze, § 55a GewO Rn 6; *Hoffmann* in: v. Brauchitsch/Ule, Verwaltungsgesetze des Bundes und der Länder, Bd. VIII Hb. 2 (Hrsg. *Reuß*), § 55a GewO Anm. II. 2; *Scheibe/Hadel*, Das Reisegewerbe nach Titel III der GewO, S. 31; *Schönleiter* in: Landmann/Rohmer, GewO, § 55a Rn 15; *Tettinger* in: Tettinger/Wank, GewO,§ 55a Rn 18.

begründet: Der Gesetzgeber habe die Produkte der Geflügelzucht und der Imkerei sowie der Jagd und Fischerei ausdrücklich als reisegewerbekartenfrei in § 55 Abs. 1 Nr. 2 GewO hervorgehoben. Hierbei handele es sich um tierische Erzeugnisse, wobei es sich bei der Geflügelzucht und der Imkerei sogar um traditionell landwirtschaftliche tierische Produkte handele. Mit der Nennung wolle der Gesetzgeber klarstellen, daß außer diesen tierischen Produkten grundsätzlich keine anderen tierischen Produkte aus der Landwirtschaft von der Reisegewerbekartenpflicht freigestellt sein sollen[246]. Diese Argumentation ist in sich schlüssig und überzeugend. Für diese Interpretation spricht außerdem die Vorschrift des § 55a Abs. 1 Nr. 5 GewO, wonach einer Reisegewerbekarte nicht bedarf, wer aufgrund einer Erlaubnis nach § 4 des Milch- und Margarine-Gesetzes Milch oder bei dieser Tätigkeit Milcherzeugnisse abgibt. Wären von § 55a Abs. 1 Nr. 2 GewO auch Milch- und Milcherzeugnisse als tierische Produkte erfaßt, wäre § 55a Abs. 1 Nr. 5 GewO überflüssig.

Einen Grenzfall stellt Fleisch dar, das - wie z.B. Damtierfleisch - in Gehegewildhaltung erzeugt worden ist. Einerseits ist solches Fleisch in § 55b Abs. 1 Nr. 2 GewO nicht ausdrücklich erwähnt, andererseits kann eine sachliche Nähe zur Jagd, deren Erzeugnisse freigestellt sind, kaum in Abrede gestellt werden, weil Gehegewild Tiere sind, die einer Wildtierart angehören und gerade nicht domestiziert sind. Fraglich erscheint, ob daher Erzeugnisse aus Gehegewildhaltung und Jagderzeugnisse gleichgestellt werden können. Die Folge wäre, daß z.B. der Verkauf von Damwildfleisch im Reisegewerbe reisegewerbekartenfrei ist.

Gegen diese Deutung ließe sich zunächst der Wortsinn von Jagd anführen. Unter Jagd versteht man das *waidgerechte* Erlegen, Fangen und Hegen des *Wildes*[247]. Wild ist der Sammelbegriff für alle wildlebenden Tierarten, die dem Jagdrecht unterliegen[248]. Man mag zweifeln, ob Gehege-"Wild" Wild im Sinne der Definition ist, da typisch für das Wild ist, daß es herrenlos ist und umherzieht[249], was bei Gehegewild gerade nicht der Fall der Fall ist. Wenn Tiere ihrer Art nach auch dem Jagdrecht unterliegen,[250] so sind sie nicht mehr wildlebend und unterliegen nicht mehr dem Jagdrecht, wenn sie in Gehegen nicht zu Jagdzwecken, sondern als Fleischtiere gehalten werden. Art. 28 Abs. 3 des niedersächsischen Landesjagdgesetzes spricht das ausdrücklich aus[251].

---

246) *Ambs* in: Erbs/Kohlhaas, Strafrechtliche Nebengesetze, § 55a GewO Rn 6; *Fröhler/Kormann*, GewO, § 55a Rn 4; *Schönleiter* in: Landmann/Rohmer, GewO, § 55a Rn 15.

247) Jagdlexikon, Stichwort: "Jagd".

248) Jagdlexikon, Stichwort: "Wild"; *Krebs*, Vor und nach der Jägerprüfung, S. 539 unter Bezugnahme auf den Bedeutungsgehalt des § 1 BJagdG.

249) Vgl. auch § 960 Abs. 1 BGB.

250) So vor allem nach § 2 Abs. 1 Nr. 1 BJagdG auch das Damwild.

251) *Mitzschke/Schäfer*, BJagdG, § 20 Rn 21.

Insbesondere bei der Haltung von Damwild in Gehegen geht man regelmäßig davon aus, daß diese zum Zwecke der Fleischerzeugung und nicht zu Jagdzwecken gehalten werden[252].
Als weiteres Argument gegen die Gleichstellung von Erzeugnissen aus der Gehegewildhaltung mit jagdlichen Erzeugnissen könnte man anführen, daß die Steuergesetzgebung die Haltung von Damhirschen in § 13 Abs. 1 Nr. 1 EStG in Verbindung mit Richtlinie 124a zu § 13 EStG als landwirtschaftliche Tierhaltung ansieht. Handelt es sich nicht um Damwild, sondern um andere Tierarten wie z.B. Sikas oder Mufflons, die in einem Gehege gehalten werden und nicht in der Anlage aufgeführt sind, so steht das der Annahme einer landwirtschaftlichen Tierhaltung nicht entgegen, weil diese Anlage nur die Grundlage für die Umrechnung in Vieheinheiten ist[253]. Denn maßgebend für die Annahme von Landwirtschaft im Steuerrecht ist, daß
a) pflanzliche Produkte durch die planmäßige Nutzung der natürlichen Kräfte des Bodens gezogen werden und
b) daß die gewonnenen pflanzlichen Produkte mit Gewinnerzielungsabsicht verwertet werden, und zwar entweder durch ihren direkten Verkauf oder als Futtergrundlage für das gezüchtete oder gehaltene Vieh, dessen Verwertung in der verschiedensten Weise dann Gewinn erbringen soll[254]. Diese Voraussetzungen sind bei einer gewöhnlichen Gehegewildhaltung erfüllt, so daß eine solche als Landwirtschaft einzustufen ist[255].
Entscheidend für eine Gleichstellung von Gehegewild mit anderem Wild spricht aber folgende Überlegung: Ist ein Landwirt Jagdausübungsberechtigter, darf er das Wild - zu denken ist hier z.B. an Rothirsche -, das er in Ausübung seines Jagdrechts erlegt, nach § 55a Abs. 1 Nr. 2 GewO reisegewerbekartenfrei veräußern. Hält dieser Landwirt zugleich in einem Gehege Rothirsche, so muß er auch dieses Wild reisegewerbekartenfrei verkaufen können. Denn es wäre widersprüchlich, im ersten Fall eine Reisegewerbekartenpflicht zu verneinen und im zweiten Fall eine Reisegewerbekartenpflicht zu bejahen, weil es sich die Hirsche in nichts unterscheiden außer dem Umstand, daß der eine in freier Wildbahn und der andere im Gehege erlegt worden ist. Eine in der Gehewildhaltung gegebenenfalls stattfindende Zufütterung kann auch nicht entgegengehalten werden, da eine solche im Winter auch in freier Wildbahn üblich ist[256].
Eine Gleichstellung von Gehegewild mit anderem Wild wird nur dann nicht erfolgen können, wenn die Gehegewildtiere sich bereits wesentlich von ihren

---

[252]) *Mitzschke/Schäfer*, BJagdG, § 6 Rn 35.
[253]) BFH, Urt. v. 30. Sept. 1980 - VIII R 22/79 - BStBl II 1980, S. 273; *Leingärtner*, Die Information 1981, S. 121 (123).
[254]) *Leingärtner*, Die Information 1981, S. 121 (122).
[255]) *Leingärtner*, Die Information 1981, S. 121 (123).
[256]) *Nüßlein*, Jagdkunde, S. 87.

wilden Artgenossen unterscheiden. Das ist der Fall bei der neuen Damtierrasse "Neumühle-Riswicker". Das "Neumühle-Riswicker" Damtier unterscheidet sich insofern wesentlich vom züchterisch unbearbeiteten Damwild, als es mit dem Menschen vertraut ist, schneller wächst und fruchtbarer ist[257]. Der Verkauf von Fleisch von Tieren solcher im Gehege gehaltenen Rassen unterliegt der Reisegewerbekartenpflicht.

5. Verkauf eigener Erzeugnisse der Landwirtschaft aus einem Verkaufswagen

Fällt eine Verkaufstätigkeit von Lebensmitteln nicht unter § 55a Abs. 1 Nr. 2 GewO, bleibt zu prüfen, ob nicht der Ausnahmetatbestand des § 55a Abs. 1 Nr. 9 GewO greift. Danach bedarf einer Reisegewerbekarte nicht, wer von einer nicht ortsfesten Verkaufsstelle oder einer anderen Einrichtung in regelmäßigen, kürzeren Zeitabständen an derselben Stelle Lebensmittel oder andere Waren des täglichen Bedarfs vertreibt[258]. Die Vorschrift wurde durch das Änderungsgesetz vom 25. Juli 1984[259] eingefügt. Die Vorschrift zielt zwar in erster Linie auf eine Befreiung fahrender Obst- und Gemüsehändler von der Reisegewerbekartenpflicht,[260] geht aber über diese Personengruppe hinaus. § 55a Abs. 1 Nr. 9 GewO soll als Auffangbestand alle dem Sinn und Zweck dieser Regelung entsprechenden sonstigen Verkaufsmöglichkeiten erfassen[261]. Handelt es sich also nicht um ein selbstgewonnenes Erzeugnis im Sinne des § 55a Abs. 1 Nr. 2 GewO, ist zu prüfen, ob der Verkauf im Reisegewerbe nicht über § 55a Abs. 1 Nr. 9 GewO reisegewerbekartenfrei ist. Nicht ortsfeste Verkaufsstellen sind solche, die mobil zum Vertrieb genutzt werden können wie Motorfahrzeuge, Anhänger und dergleichen. Fehlt einem Verkaufswagen die das Reisegewerbe kennzeichnende Mobilität (z.B. Fischstand vor Einkaufscenter), so handelt es sich um ein stehendes Gewerbe[262]. Ein regelmäßiger Zeitabstand im Sinne des § 55a Abs. 1 Nr. 9 GewO liegt vor, wenn der Verkauf in einem bestimmten, nicht zu großen stets wiederkehrenden zeitlichen Rhythmus (innerhalb einer, maximal zwei Wochen) stattfindet[263]. Bei dem Begriff der

---

[257]) RBZ - Nr. 30/ 31. Juli 1999, S. 27.

[258]) § 55a Abs. 1 Nr. 9 1. Halbsatz. Zum 2. Halbsatz siehe unten 2. Abschn. III.7.

[259]) BGBl. I S. 1006.

[260]) *Arndt* in: Steiner, Bes. VerwR, Abschnitt VII Rn 289.

[261]) *Ambs* in: Erbs/Kohlhaas, Strafrechtliche Nebengesetze, § 55a GewO Rn 6.

[262]) VG Arnsberg, Urt. v. 15. Nov. 1979 - 7 K 692/79 - GewArch. 1980, S. 228 (229).

[263]) *Tettinger* in: Tettinger/Wank, GewO, § 55a Rn 35; *Ambs* in: Erbs/Kohlhaas, Strafrechtliche Nebengesetze, § 55a GewO Rn 16 und *Schönleiter* in: Landmann/Rohmer, GewO, § 55a Rn 45 gehen dagegen unter Hinweis auf die Begründung des Änderungsgesetzes 1984 davon aus, daß die Zeitabstände eine Woche grundsätzlich nicht überschreiten dürften; ein 14-tägiges Erscheinen genüge nicht. Letztere Auffassung ist indes als zu eng abzulehnen. Der Grund für die Befreiung von der Reisegewerbekartenpflicht nach § 55a GewO besteht darin, daß in den Fällen des § 55a Abs. 1 GewO ein geringeres

Lebensmittel im Sinne von § 55a Abs. 1 Nr. 9 GewO ist die Legaldefinition des § 1 LMBG zugrunde zu legen[264]. Auch der Landwirt darf also unter den Voraussetzungen des § 55a Abs. 1 Nr. 9 GewO Rind-, Schweine- und anderes selbsterzeugtes Fleisch einschließlich Wildbret aus Gehegehaltung, Milch, Butter und Käse verkaufen. Die Erweiterung der reisegewerbekartenfreien Verkaufsmöglichkeit auf Lebensmittel und andere Waren des täglichen Bedarfs in § 55a Abs. 1 Nr. 9 GewO ergibt sich aus der Überlegung, daß es sich bei Personen, die in regelmäßigen, kürzeren Abständen an derselben Stelle verkaufen, um solche handelt, die den Kunden bekannt sind und daher leicht zu ermitteln sind, wenn von ihnen oder ihren Produkten Gefahren für die Allgemeinheit ausgehen. Der Sinn der Reisegewerbekarte, zum Schutz der Allgemeinheit diejenigen ermitteln zu können, die bei einer Geschäftstätigkeit außerhalb einer ständigen gewerblichen Niederlassung beziehungsweise ohne gewerbliche Niederlassung unreelle Geschäftsmethoden anwenden und ohne Reisegewerbekartenpflicht nicht mehr belangt werden können, weil sie aufgrund ihrer reisenden Tätigkeit unbekannt bleiben würden,[265] greift hier nicht.
Ist zweifelhaft, ob die Direktvermarktung von eigenen landwirtschaftlichen Erzeugnissen in Form des regelmäßigen Ausfahrens auf bestimmten überschaubaren Strecken im Verkaufswagen unter § 55a Abs. 1 Nr. 2 GewO oder § 55a Abs. 1 Nr. 9 GewO zu fassen ist, so hat eine Subsumtion unter § 55a Abs. 1 Nr. 2 GewO zu erfolgen, weil § 55a Abs. 1 Nr. 9 GewO - wie festgestellt - nur einen Auffangtatbestand darstellt.
Zu beachten ist, daß nach § 55c Satz 1 GewO derjenige, der nach § 55a Abs. 1 Nr. 3, 9 und 10 einer Reisegewerbekarte nicht bedarf, den Beginn des Gewerbes der zuständigen Behörde anzuzeigen hat, soweit er sein Gewerbe nicht bereits nach § 14 Abs. 1 bis 3 GewO anzumelden hat. Der Katalog der in § 55c Satz 1 GewO aufgeführten anzeigepflichtigen Reisegewerbe ist abschließend[266]. Zweck der Anzeigepflicht ist die Registrierung der in bestimmten erlaubnisfreien Reisegewerben selbständig Tätigen, um eine möglichst wirksame Gewerbeüberwachung und einen wirksamen Verbraucherschutz zu erreichen[267]. Daher bedarf es einer Anzeige nach § 55c GewO nicht, wenn das Gewerbe nach § 14 Abs. 1 Satz 1 GewO anmeldungspflichtig ist. Umgekehrt ersetzt eine

---

Schutzbedürfnis besteht wie bei den herkömmlichen Reisegewerbetreibenden, vgl. zum Beispiel *Stober*, WVR, § 46 II 2. Auch bei einem nur vierzehntägigen regelmäßigen Erscheinen ist der Reisegewerbetreibende hinreichend bekannt und greifbar, so daß hier die Grenze zu ziehen ist.

[264]) *Ambs* in: Erbs/Kohlhaas, Strafrechtliche Nebengesetze, § 55a GewO Rn 16.

[265]) *Stober*, WVR, § 46 II 1.

[266]) Allg.M.; vgl. z.B.: *Fröhler/Kormann*, GewO, § 55c Rn 1; *Schönleiter* in: Landmann/Rohmer, GewO, § 55c Rn 4; *Stober* in: Friauf, GewO, § 55c Rn 4.

[267]) *Schönleiter* in: Landmann/Rohmer, GewO, § 55c Rn 2.

Anzeige nach § 55c GewO nicht eine nach § 14 Abs. 1 Satz 1 GewO erforderliche Anzeige[268].

6. Der Verkauf von Bäumen, Sträuchern und Rebenpflanzgut im Reisegewerbe

Nach § 56 Abs. 1 Nr. 2 Buchst. c GewO ist der Verkauf von Bäumen, Sträuchern und Rebenpflanzgut im Reisegewerbe verboten. Das Verbot umfaßte ursprünglich auch Saat- und Pflanzengut sowie Futtermittel[269]. Durch das Änderungsgesetz von 1984[270] wurde lediglich das geltende Verbot des Feilbietens und des Ankaufs von Bäumen, Sträuchern und Rebenpflanzgut aufrechterhalten. In der Begründung zur Regierungsvorlage hieß es dazu, anderenfalls bestünde die Gefahr, daß die Kunden falsches, unbrauchbares oder krankes Pflanzgut erhielten. Denn Mängel dieser Art stellten sich oft erst nach längerer Zeit heraus, wenn die Kunden sich an die im Reisegewerbe tätigen Händler nicht mehr ohne weiteres wenden könnten. Im übrigen würde der Wegfall des Verbots erhebliche Kontrollprobleme aufwerfen und die Gefahr erhöhen, daß sich Schädlinge und Krankheiten seuchenhaft ausbreiteten[271]. Dem ist beizupflichten. Insbesondere die Beschränkungen des Reisegewerberechts bezwecken entsprechend dem Charakter der Gewerbeordnung als besonderes Ordnungsrecht den Schutz der Allgemeinheit im Hinblick auf die Verhütung von Straftaten, die Verhinderung der Verwertung von Diebesgut und vor allem die Gewährleistung eines möglichst weitreichenden Verbraucherschutzes[272]. Der unkontrollierte Verkauf der genannten Pflanzen würde aber die Gefahr erheblicher wirtschaftlicher Schäden aufgrund kranken Pflanzguts nicht nur desjenigen Teils der Allgemeinheit in sich bergen, der von im Reisegewerbe tätigen Händlern Pflanzgut erwerben würde, sondern auch den Teil der Allgemeinheit, deren Pflanzen z.B. durch über im Reisegewerbe abgesetzte kranke Pflanzen infiziert würde.

7. Der Verkauf von selbsterzeugten geistigen Getränken im Reisegewerbe

Zwar ist nach § 56 Abs. 1 Nr. 3 Buchst. b 1. Halbsatz GewO das Feilbieten von geistigen Getränken im Reisegewerbe verboten, aber nach § 56 Abs. 1 Nr. 3 Buchst. b 2. Halbsatz GewO darf Bier und Wein in fest verschlossenen Behältnissen im Reisegewerbe feilgehalten werden. Unter Wein fällt jeglicher

---

[268]) *Ambs* in: Erbs/Kohlhaas, Strafrechtliche Nebengesetze, § 55c GewO Rn 2.

[269]) Vgl. die Begründung zur Vorlage der Bundesregierung zum Entwurf eines vierten Gesetzes zur Änderung der Gewerbeordnung, BT-Drucks. 3/318.

[270]) BGBl. I S. 1006.

[271]) Vgl. die Begründung zur Vorlage der Bundesregierung zum Entwurf eines Gesetzes zur Änderung des Titels IV der Gewerbeordnung, BT-Drucks. 10/1125, S. 20.

[272]) Vgl. die Begründung zur Vorlage der Bundesregierung zum Entwurf eines vierten Gesetzes zur Änderung der Gewerbeordnung, BT-Drucks. 3/318 S. 23.

Wein, nicht nur Wein aus Weintrauben. Denn hier erfolgt keine Gegenüberstellung von Wein und Apfelwein wie in § 14 Abs. 1 Satz 1 GastG, aus der geschlossen werden müßte, daß Wein im Sinne der Vorschrift nur solcher aus Weintrauben wäre[273]. Also darf z.B. auch der Hersteller von Apfelwein, Johannisbeerwein usw. seine Produkte im Reisegewerbe feilhalten, sofern dies in fest verschlossenen Behältnissen geschieht. Dagegen darf Hefeschnaps und dergleichen im Reisegewerbe nicht feilgehalten werden, da es sich hierbei weder um Wein noch um Bier handelt..

Damit noch nicht beantwortet ist die Frage, ob Winzer, die ihren in Flaschen und andere fest verschlossene Behältnisse abgefüllten Wein im Reisegewerbe vertreiben, einer Reisegewerbekarte bedürfen.

Der Freistellungstatbestand des § 55a Abs. 1 Nr. 2 GewO greift nicht, weil nach allgemeiner Meinung selbsterzeugter Wein kein selbstgewonnenes Erzeugnis im Sinne des § 55a Abs. 1 Nr. 2 GewO ist. Weintrauben als solche sind zwar Erzeugnisse des Obstbaus, nicht aber der daraus gewonnene Wein[274]. Gegen eine Subsumtion unter den Begriff eines Erzeugnisses der Landwirtschaft spricht zum einen, daß § 56 Abs. 3 Satz 2 GewO den Weinanbau neben Land- und Forstwirtschaft, Obst- und Gartenbau ausdrücklich erwähnt, § 55a Abs. 1 Nr. 2 GewO dagegen nicht[275]. Zum anderen würde, wie bereits oben dargelegt,[276] die Vorschrift des § 56 Abs. 1 Nr. 3 Buchst. b GewO zumindest in einem wichtigen Teilbereich ins Leere laufen, wenn man Wein als ein "selbstgewonnenes Erzeugnis der Landwirtschaft" ansehen würde, was wiederum dem Willen des Gesetzgebers widerspräche[277].
Auch die Voraussetzungen von § 55a Abs. 1 Nr. 9 GewO dürften in aller Regel nicht vorliegen. Denn dieser Freistellungstatbestand greift nur dann, wenn der Reisegewerbetreibende in regelmäßigen kürzeren Abständen, d.h. in einem Turnus von höchstens 14 Tagen, an derselben Stelle seine Ware anbietet. Da Winzer aus Rentabilitätsgründen in aller Regel größere Zeitabstände wählen, dürfte dieser Freistellungstatbestand in der Praxis keine große Rolle spielen.

---

[273]) *Ambs* in: Erbs/Kohlhaas, § 14 GastG Rn 1; *Gropp* in: v. Brauchitsch/Ule, Verwaltungsgesetze des Bundes und der Länder, Bd. VIII Hb. 2 (Hrsg. *Reuß*), § 10 GastG Anm. II.2; *Michel/Kienzle*, GastG, § 14 Rn 3; *Metzner*, GastG, § 14 Rn 7; *Seitter*, Gaststättenrecht, § 14 Rn 3.

[274]) *Hoffmann* in: v. Brauchitsch/Ule, Verwaltungsgesetze des Bundes und der Länder, Bd. VIII Hb. 2 (Hrsg. *Reuß*), § 55a GewO Anm. II.2.

[275]) *Schönleiter* in: Landmann/Rohmer, GewO, § 55a Rn 15.

[276]) Vgl. oben 2. Abschnitt III.2.

[277]) *Ambs* in: Erbs/Kohlhaas, Strafrechtliche Nebengesetze, § 55a GewO Rn 7; *Hoffmann* in: v. Brauchitsch/Ule, Verwaltungsgesetze des Bundes und der Länder, Bd. VIII Hb. 2 (Hrsg. *Reuß*), § 55a GewO Anm. II.2.

Damit bleibt festzuhalten, dass Winzer , die ihren Wein im Reisegewerbe vertreiben, einer Reisegewerbekarte bedürfen.

Es gilt zu überlegen, ob ein Winzer bei seinen Fahrten auch Kostproben des Weines, den er im Angebot hat, verabreichen darf. § 56 Abs. 1 Nr. 3 Buchst. b GewO verbietet nur das "Feilbieten" von geistigen Getränken. Da hierunter *alles Tun* fällt, bei dem Ware *mitgeführt*, vorgezeigt und zugänglich gemacht wird, [278] bietet auch derjenige feil, der Kostproben in nicht fest verschlossenen Gefäßen, wie z.B. Probiergläsern anläßlich einer Verkaufsfahrt, bei der der Wein sogleich übergeben werden soll, verabreicht. Denn wesentliches Merkmal für das Feilbieten ist die Bereitschaft zur sofortigen Erfüllung[279]. Bemüht sich der Winzer dagegen lediglich, feste Aufträge für *künftige* Lieferungen bestimmter Weine durch das Feilbieten von Proben zu erhalten, liegt kein Feilhalten, sondern ein Aufsuchen von Warenbestellungen vor[280]. Der Verbotstatbestand des § 56 Abs. 1 Nr. 3 Buchst. b GewO greift in dem letzteren Fall also nicht, so daß ein Winzer Kostproben verabreichen darf, wenn er für die Zukunft neue Kunden werben will.

8. Zum Anspruch auf Erteilung einer Reisegewerbekarte

Liegt ein Reisegewerbe vor und greift - wie im Fall des Winzers, der seinen Wein aus einem Verkaufsfahrzeug heraus verkauft - keiner der Befreiungstatbestände des § 55a GewO, so muß der Reisegewerbetreibende eine Reisegewerbekarte beantragen. Da § 55 Abs. 1 Nr. 1 GewO die Reisegewerbekartenpflicht nicht nur für den Gewerbetreibenden, sondern für alle im Reisegewerbe Tätigen vorsieht, bedürfen auch Familienmitglieder oder angestellte Verkäufer[281] einer eigens auf ihre Person ausgestellten Reisegewerbekarte. Das gilt selbst dann, wenn die betreffenden Personen nur zeitweise tätig sind[282]. Dafür läßt sich zum einen § 60c Abs. 2 GewO anführen. Danach ist in den Fällen des § 55 Abs. 1 Nr. 2 GewO der Inhaber der Reisegewerbekarte verpflichtet, aber auch berechtigt, einem im Betrieb Beschäftigten eine Zweitschrift der Reisegewerbekarte auszuhändigen, die dieser ständig mitzuführen hat. Das Fehlen einer derartigen Regelung für Gewerbetreibende im Sinne des § 55 Abs. 1 Nr. 1 GewO spricht dafür, daß ein solcher seine Reisegewerbekarte immer mitzuführen hat, zumal diese Vorschrift ausdrücklich auch die unselbständig tätigen Reisegewerbetreibenden erfaßt. Für diese Auslegung spricht auch der Schutzzweck der Reisegewerbekartenpflicht,

---

278) *Ambs* in: Erbs/Kohlhaas, Strafrechtliche Nebengesetze, § 55 GewO Anm. 9.b und 9.d.

279) BVerwG, Urt. v. 5. Aug. 1965 - BVerwG I C 108.63 - BVerwGE 22, S. 32 (33 f.).

280) KG, Urt. v. 15. Okt. 1970 - (2) Ss 120/70 (61/70) - NJW 1971, S. 815 m.w.N.

281) *Stober*, WVR, § 46 II 2.

282) *Pottebaum/Bullerdiek*, Handbuch Direktvermarktung, S. 227.

der darin besteht, die Allgemeinheit davor zu schützen, daß bei einer Geschäftstätigkeit außerhalb einer ständigen gewerblichen Niederlassung unreelle Geschäftsmethoden angewandt und die Gewerbetreibenden nicht mehr belangt werden können (z.B. zur Geltendmachung von Gewährleistungsansprüchen), weil sie aufgrund ihrer reisenden Tätigkeit unbekannt bleiben[283].

Die Reisegewerbekarte ist im Hinblick auf Art. 12 GG zu erteilen, wenn kein Versagungsgrund vorliegt. Es handelt sich hierbei um eine gebundene Entscheidung[284]. Als Versagungsgrund kommt nach § 57 GewO, der inhaltlich an § 35 Abs. 1 Satz 1 GewO angeglichen ist,[285] lediglich die Unzuverlässigkeit des Antragstellers für die beabsichtigte Tätigkeit[286] in Betracht. Die Reisegewerbekarte ist höchstpersönlich. Sie darf keinem anderen zur Benutzung überlassen werden[287]. Nach § 55 Abs. 3 GewO kann die Reisegewerbekarte jederzeit mit Nebenbestimmungen versehen werden, soweit dies zum Schutz der Allgemeinheit oder der Verbraucher erforderlich ist.

Die Reisegewerbekarte befreit nicht von anderen Erlaubnissen. Denn sie entfaltet keine Konzentrationswirkung[288]. Die Reisegewerbekarte hat der Gewerbetreibende nach § 60c Abs. 1 Satz 1 GewO bei der Gewerbeausübung mit sich zu führen und auf Verlangen den zuständigen Behörden oder Beamten vorzuzeigen.

9. Folgen von Verstößen gegen reisegewerberechtliche Vorschriften

Führt ein Reisegewerbetreibender die Reisegewerbekarte nicht bei sich, kann die zuständige Behörde nach § 60c Abs. 1 Satz 1 GewO die Einstellung der Tätigkeit bis zur Herbeischaffung der Reisegewerbekarte verlangen.

Der Entzug einer Reisegewerbekarte richtet sich seit der Aufhebung der §§ 57a und 58 GewO[289] nach den den §§ 48 und 49 VwVfG entsprechenden Landesvorschriften[290]. Übt ein Landwirt eine nach § 55a GewO reisegewerbekartenfreie Tätigkeit aus, richtet sich eine Untersagung nach § 59 GewO. Danach können reisegewerbekartenfreie Tätigkeiten unter der Voraussetzung von § 57 GewO untersagt werden, d.h. dann, wenn Tatsachen die Annahme rechtfertigen, daß der Antragsteller die für die beabsichtigte Tätigkeit

---

283) *Stober*, WVR, § 46 II 2.

284) *Arndt* in: Steiner, Bes. VerwR, Abschnitt VII Rn 287; *Vollmöller* in: Schmidt, Kompendium, § 7 Rn 62.

285) *Stober*, WVR, § 46 II 2.

286) Zum Begriff der Unzuverlässigkeit vgl. oben 2. Abschnitt II.1.

287) *Stober*, WVR, § 46 II 2.

288) *Arndt* in: Steiner, Bes. VerwR, Abschnitt VII Rn 287; *Stober*, WVR, § 46 II 2; *Vollmöller* in: Schmidt, Kompendium, § 7 Rn 62.

289) Aufgehoben durch Gesetz vom 25. Juli 1984 (BGBl. I S. 1008).

290) *Arndt* in: Steiner, Bes. VerwR, Abschnitt VII Rn 287; *Stober*, WVR, § 46 II 2.

erforderliche Zuverlässigkeit[291] nicht besitzt. § 35 Abs. 1 Satz 2 und 3, Abs. 3, 4, 6, 7a und 8 GewO gelten entsprechend. Von besonderer Bedeutung für den Reisegewerbekarteninhaber sind § 35 Abs. 1 Satz 2 und 3, Abs. 3 und 6 GewO[292]. Da § 59 Satz 1 GewO ein Ermessen einräumt, muß die Behörde prüfen, ob nicht unter Umständen eine Untersagung in bezug auf einzelne Tätigkeiten ausreicht[293].

Übt jemand ein Reisegewerbe aus, obwohl er keine Reisegewerbekarte besitzt oder obwohl ihm die reisegewerbekartenfreie Tätigkeit nach § 59 GewO untersagt worden ist oder übt er eine nach § 56 GewO im Reisegewerbe verbotene Tätigkeit aus, kann die zuständige Behörde auf der Grundlage von § 60d GewO die Gewerbeausübung verhindern. Dies geschieht durch einen belastenden Verwaltungsakt. Die Entscheidung über das "Ob" und "Wie" steht im Ermessen der zuständigen Behörde. Im Rahmen der Ermessensausübung ist insbesondere das Verhältnismäßigkeitsprinzip zu beachten. Die Verfügung der Behörde kann mit den Mitteln des Verwaltungszwangs durchgesetzt werden[294].

Eine vorsätzliche oder fahrlässige Ausübung eines Reisegewerbes entgegen einer vollziehbaren Anordnung nach § 59 GewO stellt grundsätzlich eine Ordnungswidrigkeit im Sinne des § 145 Abs. 1 Nr. 3 GewO dar und kann nach § 145 Abs. 4 GewO mit einer Geldbuße bis zu 10.000 DM geahndet werden. Nach § 145 Abs. 3 Nr. 1 GewO handelt auch derjenige ordnungswidrig, der der ihm

---

291) Zum Begriff der Unzuverlässigkeit vgl oben 2. Abschnitt II.1.

292) § 35 Abs. 1 Satz 2 GewO eröffnet der zuständigen Behörde die Möglichkeit, die Gewerbeuntersagung wegen Unzuverlässigkeit gegen die betreffende Person auch auf die Tätigkeit als Vertretungsberechtigter eines Gewerbetreibenden oder als mit der Leitung eines Gewerbebetriebs beauftragte Person sowie auf einzelne andere oder auf alle Gewerbe zu erstrecken. Voraussetzung hierfür ist, daß die festgestellten Tatsachen die Annahme rechtfertigen, daß die betreffende Person auch insoweit unzuverlässig ist. Nach § 35 Abs. 3 GewO ist die zuständige Behörde Einschränkungen unterworfen, wenn sie in dem Untersagungsverfahren einen Sachverhalt berücksichtigen will, der Gegenstand der Urteilsfindung in einem Strafverfahren, einer Entscheidung über ein vorläufiges Berufsverbot, eines Strafbefehls, einer Entscheidung, durch die die Eröffnung des Hauptverfahrens abgelehnt wird, oder einer Bußgeldentscheidung, soweit sie sich auf die Feststellung des Sachverhalts und die Beurteilung der Schuldfrage beziehen, war. Die zuständige Behörde darf zum Nachteil des Gewerbetreibenden von dem Inhalt dieser Entscheidungen nicht abweichen, als es um die Feststellung des Sachverhalts, die Beurteilung der Schuldfrage oder die Beurteilung der Frage geht, ob der Gewerbetreibende bei weiterer Ausübung seines Gewerbes erhebliche rechtswidrige Taten im Sinne des § 70 des Strafgesetzbuchs begehen wird und ob zur Abwehr dieser Gefahren die Untersagung des Gewerbes angebracht ist. Nach § 35 Abs. 6 GewO ist dem Gewerbetreibenden von der zuständigen Behörde aufgrund eines an die Behörde zu richtenden schriftlichen Antrags die persönliche Ausübung des Gewerbes wieder zu gestatten, wenn Tatsachen die Annahme rechtfertigen, daß eine Unzuverlssigkeit im Sinne des § 35 Abs. 1 GewO nicht mehr vorliegt.

293) *Stober* in: Friauf, GewO, § 59 Rn 5 m.w.N.

294) *Tettinger* in: Tettinger/Wank, GewO, § 60d Rn 3.

nach § 55c GewO obliegenden Anzeigepflicht wegen der beabsichtigten Ausübung eines Reisegewerbes, das nach § 55a Abs. 1 Nr. 9 GewO reisegewerbekartenfrei ist, vorsätzlich oder fahrlässig nicht, nicht richtig, nicht vollständig oder nicht rechtzeitig nachkommt. Diese Ordnungswidrigkeit kann nach § 145 Abs. 4 GewO mit einer Geldbuße bis 2.000 DM geahndet werden.

IV. Die Direktvermarktung landwirtschaftlicher Erzeugnisse auf Märkten und Volksfesten

1. Überblick

Märkte im Sinne organisierter Veranstaltungen, bei denen Anbieter und Nachfrager miteinander in bestimmter Weise Kontakt aufnehmen, haben heute gegenüber früher an Bedeutung verloren. Das gilt insbesondere für die Wochenmärkte, die einen erheblichen Teil ihrer Umsatzvolumina an die Einzelhandelsgeschäfte abgeben mußten. Einen erheblichen Aufschwung haben dagegen Industrie- und Mustermessen sowie die Großmärkte genommen[295]. Diese Entwicklung beruht vornehmlich auf der modernen Verkehrs- und Nachrichtentechnik[296]. Immerhin wird auch heute noch der Bedarf an Lebensmitteln und Gegenständen des täglichen Bedarfs im europäischen Durchschnitt zu 14% auf den Wochenmärkten gedeckt[297]. In Deutschland dürfte dieser Satz aber um einiges niedriger liegen. Die Neuordnung des Titels IV der Gewerbeordnung durch Gesetz vom 8. Juli 1976[298] sollte den neuen Absatzverhältnissen Rechnung tragen[299]. Für die landwirtschaftlichen Direktvermarkter sind insbesondere die Vorschriften über den Wochenmarkt (§ 67 GewO), den Spezialmarkt und den Jahrmarkt (§ 68 GewO) von Relevanz. Denn Großmärkte im Sinne von § 66 GewO wenden sich im wesentlichen an gewerbliche Wiederverkäufer, gewerbliche Verbraucher und Großabnehmer. Aus dem Umstand, daß es in der Regierungsvorlage zunächst "überwiegend" hieß, wird geschlossen, daß Letztverbraucher nur ausnahmsweise, so z.B. bei Vorliegen eines besonderen wirtschaftlichen Bedürfnisses - hier ist in erster Linie an den Restverkauf von leicht verderblichen Lebensmitteln zu denken -, durch den Veranstalter zugelassen werden können[300]. Die Direktvermarktung im eingangs beschriebenen Sinne ist hier also die Ausnahme. Zudem ist zu beachten, daß der Landwirt gewerbsmäßig handelt, der auf dem Großmarkt seine Produkte regelmäßig verkauft, weil die Teilnahme am Großmarkt keine für die Landwirtschaft übliche Vertriebsform ist[301]. Im Gegensatz zu den Großmärkten wenden sich Wochen-, Spezial- und Jahrmärkte vor allem an den Letztverbraucher[302]. Gerade die Wochenmärkte dienen der Versorgung der

---

[295]) *Rother*, NJW 1976, S. 1669.

[296]) *Wagner* in: Friauf, GewO, Vorbem. zu Titel IV Rn 1.

[297]) *Wagner* in: Friauf, GewO, Vorbem. zu Titel IV Rn 2.

[298]) BGBl. I S. 1773.

[299]) *L Müller*, GewArch. 1976, S. 353; *Rother*, NJW 1976, S. 1669.

[300]) *Tettinger* in: Tettinger/Wank, GewO, § 66 Rn 5; näher *Wagner* in: Friauf, GewO, § 66 Rn 7; Marktgew. VwV 2.3.4.

[301]) Siehe *Ambs* in: Erbs/Kohlhaas, Strafrechtliche Nebengesetze, § 67 GewO Anm. 2.

[302]) *Ambs* in: Erbs/Kohlhaas, Strafrechtliche Nebengesetze, § 67 GewO Anm. 1; *Frotscher* in: Schmidt, ÖWR BT I, § 1 Rn 163; Marktgew.VwV 2.4.1.

Bevölkerung hauptsächlich mit frischen Lebensmitteln[303]. Hier zu nennen, aber von den Wochen-, Spezial- und Jahrmärkten zu unterscheiden, sind die Volksfeste,[304] die auch zum Teil seit jeher von Direktvermarktern beschickt werden. Das gilt insbesondere für die zahlreichen Weinfeste in den Weingegenden. Im folgenden sollen die jeweils relevanten Probleme behandelt werden.

Bedeutung hat die Regelung des Marktgewerbes im Titel IV der GewO heute[305] im wesentlichen nur noch wegen der Marktprivilegien einerseits und der jeweils geltenden Beschränkungen für Großmärkte, Wochenmärkte und Jahrmärkte andererseits. Das wohl wichtigste Marktprivileg besteht darin, daß die Beschicker solcher Veranstaltungen nicht den Bestimmungen des Titels III der Gewerbeordnung unterliegen und daher insbesondere für ihre Tätigkeit keine Reisegewerbekarte benötigen. Ferner finden die Vorschriften des Titels II der Gewerbeordnung über das stehende Gewerbe und damit z.B. die Gewerbeanzeige und die Gewerbeuntersagung nach § 35 Abs. 1 GewO keine Anwendung. § 19 LadschlG privilegiert den Marktverkehr (mit Ausnahme des Wochenmarktes) im Hinblick auf die allgemeinen Ladenschlußzeiten. Das nach § 16 Jugendarbeitsschutzgesetz bestehende Verbot der Beschäftigung von Jugendlichen an Samstagnachmittagen ist grundsätzlich nicht anwendbar[306].

Die Marktprivilegien sowie allgemein die Vorschriften des Titels IV der Gewerbeordnung gelten allerdings nur dann, wenn die Veranstaltung festgesetzt worden ist. Mit der als Verwaltungsakt zu qualifizierenden[307] Festsetzung erfolgt zudem die Bestimmung von Gegenstand, Öffnungszeit, Dauer und Platz der Veranstaltung[308]. Keine ausschlaggebende Bedeutung für die Festsetzung hat die Person des Veranstalters. Eine Privatperson kann einen festsetzungsfähigen Markt ebenso veranstalten wie eine Gemeinde oder ein Gewerbetreibender[309].

2. Direktvermarktung landwirtschaftlicher Produkte auf Wochenmärkten

Bereits die ursprüngliche Fassung des Titels IV der Gewerbeordnung enthielt eine Regelung über den Wochenmarkt. Die bis 1976 geltende Fassung wurde unter Anpassung an den modernen Sprachgebrauch weitgehend beibehalten.

---

303) Vgl. die Begründung zur Vorlage der Bundesregierung zum Entwurf eines Gesetzes zur Änderung des Titels IV der Gewerbeordnung, BT-Drucks. 7/3859 S. 12.

304) Das Volksfest ist zwar in § 60b GewO und unter Titel III der Gewerbeordnung (Reisegewerbe) geregelt; der sachliche Zusammenhang gebietet im vorliegenden Fall aber eine Erörterung unter Titel IV (Messen, Ausstellungen, Märkte).

305) Zu den ursprünglichen Motiven vgl. Stenograph. Berichte 3/1869 / Bd. 9, S. 124.

306) Vgl. die Begründung zur Vorlage der Bundesregierung zum Entwurf eines Gesetzes zur Änderung des Titels IV der Gewerbeordnung, BT-Drucks. 7/3859.

307) *Fröhler/Kormann*, GewO § 69 Rn 5; *Wirth*, GewArch. 1986, S. 46 (47).

308) *Stober*, Handbuch, § 104 II; *Stober*, WVR , § 46 III 4.

309) *Jahn*, NVwZ 1991, S. 1057.

Neu war nur die Aufnahme einer Definition in das Gesetz[310]. Nach der Legaldefinition des § 67 Abs. 1 GewO ist ein Wochenmarkt "eine regelmäßig wiederkehrende, zeitlich begrenzte Veranstaltung, auf der eine Vielzahl von Anbietern eine oder mehrere der folgenden Warenarten feilbietet:
1. Lebensmittel im Sinne des § 1 des Lebensmittel- und Bedarfsgegenständegesetzes mit Ausnahme alkoholischer Getränke; zugelassen sind alkoholische Getränke, soweit sie aus selbstgewonnenen Erzeugnissen des Weinbaus, der Landwirtschaft oder des Obst- und Gartenbaus hergestellt wurden; der Zukauf von Alkohol zur Herstellung von Obstlikören und Obstgeisten, bei denen die Ausgangsstoffe nicht selbst vergoren werden, durch den Urproduzenten ist zulässig;
2. Produkte des Obst- und Gartenbaues, der Land- und Forstwirtschaft und der Fischerei,
3. rohe Naturerzeugnisse mit Ausnahme des größeren Viehs."

Der Katalog der in § 67 Abs. 1 Nr. 1 bis Nr. 3 GewO aufgeführten Warenarten ist grundsätzlich abschließend[311]. § 67 Abs. 2 GewO enthält jedoch eine Ermächtigung für die Landesregierungen, zur Anpassung des Wochenmarktes an die wirtschaftliche Entwicklung und die örtlichen Bedürfnisse der Verbraucher durch Rechtsverordnung zu bestimmen, daß über Abs. 1 hinaus bestimmte Waren des täglichen Bedarfs auf allen oder bestimmten Wochenmärkten feilgeboten werden dürfen.
Wenn eine Warenart nicht nach § 67 GewO zulässig ist, bedeutet das, daß diese Ware überhaupt nicht auf dem Wochenmarkt verkauft werden darf, und nicht etwa, daß lediglich die Marktprivilegien nicht gelten. Dieses Verbot gilt übrigens auch dann, wenn der Gewerbetreibende im Besitz einer Reisegewerbekarte ist. Die Beschränkung des zulässigen Warensortiments nach § 67 Abs. 1 GewO ist insbesondere mit Art. 12 Abs. 1 GG vereinbar[312].
Hinter der Begrenzung der zugelassenen Waren steht die Überlegung, daß die Zulassung von Waren aller Art zu einem Rückgang des Angebots an Lebensmitteln auf Wochenmärkten führen würde. Ein solcher Rückgang wäre unerwünscht[313]. Sämtliche der in § 67 Abs. 1 Nr. 1 bis Nr. 3 GewO aufgeführten Warenarten sind für die Direktvermarktung landwirtschaftlicher Produkte von Bedeutung:
§ 67 Abs. 1 Nr. 1 GewO nimmt auf den Begriff der Lebensmittel im Sinne des § 1 LMBG Bezug. Danach sind Lebensmittel Stoffe, die dazu bestimmt sind, in

---

[310]) *L. Müller*, GewArch. 1976, S. 353 (356).
[311]) BVerwG, Urt. v. 25. März 1965 - I C 27/63 - GewArch. 1965, S. 223 (224); *Tettinger* in: Tettinger/Wank, GewO, § 67 Rn 8; *Wagner* in: Friauf, GewO, § 67 Rn 7.
[312]) *Tettinger* in: Tettinger/Wank, GewO, § 67 Rn 28.
[313]) Vgl. die Begründung zur Vorlage der Bundesregierung zum Entwurf eines Gesetzes zur Änderung des Titels IV der Gewerbeordnung, BT-Drucks. 7/3859 S. 12.

unverändertem, zubereitetem oder verarbeitetem Zustand von Menschen verzehrt zu werden; ausgenommen sind Stoffe, die überwiegend dazu bestimmt sind, zu anderen Zwecken als zur Ernährung oder zum Genuß verzehrt zu werden. Nach § 1 Abs. 2 LMBG stehen den Lebensmitteln gleich ihre Umhüllungen, Überzüge und sonstigen Umschließungen, die dazu bestimmt sind, mitverzehrt zu werden, oder bei denen der Mitverzehr vorauszusehen ist.

§ 67 Abs. 1 Nr. 1 1. Satzteil GewO schließt alkoholische Getränke von den Lebensmitteln aus. Dieser Ausschluß beruht auf dem Gedanken, daß für den Verkauf dieser Waren kein Bedürfnis besteht, und ferner auf Bedenken im Hinblick auf die öffentliche Sicherheit und Ordnung[314]. Das früher generell geltende Verbot, alkoholische Getränke feilzubieten, wurde durch das Gesetz vom 16. Juni 1998 abgeschwächt. Nach § 67 Abs. 1 Nr. 1 2. und 3. Satzteil GewO[315] sind nunmehr alkoholische Getränke auf Wochenmärkten zugelassen, soweit sie aus selbstgewonnenen Erzeugnissen des Weinbaus, der Landwirtschaft oder des Obst- und Gartenbaus hergestellt wurden. Der Zukauf von Alkohol zur Herstellung von Obstlikören und Obstgeisten, bei denen die Ausgangsstoffe nicht selbst vergoren werden, durch den Urproduzenten ist jetzt zulässig. Nunmehr dürfen Winzer und Obstbauern auf dem Wochenmarkt ihren selbsterzeugten Wein, aber auch aus selbstgezogenen Grundstoffen bestehende Edelbrände verkaufen. Begünstigt sind außer den Urproduzenten auch Erzeugervereinigungen, wie z.B. Winzergenossenschaften, aber auch Markthändler[316]. Sinn und Zweck der "längst überfälligen Maßnahme der Deregulierung", die von dem Land Rheinland-Pfalz nachhaltig unterstützt wurde, ist die Förderung der Winzer und Landwirte. Im Hinblick auf das Inkrafttreten der Regelung zum 1. Oktober 1998 forderte der damalige rheinland-pfälzische Wirtschaftsminister Rainer Brüderle vornehmlich die Winzer auf, die Möglichkeit wahrzunehmen, "anlaßbezogen" an Wochenmärkten teilzunehmen. Winzer sollten z.B. im Herbst mit Neuem Wein oder zur Weihnachtszeit mit einem kräftigen Rotwein und Geschenkideen an den Markt gehen. Diejenigen Winzer und Landwirte, die selbst nicht an einem Wochenmarkt teilnehmen könnten, sollten den Kontakt mit Markthändlern suchen, damit diese ihre Produkte ergänzend in ihr eigenes Sortiment aufnehmen[317].

Zu den Produkten des Obst- und Gartenbaus im Sinne des § 67 Abs. 1 Nr. 2 GewO gehören Grund- und Ausgangserzeugnisse wie Kartoffeln, rohes Obst, Fische, Gemüse, daneben aber auch die aus diesen Erzeugnissen durch Be- und Verarbeitung gewonnenen Waren wie Mehl, Zucker, Grieß, Marmelade,

---

[314]) Vgl. die Begründung zur Vorlage der Bundesregierung zum Entwurf eines Gesetzes zur Änderung des Titels IV der Gewerbeordnung, BT-Drucks. 7/3859, S. 12.

[315]) BGBl. I S. 1291.

[316]) *Ambs* in: Erbs/Kohlhaas, Strafrechtliche Nebengesetze, § 67 GewO Rn 5.

[317]) RBZ - Nr. 37/12. Sept. 1998, S. 35.

Konfitüren, Nudeln usw. Auch Fleisch als solches darf auf Wochenmärkten gehandelt werden[318]. Ausgenommen sind aber Hackfleisch und Hackfleischerzeugnisse[319]. Bei den genannten Produkten muß es sich nicht um selbstgewonnene Erzeugnisse der Marktbeschicker handeln, weil das frühere Erfordernis, wonach nur solche Produkte auf dem Wochenmarkt zugelassen waren, deren Erzeugung mit den genannten Bereichen der Urproduktion in unmittelbarer Verbindung standen, entfallen ist. Im übrigen kommt es - wie z.B. bei § 55a Abs. 1 Nr. 2 GewO - im Gesetzestext klar zum Ausdruck, wo die Gewerbeordnung der Selbstgewinnung oder Selbstverfertigung der gehandelten Produkte Wert beilegt[320].

Rohe Naturerzeugnisse im Sinne des § 67 Abs. 1 Nr. 3 GewO sind diejenigen Naturerzeugnisse, die noch ihre natürliche Beschaffenheit aufweisen oder in herkömmlicher Weise für den Verkauf gereinigt und zugerichtet sind. Hierunter fallen z.B. Südfrüchte, Gewürze, Brennholz und Torf. Insbesondere bei Waren wie Torf und Brennholz ist zu beachten, daß Warenbestellungen nicht Gegenstand der Wochenmarktveranstaltung sind, was sich auch an dem Wortlaut der Vorschrift ablesen läßt, wonach die Waren "feilgeboten" und nicht "vertrieben" werden[321].
Zwischen den in Nr. 1 bis Nr. 3 aufgeführten Waren kann es zu Überschneidungen kommen. Dies gilt insbesondere für Nr. 1 und Nr. 2. Nr. 2 findet seine Berechtigung darin, daß zahlreiche Produkte des Obst- und Gartenbaus, der Land- und Forstwirtschaft und der Fischerei keine Lebensmittel sind. Zu nennen sind hier Schnitt- und Topfblumen, Tannenzweige, Bohnenstangen, Holzpfähle usw.[322] Nach Auffassung des OVG Nordrhein-Westfalen fällt hierunter sogar Hundefutter, das überwiegend aus Getreide, Gemüse, Fleischbrocken und Seealgen hergestellt ist[323].

§ 67 Abs. 1 GewO setzt eine "Vielzahl von Anbietern" voraus. Darüber, daß an das dieses Merkmal keine hohen Anforderungen zu stellen sind, besteht Einigkeit; ferner darüber, daß die als ausreichend anzusehende Zahl sich nach

---

318) *Wagner* in: Friauf, GewO, § 67 Rn 10.
319) Vgl. § 11 HackVO.
320) BVerwG, Beschl. v. 21. März 1956 - BVerwG I B 3.55 - GewArch 1955/56, S. 183; *Wagner* in: Friauf, GewO, § 67 Rn 10.
321) Vgl. die Begründung zur Vorlage der Bundesregierung zum Entwurf eines Gesetzes zur Änderung des Titels IV der Gewerbeordnung, BT-Drucks. 7/3859 S. 12.
322) *Wagner* in: Friauf, GewO, § 67 Rn 10.
323) OVG NW, Urt. v. 27. Mai 1986 - 4 A 399/85 - GewArch. 1987, S. 59 (60).

dem Einzugsbereich des Wochenmarktes, dem Angebotsumfang, der Jahreszeit usw. richtet[324].

Nach wohl herrschender Meinung kann erst ab 12 Anbietern von einer Vielzahl von Anbietern ausgegangen werden[325].

Dies läßt sich insbesondere mit der Entstehungsgeschichte begründen. In der Begründung zum Regierungsentwurf von 1975 heißt es: "Im Hinblick auf das beschränkte, auch jahreszeitlich wechselnde Angebot und den begrenzten Einzugsbereich von Wochenmärkten kann eine Vielzahl von Anbietern im Sinne der Vorschrift unter Umständen schon dann angenommen werden, wenn der betreffende Wochenmarkt in der Regel von mindestens einem bis zwei Dutzend Anbietern beschickt wird[326]".

"Anbieter" ist jeder, der am Markt beziehungsweise an Märkten regelmäßig und in der Absicht teilnimmt, einen Gewinn zu erzielen. Keine Anbieter sind demnach lediglich Hobby- und Gelegenheitsverkäufer beziehungsweise -anbieter[327]. Folglich fallen auch auf dem Wochenmarkt direktvermarktende Landwirte unter die Marktgewerbetreibenden und damit unter die Anbieter im Sinne des § 67 Abs. 1 GewO, wenn sie dort regelmäßig ihre Erzeugnisse anbieten.

3. Direktvermarktung landwirtschaftlicher Produkte auf Spezialmärkten

Spezialmärkte sind nach der Legaldefinition des § 68 Abs. 1 GewO im allgemeinen regelmäßig in größeren Zeitabständen wiederkehrende, zeitlich begrenzte Veranstaltung, auf der eine Vielzahl von Anbietern bestimmte Waren feilbietet. Maßgebendes Abgrenzungskriterium des Spezialmarkts gegenüber dem Jahrmarkt (§ 68 Abs. 2 GewO) ist die Beschränkung des Angebots auf bestimmte Waren oder Warengattungen[328]. Dieses Merkmal ist einschränkend auszulegen, damit ein Unterschied zu dem Begriff "Waren aller Art" in § 68 Abs. 2 GewO besteht.

Bei Spezialmärkten im Zusammenhang mit der landwirtschaftlichen Direktvermarktung sind z.B. Märkte denkbar, auf denen nur Wein oder nur Wein eines bestimmten Anbaugebietes verkauft wird.

---

324) *Schönleiter* in: Landmann/Rohmer, GewO, § 67 Rn 4; *Fröhler/Kormann*, GewO, § 67 Rn 2; *Tettinger* in: Tettinger/Wank, GewO, § 67 Rn 6; *Wagner* in: Friauf, GewO, § 67 Rn 5.

325) *Ambs* in: Erbs/Kohlhaas, Strafrechtliche Nebengesetze, § 67 Anm. 2; nach *L. Müller*, GewArch. 1976, S. 353 (356) - können *"unter Umständen (..) einige Dutzend Anbieter ausreichen, um dem Begriffsmerkmal **Vielzahl** zu genügen"*. Nach *Wagner* in: Friauf, GewO, § 67 Rn 5 soll eine Vielzahl sogar bei einer Zahl von unter zwölf Anbietern angenommen werden können.

326) Vgl. die Begründung zur Vorlage der Bundesregierung zum Entwurf eines Gesetzes zur Änderung des Titels IV der Gewerbeordnung, BT-Drucks. 7/3859 S. 12.

327) *Wirth*, Marktverkehr, Marktfestsetzung, Marktfreiheit, S. 93.

328) *Schönleiter* in: Landmann/Rohmer, GewO, § 68 Rn 9.

In den letzten Jahren sind zunehmend sogenannte Bauernmärkte aufgekommen. Hierbei handelt es sich um Märkte, auf denen vornehmlich landwirtschaftliche Direktvermarkter mit ihrer Produktpalette vertreten sind. Diese beschränkt sich auf selbsterzeugte oder selbstver-arbeitete Produkte, die in einem engen Zusammenhang zur Landwirtschaft stehen und damit auf bestimmte Waren. Die Produktpalette erstreckt sich von frisch gepreßtem Apfel- oder Kirschsaft, den Obstbau- und Keltereibetriebe anbieten, über Honig und sonstige Imkererzeugnisse wie Honigwein und Honigbonbons bis hin zu Produkten, die keinen unmittelbaren Bezug zur Landwirtschaft aufweisen, wie Lederwaren eines Feintäschners, Bekleidungsstücke aus Leinen oder sogenannte Spelzkissen, d.h. Kissen, die mit Spelz gefüttert sind[329]. Derart originelle Produkte finden häufig das besondere Interesse der Besucher. Um diese anzulocken, wird manchmal vorgeführt, wie "in den alten Zeiten" in der Landwirtschaft gearbeitet wurde, so z.B. das Mähen des Getreides mit dem Reff, das anschließende Binden zu Getreidegarben bis hin zum Dreschen mit der Dreschmaschine beziehungsweise mit Flegeln. Im übrigen wird das Programm häufig durch Attraktionen wie Eselreiten, Tiere "groß und klein", Honig schleudern, Schafschurvorführungen, Kutschfahrten, Vorführung einer Kartoffeldämpf-maschine, Weinpräsentationen und zahlreiche Spezialitäten zum Verzehr abgerundet[330].
Bauernmärkte sind jedoch gewöhnlich als bloße Privatmärkte[331] zu qualizieren, weil es sich in der Regel nicht um "im allgemeinen regelmäßig in größeren Zeitabständen wiederkehrende (..) Veranstaltungen" handelt. Allerdings haben sich in jüngerer Zeit auch Bauernmärkte etabliert, die in regelmäßigen Abständen stattfinden. Zu nennen ist hier zum Beispiel der Bad Kreuznacher Bauernmarkt, der seit mehreren Jahren regelmäßig auf dem Gelände der Staatlichen Lehr- und Versuchanstalt Bad Kreuznach-Simmern stattfindet[332] oder der Landtag-Bauernmarkt des rheinland-pfälzischen Landwirtschaftsministeriums, der am 6. Juni 1999 zum vierten Mal stattfand[333]. Meist werden Bauernmärkte von den Landwirtschaftskammern, sonstigen

---

[329]) Spelzkissen und Spreubetten waren im Hunsrück bis ins 20. Jahrhundert verbreitet. Von verschiedenen Direktvermarktern wird versucht, diese wieder in Mode zu bringen, weil sie angeblich besonders gesundheitsfördernd sind. Bei den Leinenprodukten handelt es sich in der Regel nicht mehr um selbstgewebtes Leinen, das aus selbsterzeugtem Flachs stammt, wie es bis nach dem ersten Weltkrieg zumindest im Hunsrück verbreitet war. Der Anbau von Flachs hat in Deutschland praktisch überhaupt keine Bedeutung mehr.

[330]) Aus dem Programm des 6. Bad Kreuznacher Bauernmarktes vom 18. Sept. 1999; vgl. auch AZ Mainz v. 5. Juni 1999, S. 15 und AZ Mainz vom 7. Juni 1999, S. 4. Überwiegen diese Attraktionen und handelt es sich um eine festgesetzte Veranstaltung, ist ein Bauernmarkt als Volksfest im Sinne des § 60b Abs. 1 GewO anzusehen. Zu den Volksfesten vgl. den folgenden Unterabschnitt (2. Abschnitt IV.4).

[331]) Vgl. hierzu unten 2. Abschnitt IV. 5.

[332]) Amtsblatt für die Verbandsgemeinde Stromberg Nr. 35/99, S. 7.

[333]) AZ Mainz v. 5. Juni 1999, S. 15.

staatlichen Institutionen oder den Kreisbauernverbänden organisiert. Manchmal finden sie auch anläßlich von Dorf- oder Kirchweihjubiläen statt. Sie haben weniger den Zweck eine regelmäßig wiederkehrende Veranstaltung zu schaffen; vielmehr sollen sie einem größeren Personenkreis die direktvermarktenden Betriebe vorstellen und auf den Ab-Hof-Verkauf ihrer Produkte aufmerksam machen. Häufig finden sie nur einmal statt.

4. Direktvermarktung landwirtschaftlicher Produkte auf Volksfesten

Viele Winzer nutzen zum Direktabsatz ihrer Weine Winzerfeste, wie z.B. das Binger Rochusfest, das Ingelheimer Rotweinfest, das Eltviller Sektfest oder das Bodenheimer Sankt-Albans-Fest, um nur einige der bekannteren Winzerfeste zu nennen.

Es stellt sich die Frage, in welche Kategorie der durch die GewO geregelten Veranstaltungen diese Feste eingeordnet werden können.

Sie sind keine Großmärkte, da sie sich nicht im wesentlichen an gewerbliche Wiederverkäufer, gewerbliche Verbraucher oder Großabnehmer, sondern an Endverbraucher wenden. Es handelt sich hierbei auch nicht um Jahrmärkte, da hier in erster Linie Wein zum sofortigen Verzehr ausgeschenkt wird und nicht etwa Waren aller Art feilgeboten werden, wie dies § 68 Abs. 2 GewO voraussetzt.

In Betracht kommt eine Einordnung als Spezialmarkt oder - seit der Anfügung von § 67 Abs. 1 Nr. 1 2. und 3. Satzteil - als Wochenmarkt. Indes erlaubt die Vorschrift nur das "Feilbieten" selbstgewonnener alkoholischer Getränke, nicht aber die Verabreichung zum Verzehr an Ort und Stelle. Dies stellt § 68a Satz 1 GewO klar. Danach dürfen nur alkoholfreie Getränke und zubereitete Speisen auf Märkten und Volksfesten zum Verzehr an Ort und Stelle verabreicht werden, ohne daß es einer Gaststättenerlaubnis nach § 12 Abs. 1 GastG bedarf[334]. Es handelt sich bei einem Winzerfest auch deswegen nicht um einen Wochenmarkt, da ein solches nur einmal im Jahr stattfindet und daher keine "regelmäßig wiederkehrenden Veranstaltungen" im Sinne des § 67 Abs. 1 GewO ist. Denn der Abstand, innerhalb dessen ein "Wochenmarkt" abgehalten wird, kann eine Woche zwar sowohl überschreiten, als auch unterschreiten;[335] zu fordern ist aber, daß die Veranstaltung mehrmals im Jahr stattfindet.

Am ehesten ist bei einem Winzer- oder Weinfest an die Kategorie Volksfest zu denken. Eine Legaldefinition des Volksfestes im Sinne der Gewerbeordnung findet sich in § 60b Abs. 1 GewO. Ein Volksfest ist demnach eine im allgemeinen regelmäßig wiederkehrende, zeitlich begrenzte Veranstaltung, auf der eine Vielzahl von Anbietern Schaustellungen, Musikaufführungen, unterhaltende Vorstellungen oder sonstige Lustbarkeiten im Sinne des § 55 Abs.

---

[334]) *Ambs* in: Erbs/Kohlhaas, Strafrechtliche Nebengesetze, § 68a GewO Anm. 1.

[335]) *Ambs* in: Erbs/Kohlhaas, Strafrechtliche Nebengesetze, § 67 GewO Rn 3.

1 Nr. 3 GewO und Waren feilgeboten werden, die üblicherweise zum Angebot von Veranstaltungen dieser Art gehören. Klassische Beispiele für Volksfeste in diesem Sinne sind die als Kirmes oder Rummel bezeichneten Vergnügungen, wie z.B. der Hamburger Dom oder das Hummelfest, Kranger Kirmes in Wanne-Eickel, Bremer Freimarkt oder das Oktoberfest in München[336]. Waren, die üblicherweise angeboten werden, sind z.B. gebrannte Mandeln und türkischer Honig[337].

Es gilt zu überlegen, ob auch die typischen Winzerfeste unter die Volksfeste im Sinne des § 60b Abs. 1 GewO fallen. Wäre das zu bejahen, könnten die Winzer die in § 60b Abs. 2 GewO aufgeführten Privilegien für sich in Anspruch nehmen und vornehmlich nach § 60b Abs. 2 GewO in Verbindung mit. § 68a Abs. 1 Satz 1 1. Halbsatz GewO erlaubnisfrei alkoholfreie Getränke und zubereitete Speisen verabreichen. Da gemäß § 60b Abs. 2 2. Halbsatz GewO die §§ 55 bis 60a und 60c bis 61a GewO unberührt bleiben, würde allerdings die Reisegewerbekartenpflicht gemäß § 55 Abs. 1 Nr. 1 GewO gelten, soweit nicht § 55a Abs. 1 Nr. 2 GewO greifen würde.

Diejenigen Winzerfeste, bei denen der Schwerpunkt auf den unterhaltenden Tätigkeiten im Sinne von § 55 Abs. 1 Nr. 2 GewO und auf dem Feilbieten von Waren liegt, die üblicherweise auf Veranstaltungen dieser Art angeboten werden, sind Volksfeste im Sinne des § 60b Abs. 1 GewO. Darunter fallen vornehmlich die Winzerfeste, die mit größeren Kirchweihfesten oder Patronatsfesten zusammenfallen. Andere Winzerfeste, bei denen - wie bei den meisten namenlosen beziehungsweise dem Ort ihrer Veranstaltung benannten Winzerfesten - lediglich das gesellige Miteinander im Vordergrund steht, wird man dagegen nicht mehr in die Kategorie der Volksfeste im Sinne von § 60b Abs. 1 GewO einordnen können. Die kleinen, meist namenlosen Winzerfeste fallen vielmehr unter keine der in der Gewerbeordnung aufgezählten Kategorien. Hierbei handelt es sich um Privatveranstaltungen, die keiner Festsetzung fähig sind,[338] die aber vor allem auf der Grundlage des allgemeinen Ordnungsrechts eingeschränkt werden können[339].

Einerlei, ob nun das konkrete Winzerfest unter die Kategorie Volksfest oder Privatveranstaltung fällt, für die direktvermarktenden Winzer stellt sich dasselbe Problem, nämlich unter welchen Voraussetzungen die alkoholischen Getränke Wein, Hefeschnaps und Winzersekt ausgeschenkt werden dürfen. Ist im Einzelfall von einem Volksfest auszugehen, gelten nach § 60b Abs. 2 GewO in Verbindung mit § 68a Satz 2 1. Halbsatz GewO die "allgemeinen Vorschriften", insbesondere die Regelungen des Gaststättengesetzes. Handelt es sich um kein Volksfest, sondern um eine Privatveranstaltung, ist das Gaststättengesetz direkt

---

[336]) *Vogel*, GewArch. 1977, S. 362 (364).
[337]) *Ambs* in: Erbs/Kohlhaas, Strafrechtliche Nebengesetze, § 60b GewO Anm. 1.
[338]) Siehe hierzu unten 2. Abschnitt IV.5.
[339]) *Jahn*, NVwZ 1991, S. 1057 (1058).

anwendbar. In beiden Fällen gilt § 12 Abs. 1 GastG. Danach kann aus besonderem Anlaß der Betrieb eines erlaubnisbedürftigen Gaststättengewerbes unter erleichterten Voraussetzungen vorübergehend gestattet werden. Ein besonderer Anlaß im Sinne der Vorschrift liegt vor, wenn die betreffende gastronomische Tätigkeit, hier der Betrieb einer Schankwirtschaft gemäß § 1 Abs. 1 Nr. 1 GastG, an ein kurzfristiges, nicht häufig auftretendes Ereignis anknüpft, das außerhalb der gastronomischen Tätigkeit liegt. Der besondere Anlaß braucht nicht von anderer Seite vorgegeben zu sein. Der erforderliche äußere Anstoß kann auch vom Antragsteller selbst geschaffen sein. Kennzeichnend für den besonderen Anlaß ist sein Ausnahmecharakter. Das Bundesverwaltungsgericht begründet diese Auffassung mit dem Wortlaut, dem Gesetzeszusammenhang, dem Sinn der Vorschrift und der Entstehungsgeschichte[340]. Die Lehre hat sich der Auffassung des Bundesverwaltungsgerichts - soweit ersichtlich - einhellig angeschlossen[341]. Daß ein besonderer Anlaß bei Volksfesten, Schützenfesten, Winzerfesten, Hoffesten, Veranstaltungen von Vereinen und Gesellschaften, Umzügen Tagungen, Werbeveranstaltungen und dergleichen anzunehmen ist, entspricht allgemeiner Meinung[342]. Der besondere Anlaß kann sich auch über mehrere Tage hinziehen. So wurde ein besonderer Anlaß für gegeben angesehen bei einem fünftägigen Weinfest eines Winzerbetriebs mit überwiegender Werbefunktion[343].
Dagegen kann die Freistellung gemäß § 14 Satz 1 GastG in Verbindung mit den Bestimmungen der Gaststättenverordnungen der Länder über Straußwirtschaften von den Winzern bei Weinfesten nicht in Anspruch genommen werden. Man könnte zwar daran denken, daß es sich bei den im Eigentum der Winzer stehenden Zelte, die auf dem Festplatz aufgestellt werden, um eigene Räumlichkeit handelt[344]. Auch sind unter Räumen im Sinne des Gaststättengesetzes nicht nur Häuser, Höhlen und andere an eine bestimmte Stelle des Erdbodens gebundene Orte zu verstehen, sondern auch bewegliche Land-, Wasser- und Luftfahrzeuge, nicht nur Zimmer und Säle, sondern auch Gärten und Höfe, Balkone, flache Dächer und Badegewässer[345]. Aber zum einen

---

[340]) BVerwG, Urt. v. 4. Juli 1989 - 1 C 11.88 - GewArch. 1989, S. 342; ähnlich bereits *Feuchthofen*, GewArch. 1985, S. 47 (49).

[341]) *Ambs* in: Erbs/Kohlhaas, Strafrechtliche Nebengesetze, § 12 GastG Rn 1; *Michel/Kienzle*, GastG, § 12 Rn 1.

[342]) BVerwG, Urt. v. 4. Juli 1989 - 1 C 11.88 - GewArch. 1989, S. 342 (343); *Michel/Kienzle*, GastG, § 12 Rn 1; *Metzner*, GastG, § 12 Rn 3.

[343]) OVG RP, Beschl. v. 30. Aug. 1982 - 2 B 60/82 - GewArch. 1983, S. 33.

[344]) Die Frage stellt sich nur bei eigenen Zelten, weil die Gaststättenverordnungen der Länder verlangen, daß die Straußwirtschaften allenfalls ausnahmsweise in eigens dazu angemieteten Räumen betrieben werden dürfen. Vgl. § 15 Abs. 2 GastVO BW, § 4 Abs. 2 GastVO Bay., § 13 Abs. 3 GastVO Hess., § 14 Abs. 2 GastVO Saarl., § 4 Abs. 2 GastVO Sachs., § 8 Abs. 4 GastVO Thür.

[345]) *Metzner*, GastG, § 3 Rn 11.

käme nur eine Teilnahme an solchen Festen in Betracht, die am Ort des Weinbaubetriebes veranstaltet werden, weil der Ausschank nur in solchen Räumen zulässig ist[346]. Zum anderen genügt es nach dem Sinn und Zweck der Einschränkung, daß nur allenfalls ausnahmsweise eigens zu diesem Zweck gemietete Räume benutzt werden dürfen, nicht, daß lediglich das Zelt grundsätzlich im Eigentum des Winzers steht; vielmehr muß auch der Grund und Boden, auf dem das Zelt aufgebaut wird und für dessen Inanspruchnahme anderenfalls regelmäßig ein Entgelt zu entrichten ist, im Eigentum des Winzers stehen. Daher scheidet ein erlaubnisfreier Betrieb gemäß § 14 Satz 1 GastG in Verbindung mit. den einschlägigen Bestimmungen der Gaststättenverordnungen über Straußwirtschaften bei Winzerfesten aus.

5. Zum Anspruch landwirtschaftlicher Direktvermarkter auf Zulassung zu festgesetzten Märkten und Volksfesten

Nach § 70 Abs. 1 GewO hat jedermann, der zum Teilnehmerkreis einer festgesetzten Veranstaltung gehört, ein Recht auf Teilnahme an dieser Veranstaltung. Allerdings kann nach § 70 Abs. 2 1. Halbsatz GewO der Veranstalter, wenn es für die Erreichung des Veranstaltungszwecks erforderlich ist, die Veranstaltung auf bestimmte Aussteller, Anbieter- und Besuchergruppen beschränken. Dabei ist jedoch das in § 70 Abs. 2 2. Halbsatz GewO enthaltene Diskriminierungsverbot zu beachten, wonach gleichartige Unternehmen nicht ohne sachlichen Grund unterschiedlich behandelt werden dürfen[347]. Der Veranstalter kann aus sachlich gerechtfertigten Gründen auch einzelne Teilnehmer ausschließen, wobei der wichtigste Grund der im Gesetz genannte Platzmangel ist. Andere Gründe spielen bei landwirtschaftlichen Direktvermarktern in der Regel keine Rolle. Bei der Auswahlentscheidung handelt es sich um eine Ermessensentscheidung. Aus ihrer Begründung müssen sowohl die wesentlichen tatsächlichen und rechtlichen Erwägungen als auch die für die Ausübung des Ermessens tragenden Kriterien hervorgehen[348]. So stellt der bloße Hinweis auf den Bewerberüberhang einen Ermessensfehler in Form eines Ermessensausfalls dar[349]. Bei der Beantwortung der Frage, wann ein sachlicher Grund für eine Ablehnung des Bewerbers vorliegt, ist das in § 70 Abs. 1 GewO verankerte Prinzip der Marktfreiheit zu berücksichtigen, wonach jedermann ohne Rücksicht auf seine Ortsansässigkeit zur Teilnahme an einer festgesetzten Veranstaltung berechtigt ist. Unter Beachtung dieses Grundsatzes

---

[346]) §§ 6 Abs. 1 GastVO BW, 4 Abs. 1 GastVO Bay., 13 Abs. 1 S. 1 GastVO Hess., 13 Abs. 1 GastVO RP, 14 Abs. 1 GastVO Saarl., 4 Abs. 1 GastVO Sachs., 8 Abs. 5 GastVO Thür.

[347]) *Arndt* in: Steiner, Bes. VerwR, Abschnitt VII Rn 280; *Vollmöller* in: Schmidt, Kompendium, § 7 Rn 75 f.

[348]) *Schalt*, GewArch. 1981, S. 150 (151).

[349]) OVG Hamburg, GewArch 1983, S. 193 (193 f.).

können nur solche Vergabeverfahren als sachgerecht anerkannt werden, die bei der Auswahl der Bewerber marktbezogene Gesichtspunkte in den Vordergrund stellen. Dieses Erfordernis ist z.B. bei einer Bewerberauswahl, die sich in erster Linie am Leitbild der Förderung einheimischer Betriebe orientiert, nicht erfüllt, weil keine speziell marktbezogenen Gründe für eine Bevorzugung ortsansässiger Standplatzbewerber sprechen[350]. Etwas anderes mag nur dann gelten, wenn lediglich ein geringer Teil der zu vergebenden Plätze für ortsansässige Bewerber reserviert bleibt, im übrigen aber die einheimischen mit den fremden Anbietern im Wettbewerb stehen[351]. Andere als zulässig anerkannte materielle Kriterien wie z.B. der Grundsatz "bekannt und bewährt"[352] oder die Attraktivität des Standes[353] dürften in bezug auf die landwirtschaftliche Direktvermarktung nur selten eine Rolle spielen, so z.B., wenn ein landwirtschaftlicher Direktvermarkter eine Zulassung zu einem Volksfest begehrt. Wenn das der Fall ist, darf nur ein Teil der Bewerber nach Bekanntheit und Bewährung ausgesucht werden, damit auch Neubewerber eine reelle Chance auf Zulassung erhalten[354]. Denn der in der Praxis herrschende[355] Grundsatz "bekannt und bewährt" ist aufgrund seiner perpetuierenden Wirkung besonders nachteilig für neu auftretende Gewerbetreibende[356]. Als zulässige formelle Auswahlkriterien sind hingegen z.B. die Reihenfolge der Anmeldung, das Losverfahren und das rollierende System anerkannt[357].

---

[350]) *Widera*, VR 1986, S. 17 (21); *Schalt*, GewArch. 1981, S. 150 (152) .
[351]) *Widera*, VR 1986, S. 17 (21).
[352]) BVerwG, GewArch. 1984, S. 265 (266).
[353]) OVG NW, Urt. v. 25. Mai 1993 - 4 A 2800/92 - GewArch. 1994, S. 25.
[354]) OVG Lüneburg, Urt. v. 26. Aug. 1981 - 9 A 65/81 - NVwZ 1983, S. 49; *Widera,* VR 1986, S. 17 (20).
[355]) Vgl. z.B. BayVGH, Urt. v. 3. März 1980 - Nr. 22 B - 1297/79 - BayVBl. 1980, S. 403; BayVGH, Beschl. v. 11.Sept. 1981 - 4 CE 81.A. 1921 - NVwZ 1982, S. 120; BVerwG, Beschl. v. 14. Sept. 1981 - 7 B 217/80 - NVwZ 1982, S. 194.
[356]) *Selmer*, JuS 1981, S. 391.
[357]) BayVGH, NVwZ 1982, S. 120 (121); OVG Lüneburg, GewArch. 1983, S. 304 (305); *Arndt* in: Steiner, Bes. VerwR., Abschnitt VII Rn 280; *Frotscher*, WVR, Rn 246 ff.; *Vollmöller* in: Schmidt, Kompendium, § 7 Rn 80.

6. Direktvermarktung landwirtschaftlicher Produkte auf privaten Veranstaltungen und in kommunalen Einrichtungen

Es ist allgemein anerkannt, daß die Veranstaltung von Messen, Ausstellungen, Märkten und Volksfesten auch ohne Festsetzung zulässig ist[358]. Dies folgt im wesentlichen aus einer durch Art. 12 Abs. 1 GG geforderten restriktiven Interpretation[359]. Privatmärkte genießen lediglich nicht die Privilegien der Festsetzung, d.h. sie unterliegen den für das stehende Gewerbe beziehungsweise das Reisegewerbe geltenden Vorschriften (z.B. Anzeigepflicht nach § 14 GewO, Reisegewerbekartenpflicht)[360]. Dies dürfte zwar für Landwirte in der Regel weniger von Belang sein[361]. Sie können aber auf der Grundlage des Straßenverkehrs- und Straßenrechts sowie des allgemeinen Polizei- und Ordnungsrechts beschränkt werden[362]. Zu den Privatveranstaltungen zählen auch gemeindliche Märkte, die weder nach § 69 GewO festgesetzt sind noch öffentliche Einrichtung im Sinne der jeweiligen Gemeindeordnung[363] sind. In diesem Fall richten sich die Rechtsbeziehungen zwischen Gemeinde und Gewerbetreibenden ausschließlich nach dem Zivilrecht, weil das Benutzungsverhältnis privatrechtlich ausgestaltet ist[364]. Der Errichtung und Unterhaltung solcher Privatmärkte sind nach § 69 GewO keine Grenzen gesetzt[365].

Handelt es sich nicht um eine behördlich festgesetzte Veranstaltung, sondern um einen als gemeindliche Einrichtung[366] betriebenen Markt, der ebenfalls öffentlich-rechtlich - durch Widmung - festgesetzt ist, richten sich die Rechtsbeziehungen grundsätzlich nach Kommunalrecht und, soweit daneben auf Handlungsformen des Privatrechts zurückgegriffen wird (z.B. beim Abschluß privatrechtlicher Verträge bezüglich der Überlassung von Standplätzen), nach Zivilrecht[367].

---

358) Vgl. z.B. *Arndt* in: Steiner, Bes. VerwR, Abschnitt VII Rn 292; *Jahn*, NVwZ 1991, S. 1057 (1058); *Meyer-Hentschel/Rindermann*, GewArch. 1979, S. 113 (114).

359) Vgl. z.B. BVerwG, Urt. v. 21. Juli 1964 - I C 60.61 - DVBl. 1965, S. 522; *Wirth*, GewArch. 1986, S. 48.

360) *Arndt* in: Steiner, Bes. VerwR, Abschnitt VII Rn 292.

361) Vgl. 2. Abschnitt I.2 und III.2.

362) *Jahn*, NVwZ 1991, S. 1057 (1058).

363) Vgl. zum Begriff der öffentlichen Einrichtung im Sinne der Gemeindeordnungen z.B. *Gern*, Deutsches Kommunalrecht, S. 331 ff.

364) OVG RP, Beschl. v. 9. Sept. 1986 - 12 B 95/86 - GewArch. 1986, S. 374.

365) *Stober*, Handbuch, § 104 II.

366) Vgl. §§ 10 Abs. 2 GO BW, 21 GO Bay, 14 Abs. 1 GO Bbg, 19, 20 GO Hess., 14 Abs. 2 GO M-V, 22 GO Lüneburg, 8 GO NW, 14 GO RP, 19 GO Saarl., 2 Abs. 1, 10 Abs. 2 GO Sachs., 2 Abs. 1, 22 Abs. 1 SA, 18 GO SH, 14 GO Thür.

367) Vgl. hierzu im einzelnen *Gern*, Deutsches Kommunalrecht, Rn 331 ff.; *Stober*, Kommunalrecht, § 6 III und IV.

Handelt es sich dagegen zugleich um eine gemeindliche Einrichtung und eine festgesetzte Veranstaltung, richtet sich die Zulassung ausschließlich nach § 70 GewO. Denn das Gewerberecht ist als Bundesrecht vorrangig[368].
Ein Anspruch auf Zulassung nach den Gemeindeordnungen besteht lediglich im Rahmen der Widmung und der vorhandenen Kapazität. Gebietsfremde haben grundsätzlich keinen Zulassungsanspruch,[369] sondern nur einen Anspruch auf ermessensfehlerfreie Entscheidung, der sich durch Ermessensbindung zu einem Zulassungsanspruch verdichten kann[370]. Dies gilt nach den meisten Gemeindeordnungen ausnahmsweise nicht für die Personen, die zwar nicht in der Gemeinde wohnen, aber in ihrem Gebiet Grundstücke besitzen oder ein Gewerbe betreiben. Diese haben die gleichen Rechte und Pflichten wie Einwohner, soweit sich diese aus dem Grundbesitz oder dem Gewerbebetrieb ergeben[371]. In bezug auf die von außerhalb kommenden landwirtschaftlichen Direktvermarkter bedeutet das eine Gleichstellung mit den Einwohnern, sofern sie in der Gemarkung der betreffenden Gemeinde ein Grundstück besitzen (als Pachtbesitz oder Eigentum), d.h. sie dürfen die öffentlichen Einrichtungen insoweit benutzen, als diese für die Grundbesitzer und Gewerbetreibenden bestehen[372].
Als sachgerechte Auswahlgesichtspunkte bei einem Bewerberüberhang sind - wie bei § 70 GewO - z.B. anerkannt: die Auswahl nach der Reihenfolge der Anmeldung, das Losverfahren, das rollierende System, der Grundsatz bekannt und bewährt[373]. Der entscheidende Unterschied besteht darin, daß die Bevorzugung Ortsansässiger bei kommunalen Einrichtungen zulässiger Auswahlgesichtspunkt ist, weil nur diese einen Zugangsanspruch haben,[374] wohingegen bei einer festgesetzten Veranstaltung wegen des Grundsatzes der Marktfreiheit nach § 70 Abs. 1 GewO, wonach jedermann zur Teilnahme an der Veranstaltung berechtigt ist, eine Zurücksetzung Auswärtiger grundsätzlich rechtswidrig ist[375].

---

368) BayVerfGH, Entsch. v. 14. Juni 1983 - Vf. 11 - VII - 81 -, BayVBl. 1983, S. 560 (561) = GewArch. 1983, S. 383; BayVGH, Urt. v. 27. Nov. 1985 - 4 B 83 A. 1917 - GewArch. 1986, S. 241; Pitschasd, BayVBl. 1982, S. 644.
369) OVG NW, Beschl. v. 15. Juni 1984 - 15 B 1311/84 - NVwZ 1984, S. 665; *Schmidt-Aßmann* in: Schmidt-Aßmann, Bes. VerwR, 1. Abschnitt Rn. 108.
370) VGH BW, Beschl. v. 14. April 1984 - 1 S 952/89- NVwZ 1990, S. 93 (94).
371) Vgl. §§ 10 Abs. 3 und 4 GO BW, 21 Abs. 3 und 4 sowie 14 Abs. 2 und 3 GO Bbg, 20 Abs. 2 und 3 GO Hess., 14 Abs. 3 GO M-V, 22 Abs. 2 und 3 GO NS, 8 Abs. 3 und 4 GO NW, 14 Abs. 3 und 4 GO RP, 19 Abs. 2 und 3 GO Saarl., 18 Abs. 2 und 3 SH, 10 Abs. 3 Sachs., 22 Abs. 2 SA, 14 Abs. 2 Thür.
372) *Seewald* in: Steiner, Bes.VerwR, Abschnitt I Rn.136 und Rn 149 m.w.N.
373) *Gern*, Deutsches Kommunalrecht, S. 339; *Lässig*, NVwZ 1983, S. 18 (19 f.); *Püttner/Lingemann*, JA 1984, S. 121 (127 ff.); *Stober*, Handbuch, § 104 III.
374) *Widera*, VR 1986, S. 17 (21).
375) Vgl oben 2. Abschnitt IV.5.

7. Folgen von Verstößen gegen marktrechtliche Vorschriften

Nach § 70 Abs. 3 GewO kann der Veranstalter einer festgesetzten Veranstaltung aus sachlich gerechtfertigten Gründen einzelne Aussteller, Anbieter oder Besucher von der Teilnahme ausschließen. Ein sachlich gerechtfertigter Grund liegt z.B. dann vor, wenn der Teilnehmer durch heftige wörtliche Auseinandersetzungen oder aggressives Auftreten gegenüber dem Veranstalter oder seinen Bediensteten auffällt[376]. Ein weiterer sachlich gerechtfertigter Grund liegt z.B. in dauernden oder schwerwiegenden Verstößen gegen die in der Regel durch Satzung[377] festgelegte Marktordnung. Voraussetzung ist in diesem Fall, daß die Marktordnung im Einklang mit dem geltenden übergeordneten Bundes- und Landesrecht steht[378]. Ist das nicht der Fall, ist die Marktordnung rechtswidrig und daher nichtig,[379] so daß daraus auch kein sachlicher Grund hergeleitet werden kann. Da § 70 Abs. 3 GewO eine Ermessensvorschrift ist, ist bei dem Ausschluß eines Teilnehmers stets das Übermaßverbot zu beachten, wenn es sich um einen öffentlich-rechtlichen Veranstalter handelt. So ist z.B. ein dauerndes Marktverbot durch einen öffentlich-rechtlichen Veranstalter in bezug auf einen Wochenmarkt allenfalls dann gerechtfertigt und im Rahmen des Erforderlichen, wenn der betreffende Aussteller oder Anbieter sich durch mildere Abwehrmaßnahmen, wie z.B. vorherige Abmahnung und befristetes Marktverbot, nicht beeindrucken läßt und sein marktordnungswidriges Verhalten fortsetzt[380].

Ermächtigungsgrundlage für die zuständige Behörde zur Untersagung der Teilnahme an einer bestimmten Veranstaltung eines festgesetzten Wochenmarkts, Spezialmarkts oder Jahrmarkts gegenüber einem Aussteller oder Anbieter ist § 70a GewO. Eine Untersagung kommt danach nur dann in Betracht, wenn Tatsachen die Annahme rechtfertigen, daß er die erforderliche Zuverlässigkeit[381] nicht besitzt[382]. Da auch § 70a GewO eine

---

[376]) HessVGH, Beschl. v. 11. Nov. 1992, 8 TH 1983/92 - EzGewR § 70 Abs. 3 GewO Nr. 8 =GewArch 1993, S. 162 f.

[377]) Vgl. HessVGH, Beschl. v. 11. Nov. 1992 - 8 TH 1983/92 - GewArch. 1993, S. 162 (163) = EzGewR § 70 Abs. 3 GewO Nr. 8.

[378]) Zu den inhaltlichen Schranken der Marktverordnungen vgl. *Hoffmann* in: v. Brauchitsch/Ule, Verwaltungsgesetze des Bundes und der Länder (Hrsg. *Reuß*), Bd. VIII 1. Hb., § 69 GewO Anm. II und III.

[379]) Vgl. z.B. *Maurer*, Allg. VerwR, § 4 Rn 41a.

[380]) HessVGH, Beschl. v. 11. Nov. 1992 - 8 TH 1983/92 - EzGewR § 70 Abs. 3 GewO Nr. 8 = GewArch. 1993, S. 162 f.; vgl. auch *Stober*, WVR, § 7 IV.

[381]) Zum Begriff der Unzuverlässigkeit vgl. oben 2. Abschnitt II.1.

[382]) Darüber hinaus kann die Teilnahme auch aus sonstigen polizeilichen Gründen, etwa wegen einer von Teilnehmern ausgehenden Seuchengefahr, untersagt werden, weil die Teilnahmefreiheit keine Freistellung vom sonstigen Polizei- und Ordnungsrecht beinhaltet, vgl. Arndt in Steiner, Bes. VerwR, Abschnitt VII Rn 291 m.w.N. Ist der Marktveranstalter - es wird sich hierbei kaum jemals um einen Landwirt handeln - unzuverlässig, so kann gegen

Ermessensvorschrift ist, ist hier ebenfalls dem Übermaßverbot Rechnung zu tragen. Wer vorsätzlich oder fahrlässig entgegen einer vollziehbaren Untersagung nach § 70a GewO an einer Veranstaltung teilnimmt, begeht eine Ordnungswidrigkeit nach § 146 Abs. 2 Nr. 8 GewO, die mit einer Geldbuße bis zu 2000 DM geahndet werden kann.
Ordnungswidrig handelt nach § 146 Abs. 2 Nr. 5 GewO auch, wer vorsätzlich oder fahrlässig im Wochenmarktverkehr andere als nach § 67 Abs. 1 oder 2 GewO zugelassene Waren feilhält. Nach § 146 Abs. 3 GewO kann eine derartige Ordnungswidrigkeit mit einer Geldbuße bis zu 2000 DM geahndet werden.

---

ihn nur auf der Grundlage des§ 35 Abs. 1 GewO vorgegangen werden, weil die Veranstaltung von Märkten, Messen und Ausstellungen zum stehenden Gewerbe zählt, vgl. *Rother*, NJW 1976, S. 1669 (1671).

3. Abschnitt: Landwirtschaftliche Direktvermarktung und Gewerbenebenrecht

I. Vorbemerkung zum 3. Abschnitt

Die Materien, die aus der Gewerbeordnung seit ihrem Inkrafttreten 1869 herausgenommen und spezialgesetzlich geregelt wurden, werden unter dem Sammelbegriff Gewerbenebenrecht zusammengefaßt. Darunter fallen z.B. das Gaststättenrecht,[383] das Handwerksrecht[384], das Immissionsschutzrecht[385], das Gerätesicherheitsrecht[386] und das Arbeitsrecht[387]. Heute stellt die Gewerbeordnung gleichsam nur noch einen allgemeinen Teil des gesamten Gewerberechts dar, auf den subsidiär zurückzugreifen ist[388]. Im Zusammenhang mit der Direktvermarktung landwirtschaftlicher Produkte interessieren nur das Gaststättengesetz, die Handwerksordnung, das Ladenschlußgesetz und die Landesfeiertagsgesetze.

Nicht alle gewerbenebenrechtlichen Gesetze sind als Sonderordnungsrecht zu qualifizieren. Während z.B. das Gaststättengesetz wie die Gewerbeordnung[389] noch primär ordnungsrechtliche Ziele verfolgt,[390] trägt das Handwerksrecht spätestens seit seiner Ausgliederung aus der Gewerbeordnung keinen unmittelbar ordnungsrechtlichen Charakter mehr; die Handwerksordnung bezweckt vielmehr vornehmlich den Schutz und die Förderung der Handwerksberufe[391] sowie die Erhaltung der Leistungsfähigkeit und die Qualitätssicherung des deutschen Handwerks[392].

Da das Gewerberecht durch die zahlreichen Sonderregelungen an Übersichtlichkeit verloren hat, wurde verschiedentlich eine Wiederzusammenfassung in einem einheitlichen Gewerbegesetz gefordert. Bereits 1958 empfahl der Bundesrat, zur Vorbereitung der Neufassung der Gewerbeordnung eine Gewerberechtskommission einzusetzen[393]. 1981 legte der Deutsche Industrie- und Handelstag unter dem Titel "Gewerberecht aus einem Guß" einen Entwurf zu einem neuen Gewerbegesetzbuch vor[394]. 1987 trat *Hans-Christoph von Ebner* mit dem Vorschlag, die Regelungen des

---

383) Früher geregelt in § 33 GewO.
384) Früher geregelt in §§ 81 ff. GewO.
385) Früher geregelt in §§ 16 ff. GewO.
386) Früher geregelt in §§ 24 ff. GewO.
387) Früher geregelt in §§ 105a-105j GewO.
388) Vgl. §§ 30-34c GewO.
389) Siehe oben 2. Abschnitt I.1.
390) Siehe unten 3. Abschnitt II.1.
391) *W. Berg*, GewArch. 1982, S. 73, *Stober*, WVR, § 48 I 1; *Ziekow*, GewArch. 1985, S. 313.
392) BVerfG, Urt. v. 17. Juli 1961 - 1 BvL 44/55 - BVerfGE 17, 97 (107).
393) Vgl. die Begründung zur Vorlage der Bundesregierung zum Entwurf eines Vierten Gesetzes zur Änderung der Gewerbeordnung, BT-Drucks. 3/318, S. 44.
394) Abdruck des Entwurfs des DIHT in: WiVerw. 1982, S. 189 ff.

Gaststättengesetzes wieder in die Gewerbeordnung zu integrieren, hervor[395]. Im Jahr 1991 legte der Deutsche Industrie- und Handelstag Vorschläge zu einem neuen Titel I der Gewerbeordnung vor, der als Allgemeiner Teil für alle Gebiete des Gewerberechts Geltung beanspruchen soll[396]. Der Gesetzgeber beließ es nichtsdestoweniger bei der bestehenden Rechtslage und begnügte sich mit dem Erlaß einiger Rechtsbereinigungsgesetze, die im Detail Verbesserungen brachten[397]. Zumindest in absehbarer Zeit wird es zu einer umfassenden Reform nicht kommen.

---

[395]) WiVerw. 1987, S. 369 ff.
[396]) Abgedruckt in NVwZ 1991, S. 1063.
[397]) *Stober*, WVR, § 45 I 2.

II. Landwirtschaftliche Direktvermarktung und Gaststättenrecht

1. Überblick

Das Gaststättengewerbe war in der Ursprungsfassung der Gewerbeordnung in § 33 GewO geregelt. Demnach bedurfte der Erlaubnis, wer eine Gastwirtschaft, eine Schankwirtschaft oder einen Kleinhandel mit Branntwein oder Spiritus betreiben wollte. Diese Erlaubnis durfte nur versagt werden, wenn der Antragsteller in gewissen im Gesetz aufgezählten Fällen unzuverlässig war, das Lokal wegen seiner Beschaffenheit oder Lage den polizeilichen Anforderungen nicht genügte oder kein Bedürfnis zum Betrieb einer Gaststätte bestand[398]. Diese Bestimmung wurde in der Folgezeit mehrfach verschärft.

Der Betrieb von Straußwirtschaften - darunter versteht man die Schankstätten von Winzern, in denen diese für einen begrenzten Zeitraum im Jahr nur eigenen Wein und dazu kleine Speisen reichen dürfen[399] - wurde als landwirtschaftlicher Nebenbetrieb angesehen und unterfiel daher nicht den Regelungen der Gewerbeordnung[400]. Da der Betrieb von Straußwirtschaften aufgrund der Zuordnung der Straußwirtschaften zur Landwirtschaft nach der alten Rechtslage überhaupt keiner Erlaubnis bedurfte, war es nicht korrekt, wenn der Gesetzgeber in der Begründung zum Gaststättengesetz 1930 als bisherige Rechtsgrundlage der Straußwirtschaften § 33 GewO a.F. in Betracht zog, diese im Hinblick auf den Wortlaut als zumindest zweifelhaft ansah und daher mit § 10 GastG a.F.

---

[398]) § 33 GewO in der Fassung vom 21. Juni 1869 lautete:

" Wer Gastwirtschaft, Schankwirtschaft oder Kleinhandel mit Branntwein oder Spiritus betreiben will, bedarf dazu der polizeilichen Erlaubnis:

Diese Erlaubnis ist zu versagen,

1. wenn der Nachsuchende nicht seine Zuverlässigkeit in Beziehung auf den beabsichtigten
Gewerbebetrieb nachweist,

2. wenn das zum Betriebe des Gewerbes bestimmte Lokal wegen seiner Beschaffenheit oder Lage
den polizeilichen Anforderungen nicht genügt,

3. wenn ein Bedürfniß zu einer solchen Anlage nicht vorhanden ist.

Von dieser letzteren Bedingung (zu 3) ist jedoch bei den Gastwirtschaften in Orten von mehr als 10000
Einwohnern abzusehen."

[399]) Brockhaus Enzyklopädie (19. Aufl.), Stichwort: "Straußwirtschaft."; *Gornig/Deutsch* in GewArch. 1997, S. 8 definieren die Straußwirtschaft unter Bezugnahme auf *Wahrig, Gerhard:* Deutsches Wörterbuch, Bd. 6. 1984, S. 97 und *Müller, Marianne/ Rachfahl, Günter* (Hrsg.), Das große Lexikon der Gastronomie, 1984, S. 94 als "eine durch Heraushängen eines Straußes von Zweigen kenntlich gemachte Wirtschaft, die zeitweise Wein aus eigenem Anbau ausschenkt".

[400]) Erl. des württemb. Min. d. Innern v. 21. Okt. 1881, Reger 2, S. 4 f.; KG, Urt. v. 11. März 1927, GewArch. 24, S. 512; BayObLG, Urt. v. 8. März 1928, BVBl. 76, S. 346; *Rohmer*, GastG, § 10 Anm. 2.

"dieser einem altüberlieferten Herkommen Rechnung tragenden Übung die reichsrechtliche Grundlage geben" wollte[401].

Zwischen 1930 und 1954 kam § 10 GastG große Bedeutung vornehmlich deshalb zu, weil bei Straußwirtschaften im Gegensatz zu herkömmlichen Gastwirtschaften eine Bedürfnisprüfung nicht angestellt wurde. Seitdem diese wegen Bedenken im Hinblick auf Art. 12 Abs. 1 GG[402] entfallen ist, hat die Freistellung der Straußwirtschaften von dem Erfordernis einer Gaststättenerlaubnis nicht mehr dieselbe Bedeutung wie vorher. Trotzdem sind Straußwirtschaften nach wie vor in vielerlei Hinsicht gegenüber herkömmlichen Gastwirtschaften privilegiert. Für Straußwirtschaften im Sinne des § 14 GastG - die Nachfolgenorm von § 10 GastG Vorschrift soll das "im Grunde alte Recht der Winzer und Obstbauern" fortführen[403] - gelten nicht die strengen Anforderungen in bezug auf die Küche und die Toiletten wie bei erlaubnisbedürftigen Gastwirtschaften[404]. Ferner unterbleibt eine Prüfung vor der Inbetriebnahme. Es wird kein Unterrichtungsnachweis nach § 4 Abs. 1 Nr. 4 GastG verlangt, und auch die mit der Erlaubnis verbundenen öffentlichen Abgaben fallen nicht an[405]. In Rheinland-Pfalz sind die Betreiber von Straußwirtschaften nach § 1 Abs. 3 des Gesetzes über die Erhebung einer Schankverzehrsteuer vom 16. Mai 1950 zudem von der Entrichtung der Schankverzehrsteuer freigestellt[406].

Von der Ermächtigung des Gesetzgebers, Bestimmungen über den Betrieb von Straußwirtschaften zu erlassen, haben alle Bundesländer, in denen Weinbau betrieben wird beziehungszweise eine Apfelweintradition herrscht, mit Ausnahme von Nordrhein-Westfalen Gebrauch gemacht. Demnach enthalten die Gaststättenverordnungen von Baden-Württemberg (§§ 5 ff.), Bayern (§§ 3 ff.), Hessen (§§ 12 ff.), Rheinland-Pfalz (§§ 12 ff.), dem Saarland (§§ 13 ff.), Sachsen (§§ 3 ff.), Sachsen-Anhalt (§§ 2 ff.) und Thüringen (§ 8) diesbezügliche Bestimmungen. In Nordrhein-Westfalen waren ursprünglich in der zum Gaststättengesetz 1970 erlassenen Gaststättenverordnung vom 20. April 1971[407] Vorschriften über den erlaubnisfreien Betrieb von Straußwirtschaften

---

401) Stenograph. Berichte Bd. 430/1928 Bd. 8, S. 14.

402) BVerwG, Urt. v. 15. Dez. 1953 - BVerwG I C 90.53 - BVerwGE 1, S. 48 = NJW 1954, S. 524 = DVBl. 1954, S. 258 = Verw-Rspr. 6 Nr. 176.

403) Vgl. den schriftlichen Bericht des Ausschusses für Wirtschaft und Mittelstandsfragen über den von der Bundesregierung eingebrachten Entwurf eines Gaststättengesetzes, BT-Drucks. V / 1652 S. 6; zur Kultur- und Rechtsgeschichte der Straußwirtschaften eingehend *Gornig/Deutsch,* GewArch 1997, S. 8 ff.

404) OVG RP, Urt. v. 25. Febr. 1988 - 12 A 160/87 - GewArch. 1988, S. 304 (305).

405) *Michel/Kienzle*, GastG, § 14 Rn 1.

406) GVBl. S. 173. Die Freistellung der Straußwirte von der Schankverzehrsteuer ist mit Art. 3 Abs. 1 GG vereinbar, da sie eine Maßnahme zur wirtschaftlichen Hebung der notleidenden Winzer ist, vgl. BVerwG, Beschl. v. 9. Dez. 1955 - V B 125.55 - GewArch. 1957/58, S. 63 f.

407) GVBl. 1971 S. 196.

enthalten[408]. Diese Vorschriften wurden jedoch durch Art. 1 Nr. 1 der Verordnung zur Änderung der Gaststättenverordnung vom 21. Februar 1984 ersatzlos gestrichen[409].

Die Sonderregelung in § 26 GastG, wonach, soweit in Bayern und Rheinland-Pfalz der Ausschank selbsterzeugter Getränke ohne Erlaubnis gestattet ist, es hierfür auch in Zukunft keiner Erlaubnis bedarf, erhält für Bayern und den Teil von Rheinland-Pfalz, der früher zu Bayern gehört hatte, einen Rechtszustand aufrecht, der in der ehemaligen Rheinpfalz durch den aus der französischen Gesetzgebung überkommenen Grundsatz der Gewerbefreiheit und in Bayern selbst durch Art. 9 Buchst. b Nr. 1 des bayrischen Gewerbegesetzes vom 30. Januar 1868 begründet worden war. Die französische Gesetzgebung hatte in der Pfalz nach dem Frieden von Lunéville 1801 Geltung erlangt[410]. Dieser hatte die linksrheinischen deutschen Gebiete der Französischen Republik angegliedert[411] und die seit der sogenannten loi d'Allarde vom 2. März 1791 in Frankreich geltende Gewerbefreiheit gebracht[412]. Der Anschluß der Rheinpfalz an Bayern im Jahr 1816 und die Einführung der Gewerbeordnung in Bayern[413] hatte auf diesen Rechtszustand keinen Einfluß. Ein Ausfluß der Gewerbefreiheit war, daß das Wirtschaftsgewerbe und der Kleinhandel mit geistigen Getränken ebenso wie der Ausschank selbsterzeugter geistiger Getränke in der Rheinpfalz zunächst generell erlaubnisfrei waren[414]. Der erlaubnisfreie Betrieb von Gast- und Schankwirtschaften sowie der erlaubnisfreie Kleinhandel mit geistigen Getränken in der Rheinpfalz wurde zwar durch ein Reichsgesetz im Jahr 1879 aufgehoben[415]. Unberührt blieb aber der erlaubnisfreie Ausschank der eigenen Erzeugnisse[416]. Im rechtsrheinischen Bayern war der Ausschank eigener Erzeugnisse nach Maßgabe des Art. 9 Buchst. b des bayrischen Gewerbegesetzes erlaubnisfrei[417].

---

[408]) §§ 12-15 GastVO.

[409]) GVBl. 1984, S. 196.

[410]) *Michel/Kienzle*, GastG, § 26 Rn 6.

[411]) *Weis*, Der Durchbruch des Bürgertums, S. 174.

[412]) *Ziekow*, Freiheit und Bindung des Gewerbes, S. 326.

[413]) Vgl. § 1 Abs. 2 des Reichsgesetzes vom 12. Juni 1872 betreffend die Einführung der Gewerbeordnung in Bayern, RGBl. S. 170.

[414]) Stenograph. Berichte Bd. 26/1872 Bd. 3, S. 536; BayObLG, Urt. v. 10. April 1909, Reger 30, S. 193 (194).

[415]) Art. 3 Abs. 2 des Reichsgesetzes vom 23. Juli 1879 betreffend die Abänderung einiger Vorschriften der Gewerbeordnung, RGBl. S. 267.

[416]) Vgl. die Gesetzesbegründung der Reichsregierung zum Entwurf eines Gaststättengesetzes, RT-Drucks. IV/3147 S. 20.

[417]) Der Gesetzestext von Art. 9 Buchst. b (BayBS S. 6) lautete:

> "Der Ausschank des eigenen Erzeugnisses bleibt den Bräuern in einem hierfür bezeichneten Lokale und auf ihren Lagerhallen, desgleichen nach Maßgabe des örtlichen Herkommens und der ortspolizeilichen Vorschriften den schankberechtigten Kommunbräuern und Weinbauern gestattet.

Auf Wunsch der bayrischen Regierung wurde dieser Rechtszustand bei der Verabschiedung des GastG 1930 durch die Sonderregelung des § 28 GastG beibehalten[418]. Die Aufrechterhaltung des bayrischen Rechts auf erlaubnisfreien Ausschank selbsterzeugter Getränke bezweckt auch der dem § 28 GastG a.F. entsprechende § 26 GastG[419].

2. Voraussetzungen für den erlaubnisfreien Betrieb einer Straußwirtschaft nach § 14 Satz 1 und § 26 GastG

a) Gewerbsmäßigkeit

Kennzeichnend für Straußwirtschaften ist heute, daß sie gewerbsmäßig betrieben werden und daher an sich nach § 2 Abs. 1 Satz 1 GastG erlaubnispflichtig wären[420]. Zwar ist seit dem Inkrafttreten des GastG 1930 der Betrieb einer Straußwirtschaft - obwohl an sich nach der Verkehrsauffassung üblich[421] - kraft der Entscheidung des Gesetzgebers nicht mehr als landwirtschaftlicher Nebenbetrieb anzusehen. Gleichwohl ist nicht jeder Ausschank gewerblich und damit gleichbedeutend mit dem Betrieb einer Straußwirtschaft. Vielmehr ist das Vorliegen einer Straußwirtschaft dann zu verneinen, wenn sich der Ausschank als landwirtschaftlicher Nebenbetrieb und damit nicht als Gewerbe darstellt. Ist letzteres der Fall, greifen die §§ 14 und 26 GastG nicht[422]. Andererseits ist nicht jeder gewerbliche Ausschank durch Winzer als Betrieb einer Straußwirtschaft anzusehen. Vielmehr ist hiervon der Betrieb von sogenannten Gutsausschankbetrieben zu unterscheiden.

Sämtliche genannten Weinbauern unterliegen hierbei den durch Gesetze und Verordnungen festgestellten Verpflichtungen der Inhaber von Wirtschaftsgewerben."

[418]) *Metzner*, GastG, § 26 Rn 1; *Rohmer*, GastG, § 28 Anm. 2a.

[419]) Vgl. die Gesetzesbegründung der Reichsregierung zum Entwurf eines Gaststättengesetzes, RT-Drucks. IV/3147 S. 20.

[420]) *Metzner*, GastG, § 14 Rn 5b; *Michel/Kienzle*, GastG, § 14 Rn 2.

[421]) A.A. *Friauf* in: ders., GewO, § 1 Rn 87; hiergegen spricht jedoch, daß vor 1930 die Straußwirtschaften als landwirtschaftliche Nebenbetriebe, also auch als üblich angesehen wurden. Steuerrechtlich werden Straußwirtschaften nach wie vor dem Bereich der Urproduktion zugerechnet, so daß Gewerbesteuern bei dem Betrieb einer Straußwirtschaft nicht anfallen. Ebenso ist eine auf einem Aussiedlerhof in den Grenzen von § 14 Satz 1 GastG in Verbindung mit den einschlägigen landesrechtlichen Vorschriften über den Betrieb von Straußwirtschaften geführte Straußwirtschaft dem landwirtschaftlichen Betrieb zu- und untergeordnet und nimmt an dessen Privilegierung gemäß § 35 Abs. 1 Nr. 1 BauGB teil, vgl. VGH BW, Urt. v. 4.April 1995 - 3 S 2388/93 (n.v.).

[422]) *V. Ebner*, GewArch. 1983, 1 (6).

aa) Abgrenzung der Straußwirtschaft vom landwirtschaftlichen Nebenbetrieb

In der Praxis spielt die Abgrenzung der Straußwirtschaft vom landwirtschaftlichen Betrieb eine große Rolle bei der Frage, ob im Einzelfall eine Anzeige des Betriebes der Straußwirtschaft zu erfolgen hat[423]. Die Praxis fordert neben der Anzeige des Betriebs einer Straußwirtschaft - anders als bei einer Gastwirtschaft[424] - keine Gewerbeanmeldung nach 14 Satz 1 GewO[425].
Typisch für die Straußwirtschaft ist, daß es sich hierbei um eine, wenn auch spezielle, Art von Gastwirtschaft handelt. Denn die Einrichtung entspricht der einer Gastwirtschaft. Bei den Gästen handelt es sich in der Regel nicht um eine Gruppe, die auf Voranmeldung geschlossen kommt und in der Regel auch geschlossen geht; vielmehr ist ein ständiges Kommen und Gehen von Einzelpersonen und zahlreicher unterschiedlicher Gruppen innerhalb der bestehenden Öffnungszeiten zu beobachten. Vorrangiger Zweck ist hier nicht das Kennenlernen und der Einkauf von Wein, sondern der Konsum von Getränken und Speisen an Ort und Stelle.
Hieraus ergeben sich auch die Abgrenzungskriterien zur Durchführung von Weinproben als landwirtschaftlicher Nebenbetrieb. Neben den übrigen Vorausetzungen für einen landwirtschaftlichen Nebenbetrieb - Bestehen eines Hauptbetriebs, innerer Zusammenhang zwischen Haupt- und Nebenbetrieb und Inhaberschaft desselben rechtlichen Subjekts[426] - muß die Durchführung der Weinprobe sich im Rahmen dessen halten, was nach der Judikatur und Behördenpraxis bei der Durchführung von Weinproben üblich ist.
Demnach setzt die Einordnung der Abgabe von Weinproben im Weinkeller oder auch in einem einfach eingerichteten Raum,[427] der nicht die für eine Gaststätte übliche Ausstattung - z.B. Bartresen, zahlreiche einzeln stehende Tische mit Aschenbechern und so weiter - aufweist, als landwirtschaftlicher Nebenbetrieb zunächst voraus, daß die Verabreichung in Form von Kostproben erfolgt und von Ausführungen einer betriebszugehörigen oder dem Betrieb verbundenen Person begleitet wird. Daß der Personenkreis der Probierpersonen jeweils völlig unbestimmt ist und z.B. in erster Linie mit Vereinen die Weinproben vereinbart

---

[423]) § 8 GastVO BW, § 6 GastVO Bay., § 15 GastVO Hess., § 16 GastVO Saarl., § 15 GastVO RP, § 5 GastVO LSA, § 8 Abs. 12 GastVO Thür.

[424]) Vgl. z.B. *Diederichsen* in: Schmidt, Kompendium, § 9 Rn 29.

[425]) Die Frage, ob nun ein Gewerbe oder Landwirtschaft vorliegt, hat auch einen baurechtlichen Hintergrund. Werden die Grenzen des landwirtschaftlichen Nebenbetriebes überschritten, ist eine Baugenehmigung einzuholen, da es sich hierbei um eine Nutzungsänderung handelt(vgl. z.B. § 60 LBauO RP sowie die entsprechenden Landesvorschriften). Bauplanungsrechtlich sind hierbei die Zulässigkeitsvoraussetzungen der §§ 29 ff. BauGB zu beachten.

[426]) Vgl. zu Begriff und Voraussetzungen des landwirtschaftlichen Nebenbetriebs eingehend oben 2. Abschnitt II.2.

[427]) *V. Ebner*, GewArch. 1983, 1 (6).

werden, steht einem landwirtschaftlichen Nebenbetrieb nicht entgegen. Maßgebend ist, daß es sich um eine geschlossene Gruppe handelt, die auf Anmeldung kommt. Es ist auch unbeachtlich, ob sich diese zu dem Winzer ausschließlich zur Weinprobe begibt oder ob die Weinprobe etwa im Rahmen eines auch andere Ziele ansteuernden Vereins- oder Betriebsausflugs stattfindet. Denn schon wegen der Erläuterungen der unterschiedlichen Weine ist es unmöglich, gleichzeitig mehreren Gruppen verschiedene Weinproben anzubieten, sofern diese nicht zur gleichen Zeit beginnen oder in getrennten Räumen stattfinden. Daß bei Weinproben oft eine gelockerte Stimmung herrscht und die Produktwerbung in einem geselligen Rahmen stattfindet, verleiht diesen noch nicht den Charakter einer reinen Unterhaltungsveranstaltung und damit gewerblichen Veranstaltung[428].
Keine Voraussetzung für einen landwirtschaftlichen Nebenbetrieb ist Unentgeltlichkeit der Weinprobe. Entgeltlichkeit ist vielmehr unschädlich[429]. Daß bei Weinproben für einen größeren Personenkreis ein Entgelt zur Deckung der Unkosten verlangt wird, ist heute sogar die Regel[430]. Das Entgelt darf nicht nur den Wert der abgegebenen Waren, sondern auch die Organisationskosten umfassen, muß jedoch unter dem ortsüblichen Preis liegen. Wird der ortsübliche Preis erreicht, handelt es sich nicht um den Selbstkostenpreis, mag der Betriebsinhaber auch das Gegenteil beteuern. Denn in den ortsüblichen Preisen sind Gewinne für den Unternehmer einkalkuliert[431]. Für die Einstufung als landwirtschaftlicher Nebenbetrieb ist ferner maßgeblich, daß es sich um Kostproben handelt, d.h. bei der Verabreichung des Weins muß der Werbezweck im Vordergrund stehen. Das ist nur dann der Fall, wenn der Zweck der Verabreichung darin besteht, den Kunden zum Kauf zu veranlassen und die Abgabe auf das für Werbezwecke übliche geringe Maß (Verabreichung in Probiergläsern!) begrenzt ist[432].
Im übrigen wird bei der Veranstaltung von Weinproben eine Gewerbsmäßigkeit begründet, wenn mehr als 10% der verkosteten Weine zugekauft sind[433]. Diese Abweichung von der sonst bei landwirtschaftlichen Nebenbetrieben geltenden Grenze von 30%[434] begegnet zwar Bedenken im Hinblick auf Art. 3 Abs. 1 GG, da kein sachlicher Grund für eine Abweichung ersichtlich ist, entspricht aber auf entsprechende Nachfrage des Verfassers bei verschiedenen Ordnungsämtern der Behördenpraxis.

---

428) VGH BW, Urt. v. 18. Mai 1988 - 3 S 1085/88 - n.v.; vgl. den Abdruck im Anhang.
429) *Michel/Kienzle*, GastG, § 1 Rn 31.
430) VGH BW, Urt. v. 18. Mai 1988 - 3 S 1085/88 - n.v.; vgl. den Abdruck im Anhang.
431) *Metzner*, GastG, § 1 Rn 4.
432) *Michel/Kienzle*, GastG, § 2 Rn 4.
433) *Metzner*, GastG, § 1 Rn 4.
434) Vgl. oben 2. Abschnitt II.2.b.bb).

Oben wurde bereits ausgeführt, daß für eine Straußwirtschaft die Verabreichung von Speisen typisch ist. Es gilt zu überlegen, ob weitere Voraussetzung für einen landwirtschaftlichen Nebenbetrieb der Verzicht auf die Verabreichung von Speisen ist beziehungsweise ob die Verabreichung automatisch den Rahmen des landwirtschaftlichen Nebenbetriebs verläßt und, wenn dies zu bejahen ist, ab wann dies der Fall ist.

Nach einer in der Literatur vertretenen Auffassung darf zur Weinprobe, damit sie noch als landwirtschaftlicher Nebenbetrieb eingeordnet werden kann, überhaupt keine Speise gereicht werden[435].

Nach Auffassung eines anderen Teils der Literatur darf keine andere Speise als Brot ohne Belag zur Weinprobe verabreicht werden[436].

Mit der Frage, ob überhaupt etwas beziehungsweise was zu einer Weinprobe gereicht werden darf, hat sich seitens der Verwaltungsgerichtsbarkeit, soweit ersichtlich, lediglich der VGH Baden-Württemberg auseinandergesetzt. Dieser geht in seiner Entscheidung vom 18. Mai 1988 zunächst davon aus, daß die Abgabe von Speisen angelegentlich einer Weinprobe zulässig ist. Indes legt er sich im weiteren nicht darauf fest, welcher Art diese Speise sein muß. Vielmehr ist er der Ansicht, daß im Einzelfall lediglich folgenden zwei Kriterien Rechnung getragen werden müsse:
(1) Ziel der Verabreichung muß die Förderung der Bekömmlichkeit des Weins sein.
(2) Die Verabreichung der Speisen darf nicht völlig aus dem Rahmen des üblichen Ablaufs einer Weinprobe fallen.
Beide Voraussetzungen liegen nach dieser Entscheidung z.B. bei der Verabreichung von Hartkäsewürfeln vor[437].

Beide Meinungen vermögen nicht zu überzeugen. Die zuerst genannte, derzufolge im Rahmen einer Weinprobe überhaupt keine Speise gereicht werden darf, trägt dem Umstand, daß bei einer Weinprobe nach einem Schluck von einer Weinsorte erst die Geschmacksnerven neutralisiert werden müssen, damit vom Kunden die sortentypischen Unterschiede einer darauf gekosteten anderen Weinsorte erkannt werden können, nicht ausreichend Rechnung. Da es Zweck einer Weinprobe ist, mehrere Sorten nacheinander zu probieren, ist es aus diesem Grund und dem der besseren Bekömmlichkeit im Hinblick auf stärker säurehaltige Weine sogar geradezu erforderlich, zwischendurch eine kleine Speise zu genießen.

---

[435]) *Metzner*, GastG, § 1 Rn 4.
[436]) *Michel/Kienzle*, GastG, § 1 Rn 31.
[437]) VGH BW, Urt. v. 18. Mai.1988 - 3 S 1085/88 - n.v.; vgl. den Abdruck im Anhang.

Dafür, daß zu Weinproben lediglich Brot ohne Belag gereicht werden darf, wie dies die zweiten Literaturmeinung vertritt, spricht zwar, daß zur Geschmacksneutralisation Brot ohne Belag hervorragend geeignet ist und daher zur Weinprobe herkömmlicherweise gereicht wird. Andererseits gilt es aber hier nicht aus den Augen zu verlieren, daß bei der Beantwortung der Frage, ob nur Brot ohne Belag zur Weinprobe gereicht werden darf, letztlich um die Abgrenzung der Abhaltung einer Weinprobe zum Gaststättenbetrieb geht. Abzustellen ist daher darauf, ob die Verabreichung von Speisen einen gaststättenähnlichen Charakter aufweist. Das wird immer dann der Fall sein, wenn ersichtlich nicht mehr die Neutralisierung der Geschmacksnerven und die Förderung der Bekömmlichkeit, sondern die Stillung des Hungers bezweckt wird.

Zu beachten ist schließlich, daß die Grenzen des landwirtschaftlichen Nebenbetriebs noch nicht verlassen werden, wenn nur ausnahmsweise einmal Ziel der Verabreichung nicht die Förderung der Bekömmlichkeit ist oder die Verabreichung der Speise völlig aus dem Rahmen des üblichen Ablaufs einer Weinprobe fällt. Verabreicht z.B. ein Winzer ein bis zwei Mal im Jahr zu einer Weinprobe ein Spanferkel, liegt noch keine nachhaltige Tätigkeit vor, die aber nach der Gesamtbildtheorie Voraussetzung für die Annahme eines Gewerbes ist[438].

Zusammenfassend ist festzuhalten, daß die Veranstaltung von Weinproben durch einen Winzer solange landwirtschaftlicher Nebenbetrieb ist, als daneben ein Hauptbetrieb besteht, zwischen Haupt- und Nebenbetrieb ein innerer Zusammenhang besteht, Haupt- und Nebenbetrieb demselben rechtlichen Subjekt gehören und sich die Durchführung der Weinprobe im Rahmen des Üblichen hält. Üblich ist die Abgabe von Weinproben im Weinkeller oder auch in einem einfach eingerichteten Raum gegen ein Entgelt in Höhe des Selbstkostenpreises. Unschädlich ist die Verabreichung von Speisen, solange dies zum Zwecke der Neutralisierung der Geschmacksnerven und der Förderung der Bekömmlichkeit geschieht.

bb) Abgrenzung der Straußwirtschaft vom Gutsausschank

Werden die Grenzen des landwirtschaftlichen Nebenbetriebs überschritten, liegt also Gewerbsmäßigkeit vor, kommt der Betrieb einer Straußwirtschaft zwar in Betracht. Jedoch ist dann nicht eo ipso vom Vorliegen einer Straußwirtschaft auszugehen. Denn das Merkmal der Gewerbsmäßigkeit ist nur eine von mehreren Voraussetzung für die Annahme einer Straußwirtschaft. Hinzukommen muß noch die Erfüllung der sonstigen Voraussetzungen, wie

---

[438]) Vgl. oben 2. Abschnitt II.3.

z.B., daß nur selbsterzeugter Wein ausgeschenkt werden darf, daß der Betrieb nur höchstens 4 Monate im Jahr dauern darf usw.[439]
Ebenfalls gewerbsmäßig betrieben wird z.B. der von einer Straußwirtschaft zu unterscheidende sogenannte Gutsausschank. Ein Gutsausschank ist eine Gaststätte, die ein Winzer auf seinem Weingut eingerichtet hat und in der er in häufig ganzjährig vornehmlich selbsterzeugte Weine verabreicht. Während der Betrieb von Straußwirtschaften in § 14 GastG eine spezielle Regelung erfahren hat, ist das bei Gutsausschankbetrieben nicht der Fall. Vielmehr sind Gutsausschankbetriebe als Schankwirtschaften im Sinne von § 1 Abs. 1 Nr. 1 GastG beziehungsweise gebenenfalls als Schank- und Speisewirtschaften im Sinne von § 1 Abs. 1 Nr. 1 GastG in Verbindung mit § 1 Abs. 1 Nr. 2 GastG anzusehen und daher nach § 2 Abs. 1 Satz 1 GastG erlaubnisbedürftig[440].
Ein Gutsausschank teilt als herkömmlicher Gaststättenbetrieb nicht die Privilegierungen, die eine Straußwirtschaft für sich in Anspruch nehmen kann. Allerdings bestehen auch nicht die für Straußwirtschaften geltenden Einschränkungen, wie z.B. die Beschränkung auf den Ausschank selbsterzeugten Weins und die Beschränkung auf die Verabreichung lediglich von kalten und einfach zubereiteten warmen Speisen. Insbesondere kann ein Gutsauschank - und das ist auch wohl der Hauptgrund, weshalb sich viele Winzer zum Betrieb eines Gutsauschanks entscheiden - im Gegensatz zum Betrieb einer Straußwirtschaft ohne weiteres ganzjährig betrieben werden. Ist ein Gutsausschank auch rechtlich als Gaststättengewerbe im Sinne des § 1 Abs. 1 GastG zu qualifizieren, bleibt dem Inhaber - und hierin liegt auch der Unterschied zu einem "normalen" Gaststättenbetrieb - doch der wirtschaftliche Vorteil gegenüber anderen Betreibern einer Gaststätte, daß er durch die Verabreichung des selbsterzeugten Weins eine höhere Gewinnspanne als diese erzielen kann.
Liegt im Einzelfall eine Straußwirtschaft vor, muß deren Betrieb im Gegensatz zur bloßen Weinprobe angezeigt werden. Im übrigen sind die einschlägigen Bestimmungen der Landesgaststättenverordnungen bezüglich der Ausübung eines Betriebs einer Straußwirtschaft zu beachten, soweit diese den Betrieb von Straußwirtschaften vorsehen. Diese weisen im Detail erhebliche Unterschiede auf[441]. Zu beachten ist ferner, daß sobald die Grenzen, innerhalb derer der

---

[439]) Vgl. zu den weiteren Vorausetzungen einer Straußwirtschaft unten 3. Abschnitt II.2.b) und c), II.3 und II.4.

[440]) Die Erteikung der Gaststättenerlaubnis entfaltet weder eine Konzentrazionswirkung, noch ist die zuständige Baugenehmigungsbehörde an das Ergebnis der von der für die Gaststättenerlaubnis zuständigen Behörde nach § 4 Abs. 1 Nr. 3 GastG anzustellenden Prüfung der Lage der Gaststätte und ihre Einwirkungen auf die Umwelt gebunden, vgl. *Oldiges* in: Steiner, Bes. VerwR, Abschnitt IV Rn 318; *Steiner*, Baurecht S. 23 (Nr. 50) m.w.N.

[441]) Siehe hierzu eingehend unten 3. Abschnitt II.4.

erlaubnisfreie Betrieb einer Straußwirtschaft stattfinden kann, überschritten werden, nicht mehr ein Betrieb einer Straußwirtschaft, sondern ein unerlaubter Gaststättenbetrieb vorliegt[442].

b) Selbsterzeugter Wein oder Apfelwein (§ 14 Satz 1 GastG)

§ 14 Satz 1 GastG ermächtigt die Landesregierungen nur zum Erlaß von Rechtsverordnungen, in denen - mit dem Ziel der Erleichterung des Absatzes - nähere Bestimmungen über den Ausschank von "selbsterzeugtem Wein oder Apfelwein" getroffen werden können. Klärungsbedürftig ist erstens, welche Weine hierunter fallen, und zweitens, wann ein Wein oder Apfelwein "selbsterzeugt" im Sinne von § 14 Satz 1 GastG ist.

aa) Wein im Sinne des § 14 Satz 1 GastG

Wein im Sinne des § 14 Satz 1 GastG ist nach allgemeiner Meinung nur solcher, der aus Weintrauben hergestellt worden ist. Das wird überzeugend unter Hinweis auf den Gesetzeswortlaut begründet, der Wein und Apfelwein einander gegenüberstellt[443]. Zu beachten ist jedoch, daß unter Wein im Sinne des Gesetzes nach heute einhelliger Meinung Wein jeder Reifestufe fällt, also auch Federweißer, Bitzler und ähnlich genannte junge Weine, die eben erst zu gären begonnen haben[444]. Sogar der frische Traubenmost, der noch nicht zu gären begonnen hat, soll hierunter fallen[445]. Der noch mögliche Wortsinn von "Wein" deckt eine solche Auslegung jedoch nicht mehr, da das Wort "Wein" ein alkoholisches Getränk voraussetzt. In Betracht kommt allenfalls eine analoge Anwendung der Vorschrift. Eine solche würde allerdings eine Lücke voraussetzen. Eine solche liegt aber nicht vor, da § 6 Satz 1 GastG, wonach dann, wenn der Ausschank alkoholischer Getränke gestattet ist, auf Verlangen auch alkoholfreie Getränke zum Verzehr an Ort und Stelle zu verabreichen sind, auch für Straußwirte Geltung beansprucht. Gebietet § 6 Satz 1 GastG dem Straußwirt sogar die Verabreichung alkoholfreier Getränke an Ort und Stelle, so muß es ihm erst recht erlaubt sein, alkoholfreie Getränke wie z.B. noch nicht vergorenen Traubensaft oder Apfelsaft freiwillig auszuschenken[446].

bb) Eigenes Erzeugnis im Sinne des § 14 Satz 1 GastG

Probleme wirft auch die Frage auf, welche Anforderungen an die Voraussetzung des eigenen Erzeugnisses zu stellen sind. Eine Legaldefinition dieses Merkmals

---

[442]) Zu der Frage, wann eine derartige Überschreitung vorliegt, vgl. unten 3. Abschnitt II.6.
[443]) *Michel/Kienzle*, GastG, § 14 Rn 3; *Metzner*, GastG, § 14 Rn 7.
[444]) *Metzner*, GastG, § 14 Rn 7; *Michel/Kienzle*, GastG, § 14 Rn 3; *Seitter*, Gaststättenrecht, § 14 Rn 3.
[445]) *Michel/Kienzle*, GastG, § 14 Rn 3.
[446]) Zu § 6 Satz 1 GastG siehe unten ausführlich 3. Abschnitt II.5.a).

liefert weder das GastG noch eine der einschlägigen Gaststättenverordnungen der Länder. Nach einhelliger Meinung liegt ein eigenes Erzeugnis im Sinne des § 14 Satz 1 GastG nicht schon dann vor, wenn der Wein oder Apfelwein selbst hergestellt ist[447]. So ist der aus gekauften Trauben hergestellte Wein kein eigenes Erzeugnis im Sinne des § 14 Satz 1 GastG. Zwar würde der noch mögliche Wortsinn eine solche Deutung zulassen. Denn unter die selbsterzeugten Getränke im Sinne des § 26 Satz 1 GastG fällt auch selbstgebrautes Bier,[448] obwohl der Bierbrauer früher wie heute die verwendeten Grundstoffe kaum jemals selbst gewonnen hat[449]. Eindeutig gegen eine solche Auslegung spricht vor allem die Entstehungsgeschichte. Die durch § 19 Abs. 2 Nr. 5 GastVO Rheinland-Pfalz aufgehobene Landesverordnung über die Führung von Straußwirtschaften in Rheinland-Pfalz vom 29. Mai 1952[450] enthielt in § 4 Satz 4 eine Begriffsbestimmung des eigenen Erzeugnisses. Danach war selbsterzeugt nur der Wein, der auf solchen Grundstücken gezogen worden war, die dem Straußwirt entweder als Eigentum oder zum Nießbrauch gehörten oder für einen längeren Zeitraum als 3 Jahre gepachtet waren. Diese Definition entsprach altem Recht. Denn das althergebrachte Recht bezog sich seit jeher nur auf Weine, deren Grundstoffe selbsterzeugt waren[451]. Ferner bestimmte auch der Vertreter der Reichsregierung bei den Beratungen zum Entwurf des GastG 1930 den Begriff "selbsterzeugt" in dem Sinne, daß der Wein beziehungsweise Apfelwein aus Früchten gewonnen sein müsse, die der Ausschenker selbst entweder auf eigenem oder gepachtetem Grund und Boden erzeugt und selbst gekeltert habe[452]. Schließlich heißt es in der Begründung zu § 14 GastG n.F. ausdrücklich, daß damit das althergebrachte Recht, "selbstgezogenen" Wein erlaubnisfrei ausschenken zu dürfen, aufrechterhalten

---

[447]) *Ambs* in: Erbs/Kohlhaas, Strafrechtliche Nebengesetze, § 14 GastG Rn 2; *Michel/Kienzle*, GastG, § 14 Rn 3; *Metzner*, GastG, § 14 Rn 7; *Seitter*, Gaststättenrecht, § 14 Rn 4.

[448]) *Ambs* in: Erbs/Kohlhaas, Strafrechtliche Nebengesetze, § 26 GastG Rn 1; *Gropp* in: v. Brauchitsch/Ule Verwaltungsgesetze des Bundes und der Länder, Bd. VIII Hb 2 (Hrsg. *Reuß*), § 28 GastG (a.F.) Anm. II 1; *Michel/Kienzle*, GastG, § 26 Rn 2; *Metzner*, GastG, § 26 Rn 6 m.w.N.

[449]) Vgl. bereits *Zoeller*, ZfRpfliB 1912, S. 145 (146).

[450]) GVBl. RP 1952 S. 95.

[451]) *Rohmer*, GastG, S. 54 m.w.N.

[452]) RT-Ausschuß AB S. 13 zitiert nach *Rohmer*, GastG, § 10 Anm. 2 c. Allerdings muß nach heute allgemeiner Meinung der Wein nicht notwendigerweise selbst gekeltert worden sein, um eigenes Erzeugnis zu sein. Vgl. z.B. das grundlegende Urteil BayObLG, Urt. v. 2. März 1933 – Rev. Reg. I Nr. 169/1933 – BayObLGSt 33, S. 43 (45) = GewArch. 31, S. 118 = Reger 56, S. 197.

werden solle[453]. Der Terminus "selbstgezogen" läßt aber von seinem Wortsinn her nur den Schluß zu, daß die Früchte, aus denen der Wein hergestellt worden ist, selbst produziert worden sein müssen[454].
Trauben sind nicht selbst produziert, wenn jemand ein Grundstück zu Eigentum oder auch nur vertraglich auf Zeit erwirbt, auf dem die Früchte schon reif oder doch fast reif sind. Das Merkmal des eigenen Erzeugnisses setzt voraus, daß der Erwerber noch irgendwelche Arbeiten zur Erzeugung der Trauben vor der Aberntung vornehmen muß. Eine Besichtigung genügt nicht[455]. Dagegen sind Früchte von einem Grundstück, das erst kurz vor der Ernte geerbt worden sind, selbsterzeugt. Denn der Erbe tritt im Wege der Universalsukzession in alle Rechte und Pflichten des Erblassers ein[456]. Wenn also der Erblasser die Früchte, aus denen der Wein oder Apfelwein schließlich vom Erben hergestellt wurde, selbst erzeugt hat, so gilt der Wein als vom Erben selbsterzeugt[457].
Nach überkommener Rechtsauffassung nimmt der Verschnitt von selbsterzeugtem Wein mit fremdem Wein diesem den Charakter eines Eigengewächses[458], wobei bereits geringste Mengen ausreichen. Im Hinblick auf die Strenge der zu stellenden Anforderungen wurde nach Auskunft eines Weinbaubetriebsangehörigen in der Praxis daher einmal der treffende Ausdruck der "Tropfentheorie" gebraucht. Die im landwirtschaftlichen Nebenbetrieb und bei § 55a Abs. 1 Nr. 2 GewO maßgebliche Grenze von 30%[459] gilt hier aus zwei Gründen nicht. Zum einen handelt es sich beim Betrieb einer Straußwirtschaft gerade nicht um einen landwirtschaftlichen Nebenbetrieb, sondern um einen Gewerbebetrieb, zum anderen spricht § 55a Abs. 1 Nr. 2 GewO von "selbstgewonnenen" Erzeugnissen im Gegensatz zum "selbsterzeugten" Wein in § 14 Satz 1 GastG. Aus der unterschiedlichen Wortwahl lassen sich zwar keine zwingenden Schlüsse ziehen, weil diese in der Gewerbeordnung und den Nebengesetzen uneinheitlich ist,[460] dafür aber aus dem Sinn und Zweck des § 14 Satz 1 GastG. Dieser besteht darin, das "althergebrachte Recht", selbstgezogenen Wein erlaubnisfrei ausschenken zu dürfen, aufrecht zu

---

453) Vgl. den schriftlichen Bericht des Ausschusses für Wirtschaft und Mittelstandsfragen über den von der Bundesregierung eingebrachten Entwurf eines Gaststättengesetzes, BT-Drucks. V / 1652 S. 6.

454) *Duden*, Das große Wörterbuch der deutschen Sprache, Stichwort: "selbstgezogen".

455) BayObLG, Urt. v. 10. Juli 1933 - Rev. Reg. I Nr. 169/1933 - BayObLGSt 33, S. 115 (118) = Reger 56, S. 199.

456) Vgl. § 1922 Abs. 1 BGB.

457) BayObLG, Urt. v. 10. Juli 1933 - Rev. Reg. I Nr. 169/1933 - BayObLGSt 33, S. 115 (118) = Reger 56, S. 199; *Steffens/Bohmann*, Das Recht des Gastwirts, S. 55.

458) BayObLG, Urt. v. 2. März 1932 - Rev. Reg. II Nr. 46/1933 - BayObLGSt 33, S. 43 (45) = GewArch. 31, S. 118 = Reger 56, S. 197 (199); dasselbe gilt natürlich entsprechend für den Apfelwein..

459) Vgl. oben 2. Abschnitt II.2.b.bb).

460) *Stober*, WVR, § 45 I 1.

erhalten[461] beziehungsweise einem "altüberlieferten Herkommen" Rechnung zu tragen[462]. Da bereits nach altem Recht der Zusatz fremden Weins dem selbsterzeugten Wein die Eigenschaft nahm, "selbsterzeugt" zu sein,[463] ist unter Berücksichtigung des Gesetzeszwecks daran festzuhalten, daß der Verschnitt mit zugekauftem Wein dem Wein, der aus selbstgezogenen Trauben hergestellt ist, die Eigenschaft des eigenen Erzeugnisses nimmt[464].

Nicht erforderlich ist, daß der Winzer die in seinem Weinberg anfallenden Arbeiten selbst verrichtet hat. Er kann sowohl fremde Hilfskräfte in Anspruch nehmen als auch den Wein in einer fremden Kelter wie z.B. einer Genossenschaftskelter im Lohn auf eigene Rechnung keltern lassen. Denn auch sonst nimmt in landwirtschaftlichen und gewerblichen Betrieben der Umstand, daß die Produktionsarbeiten ganz oder teilweise nicht vom Geschäftsherrn persönlich, sondern von bestellten Arbeitskräften ausgeführt werden, den Erzeugnissen nicht die Eigenschaft von Produkten des Geschäftsherrn[465].

Fremde Kellerbehandlung nimmt nach allgemeiner Meinung dem Wein nicht die Eigenschaft des eigenen Erzeugnisses[466]. Genossenschaftswein[467] erfüllt allerdings dann das Merkmal des eigenen Erzeugnisses nicht mehr, wenn er aus den zugelieferten Trauben mehrerer Genossenschaftsmitglieder hergestellt worden ist[468].

cc) Winzersekt als selbsterzeugter Wein im Sinne des § 14 Satz 1 GastG

Zu einer begehrten Spezialität der Winzer ist in den letzten Jahren der sogenannte Winzersekt geworden. Darunter versteht man Sekt, der vom Winzer

---

[461]) Vgl. den schriftlichen Bericht des Ausschusses für Wirtschaft und Mittelstandsfragen über den von der Bundesregierung eingebrachten Entwurf eines Gaststättengesetzes zu § 14 GastG n.F., BT-Drucks. V / 1652 S. 6.

[462]) Stenograph. Berichte Bd. 430/1928 Bd. 8, S. 14.

[463]) *Rohmer*, GastG, S. 54 m.w.N.; im übrigen vgl. z.B. den Erlaß des württemberg. Min. des Inneren v. 21. Okt. 1881, Reger 2 S. 4 f.

[464]) Daran ändern auch die Regelungen des Weingesetzes vom 8. Juli 1994 (BGBl. I S. 1467) und der Weinverordnung vom 9. Mai 1995 i.d.F. vom 28. Aug. 1998 (BGBl. I S. 2609) nichts, weil diese einen ganz anderen Zweck, nämlich den der Kennzeichnungswahrheit verfolgen. § 40 Abs. 1 WeinVO sieht die Möglichkeit des Zusatzes von Wein einer anderen Lage bis zu einer Grenze von 15 % vor, ohne daß dies kenntlich gemacht werden müßte. Wird Traubenmost zur Süßung zugesetzt, gilt sogar eine Grenze von 25 %.

[465]) BayObLG, Urt. v. 2. März 1933 - Rev. Reg. I Nr. 169/1933 - BayObLGSt 33, S. 43 = GewArch. 31, S. 118 = Reger 56, S. 197.

[466]) BayObLG, Urt. v. 10. Juli 1933 - Rev.Reg. I Nr. 169/1933 - BayObLG 33, S. 115 (117) = Reger 56, S. 199.

[467]) Genossenschaftswein ist ein Wein, der aus den vermischten Trauben, die von den Genossenschaftsmitgliedern angeliefert worden sind, hergestellt worden ist. Siehe dazu bereits oben 2. Abschnitt II.2.b.cc).

[468]) *Michel/Kienzle*, GastG, § 14 Rn 3; *Seitter*, Gaststättenrecht, § 14 Rn 4; anders wohl *v. Ebner*, GewArch. 1983, S. 1 (11).

selbst oder von einer Sektkellerei im Auftrag des Winzers aus dessen Trauben hergestellt wird. Es stellt sich die Frage, ob es sich hierbei auch um Wein im Sinne des § 14 Satz 1 GastG handelt.

Nach wohl herrschender Auffassung ist Sekt allgemein und daher auch der sogenannte Winzersekt kein Wein im Sinne von § 14 Satz 1 GastG[469]. Denn, so die Begründung, nach der Verkehrsauffassung sei Sekt etwas anderes als Wein, weil er wesentliche Zusätze an Zucker enthalte und eine besondere Kellerbehandlung erfahren habe[470]. Das gelte auch dann, wenn der verwendete Grundwein ausschließlich aus selbstgezogenen Früchten bestanden habe[471].

Diese Begründung trägt dem Wortlaut sowie dem Sinn und Zweck von § 14 Satz 1 GastG nicht hinreichend Rechnung. Ihr kann daher nicht gefolgt werden. Für sie mag zwar die rechtssystematische Überlegung sprechen, daß der Gesetzgeber im Weingesetz vom 27. August 1982[472] den Schaumwein wie den Branntwein in einem eigenen Abschnitt geregelt hat und nicht in dem Abschnitt "Inländischer Wein". Für die Einordnung von Sekt als Spezialwein sprechen dagegen der Wortlaut und der Sinn und Zweck von § 14 Satz 1 GastG. Nach dem Wortlaut von § 14 Satz 1 GastG ist der Ausschank von selbsterzeugtem Wein und Apfelwein von der Erlaubnispflicht freigestellt. Sekt wird nicht ausdrücklich genannt. Indes ist Sekt nur eine andere Bezeichnung für Schaumwein[473]. Somit fällt bei einer extensiven Auslegung des Wortes "Wein" auch Schaumwein hierunter.
Der dem § 14 Satz 1 GastG zugrunde liegende Zweck der Aufrechterhaltung eines althergebrachten Rechts der Winzer und Bauern[474] steht ebenfalls nicht entgegen. Denn der Grund für die Beibehaltung des tradierten Rechtszustands liegt in der vom Gesetzgeber angestrebten wirtschaftliche Hebung der notleidenden Winzer[475] beziehungsweise der Absatzförderung[476].

Häufig wird die Einordnung des Winzersekts als selbsterzeugter Wein im Sinne des § 14 Satz 1 GastG allerdings an dem Merkmal des eigenen Erzeugnisses

---

[469]) *Scheer*, GastG, § 10 Anm. B. II; *Metzner*, GastG, § 14 Rn 7; *Michel/Kienzle*, GastG, § 14 Rn 3
[470]) Vgl. z.B. *Michel/Kienzle*, GastG, § 14 Rn 3.
[471]) *Steffens/Bohmann*, Das Recht des Gastwirts, S. 56.
[472]) BGBl. I S. 1196.
[473]) Vgl. z.B. Der Volksbrockhaus, Stichwort: "Sekt".
[474]) Vgl. den schriftlichen Bericht des Ausschusses für Wirtschaft und Mittelstandsfragen über den von der Bundesregierung eingebrachten Entwurf eines Gaststättengesetzes, BT-Drucks. V / 1652 S. 6 und Stenograph. Berichte Bd. 430/1928 Bd. 8, S. 14.
[475]) *Rohmer*, GastG, § 10 Anm. 1; *Metzner*, GastG, § 14 Rn 5a.
[476]) *Michel/Kienzle*, GastG, § 14 Rn 3.

scheitern. Wie bereits oben festgestellt,[477] nimmt die Vermischung von selbsterzeugtem Wein mit fremdem Wein diesem die Eigenschaft des eigenen Erzeugnisses. Ähnlich wie bei der Herstellung von Genossenschaftswein kommt es in der Regel bei der Herstellung des Winzersekts zu einer Vermischung des selbsterzeugten Weines mit fremdem Wein. Denn meist stellen die Winzer den Sekt nicht im eigenen Keller her; vielmehr liefern sie die Trauben beziehungsweise den Grundwein an eine Kellerei. Dort wird der Wein in großen Behältern mit anderen Weinen vermischt und für die Cuvee - das ist die Mischung verschiedener Weine zur Gewinnung von Schaumwein[478] - angesetzt. Der Winzer erhält dann lediglich einen Anteil an Sekt, der der von ihm angelieferten Menge Grundwein entspricht. Damit handelt es sich nicht mehr um ein eigenes Erzeugnis im Sinne des § 14 Satz 1 GastG[479]. Nur dann, wenn von den Winzern selbst eine Flaschengärung vorgenommen oder in der Kellerei ein Behälter ausschließlich mit dem Grundwein eines Winzers gefüllt wird, kann von einem eigenen Erzeugnis im Sinne des § 14 Satz 1 GastG ausgegangen werden.

dd) Hefebrand als selbsterzeugter Wein im Sinne des § 14 Satz 1 GastG

Der sogenannte Hefebrand[480] kann im Gegensatz zum sogenannten Winzersekt generell nicht unter den Freistellungstatbestand des § 14 Satz 1 GastG gefaßt werden. Zwar ist auch Branntwein eine Art Wein. Auch findet beim Hefebrand in der Brennerei in der Regel keine Vermischung mit anderen Bränden statt wie beim Sekt, so daß auch das Merkmal "selbsterzeugt" nicht entgegensteht. Daß aber Hefebrand kein selbsterzeugter Wein im Sinne des § 14 Satz 1 GastG ist, ergibt sich aus § 26 GastG. Danach erlischt die in Rheinland-Pfalz bestehende Berechtigung zum Ausschank selbstgebrannten Branntweins, wenn sie seit zehn Jahren nicht mehr ausgeübt worden ist. Daraus lassen sich zwei Schlüsse ziehen:

(1) Der Gesetzgeber will das bestehende Recht zum erlaubnisfreien Ausschank von selbsterzeugtem Branntwein nach und nach austrocknen lassen.

(2) § 26 Abs. 2 GastG stellt klar, daß nur in Rheinland-Pfalz, und zwar wie sich aus § 26 Abs. 1 Satz 1 GastG sowie der Entstehungsgeschichte ergibt, nur in dem Teil von Rheinland-Pfalz, der früher zu Bayern gehörte,[481] also der Pfalz, der Ausschank von selbsterzeugtem Branntwein freigestellt sein soll, wobei Rechtsgrundlage hierfür nicht § 14 GastG, sondern § 26 Abs. 1 Satz 1 GastG ist.

---

[477]) 3. Abschnitt 2.b.bb).

[478]) Brockhaus-Enzyklopädie (19. Aufl.), Stichwort: "Cuvée".

[479]) Vgl. oben 3. Abschnitt II.2.b.bb).

[480]) Bei Abfüllung des Weines wird stets ein Teil des Weins im Faß belassen. Es handelt sich hierbei um den Wein, der sich unmittelbar über der Hefe, die sich nach der Beendigung des Gärvorgangs auf dem Faßboden abgesetzt hat, befindet. Dieser Rest ergibt destilliert den sogenannten Hefebrand.

[481]) Vgl. oben 3. Abschnitt II.1.

Folglich kann ein Ausschank von Hefebrand nicht auf § 14 Satz 1 GastG gestützt werden.

ee) Selbsterzeugter Apfelwein im Sinne des § 14 Satz 1 GastG

Die Freistellung des Ausschanks von selbsterzeugtem Apfelwein von der Erlaubnispflicht sehen nur die Gaststättenverordnungen von Baden-Württemberg[482], Sachsen-Anhalt[483] und Thüringen[484] vor. Bezüglich der Anforderungen an das eigene Erzeugnis kann auf die Ausführungen bezüglich des aus Trauben hergestellten Weines verwiesen werden. Sie gelten entsprechend, d.h. auch aus Äpfeln hergestellter Sekt ist selbsterzeugter Wein im Sinne des § 14 Satz 1 GastG, nicht aber der aus selbsterzeugten Äpfeln hergestellte Obstschnaps. Bei dem Apfelwein stellt sich allerdings ein Sonderproblem. Der Klärung bedarf, ob der ausgeschenkte Apfelwein zu 100 % aus Äpfeln bestehen muß oder ob hierunter auch Gemische aus Apfelwein mit Birnenwein oder Apfelwein mit Speierling fallen.

Für das Erfordernis, daß Apfelwein zu 100% aus Äpfeln bestehen muß, könnte zunächst einmal der Wortlaut sprechen. Nach allgemeinem Sprachgebrauch ist Apfelwein Wein, der ausschließlich aus Äpfeln hergestellt worden ist. Jedoch erfaßt der noch mögliche Wortsinn des § 14 Satz 1 GastG auch solchen Wein, der überwiegend aus Äpfeln hergestellt worden ist. Für diese Interpretation spricht der Sinn und Zweck der Vorschrift, der in der Aufrechterhaltung eines "im Grunde alten Rechts der Winzer und Obstbauern" besteht[485]. Traditionellerweise wird in Süddeutschland dem Apfelwein zu 20 bis 30 % Birnenwein zugesetzt[486]. In Thüringen,[487] aber auch zum Teil in Süddeutschland[488] setzt man seit jeher zu ca. 5% Speierlingsfrüchte zu[489].

---

[482]) § 8a GastVO BW.

[483]) § 6 GastVO LSA.

[484]) § 8 Abs. 1 GastVO Thür.

[485]) Vgl. den schriftlichen Bericht des Ausschusses für Wirtschaft und Mittelstandsfragen über den von der Bundesregierung eingebrachten Entwurf eines Gaststättengesetzes, BT-Drucks. V / 1652 S. 6. Ähnlich die amtliche Begründung zum GastG 1930, wonach § 10 GastG a.F. einer "einem altüberlieferten Herkommen Rechnung tragenden Übung die reichsrechtliche Grundlage" geben wollte, Stenographische Berichte Bd. 430/1928 Bd. 8, S. 14.

[486]) *Silbereisen/Götz/Hartmann*, Obstsortenatlas; S. 233; *Petzold*, Apfelsorten, S. 208.

[487]) Brockhaus (15. Aufl./1928), Stichwort: "Apfelwein" .

[488]) *Friedrich/Schuricht,* Seltenes Kern-, Stein- und Beerenobst, S. 214.

[489]) Der Speierling gehört zu den Rosenholzgewächsen (roseceae). Er ist eine alte Kulturpflanze, die im ganzen Mittelmeerraum und in Mitteleuropa bis zur Grenze Nordthüringens verbreitet ist. Die Früchte enthalten viel Vitamin C, Gerbstoffe und Apfelsäure. Der Anteil der Apfelsäure spielt eine erhebliche Rolle bei der Haltbarkeit des Weins. Vgl. *Friedrich/Schuricht,* Seltenes Kern-, Stein- und Beerenobst, S. 212 ff.

Dagegen fällt Wein, der überwiegend oder ausschließlich aus Birnen dergleichen hergestellt worden ist, nicht mehr unter selbsterzeugten Apfelwein. Dem steht die bei jeder Gesetzesauslegung zu beachtende Wortlautgrenze[490] entgegen. Eine beispielhafte Aufzählung des Apfelweines als eines Beispiels für Obstwein liegt nach allgemeiner Ansicht nicht vor[491]. Jedoch könnte § 14 Satz 1 GastG in bezug auf den Birnenwein eine Regelungslücke enthalten. Eine solche ausfüllbare Lücke im Gesetz liegt dann vor, wenn der Gesetzgeber einen Fall, wenn er an ihn gedacht hätte, in einem bestimmten Sinn geregelt haben würde[492]. In welchem Sinn, ist im Wege der Analogie als der häufigsten Methode zur Ergänzung offener Regelungslücken zu ermitteln. Voraussetzung für eine Analogie ist die annähernd gleiche rechtliche Bewertbarkeit zweier verschiedener Sachverhalte[493]. Konkret heißt das, daß ein in § 14 Satz 1 GastG geregelter Sachverhalt wegen seiner wesentlichen Ähnlichkeit auf das Problem des Ausschanks von Birnenwein übertragen werden kann. Eine derartige Übertragbarkeit ist bei selbsterzeugtem Birnenwein gegeben, da Birnenwein, der ebenso wie Apfelwein ein Kernobstwein ist, dem Apfelwein vom Geschmack her ähnlich ist. Voraussetzung für die Ausübung einer echten Gesetzeslücke ist aber zudem, daß aufgrund der gesamten Umstände festgesetellt werden kann, wie der Gesetzgeber die Rechtsfrage mutmaßlich geregelt haben würde, wenn er an sie gedacht haben würde[494]. Wie bereits dargelegt dient § 14 GastG der Aufrechterhaltung eines althergebrachten Rechts[495]. Birnenwein wird, wenn auch in einem erheblich geringeren Maß als Apfelwein, traditionellerweise im süddeutschen Raum neben dem Apfelwein ausgeschenkt[496]. Daher ist davon auszugehen, daß der Gesetzgeber neben dem selbsterzeugten Apfelwein auch den Birnenwein genannt hätte, wenn er an ihn gedacht hätte. Daher ist eine analoge Anwendung von § 14 Satz 1 GastG auf selbsterzeugten Birnenwein geboten.

c) Der Ausschank selbsterzeugter Getränke (§ 26 GastG)

§ 26 Abs. 1 Satz 1 GastG enthält für Bayern und den Teil von Rheinland-Pfalz, der früher zu Bayern gehörte, eine Sonderregelung mit dem Inhalt, daß, soweit dort bisher der Ausschank selbsterzeugter Getränke ohne Erlaubnis gestattet war, es hierfür auch künftig keiner Erlaubnis bedürfe. Diese Regelung privilegiert die Berechtigten insoweit, als sich die Freistellung von der

---

490) *Larenz*, Methodenlehre, S. 307.
491) *Michel/Kienzle*, GastG, § 14 Rn 3; *Metzner*, GastG, § 14 Rn 7.
492) BVerwG, Urt. v. 24.11.1960 - BVerwG II C 6.58 - BVerwGE 11, S. 263 (264).
493) *Achterberg*, Allgemeines Verwaltungsrecht, § 17 Rn 49.
494) BVerwG, Urt. v. 14. März 1974 - BVerwG II C 33.72 - BVerwGE 45, S. 85 (90).
495) BT-Drucks. V / 1652 S. 6 und zu § 10 GastG a.F. Stenograph. Berichte Bd. 430/1928 Bd. 8, S. 14.
496) *Janovsky*, Obstmost-Fruchtsäfte-Edelbrände, S. 85.

Erlaubnispflicht nicht auf den Ausschank selbsterzeugten Weins beschränkt, sondern allgemein selbsterzeugte Getränke freigestellt sind.
Im Gegensatz zu den übrigen Gegenden, für die nur § 14 GastG gilt, dürfen also etwa auch Weine, die nicht aus Trauben, sondern aus anderen Grundstoffen wie z.B. Himbeeren, Stachelbeeren und dergleichen hergestellt worden sind, ausgeschenkt werden, ferner auch Branntwein, Liköre und so weiter, sofern dem nicht § 26 Abs. 2 GastG entgegensteht. Denn dies entspricht überkommenem Recht.
Wie oben[497] ausgeführt kann der Begriff "selbsterzeugt" im Sinne von § 14 Satz 1 GastG nicht mit "selbsterzeugtes Getränk" im Sinne des § 26 Abs. 1 Satz 1 GastG gleichgesetzt werden. Denn sonst könnte selbstgebrautes Bier von vornherein nicht mehr als eigenes Erzeugnis im Sinne von § 26 Abs. 1 Satz 1 GastG angesehen werden. Dies würde jedoch der Intention des Gesetzgebers widersprechen, der bei § 26 Abs. 2 GastG offensichtlich davon ausgeht, daß auch solches Bier ein "selbsterzeugtes Getränk" im Sinne des § 26 Abs. 1 Satz 1 GastG sein soll.

Nach wohl herrschender Meinung ist nur Bier ausnahmsweise "selbsterzeugtes Getränk", obwohl die verwendeten Grundstoffe nicht selbstproduziert sind. Im übrigen ist danach immer Voraussetzung, daß das Produkt aus selbstgezogenen Früchten hergestellt worden ist[498].

Für diese Meinung läßt sich kein überzeugendes Argument anführen. Gegen sie sprechen vornehmlich Sinn und Zweck des § 26 Abs. 1 Satz 1 GastG. Dieser besteht in der Aufrechterhaltung des bisherigen Rechtszustands in Bayern und der ehemaligen Rheinpfalz. Dort hatte sich bis 1930 folgende Auffassung entwickelt: Es sei zu unterscheiden zwischen landwirtschaftlichen Erzeugnissen wie Traubenwein, Obstwein, Beerenwein, Tee und so weiter einerseits und Fabrikationserzeugnissen wie Bier, Branntwein, Sodawasser und so weiter andererseits. Bei Fabrikationserzeugnissen genüge es, wenn der Ausschenker sie in seinem Fabrikationsbetrieb selbst hergestellt habe, wobei die Herkunft der verwendeten Grundstoffe keine Rolle spiele. Dagegen sei bei landwirtschaftlichen Erzeugnissen zu fordern, daß der Hersteller die Grundstoffe aus selbst bewirtschafteten Grundstücken gewonnen habe[499]. Da der Gesetzgeber diesen Rechtszustand aufrechterhalten wollte, ist diese Auffassung bei der Auslegung von § 26 GastG zugrunde zu legen. Diese Vorschrift setzt also - entgegen der wohl herrschenden Meinung - auch bei anderen Getränken als Bier *nicht* voraus, daß sie ausschließlich aus selbstgezogenen Früchten

---

[497]) Vgl. 3. Abschnitt II.2.b.bb).
[498]) Vgl. z.B. *Metzner*, GastG, § 26 Rn 6.
[499]) *Zoeller*, ZfRpfliB 1911, S. 14 (15).

hergestellt worden sind. So kann in der Pfalz z.B. ein Landwirt, der nebenher eine Branntweinbrennerei betreibt, in der er außer dem eigenen Obst auch zugekauftes Obst zu Obstbranntwein verarbeitet, diesen ausschenken, ohne daß es darauf ankommt, ob der Obstbranntwein nun aus seinen eigenen oder den zugekauften Früchten hergestellt worden ist.

3. Art der verabreichten Speisen

Im Gegensatz zu den Winzern, die Weinproben im landwirtschaftlichen Nebenbetrieb durchführen,[500] ist es den Straußwirten nach den Gaststättenverordnungen aller Länder, die den Betrieb von Straußwirtschaften vorsehen, erlaubt, "kalte und einfach zubereitete warme Speisen" zu verabreichen[501]. Der Begriff der "kalten Speisen" weist keine Auslegungsschwierigkeiten auf. Hierunter fallen z.B. belegte Brote, wobei der Belag aus Hausmacher Wurst, Käse oder kaltem Braten bestehen kann. Die Frage wie der Begriff der "einfach zubereiteten warmen Speisen" auszulegen ist, ist dagegen weniger leicht zu beantworten. Bis auf Thüringen treffen die Gaststättenverordnungen der weinbautreibenden Länder keine nähere Bestimmung, welche Gerichte hierunter fallen. Nach § 8 Abs. 10 Satz 2 GastVO Thüringen sind unter "einfach zubereiteten warmen Speisen" insbesondere Fertiggerichte einfacher Art und Gerichte, die nicht gebraten werden müssen, zu verstehen; ansonsten solche, deren Zubereitung keine besonderen Fähigkeiten sowie wenig Zeit und Mühe erfordert. Fertiggerichte einfacher Art sind insbesondere Tiefkühlgerichte.

Zwar kann diese Legaldefinition nicht ohne weiteres auf die einschlägigen Bestimmungen anderer Gaststättenverordnungen übertragen werden. Eine Auslegung nach Sinn und Zweck der Norm führt jedoch zum selben Ergebnis. Denn Sinn und Zweck der Beschränkung besteht darin, die Gefahren für die Gesundheit der Gäste durch den Küchenbetrieb in vertretbaren Grenzen zu halten. Ferner soll gewährleistet sein, daß der Weinausschank der Straußwirtschaft das Gepräge gibt und das Verabreichen von warmen Speisen nur als zusätzliche, untergeordnete Leistung an den Weintrinker erscheint. Das Angebot an warmen Speisen muß daher deutlich unterhalb des Angebots einer normalen Speisewirtschaft liegen. Daraus folgt: Einfach zubereitete warme Speisen sind solche, deren Zubereitung keine besonderen Fähigkeiten und außerdem wenig Zeit und Mühe erfordert, wie z.B. gekochte Fleischwurst, heiße Würstchen, Rippchen mit Sauerkraut und Fertiggerichte einfacher Art. Gerichte,

---

500) Zu den Speisen, die im Rahmen einer Weinprobe verabreicht werden dürfen vgl. oben 3. Abschnitt II.2.a.aa).

501) § 7 Abs. 1 GastVO BW, § 5 Abs. 1 GastVO Bay., § 14 Abs. 1 GastVO Hess., § 14 Abs. 1 GastVO RP, § 15 Abs. 1 GastVO Saarl., § 5 Abs. 1 GastVO Sachs., § 4 Abs. 1 GastVO LSA, § 8 Abs. 10 S. 1 GastVO Thür.

die gebraten werden müssen, wie z.B. Schnitzel und Rostbraten, gehören dagegen nach der Verkehrsanschauung nicht mehr zu den einfach zubereiteten warmen Gerichten, weil das Braten längere Zeit in Anspruch nimmt und einige Aufmerksamkeit erfordert[502].

Da nach ihrem Wortsinn als "einfach" solche Gerichte anzusehen sind, deren Zubereitung wenig Zeit und Mühe erfordert, fallen auch in den Ländern, die keine Legaldefinition in ihre GastVO aufgenommen haben, Tiefkühlgerichte unter die "einfach zubereiteten warmen Speisen". Denn auch diese werden zubereitet, da Zubereiten nichts anderes heißt als das Eßfertigmachen eines Lebensmittels[503].

4. Die Regelungen des Betriebs von Straußwirtschaften durch die Länder

Die Länder haben von dem ihnen durch § 14 Satz 1 GastG eingeräumten Recht, durch Rechtsverordnungen die Freistellung des Ausschanks von selbsterzeugtem Wein oder Apfelwein in Straußwirtschaften von der Erlaubnispflicht näher zu bestimmen, in zahlreichen Details unterschiedlichen Gebrauch gemacht. Im folgenden wird in einem Überblick die unterschiedliche Rechtslage dargestellt:

a) Anzeigepflicht

Übereinstimmend verlangen alle einschlägigen Gaststättenverordnungen, daß der Betrieb der Straußwirtschaft mindestens zwei Wochen vor Beginn des Betriebs anzuzeigen ist. Die Landesgesetzgeber stellen aber unterschiedliche Anforderungen an den Inhalt der Anzeige. Während in Baden-Württemberg, Bayern, Hessen, dem Saarland, Sachsen und Sachsen-Anhalt

1) der Zeitraum, während dessen der Ausschank stattfinden soll,

2) der Ort und die Lage, aus denen die zur Herstellung des Weins verwendeten Trauben stammen, sowie der Ort und die Lage, aus denen die zur Herstellung des Weins verwendeten Trauben stammen, sowie der Ort, an dem die Trauben gekeltert worden sind und der Wein ausgebaut worden ist und

3) die zum Betrieb der Straußwirtschaft bestimmten Räume

mitzuteilen sind,[504] verlangt § 8 Abs. 12 der thüringischen Gaststättenverordnung neben der Mitteilung, während welchem Zeitraum der Ausschank stattfinden soll (§ 8 Abs. 12 Nr. 1) und der Angabe der zum Betrieb der Straußwirtschaft bestimmten Räume (§ 8 Abs. 12 Nr. 3) nur eine Aufstellung der zum Ausschank vorgesehenen Weine nach Menge und Bezeichnung. Die rheinland-pfälzische Gaststättenverordnung stellt noch geringere Anforderungen. § 15 GastVO gebietet weder eine Mitteilung des

---

[502]) *Michel/Kienzle*, Anm. zu § 14 GastVO Hess.

[503]) *Stober*, WVR, § 47 I 3.

[504]) § 8 GastVO BW, § 6 GastVO Bay., § 15 GastVO Hess., § 16 GastVO Saarl., § 5 GastVO LSA, § 8 Abs. 12 GastVO Thür.

Zeitraums, während dem die Straußwirtschaft betrieben werden soll, noch eine Mitteilung der Räume, in denen der Straußwirtschaftsbetrieb stattfinden soll, noch detaillierte Angaben über den auszuschenkenden Wein. Die Vorschrift sieht lediglich eine Aufstellung der zum Ausschank vorgesehenen Weine nach Menge und Bezeichnung vor.

b) Dauer des Betriebs

§ 14 Satz 1 GastG ermächtigt die Landesregierungen den Ausschank von Wein oder Apfelwein für die Dauer von höchstens vier Monaten oder, soweit dies bisher nach Landesrecht zulässig war, von höchstens sechs Monaten, und zwar zusammenhängend oder in zwei Zeitabschnitten im Jahr, von der Erlaubnispflicht freizustellen. In allen Ländern, deren Gaststättenverordnungen eine Freistellung von Strauß- beziehungsweise Besenwirtschaften von der Erlaubnispflicht vorsehen, ist der Betrieb auf vier Monate im Jahr beschränkt. Außer in Hessen und im Saarland können die Straußwirtschaften wahlweise auch in zwei Abschnitten in einer Gesamtdauer von höchstens vier Monaten betrieben werden[505]. Nur in der ehemals bayrischen (Rhein-) Pfalz, für die § 26 Abs. 1 Satz 1 GastG gilt, verbleibt es gemäß § 16 Abs. 1 GastVO Rheinland-Pfalz in denjenigen Straußwirtschaften, die im Durchschnitt der letzten drei Kalenderjahre vor Inkrafttreten dieser Verordnung länger als vier Monate im Jahr ausgeschenkt haben, bei der durchschnittlichen Ausschankdauer. Diese darf jedoch sechs Monate nicht überschreiten.

c) Anforderungen an die Person des Betreibers

Nach § 12 Abs. 2 Satz 2 GastVO Rheinland-Pfalz sind Weinhändler und Weinkommissionäre - selbst wenn sie Weinbau betreiben - zur Führung einer Straußwirtschaft nicht befugt. Eine entsprechende Regelung enthält § 2 Abs. 2 Satz 2 GastVO Sachsen-Anhalt. Von den übrigen Ländern bestimmen lediglich § 13 Abs. 2 GastVO des Saarlands, § 3 Abs. 2 der GastVO von Sachsen und § 8 Abs. 2 der GastVO von Thüringen, daß derjenige, der Wein gewerbsmäßig in den Verkehr bringt, daneben keine Straußwirtschaft betreiben darf. In Baden-Württemberg, Bayern, Hessen und Sachsen-Anhalt fehlen dementsprechende Regelungen, so daß auch keine Einschränkungen in dieser Hinsicht gelten.

Alle Gaststättenverordnungen der Länder bis auf die rheinland-pfälzische sehen vor, daß Personen, die in einem gemeinsamen Haushalt leben, insgesamt nur 4

---

[505]) § 5 Abs. 1 GastVO BW, § 3 Abs. 1 GastVO Bay., § 12 Abs. 1 GastVO Hess., § 12 Abs. 1 GastVO RP, § 13 Abs. 1 GastVO Saarl., § 3 Abs. 1 GastVO Sachs., § 2 Abs. 1 GastVO LSA, § 8 Abs. 1 GastVO Thür.

Monate im Jahr eine Straußwirtschaft betreiben dürfen[506]. Bestehen getrennte Haushalte ist folglich ein - de facto - ganzjähriger Betrieb möglich[507].
Die rheinland-pfälzische Gaststättenverordnung enthält keine derartige Beschränkung. Vielmehr bestimmt § 12 Abs. 3 GastVO Rheinland-Pfalz lediglich, daß dann, wenn der Weinbau von mehreren Personen gemeinschaftlich betrieben wird, insbesondere von einer Familie oder einer Erbengemeinschaft, diese insgesamt nur eine Straußwirtschaft betreiben dürfen. Damit ist es in Rheinland-Pfalz z.B. Eheleuten oder Eltern und Kindern ohne weiteres möglich durch eine Aufteilung des Betriebes während acht Monaten im Jahr eine Straußwirtschaft zu betreiben. Bei einer Aufteilung auf drei Generationen ist auch ein ganzjähriger Betrieb denkbar. Voraussetzung hierfür ist dann allerdings, daß es sich um zwei beziehungsweise drei Haupterwerbsbetriebe handelt. Denn im Unterschied zu den Gaststättenverordnungen der übrigen Länder bestimmt § 12 Abs. 2 Satz 1 GastVO Rheinland-Pfalz, daß nur Haupterwerbswinzer zur Führung einer Straußwirtschaft befugt sind.

---

506) § 5 Abs. 3 GastVO BW, § 3 Abs. 3 GastVO Bay., § 12 Abs. 3 GastVO Hess., § 13 Abs. 3 GastVO Saarl., § 3 Abs. 3 GastVO Sachs., § 2 Abs. 3 GastVO LSA, § 8 Abs. 3 GastVO Thür.

507) VGH BW, Beschl. v. 26. Aug. 1986 - 14 S 2070/86 - GewArch. 1987, S. 134.

d) Räumliche Voraussetzungen des Betriebs einer Straußwirtschaft

aa) Ort des erlaubnisfreien Ausschanks

Gemäß § 13 Abs. 1 Satz 1 GastVO Hessen ist der Ausschank selbsterzeugten Weins nur in Räumen zulässig, die am Ort des Weinbaubetriebs gelegen sind, sofern dieser in einem Weinbaugebiet liegt. Gemäß § 13 Abs. 1 Satz 2 GastVO Hessen ist indes der Ausschank auch am Wohnsitz des Betriebsinhabers zulässig, wenn dieser innerhalb des Weinbaugebiets liegt, zu dem der Weinbaubetrieb gehört; in diesem Fall ist der Ausschank am Ort des Weinbaubetriebs unzulässig.

Ob es sich um ein Weinbaugebiet handelt und bejahendenfalls um welches, ergibt sich aus der Anlage zur GastVO Hessen[508].

Die einschlägigen Gaststättenverordnungen der übrigen Länder machen den erlaubnisfreien Betrieb einer Straußwirtschaft lediglich davon abhängig, daß der Ausschank in Räumen stattfindet, die am Ort des Weinbaubetriebs gelegen sind[509].

Der Ort des Weinbaubetriebs ist nicht eo ipso der Wohnsitz des Eigentümers des Weinbergs, sondern der Ort, an dem der Schwerpunkt der spezifischen weingärtnerischen Betätigung liegt. Dieser Schwerpunkt liegt dort, wo der Wein

---

[508]) Anlage zu § 13 Abs. 2

Regierungsbezirk	Lfd. Nr.	Umfang des Weinbaugebietes	Name des Weinbau-gebietes
Darmstadt	1	Die Gemeinden Assmannshausen, Eltville Erbach, Geisenheim, Hallgarten, Hattenheim, Johannisberg, Kiedrich, Lorch, Lorchhausen, Martinsthal, Mittelheim, Niederwalluf, Ober-walluf, Oestrich, Rauenthal, Rüdesheim und Winkel des Rheingaukreises Die kreisfreie Stadt Wiesbaden Die Gemeinden Delkenheim, Diedenbergen, Flörsheim, Hochheim a.M., Massenheim, Nordenstadt und Wicker des Main-Taunus-Kreises	Rheingau
	2	Die Gemeinden Bensheim, Erbach, Gronau, Hambach, Heppenheim und Zwingenberg des Landkreises Bergstraße Die Gemeinde Alsbach des Landkreises Darmstadt Die Gemeinden Groß-Umstadt, Klein-Umstadt, Reinheim und Richen des Landkreises Dieburg	Bergstraße

[509]) § 6 Abs. 1 GastVO BW, § 4 Abs. 1 GastVO Bay., § 13 Abs. 1 GastVO RP, § 14 Abs. 1 GastVO Saarl., § 4 Abs. 1 GastVO Sachs., § 3 Abs. 1 GastVO LSA, § 8 Abs. 4 GastVO Thür.

gekeltert, ausgebaut und abgefüllt wird[510]. Darüber, ob die Straußwirtschaft in einem Weinbaugebiet belegen sein muß, treffen die Gaststättenverordnungen der Länder keine ausdrückliche Aussage. Fraglich erscheint, ob dies trotzdem zu fordern ist. Der Umstand, daß der Wortlaut fast aller Gaststättenverordnungen - im Gegensatz zu zahlreichen Straußwirtschaftsverordnungen, die zu § 10 GastG a.F. erlassen worden waren,[511] - keinerlei Aussage mehr dahingehend trifft, daß die Straußwirtschaft in einem Weinbaugebiet gelegen sein muß, spricht dafür, daß dies bewußt geschehen ist und es darauf nicht ankommen soll. Nur die hessische Gaststättenverordnung hat auch in den zu § 14 GastG erlassenen Bestimmungen dieses Erfordernis ausdrücklich beibehalten. Schließlich bezweckt die Freistellung des Betriebs der Straußwirtschaften von der Erlaubnispflicht die Förderung des Absatzes selbsterzeugten Weins und Apfelweins und nicht die Erhaltung "gebietstypischer" Straußwirtschaften[512].
Festzuhalten bleibt damit, daß in den Ländern, die den Betrieb von Straußwirtschaften vorsehen - mit Ausnahme von Hessen - der Betrieb von Straußwirtschaften auch dann erlaubnisfrei ist, wenn der Ort des Weinbaubetriebs nicht in einem Weinbaugebiet liegt.

bb) Eigens zum Betrieb der Straußwirtschaft angemietete Räumlichkeiten

Die Gaststättenverordnungen aller Bundesländer bis auf diejenige von Rheinland-Pfalz sehen vor, daß der Ausschank in gemieteten Räumlichkeiten grundsätzlich verboten ist und nur in besonderen Härtefällen hiervon Ausnahmen zugelassen werden können[513]. Eine solche Ausnahme wird überwiegend nur dann als zulässig angesehen, wenn in den zu einem Weinbaubetrieb gehörenden Wohn- und Wirtschaftsgebäuden kein oder auch kein annähernd geeigneter Raum zum Betrieb einer Straußwirtschaft vorhanden ist[514].
Wird in diesen Ländern der Betrieb der Straußwirtschaft durch eine Familie mit getrennten Haushalten über 4 Monate ausgedehnt[515], muß grundsätzlich der Raum, in dem die Straußwirtschaft betrieben wird, im gemeinschaftlichen Eigentum der Betreiber stehen. Ist das nicht der Fall, muß eine Ausnahmeerlaubnis beantragt werden. Auf deren Erteilung besteht kein

---

[510]) VG Stuttgart, Urt. v. 26. März 1976 - V 28/76 - GewArch. 1976, S. 305 (306); OVG RP, Urt. v. 25. Febr. 1988 - 12 A 160/87 - GewArch. 1988, S. 304.
[511]) § 1 Abs. 1 Straußwirtschafts-VO RP (GVBl. 1952 S. 95).
[512]) OVG RP, Beschl. v. 9. Juli 1993 - 11 B 11505/93.OVG - GewArch. 1993, S. 490; a.A. *Kötzle*, Das Gaststättenrecht in Baden-Württemberg, § 15 GastVO BW Anm. 1, allerdings ohne Begründung.
[513]) § 15 Abs. 2 GastVO BW, 4 Abs. 2 GastVO Bay., 13 Abs. 3 GastVO Hess., 14 Abs. 2 GastVO Saarl., 4 Abs. 2 GastVO Sachs., § 3 Abs. 2 GastVO LSA, § 8 Abs. 4 GastVO Thür.
[514]) *Kötzle*, Das Gaststättenrecht in Baden-Württemberg, § 15 GastVO BW Anm. 2.
[515]) Vgl. oben 3. Abschnitt II.4.c).

Anspruch; vielmehr steht die Erteilung im Ermessen der zuständigen Behörde. Der Anspruch kann sich folglich nur auf eine fehlerfreie Ermessensausübung richten[516].

cc) Sitzplatzbegrenzung

Bis auf die Gaststättenverordnung von Rheinland-Pfalz sehen die Gaststättenverordnungen aller Länder, in denen Weinbau betrieben wird,[517] für Straußwirtschaften eine Begrenzung auf 40 Sitzplätze vor[518]. In Bayern gilt die Sitzplatzbegrenzung nicht, soweit der Tatbestand des § 26 Abs. 1 Satz 1 GastG greift, weil dieser einen tradierten Rechtszustand aufrecht erhält, der keine Begrenzung auf 40 Sitzplätze vorsieht.

Die rheinland-pfälzische Gaststättenverordnung enthielt ursprünglich in dem inzwischen aufgehobenen § 13 Abs. 4 GastVO ebenfalls eine Begrenzung auf höchstens 40 Sitzplätze. Der Gesetzgeber entschloß sich zur gänzlichen Aufhebung dieser Regelung für ganz Rheinland-Pfalz, nachdem das OVG Rheinland-Pfalz festgestellt hatte, daß § 13 Abs. 4 der rheinland-pfälzischen Gaststättenverordnung von der Ermächtigung des § 26 Abs. 1 Satz 2 GastG nicht gedeckt sei und daher in dem ehemals bayerischen Gebiet der Pfalz keine Geltung beanspruchen könne[519]. Nach Informationen, die der Verfasser aus dem rheinland-pfälzischen Wirtschaftsministerium erhalten hat, spielte bei der Aufhebung des § 13 Abs. 3 GastVO der Gedanke eine maßgebliche Rolle, daß Straußwirtschaften die Möglichkeit haben sollten, auch größere Reisegesellschaften, vor allem Busreisegesellschaften, zu bewirten. Es sollte dem Winzer nicht zugemutet werden, eine solche Busreisegesellschaft ganz oder teilweise abweisen zu müssen, weil sie mehr als 40 Personen umfaßt.
Der Wegfall der Sitzplatzbegrenzung in Rheinland-Pfalz hindert die zuständige Behörde allerdings nicht daran, an Straußwirtschaften, die mehr als 40 Sitzplätze aufweisen, dieselben materiellen Anforderungen bezüglich Sanitäranlagen usw. zu stellen wie an erlaubnisbedürftige Betriebe[520].
Da viele Straußwirte bemüht sind, einerseits möglichst viele Gäste zu bewirten und andererseits nicht zum erlaubnisbedürftigen Gaststättenbetrieb zu werden, stellt sich häufig die Frage, ob es sich im Einzelfall um einen Sitzplatz handelt oder nicht. Klärungsbedürftig ist vornehmlich, ob auch im Freien oder innen

---

516) *Maurer*, VerwR AT, § 7 Rn 17; *Erichsen* in: ders., VerwR. AT, § 10 Rn 13f..

517) Bis auf Nordrhein-Westfalen, wo ein erlaubnisfreier Betrieb von Straußwirtschaften - wie bereits dargelegt - nicht mehr vorgesehen ist.

518) § 6 Abs. 4 GastVO BW, § 4 Abs. 4 GastVO Bay., § 13 Abs. 5 GastVO Hess., § 14 Abs. 4 GastVO Saarl., § 4 Abs. 4 GastVO Sachs., § 3 Abs. 4 GastVO LSA, § 8 Abs. 8 GastVO Thür.

519) OVG RP, Urt. v. 23. April 1991 - 6 A 11117/90.OVG - n.v.

520) *Michel/Kienzle*, GastG, § 26 Rn 7; *Seitter*, Gaststättenrecht, § 26 Rn 7.

stehende mit Tischplatten versehene Fässer oder ähnliche Bewirtungsgelegenheiten als Sitzplätze im Sinne der Regelungen anzusehen sind.
Nach dem Wortsinn setzt der Begriff Sitzplatz voraus, daß es sich um eine Sitzgelegenheiten handelt. Unter dem Oberbegriff Sitzgelegenheit werden typischerweise Bänke, Hocker, Sessel, Stühle usw. zusammengefaßt[521]. Ist vorgesehen, daß die Benutzer sich lediglich mit Armen oder Händen an den Tischplatten abstützen können, handelt es sich also von vornherein nach dem Wortsinn nicht um Sitz-, sondern Stehplätze[522].
Es stellt sich die Frage, ob eine Sitzgelegenheit möglicherweise dann vorliegt, wenn vor den Fässern oder auch Tischen Bretter angebracht werden. Da es bei einer Sitzgelegenheit im Zweifel darauf ankommt, ob die Vorrichtung so beschaffen ist, daß das Körpergewicht ausschließlich oder doch im wesentlichen auf dieser Vorrichtung lastet und das Abstützen durch die Füße allenfalls der Ausbalancierung dient,[523] ist maßgebend, in welcher Höhe die Bretter angebracht und wie breit sie sind. Herkömmliche Stühle haben in der Regel eine Sitzhöhe von höchstens 50 cm[524]. Zutreffend verneinte z.B. das VG Ansbach das Vorliegen von Sitzgelegenheiten in einem Fall, in dem 18,5 beziehungsweise 20 cm tiefe Bretter, die in einer Höhe von 68 beziehungsweise 74 cm vor über 1 m hohen Tischen angebracht waren, weil es sich hier weniger um eine Sitzgelegenheit als vielmehr um eine Gelegenheit zum Anlehnen handele[525].
Die meisten gerichtlichen Entscheidungen zum Begriff der Sitzgelegenheit ergingen zu § 2 Abs. 3 GastG. Die hierzu angestellten Erwägungen können jedoch ohne weiteres übertragen werden. Denn bei den Sitzplatzbeschränkungen und bei § 2 Abs. 3 GastG handelt es sich um Ausnahmeregelungen zu § 2 Abs. 1 Satz 1 GastG. Aus dem Ausnahmecharakter folgt zugleich, daß diese Vorschriften eng auszulegen sind, damit § 2 Abs. 1 GastG nicht ausgehöhlt wird[526].

5. Von Straußwirten zu beachtende andere Normen

a) Der Ausschank alkoholfreier Getränke

Zu untersuchen ist, ob in Straußwirtschaften auch alkoholfreie Getränke, die nicht selbst erzeugt worden sind, wie z.B. Mineralwasser und dergleichen,

---

[521]) *Maiwald*, GewArch. 1992, S. 90; *Michel/Kienzle*, GastG, § 2 Rn 12.
[522]) VGH BW, Urt. v. 26. Okt. 1989 - 14 S 179/89 - EzGewR, Bd. 1, § 14 Nr. 1 S. 4 = GewArch. 1990, S. 31.
[523]) VG Ansbach, Urt. v. 26. Sept. 1988 - AN 4 K 87. 0 2428 - GewArch. 1988, S. 384; *Maiwald*, GewArch. 1992, S. 90.
[524]) *Maiwald*, GewArch. 1992, S. 90.
[525]) VG Ansbach, Urt. v. 26. Sept. 1988 - AN 4 K 87. 0 2428 - GewArch. 1988, S. 384.
[526]) BayVGH, Urt. v. 14. Mai 1991 - 22B.3233 - GewArch. 1991, S. 355; *Ambs* in: Erbs/Kohlhaas, Strafrechtliche Nebengesetze, § 2 GastG Rn 17; *Michel/Kienzle*, GastG, § 2 Rn 12; *Seitter*, GastG, § 2 Rn 11.

gereicht werden dürfen - wie es in der Praxis seit jeher üblich ist. Gemäß § 6 Satz 1 GastG sind auf Verlangen auch alkoholfreie Getränke zum Verzehr an Ort und Stelle zu verabreichen, wenn der Ausschank alkoholischer Getränke gestattet ist. Ob die Befugnis zum Ausschank alkoholfreier Getränke nun im Erst-recht-Schluß unmittelbar aus dem auch für die nach den §§ 14 und 26 GastG erlaubnisfreien Betriebe geltenden § 6 Satz 1 GastG, aus § 14 Satz 1 GastG oder aus einer entsprechenden Anwendung von § 3 Abs. 3 GastG herzuleiten ist, kann dahinstehen. Denn es entspricht allgemeiner Meinung,[527] daß der Straußwirt berechtigt ist, auch nicht selbsterzeugte alkoholfreie Getränke auszuschenken.

Der Begriff der Alkoholfreiheit verlangt nicht, daß die Getränke chemisch völlig alkoholfrei sind. Nach dem Schutzzweck des Gaststättengesetzes, das vor Gefahren für die Gesundheit und vor Irreführung bewahren will, ist ein Getränk im Sinne der Vorschrift alkoholfrei, wenn sein Alkoholgehalt so gering ist, daß er keine physiologische Wirkung entfaltet, also auch auf alkoholempfindliche Menschen wie Kinder und Kranke keinen feststellbaren Einfluß mehr ausübt oder befürchten läßt[528]. Sogenannter Federweißer ist z.B. im Gegensatz zu unvergorenem Traubensaft nicht als alkoholfreies Getränk anzusehen, weil es sich hierbei um bereits teilweise vergorenen, kohlensäure- und hefehaltigen Traubenmost handelt[529].

Da nach § 6 Satz 1 GastG auf Verlangen auch *alkoholfreie Getränke* zum Verzehr an Ort und Stelle zu verabreichen sind, stellt sich die Frage, ob dieser Bereithaltungspflicht noch Genüge getan wird, wenn nur *ein* Getränk bereitgehalten wird.

Ein Teil der Literatur bejaht dies[530].

Nach der Gegenauffassung wird der aus § 6 Satz 1 GastG resultierenden Bereithaltungspflicht erst dann Genüge getan, wenn *mehr als ein* alkoholfreies Getränk auf Verlangen zum Verzehr an Ort und Stelle verabreicht werden kann[531].

---

[527]) Zum Meinungsstand vgl. z.B.: *Michel/Kienzle*, GastG, § 3 Rn 10 und *Metzner*, GastG, § 14 Rn 9.

[528]) BayObLG, Urt. v. 13. April 1961 - RevReg. 4 St 52/61 - BayObLGSt 61, S. 96; *Michel/Kienzle*, GastG, § 2 Rn 3.

[529]) Brockhaus-Enzyklopädie (19. Aufl.), Stichwort: "Federweißer".

[530]) *V. Ebner*, GewArch. 1995, S. 1 (5); *Metzner*, GastG, § 6 Rn 2; *Michel/Kienzle*, GastG, § 6 Rn 2.

[531]) *Ambs* in: Erbs/Kohlhaas, Strafrechtliche Nebengesetze, § 6 Rn 2; *Roth*, GewArch. 1998, S. 19 FN 3; *Seitter*, Gaststättenrecht, § 6 Rn 3.

Die zuerst genannte Meinung führt zur Begründung den Sinn des § 6 GastG an, der auf gesundheitspolitischen Erwägungen beruhe und der Verkehrssicherheit diene und dem bereits durch die Bereithaltung eines alkoholfreien Getränks Genüge getan werde[532]. Bei einer Auslegung nach allgemeinen Auslegungsgrundsätzen spricht jedoch mehr für das Ergebnis, daß mehr als ein Getränk bereitzuhalten ist. Denn der Wortlaut von § 6 Satz 1 GastG nennt ausdrücklich "alkoholfreie Getränke". Für die Pflicht mindestens zwei Getränke bereitzuhalten spricht außerdem die Gesetzessystematik. Denn das am Anfang des § 6 Satz 2 GastG stehende Wort "davon" bezieht sich auf eine Mehrheit von Getränken. Schließlich zeigt auch ein Blick auf die Entstehungsgeschichte, daß bereits § 11 Abs. 2 GastG a.F. als Vorläufer des § 6 Satz 1 GastG vorsah, daß der Betriebsinhaber "auch nichtgeistige Getränke" bereitzuhalten habe. Daß der Gesetzgeber bei der Neufassung des GastG den Plural beibehielt, spricht für eine Verpflichtung des Straußwirts, mindestens zwei alkoholfreie Getränke bereitzuhalten.
Festzuhalten bleibt damit, daß im Einklang mit dem Wortlaut mindestens zwei alkoholfreie Getränke bereitgehalten werden müssen. Dabei würde der Bereitstellungspflicht allerdings nicht Genüge getan, wenn der Straußwirt auf den Gedanken kommen sollte, als eines der alkoholfreien Getränke bloßes Leitungswasser anzubieten[533]. Denn hier handelt es sich nicht um eine echte Alternative, da in der Öffentlichkeit Hemmungen bestehen, in einem Lokal Leitungswasser zu bestellen, weil bloßes Leitungswasser üblicherweise heute nicht mehr zur Löschung des Durstes getrunken wird. Andererseits geht die Bereithaltungspflicht nicht soweit, daß mindestens zwei alkoholfreie Getränke verschiedener Geschmacksrichtungen angeboten werden müßten. Eine derart weitgehende Pflicht ließe sich mit dem Gesetzeswortlaut nicht mehr begründen.
Nach § 6 Satz 2 GastG darf mindestens ein alkoholfreies Getränk nicht teurer sein als das billigste alkoholische Getränk in gleicher Menge. Es stellt sich die Frage, wie der Preisvergleich durchzuführen ist. Maßgebend ist insoweit, daß die Voraussetzungen der Vorschrift in einer handelsüblichen Menge - z.B. 0,2 Liter - erfüllt werden. Ein Vergleich auf der Basis des jeweiligen Literpreises scheidet aus. Denn weder aus dem Wortlaut der Vorschrift noch aus dessen Sinn und Zweck kann gefolgert werden, daß die alkoholischen Getränke und die nichtalkoholischen Getränke auf den Literpreis hochgerechnet werden müssen. Es ist daher durchaus zulässig, daß z.B. 0,2 Liter unvergorener Traubenmost und 0,2 Liter Wein 2,50 DM kosten, wenn 0,4 Liter Wein für 4,- DM angeboten werden[534].

---

[532]) *Metzner*, GastG, § 6 Rn 2.
[533]) *Ambs* in: Erbs/Kohlhaas, Strafrechtliche Nebengesetze, § 6 GastG Rn 1; *Metzner*, GastG, § 6 Rn 2; *Michel/Kienzle*, GastG, § 6 Rn 2.
[534]) AG Überlingen, Beschl. v. 7. Juni 1997 - OWi 1020/96 - GewArch. 1997, S. 381; *Michel/Kienzle*, GastG, § 6 Rn 3; a.A. *Roth*, GewArch. 1998, S. 19.

b) Andere von Straußwirten zu beachtende Normen des Gaststättengesetzes

Daraus, daß § 14 Satz 1 GastG Straußwirtschaften von der Erlaubnispflicht freistellt, folgt zugleich, daß die Normen unanwendbar sind, die einen erlaubnisbedürftigen Betrieb voraussetzen[535]. Daher sind nach allgemeiner Meinung auf Straußwirtschaften außer § 6 GastG die §§ 1, 5 Abs. 2, §§ 7 und 18 bis 23 GastG anwendbar. Unanwendbar sind dagegen die §§ 2 bis 4, 5 Abs. 1, §§ 8 bis 13, 15 und 24 GastG, weil sie einen erlaubnisbedürftigen Betrieb voraussetzen[536].

Sämtliche Landesgesetzgeber, die Regelungen über Straußwirtschaften getroffen haben, erklären zwar in bezug auf Nebenleistungen § 7 Abs. 2 GastG für entsprechend anwendbar, verbieten aber gleichzeitig dem Straußwirt, alkoholfreie Getränke, die er in seiner Straußwirtschaft nicht verabreicht, Flaschenbier und Süßwaren über die Straße abzugeben[537].

c) Die Anwendbarkeit der §§ 22 ff. BImSchG auf Straußwirtschaften

Da § 5 Abs. 1 GastG nur für erlaubnisbedürftige Gewerbetreibende gilt, sich die Frage nach einer Spezialregelung also in bezug auf die Straußwirtschaften erst gar nicht stellt, sind die §§ 22 ff. BImSchG auf die Straußwirtschaften ohne weiteres anwendbar. Straußwirtschaften können also z.B. Anordnungen nach § 24 BImSchG gemacht werden[538].

d) Verhältnis des § 14 GastG zu § 26 GastG

Von den Vorgängernormen §§ 14 und 26 GastG wurde früher angenommen, daß sie zueinander im Verhältnis der Spezialität stünden[539]. Diese Auffassung ist vor allem im Hinblick auf die unterschiedlichen Zielsetzungen der §§ 14 und 26 GastG abzulehnen. Der Zweck des § 14 GastG besteht darin, unabhängig vom örtlichen Herkommen der Straußwirtschaften durch deren erlaubnisfreien Betrieb den Absatz selbsterzeugten Weins zu fördern. Dagegen besteht der Zweck des § 26 GastG darin, tradierte Rechte aufrechtzuerhalten. Das Land Bayern hat daher zu Recht[540] von der Ermächtigung des § 14 GastG Gebrauch gemacht[541].

§ 14 GastG und § 26 GastG stehen also unabhängig nebeneinander.

---

535) Vgl. auch *Michel/Kienzle*, GastG, § 14 Rn 8.

536) *Ambs* in: Erbs/Kohlhaas, Strafrechtliche Nebengesetze, § 14 Rn 4; *Michel/Kienzle*, GastG, § 14 Rn 8; *Metzner*, GastG, § 14 Rn 8.

537) § 5 Abs. 2 GastVO Bay., § 7 Abs. 2 GastVO BW, § 4 Abs. 2 GastVO LSA, § 14 Abs. 2 GastVO RP, § 15 Abs. 2 GastVO Saarl., § 5 Abs. 2 GastVO Sachs., § 8 Abs. 11 GastVO Thür.

538) Vgl. *Metzner*, GastG, § 14 Rn 8.

539) BayObLG, Urt. v. 4. Mai 1931 - R. II 207.31 - DJZ 1931, S. 1331.

540) *Michel/Kienzle*, GastG, § 26 Rn 5.

541) Vgl. §§ 3 ff. GastVO Bay.

6. Folgen von Verstößen gegen gaststättenrechtliche Vorschriften

Bei einem landwirtschaftlichen Nebenbetrieb kommen Verstöße gegen gaststättenrechtliche Regelungen nicht in Betracht, weil Voraussetzung für die Anwendung des Gaststättenrechts grundsätzlich das Vorliegen eines stehenden Gewerbes ist. Im übrigen ist zu unterscheiden, ob es sich im Einzelfall um eine Straußwirtschaft oder um eine Gutsschänke handelt und, sofern es sich um eine Straußwirtschaft handelt, in welchem Land diese belegen ist.

In den Ländern, in denen nach wie vor für Straußwirtschaften die Zahl der zulässigen Sitzplätze auf 40 begrenzt ist, hat vornehmlich die Frage große Bedeutung, welche Folgen der Umstand nach sich zieht, daß der Betreiber mehr Sitzplätze in seiner Straußwirtschaft bereithält, als erlaubt sind.

Nach herrschender Meinung wird eine Straußwirtschaft bei einer Überschreitung der Sitzplatzbegrenzung zum erlaubnispflichtigen Gaststättenbetrieb, dessen Fortsetzung gemäß § 31 GastG in Verbindung mit § 15 Abs. 2 Satz 1 GewO verhindert werden kann[542].

Dagegen stellt nach teilweise vertretener Auffassung ein Verstoß gegen die Sitzplatzbegrenzung lediglich eine Ordnungswidrigkeit nach § 28 Abs. 1 Nr. 12 GastG dar. Gegebenenfalls könne der ordnungsmäßige Zustand im Wege des Verwaltungszwangs durchgesetzt werden[543].

Der herrschenden Meinung ist zu folgen. Denn bei Zuwiderhandlungen gegen § 14 beziehungsweise § 26 GastG und die auf dessen Grundlage ergangenen Bestimmungen über Straußwirtschaften in den Gaststättenverordnungen der Länder ist nach allgemeiner Meinung zu unterscheiden zwischen Verstößen, die die Erlaubnisfreiheit betreffen und Verstößen, die die Ausübung des Betriebs betreffen. Ein Verstoß, der die Erlaubnisfreiheit betrifft, liegt dann vor, wenn die Grenze überschritten wird, innerhalb derer eine erlaubnisfreie Straußwirtschaft betrieben werden kann, wohingegen ein Verstoß, der die Ausübung des Betriebs betrifft, dann anzunehmen ist, wenn die Grenzen einer erlaubnisfreien Straußwirtschaft nicht überschritten werden[544]. Im Falle einer Überschreitung der Sitzplatzbegrenzung liegt ein Verstoß gegen die Erlaubnisfreiheit vor. Denn hier wird die Grenze überschritten, innerhalb derer eine erlaubnisfreie Straußwirtschaft betrieben werden kann.

Verstöße, die die Erlaubnisfreiheit betreffen und bei deren Vorliegen von einem erlaubnisbedürftigen Betrieb auszugehen ist, sind ferner z.B. anzunehmen, wenn

---

[542]) BVerwG, Urt. v. 27. März 1990 - 1 C 39.88 - GewArch. 1990, S. 255 (257) insoweit folgend dem OVG RP, Urt. v. 25. Febr. 1988 - 12 A 160/87 - GewArch. 1988, S. 304; *Metzner*, GastG, § 14 Rn 12; *Michel/Kienzle*, § 14 GastG, Rn 9 f.; *Seitter*, Gaststättenrecht, § 14 Rn 6.

[543]) *Ambs* in: Erbs/Kohlhaas, Strafrechtliche Nebengesetze, § 14 GastG Rn 6 unter Verweis auf VGH BW, Urt. v. 26. Okt. 1989 - EzGewR § 14 GastG Nr. 1.

[544]) *Metzner*, GastG, § 14 Rn 12; *Michel/Kienzle*, GastG, § 14 Rn 9 f.; OVG RP, Urt. v. 25. Febr. 1988 - 12 A 160/87 - GewArch. 1988, S. 304.

unerlaubte Getränke oder Speisen verabreicht werden oder der Ausschank unzulässigerweise in eigens zum Betrieb der Straußwirtschaft gemieteten Räumlichkeiten erfolgt[545].
Verstöße, die die Ausübung betreffen, liegen z.B. vor, wenn die Anzeige des Betriebs einer Straußwirtschaft unterlassen wird,[546] wenn der Bereithaltungspflicht für alkoholfreie Getränke nach § 6 Satz 1 GastG nicht nachgekommen wird, wenn gegen die Pflicht aus § 6 Satz 2 GastG, wonach mindestens ein alkoholfreies Getränk nicht teurer sein darf als das billigste alkoholische Getränk in gleicher Menge, verstoßen wird[547] oder wenn gegen die auf der Grundlage von § 18 Abs. 1 Satz 1 GastG ergangenen Sperrzeitverordnungen verstoßen wird[548].
Bei einem Verstoß, der die Erlaubnisfreiheit betrifft, muß ein Straußwirt damit rechnen, daß der Betrieb seiner Straußwirtschaft gemäß § 31 GastG in Verbindung mit § 15 Abs. 2 Satz 1 GewO von der zuständigen Ordnungsbehörde verhindert wird. Da § 15 Abs. 2 Satz 1 GewO eine Ermessensnorm ist, muß das Verhältnismäßigkeitsprinzip beachtet werden. Danach darf die Freiheit des Einzelnen nur soweit eingeschränkt werden, als dies im Interesse des Allgemeinwohls unabdingbar ist[549]. So wäre z.B. im Falle eines Verstoßes gegen die Sitzplatzbegrenzung eine sofortige Untersagung des ganzen Betriebs unverhältnismäßig. Denn eine Teiluntersagung mit dem Inhalt, die Einrichtungsgegenstände, die zur Verfügungstellung von mehr als 40 Sitzplätze führen, zu entfernen, wäre ebenso geeignet und würde den Betroffenen gleichzeitig weniger in seinen Rechten beeinträchtigen. Vor der Teiluntersagung müßte sich allerdings der Adressat von einer Abmahnung, den Betrieb zu unterlassen, soweit er die Grenzen der erlaubnisfreien Straußwirtschaft überschreitet, unbeeindruckt gezeigt haben[550]. Erst dann, wenn der Straußwirt auch dieser Teiluntersagung nicht nachkäme, könnte der Betrieb im Wege der Verwaltungsvollstreckung verhindert werden. Im Falle des fortgesetzten Verstoßes käme schließlich - seit der Aufhebung von § 16 GastG,[551] der einen speziellen Untersagungstatbestand für erlaubnisfreie Gewerbe beinhaltete -, eine Untersagung des Gaststättengewerbes nach § 31 GastG in Verbindung mit § 35 Abs. 1 GewO wegen Unzuverlässigkeit in Betracht[552].

---

545) *Michel/Kienzle*, GastG, § 14 Rn 9 f.

546) Vgl. z.B. § 22 Abs. 1 Nr. 3 GastVO RP.

547) § 28 Abs. 2 Nr. 1 GastG.

548) Vgl. § 28 Abs. 1 Nr. 6 GastG.

549) BVerfG, Beschl. v. 15. Dez. 1965 – 1 BvR 513/ 65 – BVerfGE 19, 342 (348).

550) VGH BW, Urt. v. 26. Okt. 1989 - 14 S 179/89 - EzGewR, § 14 Nr. 1 S. 4 = GewArch. 1990, S. 31; vgl. auch HessVGH, Beschl. v. 11. Nov. 1992 – 8 TH 1983/92 – GewArch. 1993, S. 162 (163); *Metzner*, GastG, § 14 Rn 12.

551) Aufgehoben durch das Rechtsbereinigungsgesetz vom 16. Dez. 1986, BGBl. I S. 2441.

552) *Michel/Kienzle*, GastG, Anm. zu § 16.

Bei Vorliegen der Voraussetzungen des § 4 Abs. 1 Nr. 2 und Nr. 3 GastG erfolgt eine Untersagung und gegebenenfalls eine Verhinderung der Fortsetzung nach § 6 Abs. 5 GastVO Baden-Württemberg, § 13 Abs. 6 GastVO Hessen, § 13 Abs. 4 GastVO Rheinland-Pfalz, § 14 Abs. 5 GastVO Saarland, § 4 Abs. 5 GastVO Sachsen, § 3 Abs. 5 GastVO Sachsen-Anhalt, § 8 Abs. 9 GastVO Thüringen. Diese Vorschriften setzen die zuständigen Behörden in die Lage bei einem erlaubnisfreien Betrieb repressiv dieselbe Wirkung zu erreichen wie bei einer präventiven Kontrolle eines erlaubnisbedürftigen Betriebes nach § 4 Abs. 1 Nr. 2 und Nr. 3 GastG[553].

Da es sich bei einem Gutsausschank um eine herkömmliche Schankwirtschaft im Sinne des § 1 Abs. 1 Nr. 1 GastG handelt, ist uneingeschränkt der Ordnungswidrigkeitenkatalog des § 28 GastG zu beachten. Für Rücknahme und Widerruf der Gaststättenerlaubnis gelten die für Gaststätten einschlägigen Regelungen des § 15 Abs. 1 bis Abs. 3 GastG sowie die dem § 48 VwVfG entsprechenden Landesregelungen. Da sich für Gutsausschankbetriebe in Beziehung auf das Gaststättenrecht keine Besonderheiten ergeben und auch keine umfassende Darstellung der sich in Verbindung mit der Rücknahme und dem Widerruf von Gaststättenerlaubnissen ergebenden Probleme gegeben werden kann, wird im folgenden lediglich eine knappe Zusammenfassung der allgemein geltenden Grundsätze gegeben.

Wie bei einer Gewerbeuntersagung nach § 35 Abs. 1 GewO,[554] so ist bei der Aufhebung einer Gaststättenerlaubnis stets das Übermaßverbot zu beachten, d.h. es ist auch hier immer zu prüfen, ob nicht eine Abmahnung, eine Auflage oder eine Teilaufhebung möglich und ausreichend ist[555].

Neben § 15 GastG und der dem § 48 VwVfG korreponierenden landesrechtlichen Bestimmungen sind die dem § 49 VwVfG entsprechenden Landesregelungen keine geeignete Grundlage zum Widerruf einer Gaststättenerlaubnis, weil der Gesetzgeber in § 15 Abs. 2 und Abs. 3 GastG sowohl obligatorische als auch fakultative Widerrufsgründe benennt und dadurch seinen Willen zur Schaffung einer abschließenden bundesrechtlichen Regelung zum Ausdruck bringt[556]. Wie auch bei einer Gewerbeuntersagung nach § 35 Abs. 1 GewO sind für den Widerruf der Gaststättenerlaubnis[557] die

---

[553]) *Michel/Kienzle*, GastG, § 13 GastVO Hess. Rn 3.

[554]) Vgl. hierzu z.B. *Stober*, WVR, § 46 I 2 c.

[555]) *Diederichsen* in: Schmidt, Kompendium, § 9 Rn 43 m.w.N. aus der neueren Rechtsprechung.

[556]) Allg. M.: vgl. z.B. *Diederichsen* in: Schmidt, Kompendium, § 9 Rn 33; *Metzner*, § 15 Rn 18 jeweils m.w.N.

[557]) St. Rspr.: vgl. z.B. neuerdings BVerwG, Beschl. v. 15. Febr. 1995 - 1 B 19.95 - GewArch. 1995, S. 200; krit. z.B. *Arndt* in: Steiner, Bes. VerwR, Abschnitt VII, Rn 270. Die Rchtsprechung begründet ihre Auffassung jedoch zu Recht mit § 35 Abs. 6 GewO, wonach ein Unzuverlässiger sein späteres Wohlverhalten im Wiedergestattungsverfahren geltend zu machen hat.

Verhältnisse im Zeitpunkt der letzten Behördenentscheidung maßgeblich[558]. Wird der Widerruf ausgesprochen, weil der Gastwirt inhaltliche Beschränkungen der Erlaubnis im Sinne von § 15 Abs. 3 Nr. 1 GastG nicht beachtet hat, so kommt es grundsätzlich nicht auf die Rechtmäßigkeit der Beschränkung an, sondern nur auf deren Wirksamkeit. Denn nach § 43 Abs. 2 und 3 VwVfG entfaltet auch ein rechtswidriger Verwaltungsakt Tatbestandswirkung, solange er nicht nichtig oder aufgehoben ist. Daraus folgt, daß die Erlaubnis grundsätzlich auch wegen Verstoßes gegen eine rechtswidrige behördliche Anordnung widerrufen werden kann. Allerdings wird sich die Rechtswidrigkeit der Anordnung regelmäßig auf das Widerrufsermessen der Behörde auswirken. Zumindest wenn die Anordnung offensichtlich rechtswidrig ist, folgt daraus eine Ermessensreduzierung auf Null, die Erlaubnis nicht zu widerrufen[559].

Im Falle des unerlaubten Betriebs kommt § 31 GastG in Verbindung mit § 15 Abs. 2 GewO zur Anwendung.

---

[558]) BVerwG, Beschluß v. 25. Jan. 1994 - 1 B 212.93 - GewArch. 1995, S. 121; *Hahn*, GewArch. 1999, S. 355 (366).

[559]) BVerwG, Beschl. v. 19. Mai 1994 - 1 B 104.94 - Buchholz 451.41 § 15 GastG Nr. 6 = GewArch. 1994, S. 341. Für eine generelle Ermessensreduzierung auf Null im Falle der Rechtswidrigkeit der Anordnung *Schachel*, Jura 1981, S. 449 (450).

III. Landwirtschaftliche Direktvermarktung und Handwerksrecht

1. Überblick

Im Zusammenhang mit der landwirtschaftlichen Direktvermarktung stellen sich auch einige handwerksrechtliche Fragen. Das gilt vornehmlich für die Herstellung von selbstgebackenem Bauernbrot. Klärungsbedürftig ist, ob dies ohne Einschränkungen möglich ist oder ob der Direktvermarkter hier an bestimmte Voraussetzungen gebunden ist. Dasselbe gilt für die Direktvermarktung von selbsterzeugtem Fleisch und von selbstgemahlenem Mehl.

Ursprünglich ergaben sich keine gewerberechtlichen Einschränkungen. Da die Gewerbeordnung von 1869 zunächst eine nahezu schrankenlose Gewerbefreiheit vorsah, waren in ihr keine handwerksrechtlichen Regelungen enthalten. Die in § 1 GewO statuierte Gewerbefreiheit hatte gerade die Liberalisierung dieses jahrhundertelang vom Zunftwesen beherrschten Gebietes zum Ziel[560]. Handwerksrechtliche Bestimmungen fanden erst nach und nach Eingang in die GewO. Durch die sogenannte Handwerksrechtsnovelle[561] wurde das Lehrlingswesen und das Recht, einen Meistertitel zu führen, geregelt sowie die Handwerkskammern und der fakultativen Zwangsinnung begründet. Durch die Gewerbenovelle vom 30. Mai 1908[562] wurde der sogenannte kleine Befähigungsnachweis eingeführt: Von nun an waren in den Handwerksbetrieben nur noch Personen, die eine Meisterprüfung bestanden hatten, zur Anleitung von Lehrlingen befugt. In einer Novelle von 1929 wurde das Handwerksrecht in den Titeln VI, VI a und VII der GewO wieder besonders geregelt. § 133 GewO der heutigen Fassung der Gewerbeordnung ist ein Überbleibsel dieser handwerksrechtlichen Regelungen in der Gewerbeordnung[563]. Eine grundlegende und bis heute prägende Neuordnung des Handwerksrechts brachte das Gesetz über den vorläufigen Aufbau des deutschen Handwerks vom 29. November 1933[564] und die zur Durchführung dieses Gesetzes erlassenen drei Verordnungen, wobei insbesondere die dritte Handwerksrechtsverordnung vom 18. Januar 1935[565] in der Fassung vom 22. Januar 1936[566] zu nennen ist. Die dritte Handwerksrechtsverordnung führte den sogenannten großen Befähigungsnachweis ein. Seitdem darf eine selbständige handwerkliche Berufstätigkeit grundsätzlich nur noch von geprüften Handwerksmeistern ausgeübt werden.

---

[560]) *W. Berg*, GewArch. 1982, S. 73.
[561]) RGBl. 1897 S. 663.
[562]) RGBl. S. 356.
[563]) *W. Berg*, GewArch. 1982, S. 73.
[564]) RGBl. I S. 1015.
[565]) RGBl. I S. 15.
[566]) RGBl. I S. 42.

Die infolge der Zonenaufteilung nach 1945 in Westdeutschland entstandene Rechtszersplitterung wurde durch die Verabschiedung der Handwerksordnung vom 26. März 1953[567] beseitigt. Hierin wurde das Recht des Handwerks umfassend geregelt. Die Gewerbeordnung war von nun an nur noch subsidiär anwendbar. Der kleine (§ 21 HandwO) und der große Befähigungsnachweis (§ 1 Abs. 1 in Verbindung mit § 7 Abs. 1 HandwO) wurden beibehalten. Der große Befähigungsnachweis wurde im folgenden vom Bundesverfassungsgericht als mit Art. 12 GG vereinbar angesehen.[568] Zwar haben im Jahr 1997 CDU, FDP und SPD übereinstimmend erklärt, auch in Zukunft am großen Befähigungsnachweis festhalten zu wollen[569]. Nach der Koalitionsvereinbarung zwischen der SPD und Die GRÜNEN vom 20. Oktober 1998 muß es aber "künftig möglich sein, den Meisterbrief berufsbegleitend zu erwerben." Zur Umsetzung haben SPD und Die GRÜNEN einen Gesetzesentwurf erarbeitet, wonach Unternehmensgründern der selbständige Betrieb eines Handwerks gestattet sein soll, wenn sie sich bereit erklären, innerhalb von 10 Jahren die Voraussetzungen für die Eintragung in die Handwerksrolle zu schaffen. Bayerns Wirtschaftsminister Wiesheu hat den Bundeswirtschaftsminister Müller aufgefordert, derartigen Bestrebungen entgegenzutreten, da der große Befähigungsnachweis das tragende Fundament der deutschen Handwerkswirtschaft sei[570]. Wie sich das Handwerksrecht in den nächsten Jahren entwickeln wird, bleibt abzuwarten.

2. Voraussetzungen für ein eintragungspflichtiges Handwerk

Nach § 1 Abs. 1 Satz 1 HandwO ist der selbständige Betrieb eines Handwerks als stehendes Gewerbe nur den in der Handwerksrolle (§ 6 HandwO) eingetragenen natürlichen und juristischen Personen und Personengesellschaften (selbständige Handwerker) gestattet. Die Eintragung in die Handwerksrolle entspricht der Erteilung einer Gewerbeerlaubnis[571]. Die Abgrenzungsprobleme, die sich im Zusammenhang mit § 1 HandwO stellen, sind ein juristischer Dauerbrenner. Realer Hintergrund hierfür sind die erhöhten Anforderungen, die an die selbständige Führung eines Handwerksbetriebs gestellt werden, so vor allem der große Befähigungsnachweis beziehungsweise die Ablegung der Meisterprüfung, die nach § 7 Abs. 1 Satz 1 HandwO grundsätzlich Voraussetzung für die Eintragung in die Handwerksrolle ist. Von der Einordnung als Handwerksbetrieb hängen indes auch zahlreiche andere

---

[567]) BGBl. 1953 I S. 1411.

[568]) BVerfG, Urt. v. 17. Juli 1961 - 1 BvL 44/55 - BVerfGE 17, 97 (107 ff.); bestätigend neuerdings wieder BVerwG, Urt. v. 22. Dez. 1998 - 1 B 81.98 - GewArch. 1999, S. 108 f. m.w.N.

[569]) FAZ v. 9. Dez. 1997, S. 17.

[570]) Pressemitteilung - Nr. 271/99 v. 1. Sept. 1999, GewArch. 1999, S. 409.

[571]) *Stober*, WVR, § 48 III 1.

Rechtsfolgen ab, so vor allem die Beitragsverpflichtung zur Handwerkskammer oder die Krankenkassenmitgliedschaft[572].

In bezug auf die landwirtschaftliche Direktvermarktung stellt sich vor allem bei drei Tätigkeiten die Frage, ob es sich um die Ausübung eines Handwerks handelt. Zu untersuchen ist, ob das Backen von Bauernbrot die Ausübung des Bäckerhandwerks, das Zerlegen von selbstgezogenen Tieren in bratfertige Stücke und die Verarbeitung zu Wurst usw. die Ausübung des Fleischerhandwerks und das Vermahlen von Getreide zu Mehl die Ausübung des Müllerhandwerks darstellt. Werden diese Tätigkeiten - wie in der Regel - von in die Handwerksrolle eingetragenen Bäckereibetrieben, Metzgern oder Müllern im Lohnverfahren vorgenommen und die Produkte von den Landwirten dann lediglich verkauft,[573] stellt sich das Problem nicht. Das Problem stellt sich ferner nicht, wenn ein landwirtschaftlicher Betrieb z.B. die Fleischerarbeiten durch einen Metzger vornehmen läßt. Dieser braucht seinerseits kein Meister zu sein. Denn ein Hausschlachter ohne eigene Betriebsstätte und Kapital, der weisungsgebunden in bezug auf seine Arbeit ist und im Stundenlohn arbeitet, ist nicht selbst Handwerker und bedarf daher keiner Eintragung in die Handwerksrolle[574].

Ein Gewerbebetrieb ist nach § 1 Abs. 2 HandwO dann Handwerksbetrieb, wenn er handwerksmäßig betrieben wird und vollständig oder in wesentlichen Tätigkeiten ein Gewerbe umfaßt, das in der Anlage A zur Handwerksordnung aufgeführt ist. Das Vorliegen eines Handwerksbetriebs ist also an drei Voraussetzungen gebunden: a) gewerbliche Tätigkeit, b) Handwerksfähigkeit und c) handwerksmäßige Betriebsweise. Dieser Dreiteilung soll auch im folgenden Rechnung getragen werden.

a) Das Merkmal der gewerblichen Tätigkeit

§ 1 Abs. 1 Satz 1 HandwO setzt zunächst das Vorliegen eines stehenden Gewerbes voraus. Der Begriff des stehenden Gewerbes im Sinne des § 1 Abs. 1 S. 1 HandwO entspricht dem der GewO[575]. Es muß sich also um eine nicht sozial unwertige, auf Gewinnerzielung gerichtete und auf Dauer angelegte, selbständige Tätigeit handeln, die weder Urproduktion, freier Beruf oder bloße

---

[572]) *Czybulka*, NVwZ 1991, S. 230 (233); *Stober*, NJW 1986, S. 2613 (2622).

[573]) RBZ - Nr. 24 /13. Juni 1998.

[574]) *Ambs* in: Erbs/Kohlhaas, Strafrechtliche Nebengesetze, § 1 HandwO Rn 5; vgl auch Honig, GewArch. 1996, S. 314 (317): danach übt ein Hausmetzger - häufig Landwirte - solange kein Handwerk aus, als die Schlachtungen sich in einem überschaubaren Rahmen halten und der Betreffende damit keinen wesentlichen Beitrag zu seinem Lebensunterhalt leistet.

[575]) Allg. M.: vgl. z.B. *Czybulka* in: Schmidt, ÖWR BT I, § 2 Rn 9; *Frotscher*, WVR, Rn 306.

Verwaltung eigenen Vermögens ist[576]. Ist die Tätigkeit z.B. dem Bereich der Landwirtschaft und damit der Urproduktion zuzurechnen, weil es sich um einen landwirtschaftlichen Nebenbetrieb handelt[577], scheidet das Vorliegen eines Handwerksbetriebs von vornherein aus. Ein landwirtschaftlicher Nebenbetrieb ist insbesondere dann zu verneinen, wenn die ausgeübte Tätigkeit nach der Verkehrsauffassung in der Landwirtschaft unüblich ist[578].
Nach gefestigter Rechtsprechung ist das Verkaufen von Fleisch von selbstgezogenen Rindern, Schweinen, Schafen usw. in bratfertigen Stücken und verarbeitet zu Wurst - im Gegensatz zum Verkauf in Hälften beziehungsweise Vierteln - nicht mehr als nach der Verkehrsauffassung üblich anzusehen[579]. Dasselbe gilt für den Verkauf von selbstgebackenem Brot aus selbsterzeugtem Getreide erheblich über den Eigenbedarf hinaus sowie für den Vertrieb von selbstgemahlenem Mehl in größeren Mengen[580]. Es handelt sich hierbei um gewerbliche Tätigkeiten.

b) Das Merkmal der handwerksmäßigen Betriebsweise

Ferner ist erforderlich, daß ein Gewerbe handwerksmäßig betrieben wird, das in der Anlage A zur Handwerksordnung aufgeführt ist. Die handwerksmäßige Betriebsweise spielt bei der Abgrenzung zur Industrie eine Rolle. In der Rechtsprechung und der Verwaltungspraxis ist die Abgrenzung der Handwerks- zur Industriemäßigkeit eines der größten Probleme des Handwerksrechts. Abgestellt wird hierbei auf das Gesamtbild der Tätigkeit, wobei typische das Bild des Handwerksbetriebs kennzeichnende Merkmale wie geringe Arbeitsteilung, verhältnismäßig geringer Kapitaleinsatz, dienende Funktion technischer Hilfsmittel (Hand-Werk, nicht Maschinen-Werk), geringe Betriebsgröße, besondere fachliche Ausbildung des Betriebsleiters und dergleichen den Ausschlag geben[581]. Zwar kann keines dieser Entscheidungskriterien für sich allein eine Zuordnung leisten, jedoch wird diese beim Zusammentreffen mehrerer Merkmale indiziert[582]. Da die Be- und Verarbeitung in landwirtschaftlichen Betrieben gerade durch ihre Kleinstrukturiertheit gekennzeichnet ist, sich die Frage der Abgrenzung zur

---

576) Zum Begriff des Gewerbes im Sinne der Gewerbeordnung vgl. 2. Abschnitt I.1 a.E.
577) Zum Begriff des landwirtschaftlichen Nebenbetriebs vgl. 2. Abschnitt II.2.
578) Zum Merkmal der Üblichkeit vgl. 2. Abschnitt II.2..b.dd).
579) *V. Ebner*, GewArch. 1983, S. 1 (10); *Ambs* in: Erbs/Kohlhaas, Strafrechtliche Nebengesetze, § 1 HandwO Anm. 2c.
580) Vgl. oben 2. Abschnitt II.2.b.dd) m.w.N.
581) *Frotscher*, WVR, Rn 309.
582) BVerwG, Urt. v. 5. Juli 1979 - BVerwG 5 C 10.79 - BVerwGE 58, S. 217 (224); HessVGH, Urt. v. 20 Febr. 1990 - 11 UE 2161/85 - GewArch. 1990, S. 412 (414 f.); *Hagebölling*, GewArch. 1984, S. 209 (216); *G. Müller*, GewArch. 1986, S. 79 (80); *Ziekow*, JuS 1992, S. 728.

Industriemäßigkeit also kaum stellt, wird auf diese Frage nicht weiter eingegangen[583].

c) Das Merkmal der Handwerksfähigkeit

Letzte Voraussetzung ist die Handwerksfähigkeit. Nicht jede gewerbliche Tätigkeit kann als Handwerk betrieben werden. Ob das der Fall ist, richtet sich danach, ob die tatsächlich ausgeübte Tätigkeit vollständig oder doch in wesentlichen Teilen einem Gewerbe entspricht, das in der Anlage A zur Handwerksordnung aufgeführt ist. Diese Liste hat abschließenden Charakter[584]. In der Anlage A ist das Handwerk zur Zeit[585] in 94 verschiedene Berufe eingeteilt.[586] Dort findet sich sowohl das Gewerbe des Bäckers,[587] als auch das des Fleischers[588] und das des Müllers[589]. Nach § 1 Abs. 2 HandwO braucht das in Anlage A aufgeführte Gewerbe nur in wesentlichen Tätigkeiten zu werden. Der Gesetzgeber hat nicht versucht, die einzelnen Berufsbilder inhaltlich durch nähere Beschreibungen festzulegen, um Entwicklungen im Bereich des Handwerks nicht zu behindern. Durch die Berufsbezeichnungen in Anlage A hat er der Auslegung auf der Grundlage der jeweils aktuellen Verkehrsauffassung weite Spielräume eröffnet und Anpassungen an aktuelle Entwicklungen ermöglicht[590]. Maßgebend dafür, welcher Beruf ausgeübt wird, ist nicht die subjektive Bezeichnung durch den Betriebsinhaber, sondern eine objektive Betrachtungsweise[591]. Indes genügt auch hier nicht die Feststellung, daß Tätigkeiten eines Gewerbetreibenden in den Bereich eines bestimmten Handwerks fallen, um einen Betrieb als Handwerksbetrieb zu qualifizieren[592]. Entscheidend ist vielmehr, ob es sich bei den in Frage stehenden Tätigkeiten um

---

[583]) Nach dem Wortlaut des § 1 Abs. 1 Satz 1 HandwO ist weiterhin Voraussetzung, daß es sich um einen selbständigen Betrieb handelt. Da der Begriff bereits bei der Voraussetzung des stehenden Gewerbes geprüft wurde (vgl. 3. Abschnitt II.2.a)), bedarf es eines Eingehens auf dieses Merkmal im Rahmen des handwerksmäßigen Betriebs nicht mehr. Anders aber BVerwG, Urt. v. 22. Okt. 1978 - 1 C 5.75 - GewArch. 1979, S. 96; OLG Köln, Beschl. v. 13. Juli 1984 - 3 Ss 395/84 (B) - GewArch. 1984, S. 342; OLG Düsseldorf, Beschl. v. 22. Jan. 1996 - 5 Ss (OWi) 11/96 - (OWi) 9/96 I - GewArch. 1996, S. 207.

[584]) *Frotscher*, WVR, Rn 307.

[585]) Ausgegangen wird hier von der Anlage A in der Fassung vom 25.3.1998 (BGBl. I S. 596)

[586]) § 1 Abs. 3 HandwO ermächtigt den Bundesminister für Wirtschaft, die Anlage A durch Rechtsverordnung mit Zustimmung des Bundesrates zu verändern. Diese kann so schnell an neue technische und wirtschaftliche Entwicklungen angepaßt werden. Daher spricht man auch von einem dynamischen Handwerksbegriff. Vgl. *Czybulka*, NVwZ 1991, S. 230 (231).

[587]) Anlage A Nr. 57.

[588]) Anlage A Nr. 59.

[589]) Anlage A Nr. 60.

[590]) *Rüth*, GewArch. 1992, S. 129 (130).

[591]) *Frotscher*, WVR, Rn 397; *Honig*, HandwO, § 1 Rn 43.

[592]) *Rüth*, GewArch. 1982, S. 129 (130).

solche Tätigkeiten handelt, die dem sogenannten Kernbereich eines bestimmten Handwerks zuzuordnen sind beziehungsweise diesem sein essentielles Gepräge geben[593].

Im einzelnen hängt die Handwerksfähigkeit vom Vorliegen folgender Voraussetzungen ab:

aa) Vorliegen von "Tätigkeiten"

§ 1 Abs. 2 HandwO knüpft zunächst an das Vorliegen von "Tätigkeiten" an. Der Untersuchung bedarf, ob unter Umständen bereits die Verrichtung einer wesentlichen Teiltätigkeit für die Annahme eines Handwerksbetriebs ausreicht. Besondere Bedeutung hat diese Frage für die Einordnung des Backens von Bauernbrot als Handwerk oder Nicht-Handwerk. Nach § 1 Abs. 1 Nr. 1 der Verordnung über das Berufsbild und die Prüfungsanforderungen im praktischen und im fachtheoretischen Teil der Meisterprüfung für das Bäckerhandwerk vom 1. März 1979[594] ist unter anderem die Herstellung von Brot dem Bäckerhandwerk zuzurechnen. Damit liegt nur *eine* wesentliche Tätigkeit im Sinne des § 1 Abs. 2 HandwO vor. Würde das Vorliegen nur *einer* wesentlichen Tätigkeit nicht ausreichen, um einen Handwerksbetrieb im Sinne des § 1 Abs. 2 HandwO annehmen zu können, wäre bei der Herstellung von Bauernbrot ein Bäckerhandwerk von vornherein zu verneinen. Die Handwerksordnung fände keine Anwendung.

In einer Entscheidung aus dem Jahr 1993 hat das Bayerische Oberste Landesgericht die Auffassung vertreten, daß bereits durch die Verrichtung *einer* wesentlichen Teiltätigkeit eines Handwerks die Grenze des erlaubnisfreien Minderhandwerks überschritten werden kann. Der Fassung des § 1 Abs. 2 HandwO ("Tätigkeiten") sei nicht zu entnehmen, daß mehrere solcher Teilbereiche zusammenkommen müßten. Der Begriff der "Tätigkeiten" müsse vielmehr mit "Einzelverrichtungen" gleichgesetzt werden und dürfe nicht im Sinne von "Teiltätigkeiten" oder "wesentlicher Teil der Tätigkeiten" (§ 8 Abs. 2 HandwO) verstanden werden. Eine andere Auslegung wäre mit dem Befähigungsgrundsatz der Handwerksordnung unvereinbar und stände auch im Widerspruch zu der durch § 8 Abs. 2 HandwO geschaffenen Möglichkeit, Ausnahmebewilligungen für eine Teiltätigkeit eines Handwerks zu erteilen[595]. Dieser Ansicht hat sich ein Teil der Lehre angeschlossen[596].

---

593) BVerwG, Urt. v. 12. Juli 1979 - BVerwG 5 C 10.79 - BVerwGE 58, S. 217 (221); BVerwG, Urt. v. 11. Dez. 1990 - 1 C 41.88 - GewArch. 1991, S. 231 (232).

594) BGBl. I 1979 S. 260.

595) BayObLG, Beschl. v. 21. Juli 1993 - 3 ObWi 35/93 - GewArch. 1993, S. 423 (424).

596) *Czybulka* in: Schmidt, ÖWR BT I, § 9 Rn 13; *Meier* in: Schmidt, Kompendium, § 10 Rn 15.

Die Ansicht des Bayerischen Obersten Landesgerichts überzeugt nicht. Zum einen ist nicht erkennbar, weshalb die Verneinung eines Handwerks bei Ausübung *einer* wesentlichen Teiltätigkeit mit dem Befähigungsgrundsatz unvereinbar sein soll. Sinn und Zweck des Handwerksrechts ist vornehmlich die Erhaltung des Leistungsstands und der Leistungsfähigkeit des Handwerks sowie die Sicherung des Nachwuchses für die gesamte gewerbliche Wirtschaft[597]. Sinn der HandwO ist es hingegen nicht, möglichst viele Tätigkeiten dem Geltungsbereich der Handwerksordnung zu unterstellen. Daher kann es auch nicht angehen, daß, wenn jemand eine wesentliche Teiltätigkeit eines Handwerks beherrscht und diese gewerblich ausübt, er eo ipso einer Eintragung in die Handwerksrolle bedarf. Denn durch die Ausübung nur einer solchen Tätigkeit wird die Leistungsfähigkeit und der Leistungsstand des Handwerks nicht beeinträchtigt. Das zeigt gerade das Beispiel des Brotbackens. Früher backte in vielen ländlichen Gebieten jede Hausfrau Brot. Daraus ergibt sich zwanglos, daß eine mehrjährige Ausbildung sowie eine Gesellen- und eine Meisterprüfung hierfür nicht erforderlich ist.
Eine Auslegung, die bei Vorliegen nur *einer* Kernbereichstätigkeit ein Handwerk verneint, steht entgegen der Auffassung des Bayerischen Obersten Landesgerichts auch nicht im Widerspruch zu § 8 Abs. 2 HandwO. Wenn der Wortlaut dieser Vorschrift die Erteilung von Ausnahmebewilligungen unter Auflagen, Bedingungen oder Befristungen und Beschränkungen auf einen wesentlichen Teil der Tätigkeiten vorsieht, dann folgt hieraus nicht automatisch, daß auch für die Ausübung *einer* wesentlichen Teiltätigkeit ein Meistertitel vonnöten ist oder eine Ausnahmebewilligung nach § 8 Abs. 2 HandwO erteilt werden muß.
Hinzu kommt, daß § 8 Abs. 2 HandwO ebenso wie § 1 Abs. 2 HandwO ausdrücklich von "Tätigkeiten" und nicht nur von "Tätigkeit" spricht. Wie bereits dargelegt, begründet das Bayerische Oberste Landesgericht seine Auffassung damit, daß der Begriff der "Tätigkeiten" mit "Einzelverrichtungen" gleichgesetzt werden müsse. Es ist aber zu fragen, weshalb das Gesetz nicht die Formulierung "Einzelverrichtungen" enthält, wenn diese gemeint sind. Daß keine Einzelverrichtungen gemeint sind, zeigt auch die letzte Neufassung des § 1 Abs. 2 HandwO[598]. Hierbei wurden die Wörter "und vollständig oder in wesentlichen Tätigkeiten ein Gewerbe umfaßt, das in der Anlage A zu diesem Gesetz aufgeführt ist" durch die Formulierung "und ein Gewerbe vollständig umfaßt, das in der Anlage A aufgeführt ist oder Tätigkeiten ausgeübt werden, die für dieses Gesetz wesentlich sind (wesentliche Tätigkeiten)" ersetzt. Zwar wollte der Gesetzgeber nach der Gesetzesbegründung durch die Neufassung

---

[597]) BVerfG, Beschl. v. 17. Juli 1961 - 1 BvL 44/55 - BVerfGE 13, 97 (107).
[598]) BGBl. 1998 I S. 596.

1998 nur eine sprachliche, nicht aber eine inhaltliche Änderung herbeiführen[599]. Jedoch liegt eine solche mit der bloßen Beibehaltung des Plurals auch gar nicht vor.
Festzuhalten bleibt damit, daß die Herstellung von Bauernbrot schon deshalb kein Handwerk ist, weil es sich hierbei nur um eine Tätigkeit handelt. Voraussetzung für das Vorliegen eines Handwerks nach § 1 Abs. 2 HandwO ist aber die Ausübung von mindestens zwei Tätigkeiten, welche vollständig oder doch in wesentlichen Teilen die in der Anlage A aufgeführten Gewerbe umfassen. Dasselbe gilt die Herstellung von Mehl, solange diese sich z.B. auf die Herstellung von Mahl- und Schälerzeugnissen für die menschliche und tierische Ernährung[600] beschränkt.

bb) "Wesentliche" Tätigkeiten

Die Tätigkeiten müssen sich als "wesentliche" Tätigkeiten eines der in der Anlage A aufgeführten Gewerbe darstellen. Dieser Einschränkung muß besondere Sorgfalt gewidmet werden. Denn das Handwerksrecht weist eine hohe Grundrechtsrelevanz vornehmlich im Hinblick auf die durch Art. 12 Abs. 1 garantierte Berufsfreiheit auf[601]. Seit den Urteilen "Expreß-Schuhbar I"[602] und "Expreß-Schuhbar II"[603] ist es ständige Rechtsprechung, daß eine Beschränkung der Berufsfreiheit gerade durch den handwerklichen großen Befähigungsnachweis nur bei solchen Tätigkeiten gerechtfertigt ist, für deren einwandfreie fachgerechte Ausführung es auf handwerkliche Kenntnisse und Fertigkeiten ankommt. Das ist auch in der Literatur heute allgemeine Meinung[604].
Als "wesentlich" im Sinne des § 1 Abs. 2 HandwO werden solche Tätigkeiten angesehen, die gerade den Kernbereich des betreffenden Handwerks ausmachen und ihm sein essentielles Gepräge geben. Im Gegensatz dazu können Arbeitsvorgänge, die aus Sicht des vollhandwerklich arbeitenden Betriebs als

---

599) Vgl. Begründung zum Entwurf eines Zweiten Gesetzes zur Änderung der Handwerksordnung und anderer handwerksrechtlicher Vorschriften, BT-Drucks. 13/9388 S. 17; siehe auch *Schwannecke/Heck*, GewArch. 1998, S. 305 (306) und *Kolb*, GewArch. 1998, S. 217 (218). Durch die Neufassung sollte lediglich der Kernbereichsrechtsprechung des Bundesverwaltungsgerichts (BVerwG, Urt. v. 25. Febr. 1992 - 1 C 27/89 - NVwZ-RR 1992, S. 547 = GewArch. 1992, S. 388) Rechnung getragen werden.

600) § 1 Abs. 1 Nr. 1 der Verordnung über das Berufsbild und über die Prüfungsanforderungen im praktischen und im fachtheoretischen Teil der Meisterprüfung für das Müllerhandwerk vom 3. Februar 1982 (BGBl. I S. 113).

601) *Czybulka*, NVwZ 1991, S. 230.

602) BVerwG, Urt. v. 6. Dez. 1963 - BVerwG VII c 18.63 - BVerwGE 17, 230 = NJW 1964, S. 512.

603) BVerwG, Urt. v. 13. Sept. 1966 - BVerwG I C 53.65 - BVerwGE 25, 66 = GewArch. 1967, S. 109.

604) *Czybulka*, NVwZ 1991, S. 230 (233).

unbedeutend und untergeordnet erscheinen, also lediglich einen Randbereich des betreffenden Handwerks erfassen, die Annahme eines Handwerksbetriebs nicht rechtfertigen. Dies trifft namentlich auf Arbeitsvorgänge zu, die - ihre einwandfreie Ausführung vorausgesetzt - wegen ihres geringen Schwierigkeitsgrades keine qualifizierten Fähigkeiten erfordern[605]. Die große Zahl einschlägiger Entscheidungen mag als Anhaltspunkt dafür dienen, daß die Abgrenzung im Einzelfall oft schwierig ist[606].
Kommt es bei der Frage, ob eine wesentliche Tätigkeit eines handwerksfähigen Gewerbes im Sinne von § 1 Abs. 2 HandwO vorliegt, darauf an, ob die in Frage stehenden Tätigkeiten, Verrichtungen und Arbeitsweisen dem Kernbereich gerade dieses Handwerks ausmachen und ihm sein essentielles Gepräge geben, scheiden solche Arbeitsvorgänge als unwesentliche Tätigkeiten aus, die aus der Sicht des vollhandwerklich arbeitenden Betriebes als untergeordnet erscheinen. Das sind zunächst die Arbeitsvorgänge, die wegen ihres geringen Schwierigkeitsgrades keine qualifizierten Kenntnisse und Fertigkeiten voraussetzen. Ferner fallen auch solche Tätigkeiten heraus, die zwar anspruchsvoll, aber im Rahmen des Gesamtbilds des betreffenden Handwerks nicht *berufsbildprägend* sind und daher nicht die Kenntnisse und Fertigkeiten verlangen, auf die die einschlägige handwerkliche Ausbildung hauptsächlich ausgerichtet ist[607]. Hier hat eine Abgrenzung zum Minderhandwerk zu erfolgen.
Auszugehen ist hierbei vom Berufsbild des jeweiligen Handwerks, wie es in den nach §§ 25, 45 HandwO erlassenen Ausbildungsverordnungen, Berufsbildern und Anforderungen an die Meisterprüfung zum Ausdruck kommt. Diese enthalten nämlich erläuterte Einzelheiten über das Arbeitsgebiet und die zu dessen Bewältigung benötigten Fertigkeiten und Kenntnisse.
Daraus ergibt sich für den hier neben dem Backen von Bauernbrot interessierenden Fall des Zerlegens von Fleisch in bratfertige Stücke und der Herstellung von Wurst folgendes:

Nach § 1 Abs. 1 der Verordnung über das Berufsbild und über die Prüfungsanforderungen im praktischen und fachtheoretischen Teil der Meisterprüfung für das Fleischer-Handwerk vom 6. Juni 1975[608] ist die Schlachtung von Schlachttieren und Aufbereitung der Schlachtnebenprodukte (Nr. 2), die Zerlegung und Herrichtung von Schlachttierkörpern, -hälften und -vierteln zur Weiterverarbeitung und zum Verkauf (Nr. 3), unter anderem die Herstellung von Fleischerzeugnissen und Wurstwaren sowie von Fleisch-, Wurst- und Mischkonserven mit Zusatz von Fleisch oder Fleischerzeugnissen

---

605) BVerwG, Urt. v. 25. Febr. 1992 - 1 C 27/89 - NVwZ-RR 1992, S. 547 (548); BVerwG, Urt. v. 3. Sept. 1991 - 1 C 55/88 - NVwZ-RR 1992, S. 472 = GewArch. 1992, S. 388.
606) Vgl. *Czybulka*, NVwZ 1991 S. 230 (234) m.w.N.
607) BVerwG, Urt. v. 11. Dez. 1990 - 1 C 41.88 - GewArch. 1991, S. 231 (232).
608) BGBl. I S. 1326.

(Nr. 4), die Beförderung, Lagerung, Verpackung und Haltbarmachung von Fleisch und Fleischerzeugnissen (Nr. 5) sowie der Verkauf von Fleisch und Fleischerzeugnissen (Nr. 6) dem Fleischerhandwerk zuzurechnen. Mithin kommen nach der Berufsbildverordnung für das Fleischerhandwerk mehrere wesentliche Tätigkeiten zusammen, wenn ein Landwirt sein selbsterzeugtes Vieh schlachtet und zu Fleisch- und Fleischerzeugnissen verarbeitet.

Liegen auch nach den Berufsbildverordnungen in bezug auf Landwirte, die ihr selbsterzeugtes Vieh weiterverarbeiten, wesentliche Tätigkeiten des Fleischerhandwerks vor, so steht damit noch nicht fest, daß es sich zwingend um wesentliche Tätigkeiten im Sinne des § 1 Abs. 2 HandwO handelt. Denn die in den Erlassen und Verordnungen veröffentlichten Berufsbilder für die Frage der fachlichen Zugehörigkeit zu einem handwerksfähigen Gewerbe werden nur *mit* herangezogen, sind also nicht allein verbindlich[609]. Vielmehr haben sie nur Indizcharakter. Reicht für die fehlerfreie Ausübung einer Tätigkeit statt der mehrjährigen handwerksmäßigen Ausbildung eine in kurzer Zeit erreichbare Vertrautheit mit einigen in dem Betrieb vorhandenen technischen Hilfsmitteln voll aus, liegt kein Handwerksbetrieb im Sinne des § 1 Abs. 2 HandwO vor, selbst wenn die Tätigkeit fachlich einem Handwerksgewerbe zuzurechnen sein mag,[610] sondern ein Kleingewerbe oder - wie es in Anlehnung an handelsrechtliche Begriffe häufiger formuliert wird - Minderhandwerk[611].
Bezogen auf das Fleischerhandwerk heißt das: Das Fleischerhandwerk ist nicht innerhalb kurzer Zeit erlernbar, weil zu viele relativ schwierige Tätigkeiten beherrscht werden müssen. Zu nennen sind hier vor allem das Herstellen von Wurst und die Aufbereitung der Schlachtnebenprodukte. Daher ist hier die Ausübung einer Tätigkeit, die dem Kernbereich des Fleischerhandwerks zuzuordnen ist, zu bejahen[612].

Ob dann, wenn - wie bei der Herstellung von Wurst und der Zerkleinerung von Fleisch in bratfertige Stücke - die in Frage stehende Tätigkeit dem Kernbereich

---

609) BVerwG, Urt. v. 16. Sept. 1966 - BVerwG I C 53.65 - BVerwGE 25, 66 (67); BVerwG, Urt. v. 11. Dez. 1990 - BVerwG 1 C 41.88 - BVerwGE 87, 191 (193) = NVwZ-RR 1991, S. 347; BVerwG, Urt. v. 3. Sept. 1991 - 1 C 55/88 - NVwZ-RR 1992, S. 472 = GewArch. 1992, S. 107; BVerwG, Urt. v. 25. Febr. 1992 - 1 C 87/89 - NVwZ-RR 1992, S. 547 (548).

610) BVerwG, Urt. v. 13. Sept. 1966 - BVerwG I C 53.65 - BVerwGE 25, 66 (69).

611) *Eyermann/Fröhler/Honig*, HandwO, § 1 Rn 22; *Frotscher*, WVR, Rn 316; *Musielak/Detterbeck*, Das Recht des Handwerks, § 1 Rn 33.

612) Würde man mit dem Bayerischen Obersten Landesgericht ein Handwerk bereits bei Ausübung einer wesentlichen Tätigkeit bejahen, würde die Prüfung, ob ein Handwerk vorliegt, in bezug auf die Mehlherstellung hier enden. Denn Mehl kann heute mit Hilfe von einfachst konstruierten Mühlen ohne weiteres hergestellt werden. Hier genügt die Beherrschung einiger Handgriffe. Etwas anderes würde sich nur bei einem größeren Mühlenbetrieb ergeben.

eines Handwerks zuzuordnen ist, die Prüfung abgeschlossen ist mit dem Ergebnis, daß ein Handwerk im Sinne des § 1 Abs. 2 HandwO vorliegt, ist umstritten.
In einem Urteil vom 25. Februar 1992 hat das Bundesverwaltungsgericht die Auffassung vertreten, daß dann, wenn die betreffende Tätigkeit dem Kernbereich eines Handwerks zuzuordnen ist, in einem weiteren Schritt zu prüfen sei, ob sich die Tätigkeit auf einen Typ von Arbeitsgängen beschränkt, für dessen einwandfreie Ausführung keine qualifizierten handwerklichen Kenntnisse und Fertigkeiten, sondern lediglich eine Anlernzeit von einigen Monaten nötig ist[613].
Nach einer in der Literatur vertretenen Auffassung ist demgegenüber mit der Feststellung, daß die Tätigkeit dem Kernbereich eines Handwerks zuzuordnen ist, die Prüfung abgeschlossen. Bei Zugrundelegung der Auffassung des Bundesverwaltungsgericht würden sonst die Anforderungen an handwerkliche Tätigkeiten, die in der gewerblichen Ausübung den in der Handwerksrolle eingetragenen Handwerkern vorbehalten bleiben, überspannt und der Kernbereich bestimmter Handwerke in einem Maße eingeengt, der nicht mehr dem Berufsbild entspreche, wie es in den jeweiligen Ausbildungsverordnungen, Berufsbildern und Anforderungen an die Meisterprüfung zum Ausdruck komme. Stelle man wie das Bundesverwaltungsgericht darauf ab, ob bestimmte handwerkliche Tätigkeiten auch von einem begabten Heimwerker nach mehrmonatiger Anlernzeit ordnungsgemäß ausgeführt werden könnten, so werde für die meisten Handwerksbetriebe in der Praxis nur noch ein marginaler Tätigkeitsbereich verbleiben[614].

Diese Auffassung mag zwar zunächst schlüssig klingen. Indes ist sie als zumindest überholt abzulehnen. Denn der Gesetzgeber hat durch die Neufassung des § 1 Abs. 2 HandwO klargestellt, daß er die Kernbereichsrechtsprechung des Bundesverwaltungsgerichts, wie sie in dem Urteil vom 25. Februar 1992 zum Ausdruck gekommen ist, sich zu eigen gemacht hat. In der Begründung zum Änderungsgesetz vom 25. März 1998 hat er sich ausdrücklich auf dieses Urteil berufen[615].
Ob der Meinungsstreit in der Praxis eine große Rolle spielt, ist zweifelhaft, da unter Zugrundelegung der Auffassung des Bundesverwaltungsgerichts lediglich dieselben Überlegungen wie bei der Prüfung, ob bestimmte Tätigkeiten dem Kernbereich eines Handwerks zuzuordnen ist, wiederholt werden. Im Ergebnis wird durch die Entscheidung des Bundesverwaltungsgerichts lediglich die

---

[613]) BVerwG, Urt. v. 25. Febr. 1992 - 1 C 87/89 - GewArch. 1993, S. 17 (18) = NVwZ-RR 1992, S. 547.
[614]) *Frotscher*, WVR, Rn 318.
[615]) Begründung zum Entwurf eines zweiten Gesetzes zur Änderung der Handwerksordnung und anderer handwerksrechtlicher Vorschriften, BT-Drucks. 13/9388 S. 17.

bisherige Kernbereichsrechtsprechung dahingehend präzisiert, daß unter der kurzen Zeit, innerhalb derer die in Frage stehenden Tätigkeiten so erlernbar sein müssen, daß sie fehlerfrei ausgeübt werden können, mehrere Monate gemeint sind.
In bezug auf das Fleischerhandwerk ändert sich durch die neue Rechtsprechung des Bundesverwaltungsgerichts nichts. Denn zur einwandfreien Ausführung des Fleischerhandwerks ist eine Anlernzeit von mehr als nur einigen Monaten erforderlich, weil hier zahlreiche verschiedene Arbeitsvorgänge von hohem Schwierigkeitsgrad, wie z.B. fachgerechtes Ausbeinen und Zerlegen in bratfertige Stücke, Zubereitung der Wurst usw., zusammenkommen.

3. Voraussetzungen für einen handwerklichen Nebenbetrieb

Typisch für einen landwirtschaftlichen Direktvermarkter, der Vieh zu bratfertigen Stücken, Wurst usw. verarbeitet, ist, daß er selbstgemästetes Vieh verwendet. Hier stellt sich die Frage, ob es sich bei der Weiterverarbeitung um einen handwerklichen Nebenbetrieb im Sinne des § 2 Nr. 3 HandwO handelt. Wie das allgemeine Gewerberecht den landwirtschaftlichen Nebenbetrieb, so kennt das Handwerksrecht den handwerklichen Nebenbetrieb. Im Unterschied zum landwirtschaftlichen Nebenbetrieb, der das rechtliche Schicksal des Hauptbetriebs teilt und daher keine Gewerbeanzeige nach § 14 Abs. 1 Satz 1 GewO erfordert, ist der handwerkliche Nebenbetrieb als eigenständiger Betrieb zu qualifizieren[616]. § 2 Nr. 3 HandwO bestimmt, daß die Vorschriften der Handwerksordnung auch für handwerkliche Nebenbetriebe gelten, die mit einem Unternehmen des Handwerks, der Industrie, des Handels, *der Landwirtschaft* oder sonstiger Wirtschafts- und Berufszweige verbunden sind. Für die in § 2 aufgezählten Betriebe gelten somit sämtliche Vorschriften der Handwerksordnung, also sowohl die Bestimmungen des ersten Teils über die Voraussetzungen für den selbständigen Betrieb eines Handwerks als stehendes Gewerbe als auch die organisationsrechtlichen Vorschriften des vierten Teils über die Zugehörigkeit zu den Zwangsinnungen[617]. Liegt ein handwerklicher Nebenbetrieb im Sinne des § 2 Nr. 3 HandwO vor, besteht insbesondere die Pflicht, sich in die Handwerksrolle eintragen zu lassen,[618] was wiederum

---

[616]) *Stober*, Handbuch, § 106 II.2.
[617]) *Musielak/Detterbeck*, Das Recht des Handwerks, § 2 Rn 4.
[618]) Die Eintragung in die Handwerksrolle geht einher mit der Zugehörigkeit zur Zwangsinnung, d.h. die Betreffenden sind zur Handwerkskammer wahlberechtigt und verpflichtet zur Aufbringung des Handwerkskammerbeitrages (vgl. *Kolbenschlag/Lessmann/Stücklen*, HandwO, S. 4). Die Pflichtmitgliedschaft in den Handwerkskammern und die damit verbundene Beitragspflicht sind mit Verfassungsrecht vereinbar und verstoßen nicht gegen europäisches Gemeinschaftsrecht (VGH BW, Urt. v. 2. Dez. 1997 - 9 S 2506/97 - GewArch. 1998, S. 164 f sowie *Laubinger*, VerwArch. 74 (1983), S. 263 (277 f.).

voraussetzt, daß die Voraussetzungen eines Tatbestandes nach § 7 HandwO vorliegen.
Für den Inhaber eines handwerklichen Nebenbetriebs besteht jedoch die erleichterte Eintragungsmöglichkeit nach § 7 Abs. 5 HandwO. Danach wird der Inhaber des handwerklichen Nebenbetriebes (§ 2 Nr. 2 und 3 HandwO) in die Handwerksrolle eingetragen, wenn der Leiter des Nebenbetriebs die Voraussetzungen für die Eintragung in die Handwerksrolle erfüllt. Hinter der Entscheidung des Gesetzgebers, daß der handwerkliche Nebenbetrieb nicht das rechtliche Schicksal des Hauptbetriebs teilt, steht die Überlegung, daß alle handwerklich Tätigen - insbesondere im Hinblick auf die Zulassungsbeschränkungen - gleich behandelt werden sollen[619].
Die Vorschriften der Handwerksordnung (keine Eintragungspflicht, keine Zugehörigkeit zur Zwangsinnung) gelten nach § 3 Abs. 1 HandwO für einen mit einem Unternehmen der Landwirtschaft verbundenen "handwerklichen Nebenbetrieb" dann nicht, wenn die Tätigkeit nur in unerheblichem Umfang ausgeübt wird. Diese Regelung ist für den landwirtschaftlichen Direktvermarkter von besonderem Interesse. Vor einem Eingehen auf das Kriterium der Erheblichkeit ist allerdings zu prüfen, ob die Voraussetzungen eines handwerklichen Nebenbetriebs vorliegen[620]. Sind diese nur unvollständig gegeben, scheidet die Pflicht, sich in die Handwerksrolle eintragen zu lassen, von vornherein aus.
Eine Legaldefinition des handwerklichen Nebenbetriebs enthält die Handwerksordnung nicht. Nach § 3 Abs. 1 HandwO liegt ein handwerklicher Nebenbetrieb im Sinne des § 2 Nr. 2 und 3 HandwO vor, wenn in ihm Waren zum Absatz an Dritte handwerksmäßig hergestellt oder Leistungen für Dritte handwerksmäßig bewirkt werden, es sei denn, daß eine solche Tätigkeit nur in unerheblichem Umfang ausgeübt wird, oder daß es sich um einen Hilfsbetrieb handelt. Jedoch ist die Begriffsumschreibung des § 3 Abs. 1 HandwO für sich genommen nicht erschöpfend[621]. Bei näherer Betrachtung handelt es sich hierbei auch weniger um eine Legaldefinition eines handwerklichen Nebenbetriebs, als vielmehr um eine Abgrenzung zum handwerklichen Hilfsbetrieb[622]. Denn würde man allein von dieser Begriffsbestimmung ausgehen, wäre jedem Gewerbebetrieb die Möglichkeit eröffnet, durch die Angliederung eines

---

619) *Eyermann/Fröhler/Honig*, HandwO, § 2 Rn 1; *Honig*, HandwO, § 2 Rn 1; *Musielak/Detterbeck*, Das Recht des Handwerks, § 2 Rn 2.

620) OVG NW, Urt. v. 6. Nov. 1963 - IV A 460/61 - GewArch. 1964, S. 168 (169); *Kollner*, GewArch. 1969, S. 49; *Möschel*, DB 1970, S. 2295 (2296).

621) *Musielak/Detterbeck*, Das Recht des Handwerks, § 3 Rn 2; *Schwappach/Klinge*, GewArch. 1987, S. 73.

622) *Fröhler*, GewArch. 1955/56, S. 80 (81 f.); a.A. *Stober*, Handbuch, § 106 II.2: Legaldefinition.

Nebenbetriebs ohne Meisterprüfung nahezu jedes Handwerk auszuüben[623]. Es ist fraglich, ob die Legaldefinition des handwerklichen Hilfsbetriebs in § 3 Abs. 3 HandwO zur Klärung der Voraussetzungen des handwerklichen Nebenbetriebs beizutragen imstande ist. Das Bundesverwaltungsgericht verneint dies überzeugend mit der Begründung, daß daraus, daß der Gesetzgeber das Vorliegen eines handwerklichen Hilfsbetriebs an bestimmte Kennzeichen knüpft, nicht notwendigerweise folgt, daß ein handwerklicher Nebenbetrieb dieselben - nur umgekehrten - Kennzeichen teilt[624].

Die Rechtsprechung hat in den vergangenen Jahrzehnten für den handwerklichen Nebenbetrieb folgende Kriterien entwickelt:

a) Das Merkmal der untergeordneten Bedeutung

Wie beim landwirtschaftlichen Nebenbetrieb im allgemeinen Gewerberecht[625] ist Voraussetzung für die Annahme eines handwerklichen Nebenbetriebs im Sinne von § 2 Nr. 3 HandwO zunächst, daß jener im Rahmen des Gesamtbetriebs von untergeordneter Bedeutung ist, d.h. daß das Schwergewicht der wirtschaftlichen Betätigung nicht auf ihm, sondern auf dem mit ihm verbundenen Betrieb - Hauptbetrieb - liegt[626]. Für das Verhältnis vom Hauptbetrieb zum Nebenbetrieb ist maßgebend, ob der handwerkliche Betriebsteil vor allem unter wirtschaftlichen Gesichtspunkten von untergeordneter Bedeutung ist. Für die Klärung der Frage, ob ein handwerklicher Nebenbetrieb vorliegt, kann daher der Umsatzvergleich hinsichtlich des Wertes der handwerksmäßig erbrachten Leistungen im Verhältnis zu den Umsätzen im übrigen erheblich sein[627].

b) Das Merkmal der Verbundenheit

§ 2 Nr. 2 und Nr. 3 HandwO bestimmen, daß die Vorschriften der Handwerksordnung auch für handwerkliche Nebenbetriebe gelten, die mit einem der dort aufgeführten Betriebe oder Unternehmen *verbunden* sind. Auf die Üblichkeit der Verbundenheit mehrerer Betriebe kommt es anders als beim landwirtschaftlichen Nebenbetrieb nicht an, weil Leitgedanke der Regelung über den handwerklichen Nebenbetrieb die wirtschaftliche Überlegung war, daß organisch verbundene Betriebe keiner rechtlich getrennten Bewewrtung unterworfen und damit auseinandergerissen werden sollen[628]. Rechtsprechung[629]

---

[623]) *Ambs* in: *Erbs/Kohlhaas*, Strafrechtliche Nebengesetze, § 3 HandwO Rn 2.

[624]) BVerwG, Urt. v. 25. Sept. 1969 - I C 50/65 - GewArch. 1970, S. 10.

[625]) Vgl. 2. Abschnitt II.2.b.aa).

[626]) OLG Düsseldorf, Beschl. v. 10. Mai 1983 - 5 Ss (OWi) 125/83 - 155/83 I - GewArch. 1983, S. 269.

[627]) BVerwG, Beschl. v. 26. Nov. 1982 - 5 B 9.81 - GewArch. 1983, S. 139; *Ambs* in: *Erbs/Kohlhaas*, Strafrechtliche Nebengesetze, § 3 HandwO, Rn 4.

[628]) *Lang*, BayVBl. 1958, S. 241 (242).

und Literatur[630] verlangen, daß die Verbundenheit wirtschaftlicher, organisatorischer und fachlicher Art ist.

- Eine *organisatorische Verbundenheit* wird angenommen, wenn die inneren Geschäftsbetriebe aufeinander abgestimmt[631] und gemeinsame innerbetriebliche Einrichtungen vorhanden sind. Ferner ist eine gewisse Eigenständigkeit des Nebenbetriebs erforderlich[632].

Organisatorische Verbundenheit ist z.B. dann zu bejahen, wenn der Verkauf der unbearbeiteten Produkte des Hauptbetriebs und der Verkauf der im Nebenbetrieb be- beziehungsweise verarbeiteten Produkte in *einer* Hand liegt.

- Voraussetzung für eine *wirtschaftliche Verbundenheit* ist, daß der Nebenbetrieb sich wirtschaftlich-unternehmerisch in das Gesamtunternehmen einordnen läßt,[633] d.h. wenn der (Neben-)Betrieb den wirtschaftlich-unternehmerischen Zwecken des Hauptbetriebs dient und seine Leistungen die Wirtschaftlichkeit und den Gewinn des Hauptbetriebs steigern[634].

Der Nebenbetrieb läßt sich z.B. dann wirtschaftlich-unternehmerisch in den Gesamtbetrieb einordnen, wenn das direktvermarktete Fleisch und die direktvermarktete Wurst von im Hauptbetrieb gezogenem Vieh stammt.

- Eine *fachliche*[635] *Verbundenheit* liegt vor, wenn die Leistungen des Nebenbetriebs vom wirtschaftlichen Standpunkt und vom Interesse des Kunden her gesehen eine sinnvolle Ergänzung und Erweiterung des Leistungsangebots des Hauptbetriebs darstellen[636]. Voraussetzungen hierfür sind eine gewisse funktionelle Selbständigkeit und ein wechselseitiger Zusammenhang bei Inanspruchnahme der Leistungen der beiden Betriebe[637].

Um bei dem Beispiel der Direktvermarktung von Fleisch zu bleiben: Die Direktvermarktung von Fleisch stellt vom wirtschaftlichen Standpunkt und vom Interesse des Kunden aus eine sinnvolle Ergänzung und Erweiterung des

---

629) BayObLG, Beschl. v. 21. Juli 1993 - OWi 35/93 - GewArch. 1993, S. 423 (424); VGH BW, Urt. v. 11. Juni 1992 - 14 S 322/90 - GewArch. 1993, S. 72 (74).

630)Vgl. z.B. *Baudisch*, GewArch. 1965, S. 217 (221).

631) *Baudisch*, GewArch. 1965, S. 217 (221).

632) *Ehlers* in: Achterberg/Püttner, Bes. VerwR Bd. 1, Kap. 1 Rn 265; *Schwappach/Klinge*, GewArch. 1987, S. 73 (74).

633) BVerwG, Urt. v. 19. Aug. 1986 - 1 C 2.84 - GewArch. 1987, S. 25; *Schwappach/Klinge*, GewArch. 1987, S. 73 (74).

634) *Baudisch*, GewArch. 1965, S. 217 (221).

635) Nach einem Urteil des LVG Rheinland-Pfalz vom 18. März 1961 (LVG. 182/50) abgedruckt in DVBl. 1951, S. 543 und *Steffens*, HandwO, §§ 2, 3 Anm. II 1 ist eine fachliche Verbundenheit nicht erforderlich. Diese Meinung ist jedoch mit der Entstehungsgeschichte der Handwerksordnung, den allgemeinen Grundsätzen des Handwerksrechts und insbesondere dem die Handwerksordnung beherrschenden Befähigungsgedanken nach heute wohl allgemeiner Meinung nicht vereinbar; vgl. *Musielak/Detterbeck*, Das Recht des Handwerks, § 3 Rn 5 m.w.N.

636) *Baudisch*, GewArch. 1965, S. 217 (221).

637) *Honig*, HandwO, § 3 Rn 7; *Schwappach/Klinge*, GewArch. 1987, S. 73 (74).

Leistungsangebots des Hauptbetriebs dar. Das Leistungsangebot des Hauptbetriebs kann z.B. im Verkauf von Obst und Gemüse und Getreide liegen.

Klärungsbedürftig ist, ob darüber hinaus eine rechtliche Identität zwischen dem Inhaber des handwerklichen Nebenbetriebs im Sinne des § 2 Nr. 3 HandwO und des landwirtschaftlichen Betriebes vorliegen muß.

Nach Auffassung eines Teils der Literatur ist eine solche rechtliche Identität erforderlich. Eine nähere Begründung hierfür wird nicht angegeben[638]. Demnach kann ein Nebenbetrieb z.B. nicht dem Sohn oder der Tochter gehören und der Hauptbetrieb den Eltern.

Nach Ansicht des OVG Hamburg ist eine rechtliche Identität zwischen dem Inhaber des handwerklichen Nebenbetriebs und dem des landwirtschaftlichen Betriebs nicht unbedingt erforderlich; vielmehr könne es auch genügen, daß Haupt- und Nebenbetrieb wirtschaftlich einer Person gehörten. Allerdings sei die unterschiedliche Rechtsform ein bedeutsames Indiz gegen die Verbundenheit von Betrieben im Sinne des § 2 HandwO. In derartigen Fällen müßten sehr gewichtige Gründe gefunden werden, damit trotz unterschiedlicher Rechtsformen ein handwerklicher Nebenbetrieb noch bejaht werden könne[639]. Ein Teil der Lehre folgt dieser Ansicht[640].

Zu folgen ist der Auffassung, die eine rechtliche Identität zwischen dem Inhaber des handwerklichen Nebenbetriebs und dem Inhaber des landwirtschaftlichen Betriebs fordert. Dafür sprechen zwei Überlegungen. Zum einen erscheint es naheliegend, auf die Grundsätze zurückzugreifen, die in der subsidiär geltenden Gewerbeordnung zum Begriff des landwirtschaftlichen Nebenbetriebes herausgearbeitet worden sind, weil die Handwerksordnung über das Verhältnis von Haupt- und Nebenbetrieb nichts aussagt[641]. Beim landwirtschaftlichen Nebenbetrieb ist eine rechtliche Identität zwischen dem Inhaber des landwirtschaftlichen Hauptbetriebes und dem Inhaber des landwirtschaftlichen Nebenbetriebes erforderlich[642]. Das spricht dafür, auch beim handwerklichen Nebenbetrieb eine rechtliche Identität zwischen dem Inhaber des landwirtschaftlichen Betriebs und des handwerklichen Nebenbetriebs zu fordern. Dieses Ergebnis wird durch eine zweite Überlegung gestützt: Da die Bestimmungen der Handwerksordnung über die handwerklichen Neben- und Hilfsbetriebe Ausnahmen von dem Grundsatz der Identität von Meister und

---

638) *Eyermann/Fröhler/Honig*, HandwO, § 3 Rn 1; *Honig*, HandwO, § 3 Rn 3.
639) OVG Hamburg, Urt. v. 11. Aug. 1992 - OVG Bf VI 125/91 - GewArch. 1993, S. 74 (75).
640) *Musielak/Detterbeck*, Das Recht des Handwerks, § 3 Rn 3.
641) *Fröhler*, GewArch. 1955/56, S. 80 (82); *Lang*, BayVBl. 1958, S. 241(242).
642) Vgl. 2. Abschnitt II.2.b.cc).

Betriebsinhaber festlegen, besitzen sie den Charakter von Ausnahmevorschriften. Sie sind eng auszulegen, damit nicht die Ausnahme zur Regel wird[643] und die für die handwerklichen Neben- und Hilfsbetriebe getroffenen Sonderregelungen zu einer Umgehung dieser der Handwerksordnung zugrundeliegenden Leitprinzipien mißbraucht werden[644]. Festzuhalten bleibt damit, daß der Inhaber des landwirtschaftlichen Hauptbetriebs auch Inhaber des handwerklichen Nebenbetriebs sein muß.

c) Das Merkmal der handwerksmäßigen Warenherstellung oder Leistungsbewirkung für Dritte

Ein handwerklicher Nebenbetrieb liegt nur dann vor, wenn in dem Betrieb Waren zum Absatz an Dritte handwerksmäßig hergestellt oder Leistungen für Dritte handwerksmäßig bewirkt werden. Der Nebenbetrieb muß in einem unmittelbaren Leistungsaustausch mit Dritten treten und seine Leistungen dürfen nicht ausschließlich für den Hauptbetrieb bestimmt sein. Erforderlich ist ein unmittelbarer Zugang des handwerklichen Nebenbetriebs zum Markt[645]. Ist ein solcher unmittelbarer Zugang nicht gegeben, liegt ein Hilfsbetrieb im Sinne des § 3 Abs. 3 HandwO vor (§ 3 Abs. 3 Nr. 1 HandwO). Ein Hilfsbetrieb läge im übrigen aber auch dann vor, wenn Leistungen an Dritte bewirkt werden, diese sich aber als untergeordnete beziehungsweise gänzlich vom Hauptbetrieb abhängige Leistungen darstellen (§ 3 Nr. 2 Buchst. a) - d)).

Wenn alle Voraussetzungen eines handwerklichen Nebenbetriebs vorliegen, ist eine Eintragungspflicht in die Handwerksrolle mit allen damit verbundenen Nachteilen gegeben, soweit die Tätigkeit nicht nur in einem unerheblichen Umfang ausgeübt wird, § 3 Abs. 1 HandwO. Wird die Unerheblichkeitsgrenze nicht erreicht, finden die Regelungen der Handwerksordnung keine Anwendung; insbesondere ist keine Eintragung in die Handwerksrolle erforderlich[646]. Eine Tätigkeit ist nach § 3 Abs. 2 HandwO dann unerheblich, wenn sie während eines Jahres den durchschnittlichen Umsatz *und* die durchschnittliche Arbeitszeit eines ohne Hilfskräfte arbeitenden Betriebs des betreffenden Handwerkszweiges nicht überschreitet. Klarzustellen bleibt, daß die Überschreitung auch nur einer der beiden Voraussetzungen (Umsatz oder Arbeitszeit) genügt, damit die Unerheblichkeitsgrenze des § 3 Abs. 2 HandwO überschritten wird. Das ergibt sich zwanglos aus dem Wortlaut von § 3 Abs. 2 HandwO durch die Verwendung des Wortes "und"[647].

---

643) *Philipp*, GewArch. 1955/56, S. 149 (150).
644) *Fröhler*, GewArch. 1955/56, S. 80 (81); *Philipp*, GewArch. 1955/56, S. 149 (150).
645) *Ehlers* in: Achterberg/Püttner, Bes. VerwR Bd. 1, Kap. 1 Rn 56.
646) OVG NW, Urt. v. 6. Nov. 1963 - IV A 460/61 - GewArch. 1964, S. 168 (169); *Möschel*, DB 1970, S. 2205 (2206).
647) BayVGH, Urt. v. 8. Dez. 1975 - 51 VI 75 - GewArch. 1976, S. 333; BayObLG, Beschl.

Bei der Bestimmung der durchschnittlichen Arbeitszeit ist zu berücksichtigen, daß bei dem Inhaber eines handwerklichen Nebenbetriebs die kaufmännischen Arbeiten usw. hinzukommen[648]. Nach einem Urteil des OVG Nordrhein-Westfalen aus dem Jahr 1976 ist die durchschnittliche wöchentliche Arbeitszeit eines ohne Hilfskräfte arbeitenden (Ein-Mann-) Fleischereibetriebes mit etwa 70 Stunden anzusetzen. Dieser zunächst sehr hoch erscheinende Aufwand an Arbeitszeit setzt sich im einzelnen zusammen aus den üblichen Ladenöffnungszeiten zwischen 7.00 Uhr und 18.30 Uhr an Werktagen außer Samstagen und von 7.00 bis 14.00 Uhr an Samstagen. Hinzuzurechnen ist noch eine entsprechende Vorbereitungszeit zum Einräumen der Theken, zum Auszeichnen der Ware und zum Zuschnitt für den ladenfertigen Verkauf und nach Geschäftsschluß zum Aufräumen und Reinigen des Ladenlokals. Selbst wenn ein ohne Hilfskräfte arbeitender Betrieb sein Ladengeschäft während der geschäftsschwachen Zeit geschlossen hält, ist zu berücksichtigen, daß er Zeit für die Herstellung von Fleisch- und Wurstwaren aufwenden muß[649].

Diese Zahlen mögen zwar hoch gegriffen erscheinen. Eine Bestätigung erfahren sie indes dadurch, daß die Handwerkskammer Rheinhessen in Mainz auf Anfrage des Verfassers die Auskunft erteilte, daß bei einem ohne Hilfskräfte arbeitenden Metzgereibetrieb aufgrund ihr vorliegender Betriebsvergleiche von einer durchschnittlichen wöchentlichen Arbeitszeit von mindestens 64 Stunden auszugehen sei.

Nimmt man entgegen der hier vertretenen Auffassung an, daß der Bauernbrot backende Landwirt ein Bäckerhandwerk ausübt, kommt es auf die durchschnittliche wöchentliche Arbeitszeit von Ein-Mann-Bäckereibetrieben an. Diese soll bei 50-60 Stunden anzusetzen sein[650].

Der Vollständigkeit halber soll auch auf die durchschnittliche Wochenarbeitszeit von Ein-Mann-Mühlenbetrieben eingegangen werden. Hierfür liegen keine Zahlen von öffentlichen Stellen vor. Da bei einem Mühlenbetrieb keine Ladenöffnungszeiten zu beachten sind, dürfte hier die durchschnittliche Wochenarbeitszeit um mindestens 10 Stunden niedriger anzusetzen sein als bei einem Ein-Mann-Fleischereibetrieb, also bei ca. 60 Stunden.

Das Verzeichnis der Unerheblichkeitsgrenzen der Handwerksumsätze für das Jahr 1994, das von dem Haus des Deutschen Handwerks am 14. Februar 1997 an die Handwerkskammern und Regionalen Handwerkskammertage ausgegeben

---

v. 6. Aug. 1984 - 3 Ob OWi 43/84 - GewArch. 1984, S. 383; OVG NW, Urt. v. 13. Sept. 1976 - IV A 141/74 - GewArch. 1977, S. 196 = Agrarrecht 1978, S. 27; *Ambs* in: Erbs/Kohlhaas, Strafrechtliche Nebengesetze, § 3 HandwO Rn 6; *Musielak/Detterbeck*, Das Recht des Handwerks, § 3 Rn 10.

[648]) BayVGH, Urt. v. 8. Dez. 1975 - 51 VI 75 - GewArch. 1976, S. 333 (334).

[649]) OVG NW, Urt. v. 13. Sept. 1976 - IV A 141/74 - GewArch. 1977, S. 196 = Agrarrecht 1978, S. 27.

[650]) Top agrar Spezial Nr. 8/1992 S. 31.

worden ist, gibt Aufschluß über die Durchschnittsumsätze der Handwerksunternehmen der verschiedenen Handwerkssparten. Diese Durchschnittsumsätze wurden auf der Basis der neuen Handwerkszählung 1995 ermittelt. Sie entsprechen der gesetzlichen Definition des § 3 Abs. 2 HandwO. Die Zahlen für die Durchschnittsumsätze stammen aus offiziellen und allgemein zugänglichen Veröffentlichungen des Statistischen Bundesamts[651]. Danach ist bei einem Ein-Mann-Bäckereibetrieb von einem Durchschnittsumsatz von 87.300 DM im Jahr 1994 auszugehen. Bei einem Ein-Mann-Fleischerei-Betrieb betrug der Durchschnittsumsatz 1994 62.800 DM und bei einem Ein-Mann-Müllerbetrieb 133.800 DM[652]. Wird diese Grenze überschritten, handelt es sich nicht mehr um einen unerheblichen Nebenbetrieb im Sinne des § 3 Abs. 1 HandwO. Festzuhalten bleibt, daß ein Inhaber eines handwerklichen Nebenbetriebs darauf achten sollte, daß er weder den für ihn maßgeblichen Durchschnittsumsatz noch die für ihn maßgebliche Durchschnittsarbeitszeit pro Woche überschreitet, wenn er nicht die Voraussetzungen zur Eintragung in die Handwerksrolle erfüllt.

4. Voraussetzungen für die Eintragung in die Handwerksrolle

Bei einer Überschreitung der Unerheblichkeitsgrenze besteht eine Pflicht zur Eintragung in die Handwerksrolle. Über die Eintragung in die Handwerksrolle nach § 10 Abs. 1 HandwO stellt die Handwerkskammer eine Bescheinigung, die sogenannte Handwerkskarte, aus. Nach § 16 Abs. 1 HandwO ist diese gleichzeitig mit der nach § 14 Abs. 1 Satz 1 GewO erforderlichen Anzeige über die Aufnahme des Gewerbebetriebs der zuständigen Behörde vorzulegen. Im übrigen bestehen nach § 10 Abs. 2 HandwO bestimmte Anzeigepflichten gegenüber der örtlich zuständigen Handwerkskammer[653].
Grundsätzlich wird in die Handwerksrolle nach § 7 Abs. 1 Satz 1 HandwO nur derjenige eingetragen, der in dem von ihm zu betreibenden Handwerk die Meisterprüfung bestanden hat. Nach § 7 Abs. 3 HandwO wird in die Handwerksrolle ferner eingetragen, wer eine Ausnahmebewilligung nach § 8 oder § 9 HandwO für das zu betreibende Handwerk oder für ein diesem verwandtes Handwerk besitzt. Schließlich wird nach § 7 Abs. 5 HandwO auch der Inhaber eines handwerklichen Nebenbetriebs in die Handwerksrolle eingetragen, wenn der Leiter des Nebenbetriebs (z.B. angestellter Schlachtermeister) die Voraussetzungen für die Eintragung in die Handwerksrolle erfüllt.

---

[651]) Vgl. Rundschreiben an die Handwerkskammern und Regionalen Handwerkskammertage, S. 1.

[652]) Vgl. das Rundschreiben an die Handwerkskammern und Regionalen Handwerkskammertage, S. 3.

[653]) Vgl. hierzu sowie den Rechtsschutzmöglichkeiten im Falle der Löschung nach § 13 Abs. 1 HandwO: *Ziekow*, JuS 1992, S. 728 (730).

Für landwirtschaftliche Direktvermarkter stellt sich vor allem die Frage, ob die Erteilung einer Ausnahmebewilligung nach § 7 Abs. 3 HandwO in Betracht kommt, wonach in die Handwerksordnung auch eingetragen wird, wer eine Ausnahmebewilligung nach § 8 oder § 9 HandwO für das zu betreibende Handwerk oder für ein diesem verwandtes Handwerk besitzt. Die Möglichkeit der Erteilung einer Ausnahmebewilligung nach § 9 HandwO bezieht sich auf Angehörige der EU-Mitgliedstaaten und wird daher für landwirtschaftliche Direktvermarkter kaum jemals eine Rolle spielen. Behandelt wird daher im folgenden nur eine Ausnahmebewilligung nach § 8 HandwO. Diese setzt nach § 8 Abs. 1 Satz 1 HandwO voraus, daß der Antragsteller

a) die zur selbständigen Ausübung des zu betreibenden Handwerks notwendigen Kenntnisse und Fertigkeiten nachweisen kann, wobei seine bisherigen beruflichen Erfahrungen und Tätigkeiten zu berücksichtigen sind und

b) ein Ausnahmefall vorliegt.

Nach § 8 Abs. 1 Satz 2 HandwO liegt ein Ausnahmefall vor, wenn die Ablegung der Meisterprüfung zum Zeitpunkt der Antragstellung oder danach für ihn eine unzumutbare Belastung bedeuten würde. Bei der Prüfung des Einzelfalls ist zu berücksichtigen, daß es angesichts der detaillierten gesetzlichen Regelungen nicht Sinn der Ausnahmebewilligung sein kann, durch eine erhebliche Erleichterung der fachlichen Anforderungen unqualifizierten Bewerbern den Weg zur selbständigen Ausübung des Handwerks zu ermöglichen[654]. Andererseits hat das Bundesverfassungsgericht im Hinblick auf Art. 12 Abs. 1 GG gefordert, bei der Erteilung von Ausnahmebewilligungen großzügig zu verfahren[655]. Bei der Entscheidung über die Erteilung der Ausnahmebewilligung ist diesen beiden Gesichtspunkten hinreichend Rechnung zu tragen. Indes ist es auch nach Ansicht des Bundesverfassungsgericht mit dem Grundgesetz vereinbar, daß das Gesetz mit den für eine Ausnahmebewilligung nach § 8 HandwO vorausgesetzten Kennntnisse und Fertigkeiten etwa die gleiche Befähigung fordert, wie sie in der Meisterprüfung nachgewiesen sein muß[656]. Es gilt in der höchstrichterlichen Rechtsprechung als geklärt, daß für die Meisterprüfung außer den notwendigen handwerklichen Kenntnissen und Fähigkeiten auch die zur einwandfreien Führung eines selbständigen Handwerksbetriebs erforderlichen betriebswirtschaftlichen, kaufmännischen und allgemein-theoretischen Grundlagenkenntnisse verlangt werden dürfen[657]. In der

---

[654]) BVerwG, Beschl. v. 6. Okt. 1989 - 1 B 145/89 - NVwZ-RR 1990, S. 242; BVerwG, Beschl. v. 14. Febr. 1994 - 1 B 152/93 - GewArch. 1994, S. 250; *Stober*, WVR, § 48 III 2a.

[655]) BVerfGE, Beschl. v. 17. Juli 1961 - 1 BvL 44/55- BVerfGE 13, S. 97, 122; so auch BVerwG, Urt. v. 23. Juni 1990 - 1 C 22.88 - GewArch. 1991, S. 386.

[656]) BVerfG, Beschl. v. 17. Juli 1961 - 1 BvL 44/55 - BVerfGE 13, S. 97 (118).

[657]) BVerfG, Beschl. v. 17. Juli 1961 - 1 BvL 44/55 - BVerfGE 13, S. 97 (118); BVerwG, Urt. v. 26. Jan. 1962 - BVerwG VII C 68.59 - BVerwGE 13, S. 317 (318); BVerwG, Beschl. v. 14. Febr. 1994 - 1 B 152/93 - GewArch. 1994, S. 250.

Praxis führt dies dazu, daß von der Möglichkeit, eine Ausnahmebewilligung nach § 8 HandwO zu erteilen, nur restriktiv Gebrauch gemacht wird.
Eine unzumutbare Belastung wegen vorgerückten Alters wird z.B. verneint, wenn der Antragsteller seine Unkenntnis über die Notwendigkeit der Ablegung einer Meisterprüfung zur Führung seines Betriebs selbst zu verantworten und es damit schuldhaft unterlassen hat, die erforderliche Meisterprüfung zu einer Zeit abzulegen, als ihm die Ablegung derselben noch zumutbar war. Es wird erwartet, daß jeder, der einen handwerklichen Betrieb eröffnet, sich über die handwerksrechtlichen Erfordernisse informiert. Läßt der Betreffende aus diesem Grund wertvolle Zeit zur Vorbereitung und Ablegung der Meisterprüfung verstreichen und wartet er ab, bis die zuständige Handwerkskammer gegen ihn wegen unberechtigter Handwerksausübung einschreitet, kann er sich nicht mehr mit Erfolg auf sein inzwischen vorgerücktes Alter oder nunmehr verstärkt auftretenden gesundheitliche Beschwerden zur Begründung eines Ausnahmefalls berufen[658].

5. Voraussetzungen für die Eintragung einer Gesellschaft des bürgerlichen Rechts in die Handwerksrolle

Zunehmend werden auch landwirtschaftliche Betriebe durch eine juristische Person betrieben oder mehrere Landwirte schließen sich aus betriebswirtschaftlichen Gründen zu einer Gesellschaft des bürgerlichen Rechts zusammen.
Nach § 7 Abs. 4 Satz 1 HandwO können auch juristische Personen in die Handwerksrolle eingetragen werden, wenn der Betriebsleiter die Voraussetzungen für die Eintragung in die Handwerksrolle erfüllt. Entschließt sich also ein landwirtschaftlicher Direktvermarkter zum Beispiel zur Gründung einer GmbH, muß er einen Betriebsleiter - gegebenenfalls sich selbst - einstellen, der die Meisterprüfung bestanden hat (§ 7 Abs. 1 Satz 1 HandwO) oder die Voraussetzungen für eine Ausnahmebewilligung erfüllt (§§ 8, 9 HandwO)[659].
Die Handwerksordnung enthält auch Regelungen zur Eintragung in die Handwerksrolle für den Fall, daß sich z.B. mehrere Landwirte zur Ausnutzung von Synergieeffekten zu einer Gesellschaft des bürgerlichen Rechts zusammenschließen und zusammen einen handwerklichen Betrieb führen wollen. Nach § 7 Abs. 4 Satz 2 HandwO wird eine Personengesellschaft in die Handwerksrolle eingetragen, wenn für die technische Leitung ein persönlich haftender Gesellschafter verantwortlich ist, der die Voraussetzungen für die

---

[658]) HessVGH, Urt. v. 12. März 1984 - VIII OE 23/81 - GewArch. 1984, S. 384.
[659]) Da, wie oben (3. Abschnitt II.3.b) festgestellt, zwischen dem Inhaber des Hauptbetriebs und dem Inhaber des Nebenbetriebs Personenidentität bestehen muß, scheidet in diesem mangels Vorliegens eines Nebenbetriebs eine Anwendung von § 7 Abs. 5 HandwO aus.

Eintragung in die Handwerksrolle erfüllt. Erfüllt keiner der Landwirte die Voraussetzungen für die Eintragung in die Handwerksrolle, so muß jemand - im Falle der Fleischverarbeitung in der Regel ein Metzgermeister - eingestellt werden, der die Voraussetzungen für die Eintragung erfüllt. Dieser muß

a) persönlich haftender Gesellschafter sein und

b) für die technische Leitung verantwortlich sein.

Jemand ist persönlich haftender Gesellschafter nach §§ 705, 714, 718 BGB, wenn im Gesellschaftsvertrag eine Beschränkung der gesetzlichen Haftung gegenüber den Gläubigern nicht vorgesehen ist. Eine im Innenverhältnis vereinbarte Freistellung ist unschädlich[660].

Das Merkmal der Verantwortlichkeit für die technische Leitung knüpft an das Leitbild vom selbständigen Handwerksmeister in seinem Handwerksbetrieb an, d.h. die fachliche technische Leitung des von einer Personengesellschaft betriebenen Handwerks soll tatsächlich in der Hand des zum technischen Betriebsleiter bestellten Handwerkers liegen. Das setzt einerseits voraus, daß der Handwerksmeister aufgrund seiner vertraglichen Stellung zu der Personengesellschaft rechtlich in der Lage ist, den gesetzlich geforderten bestimmenden Einfluß auf den Handwerksbetrieb zu nehmen. Darüber hinaus ist notwendig, daß der Betriebsleiter die ihm eingeräumte rechtliche Position tatsächlich ausfüllen kann und ausfüllt. Insofern hat der Betriebsleiter verantwortlich dafür zu sorgen, daß die handwerklichen Arbeiten "meisterhaft" ausgeführt werden. Er hat also persönlich den Arbeitsablauf zu steuern, zu betreuen und zu überwachen. Seine Tätigkeit darf sich nicht etwa auf eine schlichte Kontrolle des Arbeitsergebnisses beschränken und muß so angelegt sein, daß sie die handwerkliche Güte der Arbeit gewährleistet[661].

Erhält ein Betriebsleiter nach dem Gesellschaftsvertrag für seine Leitungs- und Überwachungstätigkeit keine Vergütung, spricht das dafür, daß ein Betriebsleiter nicht den notwendigen Leitungs- und Überwachungstätigkeiten mit dem erforderlichen Einsatz nachkommt und bereit ist, die entsprechende Verantwortung zu übernehmen. Für ein Strohmann-Verhältnis[662] spricht ferner, wenn der Betriebsleiter nach dem Gesellschaftsvertrag nicht befugt ist, die Gesellschaft im Rechtsverkehr nach außen zu vertreten. Weitere Indizien für ein Strohmann-Verhältnis sind außerdem, daß der Betriebsleiter keine Rechte oder

---

660) VG Lüneburg, Urt. v. 14. Jan. 1998 - 5 A 61/96 - GewArch. 1998, S. 205.

661) BVerwG, Urt. v. 16. April 1991 - 1 C 50.88 - GewArch. 1991, S. 352 (353); BayVGH, GewArch. 1983, S. 91 (92); OVG Lüneburg, Urt. v. 25. Sept. 1994 - 8 L 8815/91- GewArch. 1994, S. 1994, S. 171; OVG RP, Urt. v. 5. Jan. 1983 - 2 A 80/82 - GewArch. 1983, S. 93; *Honig*, WiVerw. 1980, S. 124 (128 ff.); *Schotthöfer*, GewArch. 1981, S. 114 (116 f.).

662) Von einem Strohmannverhältnis spricht man, wenn jemand zwar dem Namen nach als Träger des Gewerbebetriebs in Erscheinung tritt, in Wahrheit aber nur den Namen für einen anderen Gewerbetreibenden hergibt, um diesem - in Verschleierung der tatsächlichen Verhältnisse - die Gewerbeausübung zu ermöglichen, vgl. *Stober*, WVR, § 46 I 2 b.

Beteiligungen am Betriebsinventar hat und ihm auch sonst keine Rechte oder Pflichten als Gesellschafter oder Beteiligungen am Gesellschaftsvermögen zustehen oder die tatsächlichen Umsatzerlöse es nicht zulassen, in dem Betrieb einen Betriebsleiter gegen angemessenes Entgelt zu beschäftigen[663]. Steht auch eine im Innenverhältnis vereinbarte Freistellung - wie oben festgestellt - dem Merkmal des persönlich haftenden Gesellschafters nicht entgegen, so ist jedoch eine angemessene Haftungsbeteiligung erforderlich, um die ständige und effektive Betriebsüberwachung durch den Meistergesellschafter sicherzustellen[664].

6. Die Eintragung in die Handwerksrolle von Amts wegen

Liegen die Voraussetzungen für die Eintragung in die Handwerksrolle vor, erfolgt die Eintragung nach § 10 Abs. 1 HandwO von Amts wegen, wenn zwar ein befähigter Betriebsleiter vorhanden ist, der Inhaber des Betriebs aber keinen Antrag auf Eintragung nach § 16 Abs. 2 HandwO stellt. Dabei ist unerheblich, ob es sich um einen Handwerksbetrieb im Sinne von § 1 Abs. 1 HandwO oder einen eintragunsgpflichtigen Nebenbetrieb im Sinne des § 2 Nr. 3 HandwO handelt. Denn auf einen eintragungspflichtigen handwerklichen Nebenbetrieb finden die Vorschriften der Handwerksordnung uneingeschränkt Anwendung[665]. Der Handwerkskammer steht bei der Entscheidung über die Eintragung kein Ermessen oder Beurteilungsspielraum zu[666]. Die beabsichtigte Eintragung ist nach § 11 1. Halbsatz HandwO dem Gewerbetreibenden mitzuteilen. Die gleichzeitige Mitteilung an die Industrie- und Handelskammer nach § 11 2. Halbsatz entfällt bei einem landwirtschaftlichen Direktvermarkter, weil dieser der Industrie- und Handelskammer kaum jemals angehören wird. Nach § 12 HandwO steht dem betroffenen Betriebsinhaber gegen die Entscheidung über die Eintragung der Verwaltungsrechtsweg offen. Die Eintragung selbst kann nur dann selbständig angefochten werden, wenn die Mitteilung nach § 11 HandwO nicht erfolgt ist. Anderenfalls ist diese anzufechten[667]. Ist die Mitteilung nach § 11 HandwO unterblieben, ist die angefochtene Entscheidung wegen Verstoßes gegen eine zwingende Verfahrensvorschrift aufzuheben[668]. Ist die Mitteilung nach § 11 HandwO erfolgt und bestandskräftig geworden, kann die Eintragung nur noch dann erfolgreich angefochten werden, wenn Einwendungen

---

[663]) VG Lüneburg, Urt. v. 14. Jan. 1998 - 5 A 61/96 - GewArch. 1998, S. 205 (206).

[664]) OVG Lüneburg, Urt. v. 25. Sept. 1992 - 8 L 8815/91 - GewArch. 1994, S. 171.

[665]) Vgl. z.B. *Arndt* in: Steiner, Bes. VerwR, Abschnitt VII Rn 319; *Klinge* in: Aberle, HwO-Komm., § 10 Rn 8.

[666]) *Ziekow*, JuS 1992, S. 728 (730).

[667]) *Meier* in: Schmidt, Kompendium, § 10 Rn 72.

[668]) *Honig*, HandwO, § 12 Rn 4; *Ziekow*, JuS 1992, S. 728 (732). Das Urteil lautet auf Unwirksamkeit der Eintragung, nicht auf Löschung, vgl. *Meier* in: Schmidt, Kompendium, § 10 FN 139.

vorgebracht werden, die erst nach Eintritt der Unanfechtbarkeit der Mitteilung zu einer Änderung der Sach- und Rechtslage geführt haben[669]. Statthafte Rechtsbehelfe sind in diesem Fall Widerspruch und Anfechtungsklage[670]. Für einen landwirtschaftlichen Direktvermarkter dürfte der praktisch bedeutsamste Fall einer nachträglichen Änderung der Sach- und Rechtslage darin liegen, daß er seinen Handwerksbetrieb inzwischen nur noch in den Grenzen eines unerheblichen handwerklichen Nebenbetriebs ausübt[671].

7. Folgen von Verstößen gegen die Handwerksordnung

Übt ein Landwirt ein eintragungspflichtiges Handwerk aus, ohne in die Handwerksrolle eingetragen zu sein, handelt er nach § 117 Abs. 1 Nr. 1 HandwO ordnungswidrig. Diese Ordnungswidrigkeit kann nach § 117 Abs. 2 HandwO mit einer Geldbuße bis zu 20.000 DM geahndet werden. § 118 HandwO enthält weitere Ordnungswidrigkeitstatbestände, die sich mit dem Unterlassen der Anzeigepflicht nach § 16 Abs. 2 und nach § 18 Abs. 1 HandwO, den diversen Auskunftspflichten und Duldungspflichten, denen Handwerksbetriebe unterliegen, sowie der Lehrlingsausbildung befassen. Von Relevanz für landwirtschaftliche Direktvermarkter dürften vor allem § 118 Abs. 1 Nr. 1 HandwO und § 118 Abs. 1 Nr. 2 HandwO sein. Nach § 118 Abs. 1 Nr. 1 HandwO handelt derjenige ordnungswidrig, der seiner Pflicht zur Anzeige über den Beginn und die Beendigung seines Handwerksbetriebs beziehungsweise in den Fällen des § 4 HandwO und des § 7 Abs. 4 und 5 HandwO seiner Pflicht zur Anzeige der Bestellung und Abberufung des Betriebsleiters bei der Handwerkskammer, in deren Bezirk sein Betrieb liegt, nicht nachkommt. Wer den ihm obliegenden diversen Auskunfts- und Vorlegungspflichten sowie der Pflicht, das Betreten von Grundstücken oder Geschäftsräumen oder die Vornahme von Prüfungen oder Besichtigungen zu dulden, nicht nachkommt, handelt nach § 118 Abs. 1 Nr. 2 HandwO ordnungswidrig. § 118 Abs. 1 Nr. 3 bis Nr. 6 HandwO befaßt sich mit Verstößen gegen die handwerksrechtlichen Vorschriften über die Lehrlingsausbildung. Diese Vorschriften dürften für den landwirtschaftlichen Direktvermarkter von nur geringer Relevanz sein, weil er in

---

[669]) *Kliesch* in: Aberle, HwO-Komm., § 11 Rn 12; *Kopp/Schenke*, VwGO, Anhang zu § 167 Rn 19; *Musielak/Detterbeck*, Das Recht des Handwerks, § 11 Rn 9 ff.

[670]) So die wohl herrschende Meinung: vgl. *Kopp/Schenke*, VwGO, Anhang zu § 167 Rn 19; *Musielak/Detterbeck*, Das Recht des Handwerks, § 11 Rn 12; *Ziekow*, JuS 1992, S. 728 (730). A.A. *Honig*, § 13 Rn 17 m.w.N.: Vollstreckungsgegenklage analog §§ 173 VwGO, 767 ZPO. A.A. auch *Ehlers* in: Achterberg/Püttner, Bes. VerwR, Bd. 1, Kap. 1 Rn 284: Leistungsklage beziehungsweise Feststellungsklage.

Rn 17 m.w.N.: Vollstreckungsgegenklage analog §§ 173 VwGO, 767 ZPO. A.A. auch *Ehlers* in: Achterberg/Püttner, Bes. VerwR, Bd. 1, Kap. 1 Rn 284: Leistungsklage beziehungsweise Feststellungsklage.

[671]) Vgl. zu den Grenzen des unerheblichen handwerklichen Nebenbetriebs oben 3. Abschnitt III.3.c).

der Regel einen Ein-Mann-Betrieb führen und daher keinen Anlaß und keine Gelegenheit zur Lehrlingsausbildung haben wird.
Festzuhalten bleibt noch, daß sich derjenige, der die Ordnungswidrigkeitstatbestände der §§ 117 und 118 HandwO nur fahrlässig verwirklicht, nicht strafbar macht, weil die fahrlässige Begehung nicht für ausdrücklich verfolgbar erklärt worden ist (§ 10 OWiG)[672]. Bedingter Vorsatz reicht aus. Dagegen befreit der Irrtum über Tatbestandsmerkmale[673], wie z.B. Unkenntnis von der fehlenden Eintragung in die Handwerksrolle, von der Ahndbarkeit stets. Dagegen entschuldigt ein Irrtum über rechtliche Befugnisse unter Kenntnis der Tatumstände[674], wie z.B. die irrige Annahme, auch ohne Eintragung in die Handwerksrolle einen Handwerksbetrieb führen zu dürfen, nur dann, wenn der Betreffende bei Anspannung seines Gewissens nach Kenntnissen, Fähigkeiten und Erkundigungsmöglichkeiten zu diesem Ergebnis gekommen ist[675].
Übt ein landwirtschaftlicher Direktvermarkter ein Handwerk aus, ohne in der Handwerksrolle eingetragen zu sein, kann die zuständige Behörde daneben oder wahlweise statt eines Bußgeldverfahrens nach § 117 Abs. 1 Nr. 1 HandwO ein Verfahren auf Betriebsschließung nach § 16 Abs. 3 HandwO einleiten[676].
Im Falle der Unzuverlässigkeit[677] des nicht in die Handwerksrolle eingetragenen Betriebsinhabers kann auch eine Gewerbeuntersagung nach § 35 Abs. 1 GewO erfolgen[678]. § 35 Abs. 1 GewO ist dann neben § 16 Abs. 3 HandwO anwendbar, wenn sich herausstellt, daß ein in die Handwerksordnung eingetragener Handwerker unzuverlässig ist[679]. Das folgt daraus, daß § 35 Abs. 8 GewO, wonach § 35 Abs. 1 GewO bei einem Eingreifen von spezialgesetzlichen auf die Unzuverlässigkeit des Gewerbetreibenden abstellenden besonderen Untersagungs- oder Betriebsschließungsvorschriften unanwendbar ist, nicht für die Fälle des § 16 Abs. 3 und 4 HandwO gilt, weil diese nicht auf die Unzuverlässigkeit abstellen[680]. Denn eine Unzuverlässigkeit im Sinne des § 35 Abs. 1 GewO liegt nicht bereits dann vor, wenn einem Betriebsinhaber die

---

[672]) *Webers* in: Aberle, HwO-Komm, § 118 Rn 2.
[673]) Verbotsirrtum im Sinne des § 11 Abs. 1 Satz 1 OWiG.
[674]) Verbotsirrtum Im Sinne des § 11 Abs. 2 OWiG.
[675]) Ambs in: Erbs/Kohlhaas, Strafrechtliche Nebengesetze, § 117 HandwO Rn 1.
[676]) *Honig*, HandwO, § 16 Rn 16.
[677]) Zum Begriff der Unzuverlässigkeit vgl. 2. Abschnitt II. 1.
[678]) OVG Lüneburg, Urt. v. 22. Mai 1962 - III OVG - A 96/61 - GewArch. 1962, S. 269 m.w.N.
[679]) Bei einer Gewerbeuntersagung nach § 35 Abs. 1 GewO ist das Übermaßverbot zu beachten, vgl. oben 3. Abschnitt II.7.
[680]) OVG Lüneburg, Urt. v. 26. Okt. 1956 - III A 84/56 - GewArch. 1957, S. 133; OVG NW, Urt. v. 22. Jan. 1958 - VI A 1425/57 - THWE Nr. 248; BayVGH, Beschl. v. 26. Aug. 1975 - 85/VI 75 - GewArch. 1976, S. 91; *Robinski*, Gewerberecht, S. 186 f.; *Ziekow*, JuS 1992, S. 728 (731) m.w.N.

gesetzlich geforderte Sachkunde fehlt[681]. Die Unanwendbarkeit von § 35 Abs. 8 GewO folgt auch daraus, daß die Handwerksordnung nicht wie die Gewerbeordnung besonderes Ordnungsrecht darstellt, sondern vom Gedanken des Mittelstandsschutzes geprägt ist[682].

Erfolgt eine Gewerbeuntersagung nach § 35 Abs. 1 GewO, führt dies auch zur Löschung in der Handwerksrolle nach § 13 Abs. 1 HandwO. Dies ergibt sich aus folgender Überlegung: § 6 Abs. 1 und § 7 Abs. 1 Satz 1 HandwO setzen ein zu betreibendes Handwerk voraus. Daraus folgt, daß für eine zulässige Eintragung in die Handwerksrolle ein Handwerk im Sinne des § 1 Abs. 2 HandwO tatsächlich betrieben werden muß oder alsbald betrieben werden soll. Da aber eine Untersagung nach § 35 Abs. 1 Satz 1 GewO zu einer Betriebseinstellung führt, liegt im Falle einer Gewerbeuntersagung kein zu betreibendes Handwerk mehr vor. Damit liegen die Voraussetzungen für eine Eintragung nicht mehr vor, so daß eine Löschung von Amts wegen nach § 13 Abs. 1 HandwO erfolgt[683].

Entschließt sich die Behörde zu einem Verfahren auf Betriebsschließung nach § 16 Abs. 3 HandwO, muß eine ausdrückliche Untersagung des ohne Eintragung in die Handwerksrolle betriebenen Handwerks nach § 16 Abs. 4 HandwO erfolgen, bevor die Fortsetzung nach § 16 Abs. 4 HandwO zwangsweise[684] verhindert werden darf. Das ergibt sich aus dem Zusammenspiel von § 16 Abs. 3 HandwO und § 16 Abs. 4 HandwO. Denn § 16 Abs. 3 Satz 1 HandwO nennt die Voraussetzungen, bei deren Vorliegen die zuständige Behörde die Fortsetzung des Betriebes untersagen kann, und § 16 Abs. 4 HandwO besagt, in welcher Weise die Ausübung des (bereits) untersagten Gewerbes verhindert werden kann, nämlich durch Schließung der Betriebs- und Geschäftsräume oder durch andere geeignete Maßnahmen[685].

Handelt es sich dagegen bei dem Betrieb, dessen Fortsetzung verhindert werden soll, um einen unerheblichen handwerklichen Nebenbetrieb, finden die Vorschriften der Handwerksordnung und daher auch der

---

681) *Schaeffer*, WiVerw 1982, S. 100 (107); *Ziekow*, JuS 1992, S. 728 (731).

682) *W. Berg*, GewArch. 1982, S. 73; *Stober*, WVR, § 48 I 1; *Ziekow*, GewArch. 1985, S. 313 sowie bereits oben 3. Abschnitt I.

683) *Ehlers* in: Achterberg/Püttner, Bes. VerwR, Bd. 1, 1. Kap. Rn 289; *Meier* in: Schmidt, Kompendium ÖWR, § 10 Rn 67 m.w.N.

684) Bei § 16 Abs. 4 HandwO ist der Streit, ob es sich bei der Betriebschließung um einen selbständig anfechtbaren Verwaltungsakt oder bereits um eine Vollstreckungsmaßnahme handelt, im Gegensatz zu der durch die Aufhebung von § 35 Abs. 5 GewO gegenstandslos gewordenen Parallelproblematik nach wie vor aktuell. Nach herrschender Auffassung handelt es sich bei § 16 Abs. 4 HandwO um einen selbständig anfechtbaren Verwaltungsakt, vgl. *Arndt* in: Steiner, Bes. VerwR, Abschnitt VII Rn 314 m.w.N.; a.A. z.B. *Schotthöfer*, GewArch. 1979, S. 213 (216 f.); *Stober*, WVR, § 48 IV.

685) *Ambs* in: Erbs/Kohlhaas, Strafrechtliche Nebengesetze, § 16 HandwO Rn 7; *Eyermann/Fröhler/Honig*, HandwO, § 16 Rn 10; *Honig*, HandwO, § 16 Rn 18; *Musielak/Detterbeck*, Das Recht des Handwerks, § 16 Rn 13.

Untersagungstatbestand des § 16 Abs. 3 HandwO keine Anwendung[686]. Eine Untersagung ist hier nur im Falle der Unzuverlässigkeit über die allgemeine Regel des § 35 Abs. 1 GewO möglich.

686) BayVGH, Urt. v. 8. Dez. 1975 - 51 VI 75 - GewArch. 1976, S. 333 (334).

IV. Landwirtschaftliche Direktvermarktung und Ladenschlußgesetz

1. Überblick

Regelungen über Ladenschlußzeiten enthielt die Gewerbeordnung von 1869 nicht. Die ersten Bestimmungen über die Arbeitszeit als Vorläufer für die späteren Regelungen über die Ladenschlußen wurden erst durch Gesetz vom 1. Juni 1891 im Zuge der Aufnahme der Schutzvorschriften für gewerbliche Arbeiter in die Gewerbeordnung eingefügt. § 105b GewO beschränkte die Beschäftigung im Handelsgewerbe an Sonn- und Feiertagen auf fünf Stunden. Der gleichzeitig eingefügte § 41a GewO bestimmte, daß, soweit nach den §§ 105b bis 105h GewO Gehilfen, Lehrlinge und Arbeiter im Handelsgewerbe an Sonn- und Festtagen nicht beschäftigt werden dürften, auch in offenen Verkaufsstellen ein Gewerbebetrieb an diesen Tagen nicht stattfinden dürfe. Grundsätzlich unterlag somit die Landwirtschaft damals nicht den sonn- und feiertäglichen Vorschriften über Öffnungszeiten. Werktägliche Öffnungszeiten wurden in Deutschland erst im Jahr 1900 mit der Einfügung des § 139e GewO eingeführt. Dieser bestimmte, daß von neun Uhr abends bis fünf Uhr morgens offene Verkaufsstellen für den geschäftlichen Verkehr grundsätzlich geschlossen sein mußten. Die Bestimmung differenzierte nicht danach, ob es sich um eine gewerbliche oder nichtgewerbliche offene Verkaufsstelle handelte, so daß auch solche der Landwirtschaft darunter fielen. Zwischen neun Uhr abends und fünf Uhr morgens war auch jegliches Feilbieten von Waren auf öffentlichen Straßen, Plätzen und anderen öffentlichen Orten oder ohne vorherige Bestellung von Haus zu Haus im stehenden Gewerbebetrieb sowie im Gewerbebetrieb im Umherziehen grundsätzlich verboten. Die im Jahr 1934 erfolgte Zusammenfassung der in einzelnen Gesetzen verstreuten Arbeitszeitbestimmungen in der Arbeitszeitverordnung brachte auch die Ausklammerung der werktäglichen Ladenschlußbestimmungen aus der Gewerbeordnung und die Einfügung in § 22 Arbeitszeitordnung. Die sonntäglichen Ladenschlußregelungen in §§ 41a, 105b GewO blieben erhalten. Sowohl § 22 Arbeitszeitordnung als auch §§ 41a, 105b GewO wurden erst mit dem Erlaß des Ladenschlußgesetzes vom 28. November 1956 aufgehoben. Das Ladenschlußgesetz war von Anfang an nicht unumstritten. Seine Existenzberechtigung wird seit Anfang der neunziger Jahre immer mehr in Frage gestellt[687]. Ein von der FDP-Bundestagsfraktion eingebrachter Gesetzesentwurf zur Aufhebung des Ladenschlußgesetzes fand jedoch am 29.10.1999 im Bundestag keine Mehrheit[688].

---

[687]) Vgl. z.B. *Schommer*, GewArch. 1999, S. 353 ff., insbesondere S. 354 f.

[688]) AZ Bad Kreuznach v. 30.10.1999, S. 3.

2. Bindung von direktvermarktenden Betrieben an die allgemeinen Ladenschlußzeiten

a) Verkaufsstellen im Sinne von § 1 Abs. 1 LadschlG

Nach § 3 Abs. 1 Satz 1 LadschlG sind Verkaufsstellen grundsätzlich an die in § 3 Abs. 1 Satz 1 Nr. 1 bis Nr. 4 LadschlG genannten Ladenschlußzeiten gebunden[689]. Im Zusammenhang mit der landwirtschaftlichen Direktvermarktung stellen sich vornehmlich zwei Fragen:

1) Findet das Ladenschlußgesetz auch auf landwirtschaftliche Verkaufsstellen Anwendung?

2) Sind die Verkaufsstellen von landwirtschaftlichen Direktvermarktern wie z.B. sogenannte Bauernläden und Marktstände, Verkaufsräume einer Gärtnerei oder die Weinprobierstube eines Winzers als Verkaufsstellen im Sinne von § 1 Abs. 1 Nr. 1 LadschlG anzusehen?

Die Anwendbarkeit des Ladenschlußgesetzes auf landwirtschaftliche Verkaufsstellen ist zu bejahen, da § 1 LadschlG, der sich mit den Verkaufsstellen beschäftigt, und § 3 LadschlG, der die allgemeinen Ladenschlußzeiten regelt, nicht zwischen gewerblicher und nichtgewerblicher Tätigkeit unterscheiden. Aus der Begründung zum Entwurf der Bundesregierung geht hervor, daß mit Absicht keine Differenzierung zwischen gewerblichen und nichtgewerblichen Verkaufsstellen vorgenommen wurde[690].

Was eine Verkaufsstelle ist, ergibt sich aus § 1 Abs. 1 Nr. 1 bis Nr. 3 LadschlG.

---

[689]) Nach § 3 Abs. 1 Satz 1 LadschlG müssen Verkaufsstellen zu folgenden Zeiten für den geschäftlichen Verkehr mit Kunden geschlossen sein:
1. an Sonn- und Feiertagen,
2. montags bis freitags bis 6 Uhr und ab 20 Uhr,
3. samstags bis 6 Uhr und ab 16 Uhr,
4. an den vier aufeinanderfolgenden Samstagen vor dem 24. Dezember bis 6 Uhr und ab 18 Uhr,
5. am 24. Dezember, wenn dieser Tag auf einen Werktag fällt, bis 6 Uhr und ab 14 Uhr.
§ 3 Abs. 1 Satz 2 LadschlG bestimmt, daß Verkaufsstellen für Bäckerwaren abweichend von Satz 1 den Beginn der Ladenöffnungszeit an Werktagen auf 5.30 Uhr vorvorlegen dürfen. Nach § 3 Abs. 1 Satz 3 LadschlG dürfen die beim Ladenschluß noch anwesenden Kunden noch bedient werden.

[690]) Begründung der Bundesregierung zum Entwurf eines Gesetzes über den Ladenschluß, BR-Drucks. Nr. 310/54 S. 10 f. Das Ladenschlußgesetz in der Fassung vom 28. November 1956 beruht auf einem Initiativentwurf von 106 Bundestagsabgeordneten, dem keine Begründung beigefügt war. Da dieser Initiativentwurf weitgehend mit einer Regierungsvorlage vom 24. September 1954 übereinstimmt, die die Bundesregierung dem Bundesrat zuleitete (BR-Drucks. 310/54), wird hier ersatzweise auf die Begründung der ursprünglichen Regierungsvorlage verwiesen.

aa) Ladengeschäfte (§ 1 Abs. 1 Nr. 1 LadschlG)

Zu den Verkaufsstellen im Sinne des § 1 Abs. 1 Nr. 1 LadschlG zählen vornehmlich "Ladengeschäfte". Hierunter versteht man Stellen, die in Räumen betrieben werden, nicht nur vorübergehend mit dem Boden verbunden und mit Verkaufseinrichtungen ausgestattet sind. Voraussetzung ist außerdem, daß der Betreiber im Einzelhandel gegenüber Endverbrauchern tätig wird. Wird nur an Großverbraucher oder Wiederverkäufer verkauft, liegt kein Ladengeschäft im Sinne des § 1 Abs. 1 Nr. 1 LadSchlG vor[691].

Demnach ist ein sogenannter Hofladen als typischer Fall eines Ladengeschäfts im Sinne von § 1 Abs. 1 Nr. 1 LadschlG anzusehen. Ferner ist auch dann von einem Ladengeschäft im Sinne von § 1 Abs. 1 Nr. 1 LadschlG auszugehen, wenn eine Gärtnerei ein speziell zu Verkaufszwecken eingerichtetes Ladenlokal aufweist, aus dem heraus Erzeugnisse der Gärtnerei veräußert werden. Dagegen liegt kein Ladengeschäft vor, wenn der Verkauf direkt aus dem Pflanzgarten oder aus einem eingezäunten Grundstück heraus erfolgt[692]. Denn nach der Begründung zum Entwurf des LadschlG bezweckte der Gesetzgeber mit der Beschränkung der Ladenschlußzeiten auf Verkaufsstellen, daß der Verkauf von landwirtschaftlichen Erzeugnissen, sofern er nicht in besonders hergerichteten Räumen erfolge, von § 3 LadschlG nicht erfaßt werden sollte. Der Gesetzgeber hatte dabei Fälle wie z.B. den Verkauf von Obst aus dem Garten vor Augen[693]. Ähnlich wird man bei einem anderen landwirtschaftlichen Betrieb unterscheiden müssen. Sind eine Scheune oder ein landwirtschaftlicher Lagerraum speziell zu Verkaufszwecken eingerichtet - als Indizien hierfür mögen typische Verkaufseinrichtungen wie Verkaufsregale, Ladentisch usw. gelten -, sind sie als Verkaufsstelle im Sinne des LadschlG anzusehen und unterliegen den allgemeinen Ladenschlußzeiten. Weist die Scheune oder der landwirtschaftliche Lagerraum dagegen keine speziellen Verkaufseinrichtungen auf, liegt keine Verkaufsstelle und damit keine Bindung an die allgemeinen Ladenschlußzeiten vor[694].

bb) Sonstige Verkaufsstände und -buden, Kioske, Basare und ähnliche Einrichtungen (§ 1 Abs. 1 Nr. 2 LadschlG)

Verkaufsstellen sind nach § 1 Abs. 1 Nr. 2 LadschlG ferner Buden, Kioske, Basare und ähnliche Einrichtungen, falls in ihnen ebenfalls von einer festen Stelle aus ständig Waren zum Verkauf angeboten werden. Zu untersuchen ist,

---

[691]) *Ambs* in: Erbs/Kohlhaas, Strafrechtliche Nebengesetze, § 1 LadschlG Rn 2.

[692]) BayObLG, Beschl. v. 4. Dez. 1979 - 3 Ob OWi 162/79 - GewArch. 1980, S. 65.

[693]) Begründung der Bundesregierung zum Entwurf eines Gesetzes über den Ladenschluß, BR-Drucks. 310/1954 S. 7.

[694]) Vgl. *Bayerisches Staatsministerium für Ernährung, Landwirtschaft und Forsten*, Broschüre "Direktvermarktung/Wichtige Rechtsvorschriften für die Direktvermarktung, S. 6.

welche der in der Direktvermarktung gebräuchlichen Verkaufsgelegenheiten hierunter fallen.

Die Begriffe Buden, Kioske und Basare stellen lediglich eine beispielhafte Aufzählung dar.[695] Es kommt darauf an, daß wie bei einem Laden im Sinne des § 1 Nr. 1 LadschlG von einer festen Stelle aus ständig Waren zum Verkauf angeboten werden[696]. Nach heute wohl allgemeiner Meinung heißt feste Stelle, daß es sich um eine gegenständliche Verkaufseinrichtung handelt, d.h.
(1) sie muß sich immer an derselben Stelle befinden und
(2) es muß, wenn auch keine feste Verbindung im Sinne von § 94 BGB gegeben zu sein braucht, so doch eine gewisse, nicht ohne weiteres zu lösende Verbindung vorliegen[697].
Bretter- und Zeltbuden, die morgens auf- und abends abgeschlagen werden oder zumindest ohne Schwierigkeiten täglich abgeschlagen werden könnten, sind daher genauso wenig feste Stellen wie mobile Verkaufstische, Auslagen, die aus einem mit Planken versehenen Untergestell bestehen oder Kraftwagen[698].

Für Gaststätten gilt nur das Gaststättengesetz, weil bei Gaststätten trotz der Tatsache, daß in ihnen zwar ebenfalls Waren verkauft werden, das Hauptgewicht auf dem sofortigen Verzehr liegt[699]. Da auch Straußwirtschaften als Gaststätten anzusehen sind,[700] gilt folglich auch für diese nur das Gaststättengesetz, nicht aber das Ladenschlußgesetz. Der Klärung bedarf indes, ob die Probierstuben der Winzer, in denen diese ihre Weinproben veranstalten, den allgemeinen Ladenschlußzeiten unterliegen, weil sie als landwirtschaftliche Nebenbetriebe gerade nicht den Regelungen des Gaststättengesetz unterfallen. Nach herrschender Auffassung handelt es sich bei einer Weinprobierstube, die ein Winzer in seinem Betrieb zum Zwecke der Veranstaltung von Weinproben mit der anschließenden Möglichkeit des käuflichen Erwerbs von Wein

---

[695]) *Ambs* in: Erbs/Kohlhaas, Strafrechtliche Nebengesetze, § 1 LadSchlG Rn 4.
[696]) *Apel*, GewArch. 1963, S. 219 (220).
[697]) Begründung der Bundesregierung zum Entwurf eines Gesetzes über den Ladenschluß, BR-Drucks. 310/1954 S. 7.
[698]) OLG Koblenz, Beschl. v. 23. Jan. 1991, GewArch. 1991, S. 147 = NVwZ-RR 1992, S. 18 = EzGewR § 3 FeiertG Rhl-Pf Nr. 5; *Ambs* in: Erbs/Kohlhaas, Strafrechtliche Nebengesetze, § 1 LadschlG Rn 2; *Apel*, GewArch. 1963, S. 219 (220); *Ketteler*, Landwirtschaftliche Direktvermarktung..., S. 114; a.A. noch das LVG Düsseldorf, Urt. v. 14. April 1969 - 7 K - 1071/59 - GewArch. 1963, S. 237 f, wonach es für den Begriff der festen Stelle ausreichen soll, daß Zelt- und Bretterbuden für einige Stunden aufgestellt werden, sofern dies immer an derselben Stelle geschieht. Diese Auffassung ist weder mit dem Wortlaut von § 1 Nr. 2 LadschlG vereinbar, noch gibt die Gesetzesbegründung für eine solche Auslegung einen Anhaltspunkt.
[699]) *Ambs* in: Erbs/Kohlhaas, Strafrechtliche Nebengesetze, § 1 GastG Anm. 1e.
[700]) Siehe oben 3. Abschnitt II.2.a).

einrichtet, grundsätzlich um eine "ähnliche Einrichtung" im Sinne von § 1 Abs. 1 Nr. 2 LadschlG, in der ebenfalls von einer festen Stelle aus ständig Waren zum Verkauf an jedermann feilgehalten werden. Nur dann, wenn der Winzer statt eigener Räume betriebsfremde Örtlichkeiten verwende, handele es sich nicht um eine solche Verkaufsstelle, weil das Merkmal "ständig" nicht vorliege. Demnach unterliegt ein Winzer nur dann nicht den Ladenschlußzeiten, wenn er seine Weinproben beispielsweise in einem Hotel, einem Kongreßzentrum, einem Bürgerhaus oder einer ähnlichen betriebsfremden Örtlichkeit abhält[701].

Der herrschenden Meinung ist mit Einschränkung zu folgen. Ein betriebseigener Raum, in dem Weinproben veranstaltet werden, ist als ortsfeste Örtlichkeit eine feste Stelle im Sinne des § 1 Abs. 1 Nr. 2 LadschlG[702]. Wein ist eine bewegliche Sache, die normalerweise Gegenstand des Handelsverkehrs sein kann, und damit Ware[703]. Der Wein wird von dem Winzer auch feilgehalten. Denn wie im allgemeinen Gewerberecht ist unter Feilhalten das äußerlich erkennbare Bereitstellen und Zugänglichmachen von Waren im Original zur sofortigen Übergabe zu verstehen[704]. Dem steht nicht entgegen, daß der Wein nicht in der Probierstube unmittelbar greifbar ist. Es genügt vielmehr, daß er aus dem Keller zur sofortigen Mitnahme geholt werden kann und regelmäßig geholt wird[705]. Dennoch kann nicht pauschal gesagt werden, die Probierstuben seien ähnliche Einrichtungen im Sinne von § 1 Abs. 1 Nr. 2 LadschlG, weil bei betriebseigenen Räumen, in denen Weinproben veranstaltet werden, nicht immer das Merkmal des "ständigen" Feilhaltens vorliegt. Das Kriterium "ständig" soll für eine klare Abgrenzung gegenüber nur gelegentlich, vorübergehend oder nur befristet eingerichteten Verkaufsstellen sorgen[706]. Da es keineswegs erforderlich ist, daß in der Einrichtung immer Waren angeboten werden, wird es sich daher bei betriebseigenen Räumen um "ständige" Einrichtungen im Sinne des § 1 Abs. 1 Nr. 2 LadschlG nur dann handeln, wenn diese mehr als nur gelegentlich, also mehr oder weniger regelmäßig zum Zwecke der Veranstaltung von Weinproben genutzt werden. Bei einem kleinen Winzer, der nur ab und zu eine Weinprobe in einem Raum seines Betriebes abhält, wird man daher in der Regel nicht von einer ständigen Einrichtung ausgehen können. Bei einem Winzer dagegen, der regelmäßig, d.h. über längere Zeiträume im Jahr zumindest wöchentlich

---

701) *Scholtissek*, Agrarrecht 1992, S. 36 (37); *Stober*, LadschlG, § 1 Rn 23; *Theis*, LadschlG, § 1 Rn 37.

702) *Theis*, LadschlG, § 1 Rn 32; *Zmarzlik/Roggendorff*, LadschlG, § 1 Rn 5.

703) BVerwG, Urt. v. März - 1 C 16/84 - NJW 1985, S. 2042; *Ambs* in: Erbs/Kohlhaas, Strafrechtliche Nebengesetze, § 1 LadschlG Rn 16.

704) BayObLG, Urt. v. 23. Nov. 1961 - RReg. 4 St 224.61 - GewArch. 1962, S. 6; *Zmarzlik/Roggendorff*, LadschlG, § 1 Rn 7.

705) *Theis*, LadschlG, § 1 Anm. 5b.

706) *Stober*, LadschlG, § 1 Rn 23; *Theis*, LadschlG, § 1 Rn 35; *Zmarzlik/Roggendorff*, LadschlG, § 1 Rn 13.

Weinproben veranstaltet, wird man von einer ständigen Einrichtung ausgehen müssen, wenn dies in betriebseigenen Räumen geschieht. Das Merkmal des Verkaufs an jedermann stellt keine Probleme dar, weil Weinproben nach dem Willen des Unternehmers und der tatsächlichen Handhabung nicht nur an einen bestimmten, von der Allgemeinheit klar abgrenzbaren Personenkreis erfolgen, sondern grundsätzlich jeder Kunde bedient wird[707].

b) Die auch für Direktvermarkter relevanten Ausnahmen von den allgemeinen Ladenschlußzeiten für Kur- und Erholungsorte

Die allgemeinen Ladenschlußzeiten gelten grundsätzlich auch für Kur- und Erholungsorte sowie für Grenzorte. § 10 Abs. 1 Satz 1 LadschlG ermächtigt jedoch die Landesregierungen, durch Rechtsverordnungen zu bestimmen, daß und unter welchen Voraussetzungen und Bedingungen in Kurorten und im einzelnen aufzuführenden Ausflugs-, Erholungs- und Wallfahrtsorten mit besonders starkem Fremdenverkehr bestimmte, genau bezeichnete Waren abweichend von den Vorschriften des § 3 Abs. 1 Nr. 1 und 3 LadschlG an jährlich höchstens vierzig Sonn- und Feiertagen bis zur Dauer von acht Stunden (Nr. 1) und sonnabends bis spätestens 20 Uhr (Nr. 2) verkauft werden dürfen. Nach § 10 Abs. 1 Satz 3 LadschlG ist bei der Festsetzung der Öffnungszeiten auf die Zeit des Hauptgottesdienstes Rücksicht zu nehmen. Von dieser Ermächtigung haben alle Bundesländer Gebrauch gemacht[708]. Für die landwirtschaftlichen Direktvermarkter ist insbesondere die Ausnahmeregelung in bezug auf frische Früchte, alkoholfreie Getränke, Milch und Milcherzeugnisse im Sinne des § 4 Abs. 2 des Milch- und Fettgesetzes in der Fassung vom 10. Dezember 1952 sowie die Freistellung von Waren, die für die Orte kennzeichnend sind, von Bedeutung.

Frische Früchte im Sinne der Vorschrift sind zum Beispiel Äpfel, Birnen, Erdbeeren usw. Daß z.B. die Äpfel und Birnen vorher in einem Lagerraum oder einem Kühlhaus gelagert worden waren, nimmt diesen nicht das Merkmal des Frisch-Seins. Denn hierunter fallen nach allgemeiner Meinung auch aus dem Ausland importierte Apfelsinen, die bereits eine längere Lagerzeit hinter sich haben[709]. Auch Nüsse sind frisches Obst im Sinne des § 10 Abs. 1 Satz 1 LadschlG[710].

Als alkoholfreie Getränke gelten alle Getränke mit einem Alkoholgehalt von nicht mehr als 0,5%[711]. Hierunter fallen also unvergorener Most oder sonstige Fruchtsäfte. Als Milch und Milcherzeugnisse im Sinne des § 4 Abs. 2 des

---

707) *Ambs* in: Erbs/Kohlhaas, Strafrechtliche Nebengesetze, § 1 LadschlG Rn 11; *Theis*, LadschlG, § 1 Rn 49; *Zmarzlik/Roggendorff*, LadschlG, § 1 Rn 17.

708) Vgl. § 10 Rn 19 und den Anhang in: *Zmarzlik/Roggendorff*, LadschlG.

709) *Stober*, LadschlG, § 10 Rn 17; *Theis*, LadschlG, § 10 Rn 15.

710) *Theis*, LadschlG, § 10 Rn 15.

711) *Theis*, LadschlG, § 10 Rn 16.

Milch- und Fettgesetzes von 1952 kommen z.B. Vollmilch und zubereitete Milch, Sauermilch, Joghurt, Kefir, entrahmte Milch, Buttermilch, Sahne usw in Betracht.[712]

Blumen im Sinne des § 10 Abs. 1 Satz 1 LadschlG sind nach allgemeiner Meinung nicht als Fachbegriff aufzufassen, sondern als Wort der Umgangssprache. Demnach fallen darunter alle blütenbildenden Pflanzen, aber auch Grünpflanzen, Sträuße ohne Blüten, Topfpflanzen und Balkon- und Beetpflanzen[713].

Typische Waren im Sinne des § 10 Abs. 1 Satz 1 LadschlG sind nicht Waren, die für eine ganze Region typisch sind wie z.B. Badischer Wein oder Schwarzwälder Schinken[714]. Typische Waren im Sinne der Vorschrift liegen zum Beispiel vor bei Pflanzen einer Baumschule, wenn der Schaugarten der Baumschule wesentlich dazu beigetragen hat, daß eine Gemeinde zum Ausflugsort erklärt wurde[715]. Ist letzteres nicht der Fall, dann handelt es sich auch nicht um den Ausflugsort kennzeichnende Pflanzen[716].

c) Der Regelungsgehalt der §§ 11, 12, 20 LadschlG

aa) Verkauf an Samstagen in ländlichen Gebieten (§ 11 LadschlG)

§ 11 LadschlG ermächtigt die Landesregierungen oder die von ihnen bestimmten Stellen, durch Rechtsverordnung zu bestimmen, daß und unter welchen Voraussetzungen und Bedingungen in ländlichen Gebieten während der Zeit der Feldbestellung und der Ernte abweichend von den Vorschriften des § 3 LadschlG alle oder bestimmte Arten von Verkaufsstellen 1) an Sonn- und Feiertagen bis zur Dauer von zwei Stunden und 2) an Werktagen eine Stunde länger als nach § 3 Abs. 1 Nr. 2 und 3 LadschlG zulässig, geöffnet sein dürfen. Voraussetzung ist, daß dies zur Befriedigung dringender Kaufbedürfnisse der Landbevölkerung erforderlich ist. Bis auf Berlin, Bremen, Hamburg und das Saarland haben alle Bundesländer von dieser Ermächtigung Gebrauch gemacht[717].

Der Sinn und Zweck von § 11 LadschlG besteht darin, der Landbevölkerung während der von früh morgens bis spät abends dauernden, besonders arbeitsintensiven Zeit der Feldbestellung und Ernte über die allgemeinen Ladenschlußzeiten hinaus Gelegenheit zum Einkauf auch an Sonn- und Feiertagen sowie an Samstagen nach 16 Uhr zu geben[718]. Deshalb darf eine

---

[712]) Vgl. im einzelnen die Aufzählung bei *Theis,* LadschlG, § 10 Rn 17.

[713]) OLG Stuttgart, Urt. v. 29. Mai 1987 - 2 U 100/87 - GewArch. 1987, S. 272 = NJW-RR 1988, S. 424 f.; *Theis*, LadschlG, § 10 Rn 20; *Zmarzlik/Roggendoff*, LadschlG, § 10 Rn 11.

[714]) *Theis*, LadschlG, § 10 Rn 24.

[715]) OLG Stuttgart, Urt. v. 8. Aug. 1986 - 2 U 130/86 - GewArch. 1988, S. 393 f.

[716]) OLG Stuttgart, Urt. v. 21. Mai 1987 - 2 U 100/87 - GewArch. 1987, S. 272.

[717]) Vgl. § 11 Rn 13 und den Abdruck im Anhang von *Zmarzlik/Roggendorff*, LadschlG.

[718]) Allg. M.: siehe z.B. *Stober*, LadschlG, § 11 Rn 2; *Theis*, LadschlG, § 11 Rn 1;

aufgrund von § 11 LadschlG ergangene Rechtsverordnung nicht - jedenfalls nicht vornehmlich - dazu dienen, den Gewerbetreibenden in ländlichen Gebieten Käufer aus den umliegenden Städten zu sichern[719]. Da die landwirtschaftlichen Direktvermarkter typischerweise in der Feldbestellung und der Ernte tätig sind, wird § 11 LadschlG für diese eine allenfalls geringe Rolle spielen.

bb) Verkauf von Milch und Milcherzeugnissen, Bäcker- und Konditorwaren, frischen Früchten, Blumen und Zeitungen an Sonn- und Feiertagen (§ 12 LadschlG)

Nach § 12 Abs. 1 LadschlG bestimmt das Bundesministerium für Arbeit und Sozialordnung im Einvernehmen mit den Bundesministerien für Wirtschaft und für Ernährung, Landwirtschaft und Forsten durch Rechtsverordnung mit Zustimmung des Bundesrates, daß und wie lange an Sonn- und Feiertagen abweichend von der Vorschrift des § 3 Abs. 1 Nr. 1 LadschlG Verkaufsstellen für die Abgabe von Milch und Milcherzeugnissen im Sinne des § 4 Abs. 2 des Milch- und Fettgesetzes in der Fassung vom 10. Dezember 1952, Bäcker- und Konditorwaren, frischen Früchten, Blumen und Zeitungen geöffnet sein dürfen. Der Bundesminister für Arbeit hat von seinem Recht durch den Erlaß der Verordnung über den Verkauf bestimmter Waren an Sonn- und Feiertagen vom 21. Dezember 1957,[720] zuletzt geändert durch Gesetz vom 30. Juli 1996[721] Gebrauch gemacht. Nach § 1 Abs. 1 Nr. 1 der Verordnung dürfen abweichend von den allgemeinen Ladenschlußzeiten Verkaufsstellen für die Abgabe frischer Milch für die Dauer von zwei Stunden an Sonn- und Feiertagen geöffnet sein. Wenn - wie bei vielen landwirtschaftlichen Direktvermarktern mit Milchkundschaft - keine Verkaufsstelle vorliegt, gilt diese Beschränkung selbstverständlich nicht. Für Gartenbaubetriebe ist von besonderem Interesse, daß nach § 1 Abs. 1 Nr. 3 der VO in Verkaufsstellen, für die Dauer von zwei Stunden "Blumen"[722] feilgehalten werden dürfen. Am 1. November (Allerheiligen), am Volkstrauertag, am Totensonntag und am 1. Adventstag ist sogar ein sechsstündiger Verkauf erlaubt. Mit den Blumen dürfen an Sonn- und Feiertagen auch die üblichen Ausstattungszubehörteile wie z.B. Blumentöpfe und Blumenschalen verkauft werden, solange der Gesetzeszweck dadurch nicht umgangen wird[723].

Zmarzlik/Roggendorff, LadschlG, § 11 Rn 2.

719) BayVGH, Beschl. v. 10. März 1983 - 22 NE 83 A. 314 - GewArch. 1983, S. 348 (349).

720) BGBl. I S. 1881.

721) BGBl. I S. 1186.

722) Zum Begriff der Blumen siehe 3. Abschnitt VI.2.c.bb).

723) Schriftlicher Bericht des Ausschusses für Arbeit über den von den Abgeordneten *Meyer-Ronnenberg, Schneider* (Hamburg), *Odenthal, Lange* (Essen), *Eberhard,* Frau *Finselberger, Eickhoff* und Genossen eines Gesetzes über den Ladenschluß, BT-Drucks. 2/2810 S. 4; OLG Hamm, Urt. v. 1. Juli 1982 - 4 U 78/82 - WRP 1983, S. 167 (168); OVG NW, Urt. v. 15. Juli

cc) Verbot des gewerblichen Feilhaltens von Waren zum Verkauf an jedermann außerhalb von Verkaufsstellen während der allgemeinen Ladenschlußzeiten (§ 20 LadschlG)

Werden Waren außerhalb von Verkaufsstellen feilgeboten, ist zu prüfen, ob nicht § 20 LadschlG greift. § 20 LadschlG soll das gewerbliche Feilhalten von Waren außerhalb von Verkaufsstellen erfassen und auf die Ladenschlußzeiten des § 3 LadschlG beschränken. Einhellige Meinung ist, daß der Begriff der Gewerblichkeit in § 20 Abs. 1 Satz 1 LadSchlG dem der Gewerbeordnung entspricht, weil er seine Wurzeln in den §§ 41a und 105b bis 105h GewO hat; allerdings ist streitig, ob der Begriff *gewerblich* im Sinne von Gewerbsmäßigkeit oder im Sinne von Gewerbsfähigkeit zu verstehen ist.

Nach einer in der Literatur vertretenen Ansicht ist der Begriff "gewerblich" als "gewerbsmäßig" aufzufassen, d.h. es müssen lediglich die vier Positivmerkmale (erlaubt/nicht sozial unwertig, Selbständigkeit, auf Gewinnerzielung ausgerichtet und Nachhaltigkeit) vorliegen[724]. Nach dieser Ansicht würde ein Landwirt stets den Ladenschlußzeiten unterliegen, wenn er seine Produkte verkauft. Es käme nicht darauf an, ob er seine Erzeugnisse aus einer Verkaufsstelle heraus veräußern würde oder nicht.

Nach wohl herrschender Meinung ist der Begriff der Gewerblichkeit in § 20 LadschlG im Sinne von "Gewerbsfähigkeit" zu verstehen, d.h. außer den vier Positivmerkmalen müssen auch die drei Negativmerkmale vorliegen[725]. Das bedeutet, daß Urproduktion keine gewerbliche Tätigkeit ist.

Der herrschenden Meinung ist zu folgen, sofern sie den Begriff gewerblich in § 20 Abs. 1 Satz 1 LadschlG nicht im Sinne von bloß "gewerbsmäßig" auffaßt. Eine solche Auslegung wäre nicht mit der Entstehungsgeschichte in Einklang zu bringen. § 3 LadschlG beschränkt die Geltung der Ladenschlußzeiten auf Verkaufsstellen. Der in § 1 Abs. 1 LadschlG näher konkretisierte Begriff der Verkaufsstelle setzt eine gegenständliche Einrichtung voraus. Nach der Begründung zum Entwurf des LadschlG bezweckte der Gesetzgeber mit der Beschränkung der Ladenschlußzeiten auf Verkaufsstellen, daß der Verkauf von landwirtschaftlichen Erzeugnissen, sofern er nicht in besonders hergerichteten Räumen erfolge, von § 3 LadschlG nicht erfaßt werden sollte. Zu denken sei

1994 - 4 A 2091/93 - GewArch. 1995, S. 490 (491); *Zmarzlik/Roggendorff*, LadschlG, § 12 Rn 16.

724) *Sigl*, LadschlG, Anm. 1 zu § 20.

725) *Schulte/Langforth/Böhm*, LadschlG, Erl. zu § 20; *Söhn*, GewArch. 1983, S. 73 (77); BayObLG, Beschl. v. 4. Dez. 1979 - 3 Ob OWi 162/79 - GewArch. 1980, 65.

hier z.B. an den Verkauf von Obst aus dem Garten[726]. Würde dagegen der Begriff "gewerblich" in § 20 LadschlG im Sinne von "gewerbsmäßig" ausgelegt, würde auch der Verkauf von Obst aus dem Garten den allgemeinen Ladenschlußzeiten unterfallen. Die Ladenschlußzeiten für die landwirtschaftliche Direktvermarktung würden zwar nicht über § 3 LadschlG gelten, dafür aber über § 20 LadschlG. Dies widerspräche der Intention des Gesetzgebers.

Festzuhalten bleibt damit, daß der Begriff "gewerblich" in § 20 LadschlG im Sinne von "gewerbsfähig" auszulegen ist. Damit ist eine der Landwirtschaft zuzuordnende Tätigkeit keine gewerbliche Tätigkeit im Sinne der Vorschrift. Solange also keine "Verkaufsstelle" im Sinne des § 3 Abs. 1 LadschlG vorliegt und die Verkaufstätigkeit noch dem Bereich der Urproduktion zuzurechnen ist, muß der Landwirt keine Ladenschlußzeiten beachten.

d) Ladenschlußzeiten und Marktverkehr

Nach § 19 Abs. 1 LadschlG werden neben Großmärkten auch Wochenmärkte von der Geltung des Ladenschlußgesetzes erfaßt, sofern es sich um festgesetzte Veranstaltungen handelt und Waren an den Letztverbraucher veräußert werden. Daraus folgt für Direktvermarkter, daß sie auch bei Verkaufstätigkeiten auf einem festgesetzten Wochenmarkt immer an die allgemeinen Ladenschlußzeiten nach § 3 LadschlG gebunden sind, es sei denn, die nach Landesrecht zuständige Verwaltungsbehörde läßt in den Grenzen einer gemäß §§ 10 bis 16 LadschlG oder den hierauf gestützten Vorschriften zulässigen Offenhaltung der Verkaufsstellen einen geschäftlichen Verkehr zu (§ 19 Abs. 1 2. Halbsatz LadschlG)[727].

Für andere Märkte, insbesondere Privatmärkte, als gemeindliche Einrichtungen begründete, auf Satzungen und sonstigen Festsetzungen beruhende Märkte, sowie Messen gilt § 19 LadschlG nicht[728]. Für diese Märkte gelten die allgemeinen Ladenschlußzeiten[729].

§ 19 Abs. 3 LadschlG stellt klar, daß andere Veranstaltungen als Groß- und Wochenmärkte nach §§ 64 ff. GewO den allgemeinen Ladenschlußzeiten nicht unterliegen[730]. Für Direktvermarkter dürften insbesondere Volksfeste eine Rolle spielen. Nach § 60b Abs. 2 GewO findet § 69 Abs. 1 GewO auf Volksfeste entsprechende Anwendung. Daraus folgt, daß auch für Volksfeste besondere

---

726) Vgl. Begründung der Bundesregierung zum Entwurf eines Gesetzes über den Ladenschluß, BR-Drucks. 310/1954 S. 7.

727) Vgl. *Fröhler/Kormann*, GewO, Vorbem. 3 vor §§ 64 ff; *Ambs* in: Erbs/Kohlhaas, Strafrechtliche Nebengesetze, § 19 Anm. 1; *Theis*, LadschlG, § 19 Rn 1.

728) *Ambs* in: Erbs/Kohlhaas, Strafrechtliche Nebengesetze, § 19 Anm. 1; *Theis*, LadschlG, § 19 Rn 1.

729) *Sigl*, LadschlG, § 19 Anm. 1; *Stober*, LadschlG, § 19 Rn 10; *Theis*, LadschlG, § 19 Rn 7.

730) *Theis*, LadschlG, § 19 Rn 12.

Öffnungszeiten festgesetzt werden können. Daraus, daß nach dem Wortlaut von § 19 Abs. 3 LadschlG es im übrigen bei den Vorschriften der §§ 64 ff GewO und insbesondere bei den auf Grund des § 69 Abs. 1 Satz 1 GewO festgesetzten Öffnungszeiten bleibt, ist zu entnehmen, daß die gewerberechtlich festgesetzten Öffnungszeiten von den allgemeinen Ladenschlußzeiten abweichen dürfen. Eine mechanische Anpassung der festgesetzten Öffnungszeiten an das Ladenschlußgesetz ist also nicht geboten[731].

4. Folgen von Verstößen gegen das Ladenschlußgesetz

Wer vorsätzlich oder fahrlässig den Vorschriften des Ladenschlußgesetzes zuwider handelt, macht sich nach Maßgabe der §§ 24 und 25 LadschlG einer Ordnungswidrigkeit oder sogar einer Straftat schuldig. Für landwirtschaftliche Direktvermarkter sind die Vorschriften § 24 Abs. 1 Nr. 2 LadschlG und § 24 Abs. 1 Nr. 3 LadschlG in Verbindung mit § 24 Abs. 2 LadschlG von besonderer Bedeutung. Danach können Verstöße gegen die Ladenschlußzeiten durch Inhaber von Verkaufsstellen und Marktgewerbetreibende mit einer Geldbuße bis zu tausend Deutschen Mark geahndet werden. Ebenso wie der Inhaber einer Verkaufsstelle sind auch die Mitarbeiter verantwortlich, sofern ihnen die Leitung oder Beaufsichtigung eigenverantwortlich übertragen ist[732]. Sind mehrere Personen beteiligt, handelt jeder von ihnen ordnungswidrig[733]. Die Höhe der Geldbuße soll den wirtschaftlichen Vorteil, den der Betroffene aus der Ordnungswidrigkeit gezogen hat, übersteigen[734]. Erscheint jedoch das Verschulden des Betroffenen unter Berücksichtigung der gesamten Umstände als gemindert, so kann von der Einbeziehung des wirtschaftlichen Vorteils bei der Bußgeldbemessung abgesehen werden[735].

Eingriffsermächtigung zur Unterbindung von Verstößen gegen das Ladenschlußgesetz ist § 22 Abs. 1 LadschlG. Nach § 22 Abs. 2 LadschlG finden auf die Befugnisse und Obliegenheiten nach Landesrecht für den Arbeitsschutz zuständigen Verwaltungsbehörden die Vorschriften des 139b GewO entsprechende Anwendung. Danach stehen der nach dem Landesrecht zuständigen Behörde bei der Ausübung ihrer Aufsicht alle amtlichen Befugnisse der Ortspolizeibehörden und hierbei insbesondere das Recht zur jederzeitigen Besichtigung und Prüfung zu. Zu den amtlichen Befugnissen der Ortspolizeibehörden gehört z.B. auch das Recht nach pflichtgemäßem Ermessen über die Schließung einer unter Verstoß gegen die Vorschriften des Ladenschlußgesetzes geführten Verkaufsstelle zu entscheiden[736].

---

[731]) *Stober*, LadschlG, § 19 Rn 19.
[732]) Vgl. § 9 Abs. 2 OWiG.
[733]) Vgl. § 14 Abs. 1 Satz 1 OWiG.
[734]) §§ 17 Abs. 4, 56 OWiG.
[735]) *Theis*, LadschlG, § 24 Rn 13 m.w.N.
[736]) Vgl. *Stober*, LadschlG, § 22 Rn 10 und 13.

In der Verwaltungspraxis wird die Aufsicht nicht immer konsequent durchgeführt. Häufig werden eindeutige Verstöße gegen Ladenschlußzeiten geduldet[737]. Daraus folgt kein Anspruch desjenigen, gegen den eingeschritten werden soll, auf Unterlassen des Einschreitens wegen Art. 3 Abs. 1 GG. Denn eine Gleichheit im Unrecht und daher einen Anspruch auf Fehlerwiederholung gibt es nicht. Die Berufung auf rechtswidrige Parallelfälle ist daher irrelevant[738].
Wie § 22 Abs. 1 1. Halbsatz LadschlG zu entnehmen ist, findet § 22 LadschlG auf behördlich genehmigte Wochenmärkte im Sinne von § 19 LadschlG keine Anwendung. Die für diese zuständige Marktbehörde, kann auf der Grundlage der polizeilichen Generalklausel eingreifen. Nach der Regierungsbegründung zu § 22 LadschlG sind die Märkte im Sinne von § 19 LadschlG ausgenommen, weil die Marktbehörde ohnehin auch die Aufsicht hinsichtlich der Durchführung der einschlägigen Vorschriften führt und daher kein Bedürfnis für eine Aufsichtsregelung nach § 22 LadschlG besteht[739].
§ 22 Abs. 3 LadschlG verpflichtet die Inhaber von Verkaufsstellen und die in § 20 LadschlG genannten Gewerbetreibenden darüber hinaus zu weiteren Auskunfts- und Vorlagepflichten.

---

[737]) *Stober*, LadschlG, § 22 Rn 10.
[738]) Allg. M.: vgl. z.B. *Jarass/Pieroth*, Grundgesetz, Art. 3 Rn 22 m.w.N.
[739]) BR-Drucks. 310/54, S. 38.

V. Landwirtschaftliche Direktvermarktung und Landesfeiertagsgesetze

1. Überblick

Den Feiertagsgesetzen der Bundesländer fällt eine Auffangposition zu. Sie ergänzen unter anderem die Regelungen der Gewerbeordnung[740] sowie des Ladenschlußgesetzes[741] und schränken geschäftliche Aktivitäten an Sonn- und Feiertagen ein. Daher lassen sich auch die Feiertagsgesetze der Bundesländer als Gewerbenebenrecht qualifizieren. Die Länderzuständigkeit zum Erlaß der Landesfeiertagsgesetze ergibt sich aus Art. 70 Abs. 1 GG[742]. Geschichtliches Vorbild ist die Preußische Polizeiverordnung über den äußeren Schutz der Sonn- und Feiertage aus dem Jahr 1931[743]. Verschiedentlich wurde in der jüngeren Vergangenheit gefordert, die Feiertagsgesetze den geänderten Verhältnissen anzupassen[744]. Das ist bislang nicht geschehen.

Da landwirtschaftliche Direktvermarkter häufig weder den Beschäftigungsverboten der Gewerbeordnung noch dem Betriebsverbot des Ladenschlußgesetzes unterfallen, haben die Regelungen der Landesfeiertagsgesetze für sie besondere Relevanz.

Im Zusammenhang mit dieser Arbeit ist lediglich das in allen Feiertagsgesetzen anzutreffende Handlungs- und Arbeitsverbot für öffentlich bemerkbare Arbeiten oder Handlungen, die geeignet sind, die äußere Ruhe des Tages zu stören,[745] von Bedeutung[746]. Auf dieses Problem wird sich die Darstellung daher beschränken.

2. Der Verkauf landwirtschaftlicher Erzeugnisse an und auf Straßen

Insbesondere zur Erntezeit trifft man bei Überlandfahrten am Wochenende an vielbefahrenen Straßen und häufig aufgesuchten Wander- und Rastplätzen Landwirte an, die ihre Erzeugnisse, wie z.B. Obst, Erdbeeren, Eier, Konfitüren und Säfte, zum Verkauf anbieten. Erfolgt diese Art der Direktvermarktung an

---

740) Seit der Aufhebung der §§ 105a-105j und deren Einfügung in das Arbeitszeitgesetz beschränken sich die Beschäftigungsverbote der Gewerbeordnung auf § 55e GewO.

741) *Mattner*, Sonn- und Feiertagsrecht, § 7 Rn 6.

742) *Mattner*, Sonn- und Feiertagsrecht, § 4 Rn 1.

743) *Mattner*, Sonn- und Feiertagsrecht, § 2 Rn 28.

744) *Gehrmann*, GewArch. 1989, S. 317 (320 f.); *Scholtissek*, GewArch. 1991, S. 250 (252).

745) Art. 2 Abs. 1 FeiertagsG Bayern; § 6 Abs. 1 FeiertagsG Baden-Württemberg; Berlin in Verbindung mit § 2 FTVO Berlin; § 3 Abs. 2 FG Bbg; § 4 Abs. 1 FeiertagsG Bremen; § 2 Nr. 4 FeiertagsG Hamburg inVerbindung mit § 1 FTVO Hamburg; § 6 Abs. 1 FeiertagsG Hessen; § 3 Abs. 2 FG M-V; § 4 Abs. 1 FeiertagsG Niedersachsen; § 3 FeiertagsG Nordrhein-Westfalen; § 3 Abs. 2 FeiertagsG Rheinland-Pfalz; § 4 Abs. 2 FeiertagsG Saarland; § 3 Abs. 2 Sächs. FG; § 5 Abs. 1 FeiertagsG Schleswig-Holstein; § 4 Abs. 2 Thür. FTG.

746) Die im übrigen in den Landesfeiertagsgesetzen enthaltenen Verbote von Versammlungen und Veranstaltungen sowie von Sportveranstaltungen und Tanzveranstaltungen spielen im Zusammenhang mit der landwirtschaftlichen Direktvermarktung keine oder nur ganz ausnahmsweise einmal eine Rolle.

Sonn- und Feiertagen, stellt sich die Frage, inwieweit hier ein Verstoß gegen das Feiertagsgesetz des betreffenden Landes vorliegt. Ein solcher Verstoß ist zu bejahen, wenn es sich hierbei um eine öffentliche Arbeit, Handlung oder Tätigkeit handelt, die geeignet ist, die äußere Ruhe des Tages zu stören.
Auf die je nach Landesgesetz unterschiedlich verwendeten Begriffe Arbeit, Handlung oder Tätigkeit kommt es nicht an. Denn Arbeit ist jede zweckgerichtete Tätigkeit zur Befriedigung materieller oder geistiger Bedürfnisse[747]. Unter Handlung wird ganz allgemein eine Betätigung verstanden, die Wirkungen in der Umwelt auslöst. Eine Tätigkeit kann als Oberbegriff sowohl von Arbeiten als auch von Handlungen aufgefaßt werden[748]. Daher kann man den Verkauf landwirtschaftllicher Erzeugnisse unter jeden dieser Begriffe fassen.
Öffentlich bemerkbar ist eine Arbeit, Handlung oder Tätigkeit, wenn sie akustisch, optisch oder über ihre Bestimmung zum Kundenverkehr von unbestimmt vielen und unbestimmt beliebigen Personen wahrgenommen werden kann[749].
Da der Verkauf von landwirtschaftlichen Erzeugnissen an einer innerorts oder außerorts gelegenen Straße über ihre Bestimmung zum Kundenverkehr wahrgenommen werden kann, ist dieser ohne weiteres als öffentlich bemerkbare Arbeit, Handlung oder Tätigkeit zu qualifizieren[750].
Schließlich müßte der Verkauf landwirtschaftlicher Erzeugnisse in der bezeichneten Weise auch eine Störung der äußeren Ruhe des Feiertages beinhalten. Umstritten ist, ob eine konkrete Störung erforderlich ist oder ob eine abstrakte Eignung zur Störung ausreicht.

Nach ständiger Rechtsprechung stellen die Feiertagsgesetze der Länder auf die abstrakte Störungseigenschaft ab und verlangen keine konkrete Störung[751].
Bezogen auf den sonn- und feiertäglichen Verkauf von landwirtschaftlichen Erzeugnissen an einer innerorts oder auch außerhalb gelegenen Straße bedeutet das, daß es ausreicht, daß sich Bürger durch den gewerblichen Verkauf, der wie

---

[747]) *Mattner*, Sonn- und Feiertagsrecht, § 6 Rn 2.
[748]) *Mattner*, Sonn- und Feiertagsrecht, § 7 Rn 18.
[749]) VGH BW, Urt. v. 25. Mai 1982 - 10 S 2138/80 - n.v.; *Jacoby*, GewArch. 1985, S. 362; *Mattner*, Sonn- und Feiertagsrecht, § 7 Rn 23. Die öffentliche Bemerkbarkeit ist z.B. bereits dann gegeben, wenn Passanten wahrnehmen können, daß ein Ladenlokal an Sonn- und Feiertagen geöffnet ist, Kunden mit ihren Wagen vor dem Betrieb halten und das Ladenlokal betreten, vgl. *Jacoby* a.a.O.
[750]) OLG Koblenz, Beschl. v. 23. Jan. 1991 - 2 Ss 411/90 - GewArch. 1991, S. 147 (148) = NVwZ-RR 1992, S. 18 = EzGewR, § 3 FeiertG RP Nr. 5; OLG Köln, Beschl. v. 5. Juni 1990 - Ss 174/90 (B) - GewArch. 1991, S. 319 = EzGewR, § 3 FeiertG NW Nr. 15 S. 4.
[751]) BVerwG, Urt. v. 7. Sept. 1981- 1 C 43/78 - NJW 1982, S. 899 = Buchholz 11 Art. 140 GG Nr. 29; BVerwG, Urt. v. 15. März 1988 - BVerwG 1 C 25.84 - BVerwGE 79, S. 118 (124).

an Wochentagen vonstatten geht, gestört fühlen können. Ob an Ort und Stelle von der Verkaufstätigkeit eine Störung ausgegangen ist, ist demgegenüber ohne Belang[752].

Demgegenüber setzt nach einer in der Literatur vertretenen Auffassung eine Verletzung der Länderbestimmungen eine konkrete Störung im Sinne der Polizeigesetze voraus. Solange keine konkrete Beeinträchtigung der Sonn- und Feiertagsruhe festzustellen sei, liege auch kein Verstoß gegen die Landesfeiertagsgesetze vor[753].
Folgt man dieser Ansicht, ist der Verkauf landwirtschaftlicher Erzeugnisse an Sonn- und Feiertagen grundsätzlich zulässig.

Die Ansicht in der Literatur, die eine konkrete Störung verlangt, wirft der Rechtsprechung vor, "unhaltbar und überkommen" zu sein[754]. Ob das der Fall ist, soll durch eine Auslegung der einschlägigen feiertagsgesetzlichen Regelungen nach allgemeinen Grundsätzen ermittelt werden:
Nach § 3 FeiertagsG Bremen, § 3 FeiertagsG Niedersachsen, § 3 Abs. 1 FeiertagsG Rheinland-Pfalz und § 4 Abs. 1 Feiertagsgesetz Schleswig-Holstein sind die Sonntage und die staatlich anerkannten Feiertage Tage "*allgemeiner*[755] Arbeitsruhe". "Allgemein" heißt von seinem Wortsinn her soviel wie "allen gemeinsam"[756]. "Allgemeine Arbeitsruhe" heißt folglich von seinem Wortsinn her, daß sie jeder einzuhalten hat. Nach dem Wortlaut kommt es mithin auf eine konkrete Störung nicht an; vielmehr genügt eine abstrakte Störung.
Fraglich erscheint, ob diesem Ergebnis die Verwendung des Begriffs "Störung" in den Landesfeiertagsgesetzen entgegensteht. Denkbar ist, daraus herzuleiten, es handle sich hier um den terminus technicus des Polizeirechts, der ja im Bereich des polizeilichen Vollzugsdienstes in der Regel eine konkrete Störung voraussetzt. Spricht das Gesetz in einer Befugnisnorm nur vom Vorliegen einer Gefahr, so ist hiermit nur die konkrete Störung beziehungsweise Gefahr gemeint[757].
Im wesentlichen sprechen zwei Erwägungen gegen eine Parallele zum

---

[752]) OLG Köln, Beschl. v. 5. Juni 1990 - Ss 174/90 (B) - GewArch. 1991, S. 319 (320) = EzGewR Bd. 1 § 3 FeiertG NW Nr. 15; OLG Koblenz, Beschl. v. 23. Jan. 1991 - 2 Ss 411/90 - GewArch. 1991, S. 147 (148) = NVwZ-RR 1992, S. 18 = EzGewR Bd. 1 § 3 FeiertG RP Nr. 5.
[753]) *Würkner*, GewArch. 1987, S. 262 ff.
[754]) *Würkner*, GewArch. 1987, S. 262 (263). Mit " "überkommen" soll wohl "überholt" gemeint sein.
[755]) Hervorhebung durch den Verfasser.
[756]) *Duden*, Bedeutungswörterbuch, Stichwort: "allgemein".
[757]) Vgl. *Knemeyer*, Polizei- und Ordnungsrecht, Rn 65. Im Gegensatz dazu spielt die abstrakte Gefahr bzw. Störung im Bereich der Rechtsetzung eine Rolle.

Polizeirecht: Zum einen verwenden der Musterentwurf für die Polizeigesetze der Länder und diesem folgend sämtliche Polizeigesetze der Bundesländer in Abkehr von der älteren Rechtsprechung[758] und der früher herrschenden Lehre[759] statt des Begriffs der "Störung" beziehungsweise des "Störers" den der "Gefahr" beziehungsweise den des "Verantwortlichen" oder "Polizeipflichtigen"[760]. Die Termini "Störung" und "Störer" werden aufgrund ihrer Plastizität lediglich noch von der Literatur[761] verwandt. Zum anderen würde, hielte man eine Störung im Sinne des Polizeirechts für erforderlich, die polizeiliche Generalklausel die gesamte Problematik erfassen und die Schutzfunktion der Sonn- und Feiertagsgesetze liefe leer[762].

Gegen das Erfordernis einer konkrete Störung spricht vor allem Art. 139 WRV. Daß die Landesfeiertagsgesetze den über Art. 140 GG in das Grundgesetz inkorporierten Art. 139 WRV konkretisieren, entspricht wohl allgemeiner Meinung[763]. Art. 139 WRV hat folgenden Wortlaut:

"Der Sonntag und die staatlich anerkannten Feiertage bleiben als Tage der Arbeitsruhe und der seelischen Erhebung gesetzlich geschützt."

Art. 139 WRV hat einen kirchenpolitischen und einen sozialpolitischen Hintergrund,[764] wobei der sozialpolitische Hintergrund erst später hinzugetreten ist.

Beschränkte sich in spätrömischer Zeit der Schutz des Sonntags auf das Verbot von lärmenden Belustigungen zum Schutz der christlichen Gottesdienste, so fanden im Mittelalter immer mehr die für den jüdischen Sabbat geltenden strengen Vorschriften über die Arbeitsruhe und Lustbarkeitsverbote auch für die Sonntage Anwendung. Schließlich setzte sich unter dem maßgeblichen Einfluß von Thomas von Aquin die Lehre von der Substitution des Sonntags für den alttestamentlichen Sabbat durch, die heute noch in der katholischen Kirche Gültigkeit hat[765]. Es galt ein Verbot der "knechtlichen Arbeit", nicht aber ein

---

758) Vgl. z.B. OVG NW, Urt. v. 31. Jan. 1952 - II A 444/51 - OVGE 5, 185.

759) Vgl. z.B. *Forsthoff*, Lehrbuch des Verwaltungsrechts, S. 250.

760) *Knemeyer*, Polizei- und Ordnungsrecht, Rn 242.

761) Vgl. z.B. *Drews/Wacke/Vogel/Martens*, Gefahrenabwehr, S. 130; *v. Mutius*, Jura 1983, S. 298 ff.; *Schenke* in: Steiner, Bes. VerwR, Abschnitt II Rn 143 ff.

762) *Hoeren/Mattner*, Die Feiertagsgesetze der Bundesländer, § 3 Rn 25.

763) Vgl. z.B. BVerwG, Urt. v. 7. Sept. 1981 - BVerwG 1 C 43.78 - NJW 1982, S. 899 = Buchholz 11 Art. 140 GG Nr. 29; VGH BW, Urt. v. 3. Mai 1990 - 9 S 817/90 - GewArch. 1990, S. 301 (302); *Dirksen*, Das Feiertagsrecht, S. 2; *Jacoby*, GewArch. 1985, S. 362; *Mattner*, Sonn- und Feiertagsrecht, § 3 Rn 23 und § 7 Rn 6.

764) BVerwG, Urt. v. 15. März 1988 - BVerwG 1 C 25.84 - BVerwGE 79, S. 118 (122); *Dirksen*, Das Feiertagsrecht, S. 9; *Jahn*, NVwZ 1991, S. 1057.

765) *Dirksen*, Das Feiertagsrecht, S. 9; *Dehn* , Art. *Sonntagsheiligung* in: Ev. Soziallexikon, Sp. 912.

Verbot von geschäftlichen Tätigkeiten, insbesondere des Kaufs oder Verkaufs von Waren[766]. Dem entsprechend war es im Mittelalter z.B. vielerorts üblich, daß sonntags Markt gehalten wurde[767]. Martin Luther und Jean Calvin gingen zunächst von einer noch weniger strengen Auffassung von der Sonntagsruhe aus als die katholische Kirche. Jedoch näherte sich das protestantische Verständnis der Sonntagsruhe vor allem unter dem Eindruck des allgemeinen Sittenverfalls zum Ende des dreißigjährigen Krieges dem der katholischen Kirche an. Das landesherrlichen Kirchenregiment sah es fortan als seine Aufgabe an, durch entsprechende Gesetze von der kirchlichen Sonntagsfeier alle störenden Einflüsse fernzuhalten[768].

Der Sonntag als Tag allgemeiner Arbeitsruhe als sozialpolitische Forderung hängt eng mit der zunehmenden Industrialisierung Deutschlands im 19. Jahrhundert und dem damit einhergehenden frühen Kräfteverschleiß durch Fließbandarbeit und dergleichen zusammen. Das Arbeiterschutzgesetz vom 1. Juni 1891[769] brachte ein sehr weitgehendes allgemeines Verbot der Arbeit an Sonn- und Feiertagen mit sich.

Festzuhalten bleibt somit, daß zwar die geschäftliche Tätigkeit und hierbei insbesondere der Kauf und Verkauf von Waren im Gegensatz zur "knechtlichen Arbeit" an sich, jedenfalls nach katholischem und und wohl auch nach evangelischem Kirchenrecht grundsätzlich *nicht* im Widerspruch zur Sonntagsfeier steht[770]. Jedoch gebietet das Element der Arbeitsruhe unter Berücksichtigung seines sozialgeschichtlichen Hintergrunds eine allgemeine Arbeitsruhe[771]. Vor allem die Tradition der Arbeitsruhe spricht also dafür, daß eine abstrakte Störungseignung ausreicht[772].

Dieses Ergebnis wird durch die Auslegung der Feiertagsgesetze nach Sinn und Zweck bestätigt. Dieser besteht darin, daß neben dem Schutz der Religionsausübung eine gleichmäßigen Ausgestaltung des Lebensrhythmus und die Schaffung einer Sozialsynchronisation innerhalb der Familie und der

---

766) Nach can. 1248 a.F. waren an Feiertagen opera servilia (= knechtliche Arbeiten) verboten; vgl. *Höfer/Rahner,* Lexikon für Theologie und Kirche, Stichwort: "opera servilia". Can. 1247 bestimmt nunmehr allgemein, daß an Sonntagen und an anderen gebotenen Feiertagen die Gläubigen sich jener Werke und Tätigkeiten zu enthalten haben, die den Gottesdienst, die dem Sonntag eigene Freude oder die Geist und Körper geschuldete Erholung hindern. Inhaltlich dürften sich daraus zur Vorgängerregelung keine Änderungen ergeben.

767) *Gengler*, Deutsche Stadtrechts-Altertümer, S. 151.

768) *Dirksen*, Das Feiertagsrecht, S. 10; *Dehn,* Art. *"Sonntagsheiligung"* , in: Ev. Soziallexikon, Sp. 912.

769) RGBl. S. 261 ff.

770) So z.B. auch *Meyer-Hentschel/Rindermann*, Märkte, Messen, Ausstellungen, S. 4; *Scholtissek*, GewArch. 1991, S. 250 (251).

771) *Dirksen*, Das Feiertagsrecht, S. 31.

772) *Jacoby*, GewArch. 1985, S. 362.

Gesellschaft gewährleistet werden soll[773]. Dabei wird dem sozialpolitischen Zweck der Landesfeiertagsgesetze heute besonderes Gewicht zugemessen[774]. Normale Werktagsarbeit soll an Sonn- und Feiertagen nicht stattfinden[775]. Mit dem zu wahrenden äußeren Erscheinungsbild der Sonn- und Feiertage ist normale Werktagsarbeit und die für den Werktag typische Abwicklung von Geschäften unvereinbar. Denn eine Unterbrechung der angestrebten Arbeitsruhe tritt durch alle Arbeiten ein, die nach ihrem äußeren Erscheinungsbild typischerweise an Werktagen stattfinden oder dem werktäglichen Gelderwerb dienen. Solche Arbeiten nehmen dem Sonn- und Feiertag den Charakter des Besonderen, nämlich ein "Nichtwerktag" zu sein. Sonn- und Feiertage sollen der Ruhe und Entspannung dienen und die Menschen aus dem Alltag herauslösen. Dieser tiefere Sinn der Landesfeiertagsgesetze kann aber nur dann erreicht werden, wenn an diesen Tagen die Arbeit allgemein ruht[776].
Festzuhalten bleibt damit, daß die Ziele der Landesfeiertagsgesetze - Schutz der Religionsausübung und Sozialsynchronisation - nur mit einem generellen Arbeitsverbot an Sonn- und Feiertagen erreicht werden können. Dafür spricht letztlich auch die Begründung des nordrhein-westfälischen Feiertagsgesetzes, wonach Zweck des Gesetzes ein *generelles* Verbot von Störungen ist[777]. Mit der Rechtsprechung ist folglich anzunehmen, daß das Sonn- und Feiertagsarbeitsverbot nicht nur den religiösen Zwecken der Feiertagsheiligung, sondern auch dem sozialpolitischen Zweck der Arbeitsruhe dient und dementsprechend keine konkrete Störung erforderlich ist[778].

Daher kann auch ein Direktvermarkter sich nicht mit Erfolg auf die Landesverordnungen über den Verkauf bestimmter Waren an Sonn- und Feiertagen berufen, wonach in Kur- sowie bestimmten Ausflugs-, Erholungs- und Wallfahrtsorten mit besonders starkem Fremdenverkehr der Verkauf von frischen Früchten in einem bestimmten Zeitraum generell statthaft ist. Denn, indem die vorgenannten Verordnungen den generellen Sonntagsverkauf zeitlich, örtlich und die Palette dessen, was verkauft werden darf, begrenzen, machen diese deutlich, daß eine generelle Durchbrechung der Sonntagsruhe nicht gerechtfertigt ist[779].

---

773) *Mattner*, NJW 1988 S. 2211; *Hoeren/Mattner*, Feiertagsgesetze der Bundesländer, § 3 Rn 25.
774) *Jacoby*, GewArch. 1985, S. 362 (363).
775) *Pahlke*, WiVerw. 1988, S. 69 (74).
776) OVG RP, Beschl. v. 19. März 1985 - 11 B 31/85 - n.v.; *Jacoby*, GewArch. 1985, S. 362 (363).
777) LT-Drucks. 2. WP Bd. 2 S. 1176.
778) BayObLG, Beschl. v. 9. Sept. 1988 - 3 Ob OWi 128/88 - EzGewR Bd. 1 Art. 2 Abs. 1 FeiertG Bay Nr. 6 S. 2.
779) OLG Koblenz, Beschl. v. 23. Jan 1991 - 2 Ss 411/90 - GewArch. 1991, S. 147 (148)= NVwZ-RR 1992, S. 18 = EzGewR § 3 FeiertG Rhl-Pf Nr. 5.

3. Sonn- und feiertags erlaubte Tätigkeiten

Nach allgemeiner Meinung verstoßen bestimmte Tätigkeiten (z.B. der Besuch von Museen, Kinos, Theatern) an Sonn- und Feiertagen nicht gegen die Feiertagsgesetze. Zu der Frage, wann ein Verstoß vorliegt, wurden von der Rechtsprechung und Literatur folgende Grundsätze entwickelt:

- Eine öffentlich bemerkbare Tätigkeit, die zwar der Freizeitgestaltung dienlich, aber auf einen Werktag verschiebbar ist, ist unzulässig[780].

- Widerspricht eine Tätigkeit in keiner Weise der Sinngebung der Sonntagsruhe, ist sie zulässig[781].

- Läßt sich Konkurrenzdruck und Entgeltlichkeit feststellen, fehlt es aber gleichzeitig an einer werktäglichen Charakteristik oder handelt es sich um eine nicht verschiebbare - jedoch der Freizeitgestaltung und Erholung dienliche - Betätigung, ist eine Abwägung erforderlich, die regelmäßig zu einem eingeschränkten Betrieb führen darf[782].

Zu der Problematik insgesamt kann auf eine reichhaltige Judikatur zurückgegriffen werden. Die landwirtschaftliche Direktvermarktung von Christbäumen an den Dezembersonntagen vor Weihnachten hat das Bayerische Oberste Landesgericht z.B. überzeugend als mit dem Sinn und Zweck des Feiertagsschutzes vereinbar angesehen. Denn zum Charakter eines Feiertags gehöre eine Atmosphäre der äußerem und inneren Ruhe, frei von Hektik und Geschäftstätigkeit. Der Kauf eines Weihnachtsbaumes stehe hierzu nicht im Widerspruch, da er als Symbol für das Weihnachtsfest gelte und meist im Mittelpunkt familiärer Weihnachtsfeiern stehe. Im übrigen erfolge der Kauf auch häufig durch die ganze Familie. Daß sich für ein solches gemeinsames Aussuchen gerade die Sonntagnachmittage vor Weihnachten eigneten, an denen das übrige Berufsleben grundsätzlich ruhe, liege auf der Hand. Daß der Gesetzgeber auch von einer Vereinbarkeit des Christbaumverkaufs mit der Sonntagsruhe ausgehe, ergebe sich zudem aus § 15 Nr. 3 LadschlG, wonach selbst dann, wenn der 24. Dezember auf einen Sonntag fällt, die Verkaufsstellen für die Abgabe von Weihnachtsbäumen bis zu 3 Stunden bis längstens 14 Uhr

---

780) BVerwG, Urt. v. 19. April 1988 - BVerwG 1 C 50.86 - BVerwGE 79, S. 236 (242) = NJW 1988, S. 2252 = GewArch. 1988, S. 268; OLG Düsseldorf, Beschl. v. 12. Dez. 1986 - 5 Ss (OWi) 433/86 - 328/86 I, NJW 1987, S. 2595 = GewArch. 1987, S. 143f; *Mattner*, NJW 1988, S. 2211.

781) *Hoeren/Mattner*, Die Feiertagsgesetze der Bundesländer, § 3 Rn 31.

782) *Hoeren/Mattner*, Die Feiertagsgesetze der Bundesländer, § 3 Rn 31; vgl. BVerwG, Urt. v. 19. April 1988 - BVerwG 1 C 50.86 - BVerwGE 79, S. 236 (242).

geöffnet sein dürfen[783]. Das erste Argument erscheint wenig stichhaltig. Es läßt sich nicht sagen, daß der Christbaumverkauf an Sonntagen vor Weihnachten in keiner Weise der Sinngebung des Sonntags widerspricht, da - wie oben festgestellt - die Landesfeiertagsgesetze gerade nicht nur den Schutz der Religionsausübung, sondern auch die Sozialsynchronisation bezwecken. Zu letzterer steht aber der Sonntagsverkauf grundsätzlich im Widerspruch. Überzeugend erscheint das zweite Argument - die Bezugnahme auf § 15 Nr. 3 LadschlG. In dieser Vorschrift kommt eine Wertentscheidung des Gesetzgebers zum Ausdruck, daß dieser Verkauf erlaubt sein soll. Die Regelung würde leerlaufen, wenn die Landesfeiertagsgesetze das verbieten würden, was nach dem LadschlG ausdrücklich erlaubt ist.

Ferner verstößt auch der Betrieb eines Partyservices, auf den sich einige Landwirte spezialisiert haben, nicht gegen das grundsätzliche Arbeitsverbot an Sonn- und Feiertagen. Hier greift der oben genannte dritte Grundsatz. Ein Partyservice hat gerade bei Einladungen am Wochenende seinen Platz. Wie bei dem Besuch von Museen und dergleichen handelt es sich hier um die gewerbliche Befriedigung eines unmittelbaren Freizeitbedürfnisses, das gerade im Freiraum des Wochenendes entsteht[784].

Was die Durchführung von Märkten und Volksfesten an Sonn- und Feiertagen betrifft, bleibt folgendes festzuhalten: Soweit die Märkte und Volksfeste von der zuständigen Behörde nach § 69 GewO festgesetzt werden, werden hierbei unter anderem auch die Dauer und die Öffnungszeiten festgesetzt. Nach § 19 Abs. 3 LadschlG treten an die Stelle der allgemeinen Ladenschlußzeiten die im Festsetzungsbescheid genannten Öffnungszeiten. Allerdings läßt die Festsetzung die grundsätzliche Geltung des jeweiligen Landesfeiertagsgesetzes unberührt. Denn die Vorschrift des § 69 GewO, wonach Märkte der Festsetzung bedürfen und diese nach § 69a Abs. 1 Nr. 3 GewO unter anderem dann abzulehnen ist, wenn die Durchführung der Veranstaltung dem öffentlichen Interesse widerspricht, enthält keine abschließende bundesrechtliche Regelung. Daher kann eine Marktveranstaltung nur dann durchgeführt werden, wenn die gewerberechtlichen Voraussetzungen gegeben sind und die Verbote des Sonn- und Feiertagsgesetze nicht eingreifen[785]. Da die Festsetzung behördlich erfolgt, entziehen sich die festgesetzten Veranstaltungen einem feiertagsgesetzlichen Verbot[786]. Den Belangen des Feiertagsschutzes ist durch die Erteilung von Auflagen nach § 69a Abs. 2 GewO Rechnung zu tragen. Zu denken ist z.B. an die Auflage, daß die Veranstaltung nur außerhalb der Zeit der ortsüblichen

---

[783]) BayObLG, Beschl. v. 9. Sept. 1988 - 3 Ob OWi 128/88 - EzGewR Art. 2 Abs. 1 FeiertG Bay Nr. 6.

[784]) VGH BW, Urt. v. 17. Juli 1990 - 9 S 547/90 - GewArch. 1990, S. 333 (334).

[785]) *Jahn*, NVwZ 1991, S. 1058 (1059); *Mattner*, Sonn- und Feiertagsrecht, § 7 Rn 38.

[786]) *Mattner*, Sonn- und Feiertagsrecht, § 7 Rn 38; *Schönleiter* in: Landmann/Rohmer, GewO, § 69 Rn 14.

Gottesdienste stattfinden darf[787].
Eine Befreiung neben den in den Landesfeiertagsgesetzen enthaltenen Befreiungstatbestand ist nicht zusätzlich erforderlich, da die gewerberechtlichen Vorschriften gegenüber den Feiertagsgesetzen als lex specialis anzusehen sind[788].
Die Feiertagsgesetze sind allerdings dann unmittelbar anwendbar, wenn es sich um nicht festgesetzte Privatmärkte und Volksfeste handelt. Läßt sich die Durchführung nicht mit den Arbeits- und Handlungsverboten vereinbaren, ist sie rechtswidrig[789]. Eine solche Unvereinbarkeit ist grundsätzlich bei allen Märkten anzunehmen, bei dem ein Verkauf an Letztverbraucher stattfindet. Denn ihre Abhaltung verursacht erheblichen Konkurrenzdruck.
Es stellt sich die Frage, ob für die Abhaltung von Bauernmärkten etwas grundsätzlich anderes gilt. Zwar überzeugt das Argument, derartige Märkte fielen aufgrund ihres häufig skurrilen und liebenswerten Charakters und des Freizeitbezugs ihres Besuches schon nicht in den Anwendungsbereich der Arbeitsverbote, nicht, weil der Warenumsatz entgeltlich ist und damit dem werktäglichen Gelderwerb zuzurechnen ist[790]. Zu berücksichtigen ist allerdings, daß die Veranstaltung von Bauernmärkten sich von ihrem äußeren Erscheinungsbild her häufig wesentlich von den Tätigkeiten unterscheiden, die werktags auf Märkten entfaltet werden, weil hier mehr die Unterhaltung und die Information über die Produkte und die Produzenten als der Gelderwerb im Vordergrund steht[791]. Daher verstößt die gelegentliche Durchführung von Bauernmärkten nicht gegen das Arbeits- und Handlungsverbot an Sonn- und Feiertagen.

4. Zur Zulässigkeit des Feilbietens von Waren im Reisegewerbe an Sonn- und Feiertagen

Eine weitere gewerberechtliche Regelung zum Zweck der Einhaltung der Sonntagsruhe stellt § 55e GewO dar. Genauso wie bei den Regelungen der Feiertagsgesetze kommt § 55e GewO beziehungsweise § 55a GewO a.F. eine sonntagsschützende Funktion mit Wirkung für den Arbeitsschutz und einer religiösen Komponente zu.[792] Die institutionelle Garantie der Sonn- und Feiertage durch Art. 139 WRV in Verbindung mit Art. 140 GG ist daher auch für die Auslegung des § 55e GewO von Bedeutung.[793] Seit dem Inkrafttreten des

---

[787]) *Pinegger/Kraußer*, GewArch. 1997, S. 16 (20).
[788]) *Pinegger/Kraußer*, GewArch. 1997, S. 16 (20).
[789]) *Mattner*, Sonn- und Feiertagsrecht, § 7 Rn 37; *Schönleiter* in: Landmann/Rohmer, GewO, § 69 Rn 7.
[790]) OVG NW, Urt. v. 15. April 1987 - 4 A 57/86 - GewArch. 1987, S. 348.
[791]) Vgl. zu den Charakteristika und Programmen der Bauernmärkte oben 2. Abschnitt IV.4.
[792]) *Weick*, Das Reisegewerbe, S. 29; *Mattner*, NZA 1988, S. 528 (529).
[793]) *Mattner*, NZA 1988, S. 528 (529).

Ladenschlußgesetzes spielt § 55e GewO beziehungsweise § 55a GewO a.F. indes nur noch eine geringe Rolle.
Nach dem Gesetzeswortlaut von § 55e Abs. 1 S. 1 GewO sind an Sonn- und Feiertagen die in § 55 Abs. 1 Nr. 1 GewO genannten Tätigkeiten mit Ausnahme des Feilbietens[794] von Waren im Reisegewerbe verboten. Fraglich erscheint, ob die Vorschrift das Feilbieten von Waren - in Ausnahme zu § 20 Abs. 1 Satz 1 LadschlG - an Sonn- und Feiertagen erlaubt. Das ist zu verneinen. Das folgt zum einen aus der Entstehungsgeschichte des § 55e Abs. 1 Satz 1 GewO. Gegenüber der Regelung des § 55a GewO a.F., der das Feilhalten von Waren im Reisegewerbe noch nicht erwähnte, sollte nicht etwa eine sachliche Änderung eintreten; vielmehr sollte § 55e Abs. 1 Satz 1 GewO lediglich dem neugefaßten § 55 GewO redaktionell angepaßt werden. Eine inhaltliche Änderung wurde nicht angestrebt[795]. Schließlich wäre eine Freistellung des Feilbietens von Waren im Reisegewerbe von dem Verbot des § 20 Abs. 1 Satz 1 1. Halbsatz LadschlG unsystematisch. Sie würde ohne erkennbaren Grund nur das Feilhalten im Reisegewerbe, nicht jedoch andere Formen des gewerblichen Feilbietens außerhalb von Verkaufsstellen im Wettbewerb begünstigen[796].
Für diese Auslegung spricht auch eine Entschließung des Bayerischen Ministers für Wirtschaft und Verkehr, in dem es heißt:
"Zwar ist § 55a GewO nicht ausdrücklich außer Kraft gesetzt worden, weil auch nach Inkrafttreten des Ladenschlußgesetzes noch ein - wenn auch geringer - Anwendungsbereich für § 55a GewO a.F. verblieben ist. Soweit es sich jedoch um das gewerbliche Feilhalten von Waren zum Verkauf an jedermann außerhalb von Verkaufsstellen handelt, das in § 20 LadschlG geregelt ist, *sind nur die Bestimmungen des Ladenschlußgesetzes, dagegen nicht mehr § 55a GewO anwendbar.* Dies trifft auf folgende Tätigkeiten im ambulanten Handel und im Reisegewerbe zu:
1. das gewerbliche Feilhalten von Waren zum Verkauf an jedermann,
2. die Entgegennahme von Warenbestellungen, wenn Muster, Proben u.ä. gezeigt und dazu Räume benutzt werden, die für diesen Zweck besonders geeignet sind[797]. "
Diese Ausführungen waren nicht nur für die frühere Rechtslage von Bedeutung. Vielmehr gelten sie uneingeschränkt auch für das Verhältnis der Neufassung des

[794]) Zum Begriff des Feilbietens siehe oben 2. Abschnitt III.7.
[795]) Vgl. die Begründung der Bundesregierung, BT-Drucks. 10/1125 S. 20.
[796]) OLG Düsseldorf, Beschl. v. 2. Aug. 1988 - 5 Ss (oWi) 149/88 I - 212/88 I - GewArch. 1988, S. 391.
[796]) OLG Düsseldorf, Beschl. v. 2. Aug. 1988 - 5 Ss (OWi) 149/88 - 212/88 I - GewArch. 1988, S. 391.
[797]) Entschl. des Bayerischen Ministers für Wirtschaft und Verkehr v. 24. Juli 1959 Nr. 6603 b - II/26 - 41723 - GewArch. 1959/60, S. 149.

§ 55e GewO zum Ladenschlußgesetz[798].
Folglich erlaubt § 55e GewO einem landwirtschaftlichen Direktvermarkter nicht, entgegen § 20 Abs. 1 Satz 1 1. Halbsatz LadschlG seine Erzeugnisse im Reisegewerbe zu veräußern.

5. Zum Anspruch auf Erteilung einer feiertagsrechtlichen Befreiung

Handelt es sich um eine Veranstaltung, die mit dem Wesen des Sonn- und Feiertagsschutzes unvereinbar ist, darf sie an einem Sonn- und Feiertag nur dann abgehalten werden, wenn dem Veranstalter im Einzelfall eine feiertagsrechtliche Befreiung erteilt wird. Die Feiertagsgesetze aller Länder enthalten eine derartige Regelung. Die Erteilung einer Befreiung steht stets im Ermessen der zuständigen Behörde[799]. Der Anspruch des Antragstellers geht daher grundsätzlich nur auf Ausübung eines fehlerfreien Ermessens[800].
Es stellt sich die Frage, ob die Befreiungstatbestände eng oder weit auszulegen sind. Das Vorliegen eines besonderen Ausnahmefalls beziehungsweise eines wichtigen Grundes ist ein verwaltungsgerichtlich voll überprüfbarer[801] unbestimmter Rechtsbegriff[802]. Dieser ist anhand des Regelungszwecks des jeweiligen feiertagsrechtlichen Verbotstatbestands unter Würdigung des Schutzbereichs der Verfassung in Art. 140 GG in Verbindung mit Art. 139 WRV auszulegen[803]. Die Landesfeiertagsgesetze nennen keine Tatbestandselemente, die einen Ausnahmefall begründen. Daher ist auf den Gesamtzusammenhang des Gesetzes und Rechtsgrundsätze des allgemeinen Verwaltungsrechts zurückzugreifen. Die Ausnahmebewilligung soll atypische Fallgestaltungen erfassen, in denen das grundsätzlich geltende allgemeine Arbeitsverbot unverhältnismäßige Auswirkungen hat, die vom Zweck des Gesetzes nicht mehr gerechtfertigt sind. Das ist dann der Fall, wenn ein Vorhaben den Schutzzweck des Arbeitsverbots nur unwesentlich berührt und wenn schutzwürdige und gewichtige Belange eine Ausnahme rechtfertigen[804]. Eine wesentliche Berührung des Schutzzwecks des Arbeitsverbots liegt stets dann vor, wenn das Vorhaben einen typisch werktäglichen Charakter aufweist[805]. Bei der Veranstaltung von Privatmärkten und sonstiger

---

[798]) *Mattner*, NZA 1988, S. 528 (529).
[799]) Vgl. z.B. § 12 Abs. 1 FTG BW, § 10 Satz 1 LFtG RP.
[800]) Vgl. *Maurer*, Allg. VerwR, § 7 Rn 17; *Erichsen* in: ders., VerwR. AT, § 10 Rn 13f.
[801]) Ständige Rspr.: Vgl. z.B. BVerwGE 15, S. 207 (208); BVerwGE 45, S. 162 (164 ff.); BVerwG, DVBl. 1991, S. 49; a.A. z.B. *Wolff/Bachof*, VerwR I, § 31 I c).
[802]) *Jahn*, NVwZ 1991, S. 1057 (1058).
[803]) BVerwG, Urt. v. 15. März 1988 - BVerwG 1 C 25.84 - BVerwGE 79, S. 118 (126).
[804]) VGH BW, Urt. v. 29. Mai 1990 - 9 S 817/90 - GewArch. 1990, S. 301 (302); *Wolff/Bachof*, VerwR I, § 48 II d).
[805]) BVerwG, Urt. v. 15. März 1988 - BVerwG 1 C 25.84 - BVerwGE 79, S. 118 (127); BVerwG, Urt. v. 19. April 1988 - BVerwG 1 C 50.86 - BVerwGE 79, S. 236 (242).

Verkaufstätigkeit wird der Schutzzweck des Arbeitsverbots in der Regel wesentlich berührt. Als schutzwürdige und gewichtige Belange kommen in Betracht ein öffentlicher Bedarf, geschichtliche Gesichtspunkte oder eine gewisse Tradition, eine überörtliche bis internationale Bedeutung der Veranstaltung. Historisches Wachstum verlangt eine lange, zumindest über eine Generation hinausreichende Tradition. Von einer Tradition wird man heute wohl ab einem Dezennium sprechen können, wobei zu berücksichtigen ist, daß eine Tradition sich nur bei Ortsfestigkeit einer Veranstaltung bilden kann[806].

Dagegen können weder das wirtschaftliche Interesse eines Marktveranstalters noch das der einzelnen Anbieter einen wichtigen Grund darstellen, der eine Durchbrechung des Tätigkeitsverbots an Sonn- und Feiertagen und damit die Erteilung einer Befreiung rechtfertigt,[807] da anderenfalls der Sonn- und Feiertagsschutz weitgehend leerlaufen würde[808].

6. Folgen von Verstößen gegen die Vorschriften der Landesfeiertagsgesetze

Eingriffsermächtigung bei Verstößen gegen die Landesfeiertagsgesetze ist mangels einer spezialgesetzlichen Rechtsgrundlage die polizeirechtliche Generalklausel[809]. Zwar steht die Durchsetzung des Verbots öffentlich wahrnehmbarer Tätigkeiten im pflichtgemäßen Ermessen der zuständigen Behörde. Die pflichtgemäße Ermessensausübung gebietet aber nur dann von der Durchsetzung des gesetzlichen Verbots abzusehen, wenn sachgerechte Gründe für die Zulassung oder Duldung der verbotenen Handlung angeführt werden können.

Als sachgerechter Grund kommt beispielsweise eine Ausnahmeerlaubnis in Betracht. Denkbar ist aber auch, daß im Einzelfall gerade keine öffentlich bemerkbare, mit der Zweckbestimmung des Sonntags unvereinbare Veranstaltung vorliegt[810].

Für denjenigen, der den Vorschriften der Feiertagsgesetze vorsätzlich oder fahrlässig zuwider handelt, besteht nicht nur das Risiko einer Untersagung, sondern er begeht auch eine Ordnungswidrigkeit. Das gilt besonders für öffentlich bemerkbare Tätigkeiten an Sonn- und Feiertagen, die die äußere Ruhe beeinträchtigen oder dem Wesen des Sonn- oder Feiertags widersprechen,[811]

---

[806]) VGH BW, Urt. v. 29. Mai 1990 - 9 S 817/90 - GewArch. 1990, S. 301 (302).

[807]) *Jahn*, NVwZ 1991, S. 1057 (1958).

[808]) Dem Feiertag soll der Charakter des Besonderen, nämlich ein "Nichtwerktag"zu sein, erhalten bleiben, siehe oben 3. Abschnitt IV.2.

[809]) §§ 14 BGSG; 3 PolG BW; Art. 11 Abs.1 BayPAG; 17 Abs. 1 ASOG Berl; 13 Abs. 1 OBG Bbg; 3 Abs. 1 HambSOG; 11 HessSOG; 13 SOG M-V; 9 Abs. 1 Satz 1 POG RP; 3 Abs. 1 SächsPolG; 13 SOG LSA; 12 Abs. 1 ThürPAG; 10 Abs. 1 BrPolG; 11 NdsGefAG; 8 Abs. 1 PolG NRW; 14 OBG NW; 8 Abs. 1 SaarlPolG, § 174 SchlHLVwG.

[810]) BVerwG, Urt. v. 15. März 1988 - BVerwG 1 C 25.84 - BVerwGE 79, S. 118 (129 f.).

[811]) Vgl. z.B. § 12 Abs. 1 Nr. 1 LFtG RP.

aber auch bei Tätigkeiten, die erlaubt sind, wobei vermeidbare Störungen und Geräusche verursacht werden[812].

[812]) Vgl. z.B. § 12 Abs. 1 Nr. 2 LFtG RP. Im übrigen vergleiche die hier entsprechend geltenden Ausführungen zu den Sanktionen bei Verstößen gegen das Ladenschlußgesetz oben im 3. Abschnitt III.4.

4. Abschnitt: Straßen- und straßenverkehrsrechtliche Probleme der landwirtschaftlichen Direktvermarktung

I. Überblick

Zahlreiche landwirtschaftliche Direktvermarkter setzen ihre Produkte über den Straßenhandel ab. Unter Straßenhandel ist das Anbieten von Waren und Leistungen aller Art auf der Straße zu verstehen[813]. Damit kommt die landwirtschaftliche Direktvermarktung auch mit den beiden eng miteinander verzahnten[814] Rechtsmaterien des Straßenrechts und des Straßenverkehrsrechts in Berührung. Straßenrecht und Straßenverkehrsrecht sind zwar kein Gewerberecht; vielmehr regelt das Straßenrecht die Voraussetzungen und Modalitäten der Bereitstellung und Unterhaltung von Straßen und ist somit dem Recht der öffentlichen Sachen zuzuordnen, während das Straßenverkehrsrecht sich schwerpunktmäßig unter ordnungsrechtlichen Gesichtspunkten mit Problemen der Sicherheit und Leichtigkeit des Verkehrs befaßt und daher als Gefahrenabwehrrecht anzusehen ist[815]. Ein enger sachlicher Zusammenhang zwischen Straßenrecht und Straßenverkehrsrecht sowie dem Gewerberecht ergibt sich aber daraus, daß viele Tätigkeiten gleichzeitig den Regelungen des Gewerberechts als auch denjenigen des Straßenrechts und des Straßenverkehrsrechts unterliegen. So nimmt z.B. ein der Reisegewerbekartenpflicht unterliegender Winzer bei seinen Verkaufsfahrten öffentlichen Straßenraum in Anspruch. Da die Reisegewerbekarte keine Konzentrationswirkung entfaltet[816], stellt sich die Frage, ob er einer Sondernutzungserlaubnis bedarf. Kündigt er sein Kommen mit einer Schelle an, so ist zu prüfen, ob dem straßenverkehrsrechtliche Gesichtspunkte entgegenstehen. Bei der Veranstaltung eines Wochenmarkts wird in der Regel auch öffentlicher Verkehrsraum in Anspruch genommen[817]. Hier ist zu fragen, ob es dafür einer besonderen straßenrechtlichen Erlaubnis bedarf. Denn entgegen der herkömmlichen Verwendung des Begriffs Straße für die vorwiegend dem Fahrverkehr dienenden Verkehrswege unterfallen dem rechtlichen Sammelbegriff "Straße" ohne Rücksicht auf Art und Umfang des zulässigen Gebrauchs und die technische Beschaffenheit neben den öffentlichen Straßen im herkömmlichen Sinn auch die öffentlichen Wege, Plätze usw.[818]

Eine Unterscheidung zwischen Straßen- und Straßenverkehrsrecht gab es ursprünglich nicht. Im 19. Jahrhundert war der Begriff des Straßenverkehrsrechts wegen des noch nicht vorhandenen modernen

---

813) *Grote* in: Kodal/Krämer, Straßenrecht, Kap. 24 Rn 95.

814) *Steiner*, JuS 1984, S. 1 (3 f.).

815) Vgl. z.B. *Steiner* in: ders., Bes. VerwR, Abschnitt V Rn 6 und 8.

816) Vgl. oben 2. Abschnitt III.8.

817) *Grote* in: Kodal/Krämer, Straßenrecht, Kap. 24 Rn 95.

818) *Kodal* in: Kodal/Krämer, Straßenrecht, Kap. 4 Rn 1.

Massenverkehrs noch nicht bekannt[819]. So konnte *Otto Mayer* feststellen: "Auf besonders belebten Straßen und Plätzen wird der Gemeingebrauch durch Selbstzerstörung dadurch bewahrt, daß dem Strom der Fuhrwerke und Fußgänger eine gewisse Leitung gegeben wird. Dazu dient schon allgemein und ohne Not das Gebot des Rechtshaltens für Fuhrwerke auf allen Arten von Straßen, auch für Fußgänger auf Brücken. (..) So gestaltet sich die Sache nach den allgemeinen Grundsätzen des Polizeirechts[820]."

Die Trennung von Straßen- und Straßenverkehrsrecht vollzog sich mit dem Aufkommen und der Verbreitung des Automobils[821]. Durch das Gesetz über den Verkehr mit Kraftfahrzeugen vom 3. Mai 1909[822] wurde der Bundesrat erstmalig ermächtigt, die zur Erhaltung der Ordnung und Sicherheit auf den öffentlichen Wegen und Plätzen erforderlichen Anordnungen über den Verkehr mit Kraftfahrzeugen zu erlassen. Das führte zu einer Zuständigkeitsaufspaltung dergestalt, daß der allgemeine Verkehr durch Landesrecht, der Kraftfahrzeugverkehr aber durch Reichsrecht geregelt wurde[823].

Das früher vielfach durch das von den jeweiligen örtlichen Verhältnissen abhängige Gewohnheitsrecht geprägte Straßenrecht,[824] wurde in den fünfziger und sechziger Jahren durch die Straßengesetze des Bundes und Länder abgelöst. Der Bund machte mit dem Erlaß des Straßenverkehrsgesetzes (StVG) von der ihm nach Art. 74 Abs. 1 Nr. 22 GG zustehenden Kompetenz im Bereich der konkurrierenden Gesetzgebung in bezug auf das Straßenverkehrsrecht Gebrauch. Die Länder erließen im Rahmen der ihnen nach Art. 70 Abs. 1 GG zustehenden Kompetenz die Landesstraßen- und Wegegesetze.

Das Verhältnis von Straßenrecht und Straßenverkehrsrecht wird von dem "Vorbehalt des Straßenrechts" und dem "Vorrang des Straßenverkehrsrechts" bestimmt. "Vorbehalt" des Straßenrechts bedeutet, daß der Straßenbaulastträger durch die Widmung rechtlich verbindlich den Nutzungsrahmen festlegt, innerhalb dessen die straßenverkehrsrechtlichen Vorschriften zur Anwendung kommen. "Vorrang des Straßenverkehrsrechts" bedeutet, daß das Straßenverkehrsrecht in Ausschöpfung der Gesetzgebungskompetenz des Art. 74 Abs. 1 Nr. 22 GG Verkehrsrecht und Verkehrsregelungen im straßenrechtlichen Gewand oder auf straßenrechtlicher Grundlage verdrängt[825].

Das Bundesverfassungsgericht hat in einer Grundsatzentscheidung zur Konkurrenz von Straßenrecht und Straßenverkehrsrecht sogar die Auffassung vertreten, Bund und Länder könnten ein und denselben Gegenstand nicht

---

[819]) *Runkel*, Zur Abgrenzung von Straßen- und Straßenverkehrsrecht, S. 8.
[820]) *Mayer*, Deutsches Verwaltungsrecht, Bd. 2, S. 85 f.
[821]) *Runkel*, Zur Abgrenzung von Straßen- und Straßenverkehrsrecht, S. 10.
[822]) RGBl. I S. 437.
[823]) *Evers*, NJW 1962, S. 1034.
[824]) *Callsen*, GewArch. 1959/60, S. 177; *v. Olshausen/Schmidt*, Automatenrecht, S. 323.
[825]) Steiner in: ders.: Bes. VerwR, Abschnitt V Rn 164 f.

gleichzeitig regeln[826]. Diese These gilt jedoch nur im Grundsatz für den Fall, daß derselbe Sachverhalt nach den Vorschriften beider Materien unter demselben Gesichtspunkt beurteilt wird. Daß ein- und derselbe Sachverhalt nach den Vorschriften beider Materien unter unterschiedlichen Gesichtspunkten beurteilt und mit Mitteln beider Materien auf ihn reagiert werden kann, folgt aus der grundsätzlichen Selbständigkeit der Anknüpfungspunkte von Straßenrecht und Straßenverkehrsrecht[827]. Beispiele für derartige Doppelzuständigkeiten sind Werbeanlagen außerhalb geschlossener Ortschaften[828], Verkaufsstände außerhalb des Strraßenraums nahe einer stark befahrenen Straße[829] oder der Straßenhandel, der durch Klingeln angekündigt wird[830].

---

826) BVerfG, Urt. v. 9. Okt.1984, BVerfGE 67, S. 299 (322f.).
827) *Steiner* in: ders. Bes. VerwR, Abschnitt V Rn 9.
828) Vgl. unten 4. Abschnitt III.1.a.bb).
829) Vgl. unten 4. Abschnitt II.1.b).
830) Vgl. unten 4. Abschnitt II.2. und III.2.b).

II. Landwirtschaftliche Direktvermarktung und Straßenhandel

1. Straßenrechtliche Probleme bei der Verwendung von Verkaufsständen

In der Erntezeit sind in vielen landwirtschaftlich geprägten Gebieten wie z.B. der Pfalz häufig am Straßenrand - vor allem auf Bürgersteigen und auf Seitenstreifen - von Landwirten aufgebaute Verkaufsstände, in denen diese ihre Ernteerzeugnisse feilhalten, anzutreffen. Zum Teil stehen die Stände auch im Feld. Jedoch stellen im ersten und im zweiten Fall viele Kunden ihre Kraftfahrzeuge auf den Seitenstreifen sowie anderen angrenzenden Straßenteilen ab, um bei den Landwirten einzukaufen. Eine ähnliche Situation findet man z.B. in der Obstgegend um Mainz vor. Obstbauern stellen vor ihren Anwesen auf ihrem eigenen Grundstück oder auf dem Bürgersteig Tische auf, auf denen sie Äpfel oder anderes Obst kiloweise abgepackt deponieren. Auf der Tischplatte ist ein Zettel angebracht mit dem Preis und der Bitte, diesen bei Selbstbedienung in den Briefkasten zu werfen oder einem anderen Ort abzulegen. Der Untersuchung bedarf, ob ein solches Feilhalten straßenrechtlich ohne weiteres erlaubt ist.

a) Die straßenrechtliche Einordnung des Aufstellens von Tischen am Straßenrand

Das Straßenrecht unterscheidet zumindest zwischen drei verschiedenen Nutzungsarten: Gemeingebrauch, Sondernutzung und sonstige Benutzungen[831]. Streitig ist, ob der sogenannte Anliegergebrauch eine Unterart des Gemeingebrauchs (= gesteigerter Gemeingebrauch) ist oder aber eine eigenständige Nutzungsart darstellt[832]. In bezug auf das Aufstellen von Verkaufstischen auf dem eigenen Grundstück kommt es auf die Entscheidung dieser Streitfrage nicht an. Denn jede Art der straßenrechtlich relevanten Nutzung setzt voraus, daß die Straße benutzt wird. Wird die Straße - wie z.B. beim Aufstellen von Tischen und dergleichen auf dem Privatgrundstück, sofern die Kaufverträge ebenfalls auf dem Privatgrundstück abgeschlossen werden[833] - nicht in Anspruch genommen, scheidet eine straßenrechtliche Nutzung von vornherein aus.

Ob bei der Aufstellung von Verkaufstischen und dergleichen auf dem öffentlichen Straßengrund nun Gemeingebrauch/Anliegernutzung oder Sondernutzung beziehungsweise sonstige Nutzung vorliegt, ist insoweit erheblich als der Gemeingebrauch und die Anliegernutzung erlaubnisfrei und unentgeltlich sind, im Falle einer Sondernutzung hingegen eine Erlaubnispflicht

---

831) *Laubinger*, VerwArch. 81 (1990), S. 583 (599 f.).

832) So z.B. *Laubinger*, VerwArch. 81 (1990), S. 583 (599 f.).

833) Wird beim Abschluß des Kaufvertrages öffentlicher Verkehrsraum in Anspruch genommen, kommt stets eine Sondernutzung in Betracht, vgl. z.B. *v. Olshausen/Schmidt*, Automatenrecht, S. 321 FN 1.

besteht und, sofern eine entsprechende Satzung besteht, Sondernutzungsgebühren anfallen oder im Falle einer sonstigen Benutzung der Straßeneigentümer ein privatrechtliches Entgelt verlangen kann.
Zuerst soll der Frage nachgegangen werden, ob das Aufstellen von Tischen und dergleichen im öffentlichen Straßenraum Gemeingebrauch oder Sondernutzung ist. Gemeingebrauch im straßen- und wegerechtlichen Sinn ist nach heute gängiger Definition das jedermann zustehende subjektiv-öffentliche Recht, die öffentlichen Straßen, Wege und Plätze im Rahmen der Widmung und der Verkehrsvorschriften zum fließenden oder stehenden Verkehr in Anspruch zu nehmen[834]. Diese Definition spiegelt sich in § 7 Abs. 1 FStrG direkt wieder. Dagegen weicht der Wortlaut der einzelnen Landesstraßengesetze im einzelnen erheblich von dem des § 7 Abs. 1 FStrG ab. Übereinstimmung besteht insoweit, als sämtliche Gemeingebrauchsvorschriften verlangen, daß der Gebrauch der Straße sich "im Rahmen der Widmung" halten muß. Erhebliche Unterschiede bestehen im Hinblick auf die Erwähnung des Merkmals "zum Verkehr": Während neben dem Bundesfernstraßengesetz auch die Straßengesetze Bayerns, Hamburgs, Niedersachsens und Schleswig-Holsteins das Merkmal "zum Verkehr" enthalten,[835] fehlt ein solches Tatbestandselement in den Straßengesetzen der übrigen Bundesländer[836]. In Übereinstimmung mit § 7 Abs. 1 Satz 3 FStrG bestimmen die Straßengesetze von Bayern, Berlin, Mecklenburg-Vorpommern, Niedersachsen, Rheinland-Pfalz und Schleswig-Holstein, daß kein Gemeingebrauch vorliegt, wenn jemand die Straße nicht vorwiegend zum Verkehr, sondern zu anderen Zwecken benutzt[837]. Bedeutungsgleiche oder doch ähnliche Konkretisierungen enthalten - im Gegensatz zu den Straßengesetzen von Baden-Württemberg, Bremen, Hessen, des Saarlands, von Sachsen, Sachsen-Anhalt, Brandenburg und Thüringen - § 16 Abs. 2 Satz 1 HambWG und § 14 Abs. 3 StrWG NW. Die Frage, ob in diesen Ländern der Begriff des Gemeingebrauchs weiter gefaßt ist dergestalt, daß er auch eine andere Nutzung als die zum Verkehr zuläßt, ist zu verneinen. Denn sämtliche den Gemeingebrauch regelnden Vorschriften enthalten die Widmung als Tatbestandsmerkmal ("im Rahmen der Widmung"). Ferner erheben die

---

[834]) Vgl. z.B. *Salzwedel* in: Schmidt-Aßmann, Bes. VerwR. (10. Aufl.), 8. Abschnitt Rn 1; ähnlich: *Pappermann/Löhr/Andriske*, Recht der öffentlichen Sachen, S. 66.
[835]) Art. 14 Abs. 1 Satz 1Bay StrG, § 16 Abs. 1 Satz 2 HambWG, § 14 Abs. 1 Satz 1 StrG NS, § 20 Abs. 1 Satz 1 StrG SH.
[836]) § 13 Abs. 1 Satz 1 StrG BW, § 14 Abs. 1 Satz 1 Bbg StrG, § 10 BerlStrG, § 15 Abs. 1 BremLStrG, § 21 Abs. 1 Satz 1 StrWG - MV, § 14 Abs. 1 Satz 1 HessStrG, § 14 Abs. 1 Satz 1 StrWG NW, § 34 Abs. 1 Satz 1 LStrG RP, § 14 Abs. 1 Satz 1 SächsStrG, § 14 Abs. 1 Satz 1 StrG LSA, § 14 Abs. 1 Satz 1 Saarl. StrG sowie § 14 Abs. 1 StrG Thür.
[837]) Art. 14 Abs. 1 Satz 2 Bay StrG, § 10 Abs. 2 Satz 3, § 21 Abs. 1 Satz 2 StrWG - MV, § 16 Abs. 1 Satz 2 HambWG, § 14 Abs. 1 Satz 3 NStrG, § 34 Abs. 3 LStrG RP, § 20 Abs. 1 Satz 2 StrWG SH.

Straßengesetze fast aller Länder die Zweckbestimmung "zum Verkehr" zum Wesensmerkmal der öffentlichen Straße[838]. Aus dem Zusammenspiel der Legaldefinition der öffentlichen Straße und der jeweiligen Vorschrift über den Gemeingebrauch ist zu folgern, daß die Straßen in allen Bundesländern ausschließlich dem Verkehr gewidmet sind und nur die Nutzung zum Verkehr Gemeingebrauch darstellt[839]. Das Tatbestandsmerkmal "zum Verkehr" in § 7 Abs. 1 Satz 1 FStrG und den inhaltsgleichen landesrechtlichen Vorschriften über den Gemeingebrauch ist also überflüssig. Wenn es fehlt, ist dies dementsprechend unbeachtlich[840].
Daraus folgt, daß das Aufstellen von Tischen und dergleichen auf dem öffentlichen Straßengrund nur dann Gemeingebrauch wäre, wenn dies eine Teilnahme am Verkehr wäre. Das ist selbst dann nicht der Fall, wenn man im Anschluß an die Rechtsprechung des Reichsgerichts[841] und die frühe Rechtsprechung des Bundesgerichtshofs[842] mit der herrschenden Lehre[843] und dem Bundesverfassungsgericht[844] davon ausgeht, daß die Straße sowohl dem Verkehr im engeren Sinn (Gehen, Fahren, Beförderung von Personen und Sachen) als auch dem Verkehr im weiteren Sinn dient. Zwar fallen hiernach unter den Verkehr im weiteren Sinn auch die verschiedenen Möglichkeiten der Kommunikation, die Erschließung von Grundstücken sowie weitere Anliegernutzungen. Jedoch ist die gewerbliche Nutzung hiervon nicht umfaßt, da eine verfassungskonforme Auslegung[845] dies nicht gebietet beziehungsweise es sich bei der Aufstellung von Tischen und dergleichen nicht um eine solche Benutzungsart handelt, die vorwiegend Verkehrszwecken im Sinne einer Ortsveränderung dienen, so daß Gemeingebrauch zu verneinen ist[846].

Es stellt sich die Frage, ob das Aufstellen von Tischen und dergleichen im öffentlichen Verkehrsraum dann als Anliegergebrauch im Sinne einer eigenständigen vierten kostenlosen Nutzungsart neben Gemeingebrauch, Sondernutzung und sonstiger Nutzung angesehen werden kann, wenn die Tische zwar auf der Straße, aber vor dem eigenen Grundstück aufgestellt werden. Was

---

[838]) Vgl. z.B. § 2 Abs. 1 StrG BW: "Öffentliche Straßen im Sinne dieses Gesetzes sind Straßen, Wege und Plätze, die dem öffentlichen Verkehr gewidmet sind."
[839]) *Laubinger*, VerwArch. 81 (1990), S. 583 (608 f.) m.w.N.
[840]) *Laubinger*, VerwArch. 81 (1990), S. 583 (609).
[841]) RG, Urt. v. 16. Febr. 1929 - V 40/28 - RGZ 123, 181 (184 ff.).
[842]) BGH, Urt. v. 19. Dez. 1956 - V ZR 181/55 - BGHZ 22, S. 395 (397).
[843]) *Maurer*, DÖV 1975, S. 217 (227); *Nagel*, StrG BW, § 13 Rn 13.
[844]) Vgl. z.B. BVerfG, Beschl. v. 18.10.1991 - 1 BvR 1377/91 - NVwZ 1992, S. 53 f.
[845]) *Maurer*, DÖV 1975, S. 217 (227).
[846]) BVerwG, DVBl. 1996, S. 925; OVG Lüneburg, NVwZ-RR 1993, S. 393; HessVGH NVwZ 1994, S. 189 (190); *Kodal*, DÖV 1960, S. 444 (447); *Schmidt-Tophoff*, DVBl. 1970, S. 17 (18); *Meissner*, JA 1980, S. 583 (589); *Laubinger*, VerwArch. 81 (1990), S. 583 (620); *Sauthoff*, NVwZ 1998, S. 244.

unter Straßenanliegergebrauch zu verstehen ist und welche Rechte er gibt, definiert anschaulich § 14a Absatz 1 StrWG NW:

"Eigentümer und Besitzer von Grundstücken, die an einer öffentlichen Straße gelegen sind (Straßenanlieger), dürfen innerhalb der geschlossenen Ortslage die an die Grundstücke angrenzenden Straßenteile über den Gemeingebrauch hinaus auch für Zwecke des Grundstücks benutzen, soweit diese Benutzung zur Nutzung des Grundstücks erforderlich ist, den Gemeingebrauch nicht dauernd ausschließt oder erheblich beeinträchtigt oder in den Straßenkörper eingreift."

Soweit der Anliegergebrauch nicht in den Landesstraßengesetzen eine ausdrückliche Regelung erfahren hat, [847] wird er unmittelbar aus Art 14 GG hergeleitet[848]. Jedoch läßt sich ein Recht zur zudem kostenlosen Aufstellung von Tischen vor dem eigenen Grundstück auf öffentlichem Straßengrund nicht auf den Anliegergebrauch stützen. Das Bundesverwaltungsgericht hat zum Umfang des Anliegergebrauchs zutreffend ausgeführt, daß er nur soweit reiche wie die angemessene Nutzung des Grundstücks dies erfordere. Angemessen in diesem Sinne sei nicht schon jede Nutzung der Straße, zu dem das Grundeigentum Gelegenheit biete, sondern ausschließlich das, was aus dem Grundstück von seiner sowohl der Rechtslage als auch den tatsächlichen Gegebenheiten entsprechenden Nutzung als Bedürfnis hervorgehe. In diesem Rahmen könne der Anliegergebrauch zwar nicht allein auf eine Nutzung der Straße zum Verkehr im engeren Sinn des Straßenverkehrs bezogen werden. Kennzeichnend und Voraussetzung für den Anliegergebrauch bleibe aber immer das besondere Angewiesensein auf das Vorhandensein und die Benutzung der Straße[849]. Im Einzelfall wird darauf abgestellt, ob der Betreffende
(1) auf den Gebrauch angewiesen ist und
(2) ob sich die Inanspruchnahme der Straße noch im Rahmen der Gemeinverträglichkeit hält.
Das Angewiesensein wird dabei regelmäßig dann bejaht, wenn die Nutzung einem sehr bedeutsamen Interesse des Anliegers entspricht, zweckdienlich und allgemein üblich ist[850]. Es wird z.B. angenommen bei Zufahrten und Zugängen zur Straße, bei Kellerschächten, die im Einklang mit den baurechtlichen Bestimmungen errichtet wurden und dem Eintritt von Licht und Luft oder als Ladeschächte dem Gütertransport dienen und in Grenzen der "Kontakt nach

---

[847]) § 11 BerlStrG, § 17 HambWG, § 14a StrWG NW, § 14 Bbg StrG, § 14 StrG LSA, § 14 Thür. StrG.
[848]) Vgl. z.B. *Laubinger*, VerwArch. 81 (1990), S. 583 (600); *Steiner* in: ders., Bes. VerwR, Abschnitt V Rn 123.
[849]) BVerwG Urt. v. 24. Febr. 1978 - 4 C 1/76 - NJW 1979, S. 440 m.w.N.
[850]) OVG RP, Urt. v. 4. Juni 1973 - 6 A 27/72 - AS 13, S. 220 (224 f.).

außen" etwa durch Werbung[851]. Beim Aufstellen von Tischen fehlt es bereits an einem solchen Angewiesensein, da schon die Voraussetzung des sehr bedeutsamen Interesses regelmäßig nicht gegeben sein wird.
Eine sonstige Benutzung scheidet bei der Aufstellung von Tischen und dergleichen ebenfalls aus. Denn eine solche liegt nur dann vor, wenn die über den Gemeingebrauch hinausgehende Nutzung der Straße den Gemeingebrauch anderer auch nicht abstrakt beeinträchtigen kann. Klassisches Beispiel für eine sonstige Nutzung ist die Inanspruchnahme eines Straßengrundstücks unterhalb der Verkehrsfläche durch eine private Tiefgarage unter einem öffentlichen Platz[852]. Die Möglichkeit einer abstrakten Beeinträchtigung ist bei der Aufstellung eines Verkaufstischs auf öffentlichem Straßengrund aber stets gegeben.
Festzuhalten bleibt, daß es sich bei der Aufstellung von Verkaufstischen auf öffentlichem Straßengrund unabhängig davon, ob es vor dem eigenen Anwesen geschieht oder nicht, ausnahmslos um eine Sondernutzung handelt[853].

b) Die straßenrechtliche Einordnung des Aufstellens von Verkaufsständen auf Privatgrundstücken zur Straße hin

Der Untersuchung bedarf, ob eine Sondernutzung vorliegt, wenn in einer Toreinfahrt oder einer ähnlichen Örtlichkeit außerhalb des öffentlichen Straßenraums die Waren ausgebreitet und die Verkaufsgespräche zumindest teilweise außerhalb der Toreinfahrt oder der anderen Örtlichkeit geführt werden. Derartige Fälle kommen dann in Betracht, wenn Obsterzeuger ihr Obst über die Straße verkaufen wollen und zu diesem Zweck einen Obststand in ihrer Toreinfahrt aufstellen. Eine Sondernutzung liegt - wie oben festgestellt[854] - vor, wenn die Straße nicht mehr vorwiegend zum Verkehr benutzt wird, wobei unter Verkehr das Streben nach Ortsveränderung zu verstehen ist. Daraus folgt, daß eine Inanspruchnahme der Straße vorwiegend zu Verkehrszwecken nicht mehr vorliegt, wenn sie gewerbsmäßig gleichsam unmittelbar als "Verkaufsraum" zur Abwicklung von Geschäften benutzt wird. Denn hier steht kein verkehrsmäßiges, sondern ein gewerbliches Interesse im Vordergrund. Zudem wird auch ein Teil der Straße der Allgemeinheit durch die Kunden bei der Abwicklung der Geschäfte vorenthalten[855]. Das gilt selbst dann, wenn die Verkäufe derart stattfinden, daß der Verkäufer außerhalb des Straßenraums

---

[851]) BVerwG, Urt. v. 13.6.1980, - 4 C 98, 99/76 - NJW 1981, S. 412 f. m.w.N.
[852]) *Laubinger*, VerwArch. 81 (1990), S. 583 (601/FN 50).
[853]) So auch *Steiner* in: ders., Bes. VerwR, Abschnitt V Rn 114; *Thieme* in: Gedächtnisschrift für Wolfgang Martens, S. 517 (526) m.w.N.; *Ketteler,* Landwirtschaftl. Direktvermarktung..., S. 140; *Grupp* in: Marschall/Schroeter/Kastner, FStrG, § 8 Rn. 4 m.w.N.
[854]) Vgl. 4. Abschnitt II.1.a).
[855]) A.A. VG Hannover, Urt. v. 25. Jan. 1973 - IV A 59/72 - DVBl. 1973, S. 513.

bleibt und nur der Kunde die Straße benutzt. Denn auch dann findet eine Ausdehnung des Verkaufsraums auf die Straße statt[856]. Eine solche Ausdehnung und damit eine Sondernutzung ist nur dann zu verneinen, wenn Waren - ähnlich wie bei der nach allgemeiner Meinung zulässigen Schaufensterwerbung - zum Betrachten durch Kunden bis an die Grenze einer dem öffentlichen Verkehr gewidmeten Fläche gestellt werden. Denn eine Nutzung vorwiegend zu Verkehrszwecken liegt auch dann noch vor, wenn ein Straßenbenutzer verweilt, um etwas zu betrachten[857].

c) Die straßenrechtliche Einordnung des Aufstellens von Verkaufsständen außerhalb des Straßenraums

Schließlich stellt sich die Frage, ob eine Sondernutzung auch dann anzunehmen ist, wenn der Stand zum Beispiel im Feld und damit außerhalb des öffentlichen Straßenraums auf einem Privatgrundstück aufgestellt ist, die Geschäfte auch auf diesem Privatgrundstück abgeschlossen werden und die Kunden die Seitenstreifen lediglich als Halte- oder Parkgelegenheit benutzen.
Nach Auffassung des Hessischen VGH besteht hier grundsätzlich keine andere Situation als beim Aufstellen von Verkaufseinrichtungen zur Straße hin, da auch hier der Verkaufsraum auf die Straße hinaus verlagert wird. Denn der Verkauf sei von vornherein darauf angelegt, daß Kraftfahrer, die von dem Angebot des Standbesitzers Gebrauch machen wollten, auf der Straße parkten, um sich dann zu dem Stand zu begeben. Das Parken und der Verkaufsvorgang selbst sei als nach außen einheitlicher Vorgang zu werten. Damit werde auch in diesem Fall der Verkaufsraum auf die Straße verlagert. Da dann der Verkehrszweck nicht mehr überwiege, liege eine Sondernutzung vor[858].
Die Entscheidung des Hessischen VGH erscheint zweifelhaft. Es ist nicht nachvollziehbar, weshalb Parken und Verkaufsvorgang als einheitlicher Vorgang und daher als Sondernutzung anzusehen sein sollen. Konsequent gedacht, müßte dann auch jedes Geschäft, das in einer Fußgängerzone belegen ist, eine Sondernutzungserlaubnis beantragen, weil es sich mit seinem Angebot zum überwiegenden Teil an eine Kundschaft wendet, die mit einem Kraftfahrzeug gekommen ist und dieses in der Nähe der Fußgängerzone geparkt hat - ein kaum haltbares Ergebnis.

---

[856]) BayObLG, Beschl. v. 4. Juni 1984 - 3 Ob OWi 55/84 - BayVBl. 1984, S. 635; BayObLG, Beschl. v. 17. Aug. 1988 - 3 Ob OWi 77/88 - BayVBl. 1089, S. 667; OLG Karlsruhe, Beschl. v. 29. Sept. 1977 - 3 Ss (B) 228/77 - Die Justiz 1978, S. 177; *Grupp* in: Marschall/Schroeter/Kastner, FStrG, § 8 Rn. 4 m.w.N.; a.A. VG Hannover, Urt. v. 25. Jan. 1973 - IV A 59/72 - DVBl. 1973, S. 513.

[857]) BayObLG, Beschl. v. 17. Aug. 1988 - 3 Ob OWi 77/88 - BayVBl. 1989, S. 667; aus der Literatur vgl. z.B.

[858]) HessVGH, Urt. v. 19. Febr. 1991 - 2 UE 2124/87 - DÖV 1992, S. 38 (39) = NVwZ-RR 1992, S. 3 f.

Folgt man dennoch der Entscheidung des Hessischen VGH, ist zu beachten, daß nach § 8 Abs. 6 Satz 1 FStrG[859] dann keine Sondernutzungserlaubnis nach § 8 Abs. 1 Satz 2 FStrG[860] einzuholen ist, wenn nach den Vorschriften des Straßenverkehrsrechts eine Erlaubnis für eine übermäßige Straßenbenutzung oder eine Ausnahmegenehmigung erforderlich ist. Das bedeutet, daß eine Genehmigung durch die Straßenverkehrsbehörde Konzentrationswirkung entfaltet. Die Wahrnehmung der straßenrechtlichen Belange wird durch § 8 Abs. 6 S. 2 und 3 FStrG und die entsprechenden Landesvorschriften[861] sichergestellt, wonach die Verkehrsbehörde vor ihrer Entscheidung die für die Erteilung der Sondernutzungserlaubnis sonst zuständige Behörde anzuhören und die von dieser geforderten Bedingungen, Auflagen und Festsetzungen von Sondernutzungssgebühren in die verkehrsbehördliche Genehmigung aufzunehmen hat[862].

In den Fällen, in denen jemand seinen Stand zwar auf einem Privatgrundstück, aber neben der Straße aufbaut, um daraus an Passanten zu verkaufen, greift in der Regel § 33 Abs. 1 Satz 1 Nr. 2 StVO. Zwar ist nach dem Wortlaut dieser Vorschrift nur das Anbieten von Waren und Leistungen aller Art *auf* der Straße verboten, wenn dadurch Verkehrsteilnehmer in einer den Verkehr gefährdenden oder erschwerenden Weise abgelenkt oder belästigt werden können. Denn bei der Auslegung der Einschränkung "wenn dadurch Verkehrsteilnehmer in einer den Verkehr gefährdenden oder erschwerenden Weise abgelenkt oder belästigt werden können", ist zu beachten, daß bereits die abstrakte Gefahr einer Verkehrsbeeinträchtigung ausreicht, weil die Vorschrift die Formulierung "können" verwendet. Aus dem Umstand, daß bereits die abstrakte Gefahr einer Beeinträchtigung ausreicht sowie aus dem Umstand, daß es bereits zu der Vorgängervorschrift des § 42 Abs. 2 StVO a.F. herrschender Meinung entsprach, daß die Vorschrift auch auf solches Anbieten anzuwenden sei, das nicht im Verkehrsraum seinen Ursprung habe, aber dorthin wirke und wirken solle,[863] ist zu folgern, daß auch § 33 Abs. 1 Satz 1 StVO für das Anbieten von Waren und Leistungen *neben* der Straße anwendbar ist, wenn dadurch Verkehrsteilnehmer in einer den Verkehr gefährdenden oder erschwerenden Weise abgelenkt oder belästigt werden können[864].

Festzuhalten bleibt, daß das Aufstellen eines Standes neben der Straße - nach der Rechtsprechung des Hessischen VGH - sowohl als Sondernutzung als auch

---

[859]) Vgl. z.B. § 41 Abs. 7 S. 1 LStrG RP als entsprechende Landesvorschrift.

[860]) § 16 StrG BW, § 11 Abs. 1 S. 1 BerlStrG, § 18 Abs. 1 Bbg StrG, § 19 HamWG, § 18 Abs. 1 StrG LSA, § 18 Abs. 1 NStrG, § 18 Abs. 1 StrG NW, § 41 Abs. 1 Satz 1 LStrG RP.

[861]) Für Rheinland-Pfalz vgl. z.B. § 41 Abs. 7 LStrG RP.

[862]) HessVGH, Urt. v. 19. Febr. 1991 - 2 UE 2124/87 - DÖV 1992, S. 38 (39).

[863]) Vgl. z.B. BayObLG, Beschl. v. 24. Okt. 1972 - 6 St 612/72 OWi - VRS 44, S. 319 (320).

[864]) BVerwG, Urt. v. 20. Okt. 1993 - 11 C 44.92 - DVBl. 1994, S. 347 (348) = DÖV 1994, S. 347 = NVZ 1994, S. 126.

häufig als Verstoß gegen den Verbotstatbestand des § 33 Abs. 1 Satz 1 Nr. 2 StVO aufzufassen ist. Allerdings können die Straßenverkehrsbehörden nach § 46 Abs. 1 Satz 1 Nr. 9 StVO von diesem Verbot Ausnahmen zulassen. Durch die Neufassung von § 8 Abs. 6 Satz 1 FStrG durch das 2.FStrÄndG[865] im Jahr 1974 und die darauf folgende Angleichung der entsprechenden Landesvorschriften ist klargestellt, daß der Betreffende nur eine straßenverkehrsrechtliche Ausnahmegenehmgung nach § 46 Abs. 1 Satz 1 Nr. 9 StVO benötigt, wenn die Voraussetzungen des § 33 Abs. 1 Satz 1 Nr. 2 StVO vorliegen. Sie ersetzt die "an sich" erforderliche Sondernutzungserlaubnis[866].

2. Straßenrechtliche Probleme der Direktvermarktung im Gehen und Fahren

Vielfach bedienen sich Direktvermarkter zum Absatz ihrer Produkte eines Verkaufsfahrzeugs. Geschieht dies in der Art, daß lediglich vorbestellte Ware ausgeliefert wird, bewegt sich der Direktvermarkter nach allgemeiner Meinung noch im Rahmen des Gemeingebrauchs[867]. Der Klärung bedarf, ob auch dann noch Gemeingebrauch vorliegt, wenn die Direktvermarkter in einem bestimmten zeitlichen Turnus bestimmte Strecken abfahren, hierbei von Zeit zu Zeit anhalten und ihre Produkte feilhalten.

Nach herrschender Lehre beeinträchtigen mobile Verkaufsfahrzeuge - in der Regel handelt es sich hierbei um kleinere Lieferfahrzeuge - durch das nur kurzfristige Anhalten insbesondere in ländlichen und ruhigen städtischen Wohngebieten die Benutzung der Straße ebensowenig oder noch weniger, als wenn durch das Fahrzeug bereits im Ladengeschäft gekaufte Ware lediglich ausgeliefert würde. Denn hier komme die Bevölkerung an den Wagen, während bei der Anlieferung von Waren diese *ins Haus* gebracht werden. Verkehrsbeeinträchtigungen im Sinne von § 33 Abs. 1 Satz 1 Nr. 2 StVO erfolgten dadurch ebenfalls nicht[868].
Anders ist es danach allerdings, wenn sich der Händler mit seinem Wagen auf einem Platz für einige Zeit festsetzt. Dann wird auf die Umstände abgestellt, ob bei einer solchen Art der Verkehrsausübung der Verkehrszweck noch überwiegt oder ob es sich um ein Aneinanderreihen häufig wechselnder Standplätze

---

[865]) BGBl. I S. 1401.
[866]) BVerwG, Urt. v. 20.Okt. 1993 - 11 C 44.92 - DVBl. 1994, S. 347 (348) = DÖV 1994, S. 347 = NVwZ 1994, S. 126.
[867]) OLG Hamm, Beschl. v. 8. Nov. 1976 - 1 Ss OWi 756/76 - NJW 1977, S. 687 (689); BayObLG, Beschl. v. 11. Juni 1979 - 3 Ob OWi 98/79 - NJW 1980, S. 1807 (1808); OLG Köln, Beschl. v. 22. Mai 1992 - Ss 126.92 (B) - GewArch. 1993, S. 168; *Fickert*, StrWG NW, § 14 Rn 30.
[868]) *Fickert*, StrWG NW, § 14 Rn 30; *Ganschezian-Finck*, NJW 1957, S. 279 (287); *W. Grote*, JW 1929, S. 3384; *Grote* in: Kodal/Krämer, Straßenrecht, Kap. 24 Rn 98.

handelt, auf denen jeweils das Gewerbe wie von einem festen Stand aus betrieben wird[869].

Nach ständiger und zutreffender Rechtsprechung kann dagegen der Straßenhandel aus Fahrzeugen heraus nur unter sehr engen Voraussetzungen noch als Wahrnehmung des Gemeingebrauchs angesehen werden. Lediglich dann, wenn sich das Fahrzeug fast andauernd in Bewegung befindet und nur hin und wieder kurz anhält, kann Gemeingebrauch angenommen werden. Denn nicht entscheidend ist, ob ein solcher Verkaufswagen noch am Verkehr teilnimmt,[870] sondern ob die Straße *vorwiegend* zum Verkehr benutzt wird. Nach dem eindeutigen Wortlaut des § 7 Abs. 1 Satz 3 FStrG[871] liegt kein Gemeingebrauch mehr vor, wenn jemand die Straße nicht vorwiegend zum Verkehr, sondern zu anderen Zwecken benutzt. Entscheidend für die Abgrenzung des Gemeingebrauch ist somit der Zweck der Straßenbenutzung. Hat die Straßenbenutzung mehrere Zwecke, so entscheidet der überwiegende Zweck darüber, ob noch Gemeingebrauch vorliegt oder bereits eine Sondernutzung gegeben ist[872]. Demnach können Benutzungsarten vom Gemeingebrauch ausgeschlossen sein, die sich äußerlich zwar als Teilnahme am Verkehr darstellen, bei denen aber wegen des mit der Straßenbenutzung darüber hinaus verfolgten anderweitigen Zwecks die Merkmale der Straßenbenutzung nicht mehr überwiegen[873].

Bei der Benutzung von Verkaufswagen zielt die Straßenbenutzung auf einen wirtschaftlichen Zweck ab, der außerhalb der straßenrechtlichen Widmung liegt und in keinem unmittelbaren Zusammenhang mit einem Verkehrsvorgang steht[874]. Zwar zählt auch der ruhende Verkehr und damit das Parken zum Gemeingebrauch,[875] jedoch tritt bei der Benutzung von Verkaufswagen die Nutzung der Straße zum Verkehr in den Hintergrund oder überwiegt zumindest nicht mehr. Damit liegt auch keine Teilnahme am ruhenden Verkehr mehr vor[876].

Dem könnte man möglicherweise entgegenhalten, daß ja auch Fahrzeuge, die

---

[869]) *Grote* in: Kodal/Krämer, Straßenrecht, Kap. 24 Rn 99.

[870]) *Ganschezian-Finck*, NJW 1957, S. 279 (287).

[871]) Folgende Landestraßengesetze enthalten inhaltsgleiche Regelungen: § 14 Abs. 2 BayStrG, § 14 Abs. 3 Bbg StrG; § 14 Abs. 3 NStrG, § 14 Abs. 4 StrWG NW, § 34 Abs. 4 LStrG RP, § 14 Abs. 2 S. 2 SächsStrG, § 14 Abs. 3 StrG LSA.

[872]) BayObLG, Beschl. v. 18. Jan. 1966 - BWReg. 4a St 23/65 - BayObLGSt 1966, S. 7 (9); *Sieder/Zeitler*, Bay StWG, Art. 14 Rn 14.

[873]) BayObLG, Beschl. v. 19. Juli 1977 - 3 Ob OWi 79/77 - BayObLGSt 1977, S. 118 (120).

[874]) BayVGH, Urt. v. 17. Mai 1965 - Nr. 388 VIII 64 - BayVBl 1965, S. 314 = VkBl 1965, S. 669; KG Berlin, Urt. v. 21. Dez. 1967 - (3) 1 Ss 334/67 - VRS 34, S. 383 (385).

[875]) Begründung zur Vorlage eines Entwurfs der Bundesregierung zu einem zweiten Gesetz zur Änderung des Bundesfernstraßengesetzes, BT-Drucks. 7/4248 S. 19.

[876]) BayObLG, Beschl. v. 19. Juli 1977 - 3 Ob OWi 79/77 - BayObLGSt 1977, S. 118 (121).

vorbestellte Ware ausliefern - so z.B. das Fahrzeug eines Direktvermarkters, der z.B. zu einem bestimmten Wochentag seine Eier vor einer bestimmten Haustür abstellt und dann weiterfährt - unstreitig die Straße zu Verkehrszwecken nutzen, obwohl auch hier ein wirtschaftlicher Zweck verfolgt wird. Der entscheidende Unterschied besteht jedoch darin, daß hier der Vertragsschluß selbst nicht auf der Straße stattfand, sondern in einem Laden, einer Scheune oder ähnlichem, während bei dem Abfahren einer bestimmten Strecke die Straße selbst gezielt zum Zwecke des Vertragsschlusses genutzt wird.
Daß die Einordnung des Straßenhandels als Sondernutzung im allgemeinen und der Direktvermarktung im besonderen auch den Intentionen des Gesetzgebers entspricht, läßt sich der Begründung zum Bundesfernstraßengesetz entnehmen. Darin heißt es: "Der Gebrauch der Straße für überwiegend andere Zwecke ist kein Gemeingebrauch; vielmehr soll der Verkehrsraum dem fließenden Verkehr und auch der Parkraum dem ruhenden Verkehr vorbehalten sein. Kein Gemeingebrauch liegt insbesondere vor, wenn ein Gewerbe vom stehenden Fahrzeug aus auf der öffentlichen Straße betrieben wird, z.B. Eiswagen, Reklamewagen, fahrbare Würstchenstände u.ä.[877] "
Die Einordnung als Sondernutzung mag zwar für die Praxis zunächst unbefriedigend klingen. Bei näherem Hinsehen ist das jedoch nicht der Fall. Zwar muß stets eine Sondernutzungserlaubnis eingeholt werden, in dünn besiedelten Gebieten und ruhigen Wohngegenden verzichtet die Gemeinde aber in der Regel auf Sondernutzungsgebühren oder erhebt sie nur in mäßiger Höhe, weil sie dort selbst an einer guten Versorgung der Bevölkerung durch Verkaufswagen interessiert ist. Ein solcher Verzicht ist möglich, weil die Vorschriften über die Erhebung von Gebühren Kannvorschriften sind. Die Gebührenpflichtigkeit muß also durch Satzung besonders ausgesprochen werden; andernfalls gilt Gebührenfreiheit[878].

3. Straßenrechtliche Probleme des Marktverkehrs

Winzerfeste, Wochenmärkte und Bauernmärkte bieten landwirtschaftlichen Direktvermarktern zahlreiche Möglichkeiten ihre Produkte abzusetzen. Bei solchen Veranstaltungen wird in der Regel auch öffentlicher Verkehrsraum in Anspruch genommen. Dadurch entstehen wegerechtliche Beziehungen zu den Marktberechtigten. Das ist in der Regel die Gemeinde. Die Benutzung der Straße zum Zwecke der Veranstaltung ist Sondernutzung, die die Gemeinde an ihrem eigenen Straßenland in Anspruch nimmt. Dagegen ist die Nutzung der Fläche für die Marktbeschicker und die Marktbesucher keine Sondernutzung beziehungsweise Gemeingebrauch. Vielmehr wird die Fläche im Rahmen des

---

[877]) Begründung zur Vorlage eines Entwurfs der Bundesregierung zu einem zweiten Gesetz zur Änderung des Bundesfernstraßengesetzes, BT-Drucks. 7/4248 S. 19.
[878]) *Schmidt-Tophoff*, DVBl. 1970, S. 17 (28).

gewerberechtlich gewährleisteten freien Marktverkehrs benutzt. Gemeingebrauch liegt lediglich bei den Verkehrsteilnehmern vor, die mit der Veranstaltung an sich nichts zu tun haben, sondern z.B. nur eine Abkürzung nehmen wollen. Die von den Marktbeschickern zu entrichtende Abgabe ist keine Sondernutzungsgebühr, sondern eine Abgabe eigener Art im Sinne von § 71 GewO[879].

Stellt ein Marktbeschicker seine Waren zum Betrachten durch Marktbesucher bis an die Grenze einer dem öffentlichen Verkehr gewidmeten Fläche, stellt dies keine erlaubnispflichtige Sondernutzung dar. Denn die Situation ist hier dieselbe, wie wenn Passanten die Auslagen eines Schaufensters betrachten. Jedoch ist dann, wenn der Marktbeschicker den öffentlichen Verkehrsraum gleichsam als Verkaufsraum mit in Anspruch nimmt - was zu bejahen ist, wenn sich ständig eine der beiden Vertragsparteien zur Abwicklung des Geschäfts auf einer dem öffentlichen Verkehr gewidmeten Fläche aufhält -, eine erlaubnispflichtige Sondernutzuung anzunehmen. Denn dann überwiegt die Nutzung zum Verkehr nicht mehr. Ein solcher Fall liegt z.B. auch bei einem Verkauf aus einer Toreinfahrt hinaus vor[880].

---

879) *Grote* in: Kodal/Krämer, Straßenrecht, Kap. 24 Rn 102.

880) BayObLG, Beschl. v. 17. Aug. 1988- 3 Ob Owi 77/88 - VRS 76 (1989), S. 210 f. = BayVBl. 1984, S. 635 m.w.N.

III. Landwirtschaftliche Direktvermarktung und Werbung

Auch landwirtschaftliche Direktvermarkter sind - zumindest dann, wenn die Direktvermarktung intensiv betrieben wird - auf Werbung angewiesen. Diese Werbung interessiert hier in zweierlei Hinsicht. Zum einen ist zu prüfen, wann es sich bei der Außenwerbung um eine Sondernutzung handelt. Zum andern gilt es, die Voraussetzungen herauszustellen, unter denen Werbeanlagen straßenverkehrsrechtlich erlaubt sind.

1. Landwirtschaftliche Direktvermarktung und Außenwerbung

a) Straßenrechtliche Probleme der Außenwerbung

Bei der Reklame auf öffentlichen innerörtlichen Straßen ist zu unterscheiden zwischen reinen Reklamefahrten lediglich zum Zweck des Zeigens von Werbeflächen, Verkehrsmittelreklame an Straßenbahnen, Omnibussen usw., Reklame an Litfaßsäulen sowie Reklame auf den Privatgrundstücken[881] und Reklame im Luftraum über öffentlichen Straßen. Abgesehen von der Außenwerbung auf Privatgrundstücken beschränken sich landwirtschaftliche Direktvermarkter in aller Regel auf Reklame an ihren Fahrzeugen und Reklame im Luftraum über öffentlichen Straßen. Daher sollen im folgenden auch nur diese beiden Aspekte behandelt werden.

aa) Reklame an Fahrzeugen

Bei Reklame an Fahrzeugen handelt es sich solange um Gemeingebrauch, als die Straße vorwiegend zu Verkehrszwecken genutzt wird. Das ist dann der Fall, wenn der Direktvermarkter die Straße in erster Linie zum Ortswechsel benutzt. Das wird regelmäßig der Fall sein[882]. Die Grenze, ab der nicht mehr Gemeingebrauch, sondern Sondernutzung vorliegt, wird erst dann überschritten, wenn eine reine Reklamefahrt vorgenommen wird, d.h. wenn bei der Fahrt nicht mehr der Wille zur Ortsveränderung im Vordergrund steht, sondern der Wille, Reklame für das Unternehmen zu machen[883]. Das wird zumindest bei Direktvermarktern nur sehr selten vorkommen.

bb) Reklame auf Grundstücken

Des öfteren sieht man an stark befahrenen Straßen wie den Bundesfernstraßen

---

[881]) Die These von *Hufnagel*, Straßenbenutzung durch Anliegerwerbung, S. 24, daß " "eine räumliche Inanspruchnahme durch derartige Werbemaßnahmen (Dachwerbung, Bemalung und Beschriftung von Fassaden) nicht in Betracht kommt" überzeugt nicht, da es sich bei § 9 Abs. 6 FStrG und den entsprechenden Landesregelungen um straßenrechtliche Regelungen handelt.

[882]) Der Direktvermarkter nutzt die Straße zum Ortswechsel z.B. bei Fahrten zu Kunden, um Waren auszuliefern, und bei sonstigen Geschäfts- und Privatfahrten.

[883]) *Schmidt-Tophoff*, DVBl. 1970, S. 17 (26); ders. DÖV 1961, S. 493 (494).

Reklametafeln von beträchtlichem Ausmaß, die für Gewerbebetriebe oder auch anstehende Feste, Veranstaltungen und dergleichen werben. Es stellt sich die Frage, inwieweit einer solchen Werbung straßenrechtliche Gesichtspunkte entgegenstehen.

Eine Sondernutzung scheidet insoweit aus. Denn ein bloßes optisches oder akustisches Hineinwirken in den Straßenraum ist keine Benutzung der Straße und schon daher keine Sondernutzung. Zwar zieht der Anlieger volkswirtschaftlich gesehen dadurch einen Nutzen aus der Straße, daß seine Werbung von der Straße aus wahrnehmbar ist. Jedoch liegt hierin ähnlich wie bei jemandem, der aus einer schönen Aussicht einen Nutzen zieht, ein bloßes Ausnützen einer Situation und keine Benutzung. Eine Sondernutzung setzt ein handfesteres Umgehen mit der Sache selbst voraus[884].

§ 9 Abs. 1 Nr. 1 FStrG trägt dem Umstand Rechnung, daß in der Errichtung von Werbeanlagen außerhalb des öffentlichen Straßenraums keine Sondernutzung zu sehen ist. Diese Vorschrift statuiert ein absolutes Bauverbot für Hochbauten jeder Art in einer Entfernung bis zu 40 m bei Bundesautobahnen und bis zu 20 m bei Bundesstraßen außerhalb der zur Erschließung der anliegenden Grundstücke bestimmten Teile der Ortsdurchfahrten, jeweils gemessen vom äußeren Rand der befestigten Fahrbahn. Reklametafeln fallen ebenfalls unter die Hochbauten jeder Art im Sinne der Vorschrift. Denn nach § 9 Abs. 6 FStrG stehen Anlagen der Außenwerbung außerhalb der zur Erschließung der anliegenden Grundstücke bestimmten Teile der Ortsdurchfahrten den Hochbauten des Abs. 1 gleich.

Im übrigen greifen die Vorschriften der Landesbauordnungen der Länder. Danach müssen Werbeanlagen, seien sie nun bauliche oder nichtbauliche Anlagen, so errichtet und unterhalten werden, daß dadurch die öffentliche Sicherheit und Ordnung - und hierbei insbesondere die Sicherheit und Leichtigkeit des Verkehrs - nicht gefährdet wird[885]. Die Bauaufsichtsbehörden haben deshalb das Recht und die Pflicht, die Genehmigung für Anlagen der Außenwerbung an öffentlichen Straßen zu versagen und gegen solche Werbeanlagen einzuschreiten, wenn das die Sorge für die Aufrechterhaltung der Sicherheit und Leichtigkeit des Verkehrs erfordert, d.h. wenn von diesen

---

[884]) Vgl. *Zippelius* in: Bartlsperger/Blümel/Schroeter: Ein Vierteljahrhundert Straßenrechtsgesetzgebung, S. 141 (149).

[885]) §§ 3 Abs. 1 Satz 1, 26 Abs. 2 LBO BW, Art. 3 Abs. 1 Satz 1 Bay BO, §§ 3 Abs. 1 Satz 1, 15 Abs. 1 BO Berl., §§ 3 Abs. 1 Nr. 1, 13 Abs. 2 Bbg BauO, §§ 3 Abs. 1 Satz 1, 13 Abs. 3 HBauO, 29 Abs. 1 Satz 1 Hess. BO, §§ 3 Abs. 1, 53 Abs. 2 LBauO M-V, §§ 3 Abs. 1 Satz 1, 15 Abs. 2 Satz 2, 21 Abs. 2 BauO NW, §§ 3 Abs. 1 Satz 1, 56 Abs. 2 LBO RP, §§ 3 Abs. 1 Satz 1, 15 Abs. 2 Satz 2, 19 Abs. 2 Saarl. LBO, §§ 3 Abs. 1 Satz 1, 13 Abs. 2 Sächs. BauO, §§ 3 Abs. 1 Satz 2, 13 Abs. 2 BauO LSA, §§ 3 Abs. 1 Satz 1, 15 Abs. 2 Satz 2 BO SH. Nach § 13 Abs. 3 S. 1 BauO LSA und ThüBO sind außerhalb der im Zusammenhang bebauten Ortsteile Werbeanlagen grundsätzlich unzulässig.

verkehrsgefährdende Wirkungen ausgehen[886]. Allerdings ist ein Eingriff nur dann möglich, wenn eine konkrete Gefahr vorliegt, d.h. wenn ein Zustand gegeben ist, der nach verständigem Ermessen den Eintritt eines Schadens mit Wahrscheinlichkeit erwarten läßt[887].

cc) Reklame im Luftraum über öffentlichen Straßen

Voraussetzung für die Anwendbarkeit der Straßengesetze ist, daß der Luftraum über den öffentlichen Straßen überhaupt zu den öffentlichen Straßen zu rechnen ist. Das ist nach § 1 Abs. 4 Nr. 2 FStrG und den entsprechenden Regelungen der Landesstraßengesetze der Fall. Im folgenden ist zu prüfen, unter welche Art von Gebrauch die Nutzung des Luftraums im konkreten Fall fällt.

Nach ganz herrschender Meinung[888] sind nur geringfügig in den öffentlichen Straßenraum hineinragende ortsgebundene Werbeanlagen noch Gemeingebrauch in Form des gesteigerten Gemeingebrauchs beziehungsweise des Anliegergebrauchs, sofern es sich um Eigenwerbung und nicht um Fremdreklame handelt. Im Einzelfall ist maßgebend,
(1) ob der Betreffende auf den Gebrauch angewiesen ist und
(2) ob sich die Inanspruchnahme der Straße noch im Rahmen der Gemeinverträglichkeit hält[889].
Das erste ist der Fall, wenn die Nutzung einem sehr bedeutsamen Interesse des Anliegers entspricht, zweckdienlich und allgemein üblich ist[890]. Bei einer Anlage der Außenwerbung ist dies regelmäßig zu bejahen, da die Außenwerbung im Sinne eines "Kontakts nach außen" dem Rechtsgut des eingerichteten und ausgeübten Gewerbebetriebs zuzuordnen und damit dem Schutz von Art. 14 Abs. 1 Satz 1 GG unterstellt ist[891]. Denn ein Betrieb ist auf angemessene Werbung angewiesen[892]. Bei der zweiten Voraussetzung kommt es auf die Umstände des Einzelfalls an, d.h. insbesondere auf die Breite des Gehwegs (seltener der Fahrbahn) und vornehmlich auf die Höhe, in der ein sogenanntes Nasenschild im Luftraum angebracht wird[893].
So wurde sogar die Anbringung einer Werbe- und Hinweisanlage für den

---

[886]) *Schmidt-Tophoff*, DVBl. 1970, S. 17 (25).
[887]) BVerwG, Urt. v. 13. Dez. 1967 - IV C 146.65- DVBl. 1968, S. 509 (511).
[888]) BVerwG, Urt. v. 13.6.1980 - 4 C 98/76 - NJW 1981, S. 412; BVerwG, Urt. v. 24. Febr. 1978 - 4 C 1/76- NJW 1979, S. 440; OVG RP, Urt. v. 9. Febr. 1982 - 6 A 291/80 - NJW 1983, S. 1828; *Thiele*, GewArch. 1981, S. 145 (146) ; *Papier*, Recht der öffentlichen Sachen, S. 89.
[889]) Vgl. zu den Voraussetzungen bereits 4. Abschnitt II.1.a).
[890]) OVG RP, Urt. v. 4. Juni 1973 - 6 A 27/72 - AS 13, S. 220 (224 f.).
[891]) BVerwG, Urt. v. 25. Sept. 1968 - BVerwG IV C 195.65 - BVerwGE 30, S. 235 (239); BGH, Urt. v. 7. Juli 1960 - III ZR 116/59 - NJW 1960, S. 1995; *Fickert*, StrWG NW, § 14a StrWG Rn 15.
[892]) OVG Berlin, Urt. v. 6. Sept. 1980 - OVG 2 B 54.78 - GewArch. 1981, S. 88 (89).
[893]) *Fickert*, StrG NW, § 14 a Rn 12.

Geschäftsbetrieb eines Straßenanliegers an einer Hauswand in einer lichten Höhe von 3,5 m, die 0,75 m (oder 1 m) in den Luftraum über einer 16 m breiten Fußgängerstraße hineinragte, noch als im Rahmen des erlaubnisfreien Anliegergebrauchs liegende Nutzung angesehen[894].

Die Größe der Schilder kann durch Satzung mit der Folge begrenzt werden, daß es sich bei einer Überschreitung der vorgegebenen Größe um Sondernutzung handelt[895]. Nicht zu beanstanden ist es z.B., wenn Hinweisschilder, die über 30 cm in den Luftraum der Straße hineinragen, als Sondernutzung qualifiziert werden[896].

b) Straßenverkehrsrechtliche Behandlung der Außenwerbung

§ 33 Abs. 1 Satz 1 Nr. 2 StVO steht der Anbringung von Reklame auf Fahrzeugen sowie der Anbringung von Reklameanlagen auf Privatgrundstücken oder im Luftraum über öffentlichen Straßen nicht entgegen, da von dieser Vorschrift nur das Anbieten von Waren und Leistungen aller Art selbst erfaßt wird, nicht aber Wirtschaftswerbung und Propaganda[897]. Dagegen ist zu beachten, daß nach § 33 Abs. 1 Nr. 3 StVO außerhalb geschlossener Ortschaften jede Werbung und Propaganda durch Bild, Schrift, Licht oder Ton verboten ist, wenn dadurch Verkehrsteilnehmer in einer den Verkehr gefährdenden oder erschwerenden Weise abgelenkt oder belästigt werden können. Auch durch innerörtliche Werbung und Propaganda darf der Verkehr außerhalb geschlossener Ortschaften nicht in solcher Weise gestört werden, § 33 Abs. 1 Satz 2 StVO.

2. Landwirtschaftliche Direktvermarktung und Lautsprecherwerbung

Zum Teil benutzen landwirtschaftliche Direktvermarkter auch Lautsprecher, ihre Autohupe, Schellen und dergleichen, um auf ihr Kommen aufmerksam zu machen. Auch hier ist zu prüfen, inwieweit dadurch straßenrechtliche und straßenverkehrsrechtliche Belange berührt werden.

a) Straßenrechtliche Einordnung der Lautsprecherwerbung

Mag es wegen der Grundrechtsgarantie des Art. 5 Abs. 1 GG beim Verteilen oder dem Verkauf von politischem Informations- und Pressematerial - auch unter Verwendung von Lautsprechanlagen - zweifelhaft sein, ob nun Gemeingebrauch[898] oder erlaubnisfreie Sondernutzung[899] vorliegt, wegerechtlich

---

894) OVG RP, Urt. v. 9. Febr. 1982 - 6 A 291/80 - NJW 1983, S. 1828.

895) *Sauthoff*, NVwZ 1990, S. 223 (226).

896) VGH BW, Urt. v. 15. Juli 1985 - 2 S 2051/83 - VBlBW. 1988, S. 140 (141).

897) *Jagusch/Hentschel*, Straßenverkehrsrecht, § 33 StVO Rn 7.

898) *Papier*, Recht der öffentlichen Sachen, S. 97 f. allerdings unter Ausnahme von

fallen sowohl kommerzielle Lautsprecherfahrzeuge als auch mit Lautsprechern ausgestattete Fußgänger nicht unter den Gemeingebrauch. Hier wird vielmehr allgemein eine Sondernutzung angenommen[900]. Denn bei der Lautsprecherwerbung kann nur noch eingeschränkt von Kommunikation gesprochen werden[901]. Im übrigen kann sich die Sondernutzung auch daraus ergeben, daß die Voraussetzungen von § 33 Abs. 1 Satz 1 Nr. 1 StVO gegeben sind. Insoweit kann auf die bereits gemachten Ausführungen zu § 8 Abs. 6 Satz 1 und den entsprechenden Vorschriften der Landesstraßengesetze[902] sowie die jetzt folgenden Ausführungen zu § 33 Abs. 1 Satz 1 Nr. 1 StVO verwiesen werden[903].

b) Straßenverkehrsrechtliche Behandlung der Lautsprecherwerbung

Nach § 16 Abs. 1 StVO darf Schall- und Leuchtzeichen - als Schallzeichen sind nach § 55 StVZO nur Hupen und Hörner zugelassen - nur geben, wer außerhalb geschlossener Ortschaften überholt (§ 5 Abs. 5 StVO) oder wer sich oder andere gefährdet sieht. Im übrigen sind Schall- und Leuchtzeichen im Straßenverkehr verboten. Nach § 49 Abs. 1 Nr. 16 StVO handelt ordnungswidrig, wer vorsätzlich oder fahrlässig gegen eine Vorschrift über die Abgabe von Warnzeichen nach § 16 StVO verstößt. Demnach darf ein landwirtschaftlicher Direktvermarkter sich nicht einer Hupe bedienen, um seine Ankunft anzukündigen.

Nach § 33 Abs. 1 Satz 1 Nr. 1 StVO ist der Betrieb von Lautsprechern verboten, wenn dadurch Verkehrsteilnehmer in einer den Verkehr gefährdenden oder erschwerenden Weise abgelenkt oder belästigt werden können. Eine solche Verkehrsbeeinträchtigung wird bereits dann angenommen, wenn mit einer gewissen Wahrscheinlichkeit eine Gefährdung oder Erschwerung der Sicherheit und Leichtigkeit des Verkehrs eintreten kann[904].

Nach den VwV-StVO zu § 33 Abs. 1 Satz 1 Nr. 1 erschweren Lautsprecher aus

---

Lautsprechanlagen (S. 95); *Pappermann/Andriske/Löhr*, Recht der öffentlichen Sachen, S. 68; *Pappermann/Löhr*, JuS 1980, S. 352.

[899]) OLG Düsseldorf, Urt. v. 6. Febr. 1975 - 1 Ss (OWi) 1196/74 - NJW 1975, S. 1288; OLG Celle, Beschl. v. 4. April 1975 - Ss (OWi) 309/74 - NJW 1975, S. 1894 f.

[900]) OVG NW, Beschl. v. 31. Jan. 1972 - IX 8584/71- VkBl. 1972, S. 539 = GewArch. 1972, S. 63; BayVGH, Urt. v. 25. Nov. 1974 - Nr. 189 VII 73- BayVBl. 1975, S. 304; *Grote* in: Kodal/Krämer, Straßenrecht, Kap. 24 Rn 114.2.

[901]) *Grote* in: Kodal/Krämer, Straßenrecht, Kap. 24 Rn 114.2.

[902]) Vgl. oben 4. Abschnitt II.1.a.bb).

[903]) Beachte auch hier den Vorrang des Straßenverkehrsrechts, wonach das Straßenrecht nur dann zur Anwendung kommt, wenn das Straßenverkehrsrecht nicht greift bzw. wenn ein und derselbe Sachverhalt nach den Vorschriften beider Materien unter unterscheidlichen Gesichtspunkten beurteilt und mit Mitteln beider materien auf ihn reagiert werden kann.

[904]) OVG Lüneburg, Urt. v. 12. Sept. 1979 - IV A 45/78 - DÖV 1980, S. 731.

Fahrzeugen den Verkehr immer[905]. Daher ist ihr Betrieb grundsätzlich verboten. Dieses Verbot bezieht sich nur auf Geräte mit elektrischem Verstärker[906]. Dagegen unterfallen einfache Schalltrichter ohne Verstärker dem Verbot des § 33 Abs. 1 Satz 1 Nr. 1 StVO nicht[907]. Dasselbe gilt für Handklingeln oder Handschellen. Maßgebend ist jedoch stets der Einzelfall[908]. Abzustellen ist auf die spezifischen Eigenschaften des Gerätes, so z.B. auf Signalcharakter, Lautstärke und Tonfolge[909]. Eine Tonabfolge aus verschieden hohen Tönen ist bereits nach § 16 Abs. 3 StVO verboten. Daher ist eine Lautsprecherübertragung einer amerikanischen Polizeisirene sowohl nach § 33 Absatz 1 S. 1 Nr. 1 StVO, als auch nach § 16 Abs. 3 StVO verboten[910]. Nach § 49 Abs. 1 Nr. 28 StVO begeht auch derjenige eine Ordnungswidrigkeit, der vorsätzlich oder fahrlässig gegen eine Vorschrift über Verkehrsbeeinträchtigung nach § 33 StVO verstößt. Häufiger Gegenstand gerichtlicher Entscheidungen war die Benutzung einer elektrischen Klingel, wie sie in der Praxis häufig vorkommt. Nach § 55 Abs. 2 Satz 1 StVO dürfen als Einrichtung für Schallzeichen nur Hupen und Hörner angebracht sein, die einen Klang mit gleichlautenden Grundfrequenzen (auch harmonischen Akkord) erzeugen, der frei von Nebengeräuschen ist. Die Anbringung einer elektrischen Klingel, die vom Führersitz aus zu betätigen ist, anstelle einer Handklingel wird einhellig als unzulässig angesehen, auch wenn sie nur zum Ausrufen verwendet werden soll[911]. Dies wird einleuchtend damit begründet, daß nach § 55 Abs. 4 StVZO andere als die in den Absätzen 1 bis 3 beschriebenen Einrichtungen für Schallzeichen sowie Sirenen an Kraftfahrzeugen nicht angebracht werden dürfen. Dieses Verbot sei umfassend und betreffe auch eine fest am Fahrzeug angebrachte Klingel[912]. Nach § 70 Abs. 1 Nr. 1 StVZO können die höheren Verwaltungsbehörden in bestimmten Einzelfällen oder allgemein für bestimmte einzelne Antragsteller Ausnahmen von den dort aufgezählten Vorschriften genehmigen. Diese Aufzählung hat abschließenden Charakter[913]. Da Ausnahmegenehmigungen von der Vorschrift des § 55 StVZO nicht vorgesehen sind, ist folglich die Benutzung elektrischer Klingeln generell unzulässig, mögen sie in der Praxis auch oft geduldet werden.

---

905) Abgedr. bei *Jagusch/Hentschel*, Straßenverkehrsrecht, § 33 StVO Rn 2.

906) *Grote* in: Kodal/Krämer, Straßenrecht, Kap. 24 Rn 114.

907) OVG NW, Beschl. v. 31. Jan. 1972 - IX 8584/71 - VkBl. 1972 S. 539 = GewArch. 1972, S. 63

908) *Jagusch/Hentschel*, Straßenverkehrsrecht, § 33 StVO Rn 6.

909) OLG Düsseldorf, Beschl. v. 13. Febr. 1990 - 2 Ss (OWi) 28/90 - OWi 6/90 III - NZV 1990, S. 282 (283).

910) OLG Düsseldorf, Beschl. v. 13. Febr. 1990 - 2 Ss (OWi) 28/90 - OWi 6/90 III - NZV 1990, S. 282 (283).

911) OVG Lüneburg, Urt. v. 27. Sept. 1978 - IV OVG A 227/77 - VRS 56, S. 399; *Jagusch/Hentschel*, Straßenverkehrsrecht, § 55 StVZO Rn 1a.

912) OVG Lüneburg, Urt. v. 27. Sept. 1978 - IV OVG A 227/77 - VRS 56, S. 399 (400).

913) *Jagusch/Hentschel*, Straßenverkehrsrecht, § 70 StVZO Rn 5.

IV. Zum Anspruch des Direktvermarkters auf Erteilung einer Sondernutzungserlaubnis

Der grundsätzliche Ausschluß gemeingebrauchsbeeinträchtigender Straßenbenutzung ist ein sogenanntes präventives Verbot mit Erlaubnisvorbehalt, d.h. die Erlaubnisbehörde hat im Vorfeld Gelegenheit zu prüfen, ob von der beabsichtigten Straßenbenutzung im konkreten Fall Störungen oder Beeinträchtigungen anderer Rechtsgüter einzelner oder der Allgemeinheit ausgehen können[914]. Besteht eine solche Gefahr nicht oder läßt sie sich durch bestimmte Vorkehrungen vermeiden, wird in der Regel eine Genehmigung erteilt werden[915]. Allerdings liegt die Erteilung einer Sondernutzungserlaubnis im Ermessen der zuständigen Behörde[916]. Es besteht nur ein Anspruch auf ermessensfehlerfreie Entscheidung. Unter Umständen kann sich dieser Anspruch auf eine einzige rechtmäßige Entscheidung verdichten. In diesem Sonderfall besteht ein Anspruch auf Erteilung der begehrten Erlaubnis[917].

Es stellt sich die Frage, welche Belange die zuständige Behörde in ihre Ermessenserwägungen einbeziehen darf.

Nach einer vornehmlich in der Literatur vertretenen Auffassung darf die Behörde nur solche Aspekte berücksichtigen, die mit ihrer Aufgabe als Träger der Straßenbaulast in Zusammenhang stehen[918]. Als Ablehnungsgründe können danach nur wegehoheitliche Umstände zur Ablehnung eines Antrags auf Erteilung einer Sondernutzungserlaubnis führen, d.h. solche Gründe, die die Erhaltung und den Schutz der Straßensubstanz sowie die Aufrechterhaltung des störungsfreien Gemeingebrauchs zum Gegenstand haben.

Nach der von der überwiegenden Rechtsprechung und einem Teil der Literatur vertretenen Gegenauffassung kann mit Ausnahme fiskalischer Erwägungen jeder sachliche Grund eine Ablehnung des Antrags auf Erteilung einer Sondernutzungserlaubnis rechtfertigen, sofern der Grund seine sachliche Fundierung aus dem Straßenraum und seinen Funktionen bezieht oder - anders formuliert - über straßenrechtliche Belange im engeren Sinn hinaus dürfen weitere Gesichtspunkte berücksichtigt werden, sofern sie mit dem

---

914) BVerwG, Urt. v. 7. Juni 1978 - VII C 5.78 - BVerwGE 56, S. 63 (68) = DÖV 1978, S. 887 = NJW 1978, S. 1933.

915) *Löhr*, NVwZ 1983, S. 20 (20 f.).

916) *Grupp* in: Marschall/Schroeter/Kastner, FStrG, § 8 Rn 17; *Sauthoff*, NVwZ 1998, S. 243 (247).
Sieder/Zeitler, BayStrWG, Art. 18 Rn 14; *Steiner* in: ders., Bes. VerwR, Abschnitt VII Rn 115.

917) BVerwG, Urt. v. 7. Juni 1978 - VII C 6.78 - DÖV 1978, S. 889 (890); *Pappermann/Löhr*, JuS 1980, S. 731 (734).

918) BayVGH, Urt. v. 2. Aug. 1967 - Nr. 260 VIII 66 - DVBl. 1967, S. 920; *Salzwedel* in: Schmidt-Aßmann, Bes. VerwR. (10. Aufl.), 8. Abschnitt Rn 34; *Papier*, Recht der öffentlichen Sachen, S. 122 m.w.N.

Widmungszweck der Straße noch in einem sachlichen Zusammenhang stehen[919]. Außer dem Schutz der Straßensubstanz, sonstigen Gesichtspunkten der Straßenbaulast und Verkehrsbelangen kommen als straßenspezifische Gesichtspunkte zum Beispiel auch Interessen der Straßenanlieger und Gesichtspunkte des Schutzes und der Pflege des Stadtbilds in Betracht[920].
Die erste Auffassung vermag nicht zu überzeugen, weil zuständige Behörde nicht immer der Träger der Straßenbaulast ist. Zwar liegt die Zuständigkeit für die Erteilung der Sondernutzungserlaubnis grundsätzlich beim Träger der Straßenbaulast, aber in Ortsdurchfahrten ist sie unabhängig von der Straßenbaulast stets den Gemeinden zugewiesen[921]. Da den Gemeinden ihre Zuständigkeit gerade nicht als Ausfluß der Straßenbaulast verliehen ist, kann diese Zuständigkeit nur auf ihrer Funktion als in ihrem Gebiet universal zuständiger Träger öffentlicher Verwaltung beruhen. Daraus folgt aber zugleich auch, daß zumindest innerhalb geschlossener Ortslagen bei der Erlaubnis einer Sondernutzung nicht nur straßenrechtliche, sondern alle von ihr nach ihrem umfassenden Aufgabenkreis zu vertretenden Belange zu berücksichtigen sind[922]. Jedenfalls bei Ortsdurchfahrten überörtlicher Straßen und bei Gemeindestraßen kann daher jeder sachliche Grund herangezogen werden, sofern er seine sachliche Fundierung aus dem Straßenraum und seinen Funktionen bezieht beziehungsweise ein sachlicher Zusammenhang zum Widmungszweck der Straße besteht. So können vor allem bauplanerische, baupflegerische und gestalterische Umstände für die Erteilung oder Untersagung Gewicht erlangen. Dagegen sind z.B. gewerberechtliche Belange mangels Straßenbezug insoweit ohne Bedeutung[923].

---

919) OVG Hamburg, Urt. v. 30. Okt. 1975 - OVG Bf. II 97/74 - Verw.-Rspr. 27 (1976), Nr. 223; HessVGH, Urt. v. 10. März 1981 - II OE 123/79 - NVwZ 1983, S. 48; *Pappermann/Löhr*, JuS 1980, S. 731 (734); *Sauthoff*, NVwZ 1998, S. 243 /247); *Steiner* in: ders., Bes. VerwR, Abschnitt V Rn 115.

920) BVerwG, Urt. v. 13. Dez. 1974 - BVerwG VII C 42.72 - BVerwGE 47, S. 280 (284); *Steiner* in: ders., Bes. VerwR, Abschnitt V Rn 115 m.w.N.

921) Vgl. z.B. §§ 16 Abs. 1, 17 Abs. 1 Satz 1 HessStrG.

922) *Ziegler*, DVBl. 1976, S. 89 (92 f.).

923) Vgl. z.B. HessVGH, Urt. v. 10 März 1981 - II OE 123/79 - NVwZ 1983, S. 48; BayVGH, Urt. v. 15. Dez. 1983 - 8 B 80 A. 340 - NVwZ 1985, S. 207 (208).

V. Folgen illegaler Sondernutzung

Wird eine Sondernutzung ausgeübt, ohne daß eine entsprechende Erlaubnis besteht, sind die allgemeinen Ordnungs- und Sicherheitsbehörden berechtigt, diesen Gebrauch auf der Grundlage der polizeirechtlichen Generalklausel[924] zu unterbinden, sofern nicht - wie in der Mehrzahl der Bundesländer - speziell straßenrechtliche Eingriffsgrundlagen[925] zur Anwendung kommen[926].
Es mag vorkommen, daß jemand erlaubnispflichtigen Sondergebrauch ausübt, ohne eine Erlaubnis eingeholt zu haben, aber die Sachlage gleichzeitig so gestaltet ist, daß eine Erlaubnis hätte erteilt werden müssen, wenn sie beantragt worden wäre, weil ein Fall der sogenannten Ermessensreduzierung auf Null vorliegt. In diesem Fall steht die Duldung der Sondernutzung im Ermessen der zuständigen Behörde[927]. Es wird vertreten, daß bei einer derartigen zwar formellen, nicht aber materiellen Illegalität, ein Einschreiten seitens der Ordnungsbehörde sogar ermessensfehlerhaft und daher rechtswidrig wäre[928]. Dieser Auffassung ist zuzustimmen. Denn die Sachlage gleicht derjenigen, daß ein Bauwerk schon bezogen ist. Hier verbieten die durch Art. 14 GG gewährleistete Baufreiheit und das Verhältnismäßigkeitsprinzip, ein Räumungsgebot für ein Bauwerk allein aufgrund der wegen der fehlenden Genehmigung vorliegenden formellen Illegalität auszusprechen[929]. Im Fall einer als Sondernutzung zu qualifizierenden Inanspruchnahme der Straße durch einen Direktvermarkter verbietet dementsprechend das in die Ermessenserwägungen einzubeziehende durch Art. 14 GG gewährleistete Recht am eingerichteten und ausgeübten Gewerbebetrieb, das auch landwirtschaftliche Betriebe besitzen,[930] die formell illegale Sondernutzung zu verhindern.
Trotzdem läge in einer solchen Benutzung ohne Erlaubnis eine Ordnungswidrigkeit, die mit einer Geldbuße bis zu zehntausend Deutsche Mark geahndet werden könnte[931].

---

[924]) § 17 I ASOG Berl; 11 HessSOG; 10 I BrPolG; § 174 SchlHLVwG.
[925]) Vgl. z.B. § 8 VII a FStrG, Art. 18a I BayStrWG, § 16 VIII StrG BW, § 20 I Bbg StrG, 61 S. 1 Hmb WegeG, § 25 I StrWG-MV, § 22 NStrG,§ 22 StrWG NW, 41 VIII LStrG RP, § 18 VIII SaarlStrG, § 20 I Sächs StrG, § 20 I StrG LSA, § 20 Abs. 1 Thür StrG.
[926]) *Papier*, Recht der öffentlichen Sachen, S. 125.
[927]) BVerwG, Urt. v. 15. März 1988 - BVerwG 1 C 25.84 - BVerwGE 79, S. 118 (129 f.).
[928]) *Papier*, Recht der öffentlichen Sachen, S. 126.
[929]) Vgl. z.B. *Oldiges* in: Steiner, Bes. VerwR, Abschnitt IV Rn 331 unter Hinweis auf § 75 MBO und das entsprechende Landesrecht..
[930]) BGH, Urt. v. 30. Sept. 1976 - III ZR 149/75 - BGHZ 67, S. 190 (192); BGH, Urt. v. 28. Juni 1984 - III ZR 35/83 - BGHZ 92, S. 34 (37); *Jarass/Pieroth*, Grundgesetz, Art. 14 Rn 8.
[931]) Vgl. § 23 Abs. 1 Nr. 1 FStrG und die entsprechenden Landesvorschriften.

5. Abschnitt: Zusammenfassung der Ergebnisse und Ausblick

I. Zusammenfassung der Ergebnisse

Die Arbeit hat zu folgenden Ergebnissen geführt:

1. Die Ausklammerung der Landwirtschaft aus dem Gewerbebegriff ist auch heute noch gerechtfertigt. Das Gewerberecht ist besonderes Ordnungsrecht. Soweit von einem Betrieb typischerweise besondere Gefahren ausgehen - das ist der Fall bei Massentierhaltungsbetrieben und Betrieben, die in besonders hohem Maße chemische Mittel einsetzen - , ist eine Ausklammerung aus dem Gewerbebegriff nicht mehr gerechtfertigt und eine Einordnung als Gewerbebetrieb geboten. Ob ein Massentierhaltungsbetrieb vorliegt, ist unter Zugrundelegung der Kriterien des Steuerrechts zu ermitteln. Im übrigen ist zumindest der Unterglasgartenbau als Gewerbebetrieb einzuordnen, da hiervon besonders hohe Gefahren für die dort beschäftig-ten Arbeitnehmer sowie für die Verbraucher und damit die Allgemeinheit ausgehen[932].

2. Vor allem wegen der bußgeldbewehrten Gewerbeanzeigepflicht nach § 14 Satz 1 GewO und der durch die Anzeige veranlaßten Mitteilungen an Industrie- und Handelskammer, Handwerkskammer, Eichamt, Finanzamt, Allgemeine Ortskrankenkasse sowie der Anwendbarkeit von § 35 GewO ist es für einen Landwirt vorteilhaft, wenn eine Tätigkeit der Landwirtschaft zuzuordnen ist. An sich gewerbliche Tätigkeiten sind der Landwirtschaft zuzurechnen, wenn die Voraussetzungen eines landwirtschaftlichen Nebenbetriebs vorliegen. Die von der Rechtsprechung entwickelten Kriterien

- Existenz eines Hauptbetriebs,
- innerer Zusammenhang zwischen Haupt- und Nebenbetrieb,
- Inhaberschaft derselben Rechtsperson und
- Üblichkeit der Verwertung

haben sich in der Vergangenheit als sachgerecht erwiesen[933].

Die Existenz eines Hauptbetriebs setzt voraus, daß der Nebenbetrieb gegenüber dem Hauptbetrieb eine untergeordnete Stellung einnimmt. Hauptindiz hierfür sind die erwirtschafteten Umsätze[934].

Der innere Zusammenhang zwischen Haupt- und Nebenerwerbsbetrieb ist zu verneinen, wenn mehr als 30% der verkauften Roherzeugnisse kein eigenes Erzeugnis sind oder im Falle einer Be- oder Verarbeitung mehr als 30% der verwendeten Rohstoffe zugekauft sind. Bei Gärtnereien gilt eine Zukaufsgrenze von 10%[935]. Ein innerer Zusammenhang ist zu verneinen bei sogenannten Ferien auf dem Bauernhof, da hier der Schwerpunkt auf der Erbringung von Dienstleistungen und nicht in der besseren Verwertung der eigenen Erzeugnisse

---

[932]) Siehe 2. Abschnitt I.2.
[933]) Siehe 2. Abschnitt II.2.
[934]) Siehe 2. Abschnitt II.2.b.aa).
[935]) Siehe 2. Abschnitt II.2.b.bb).

liegt[936]. Dagegen ist ein innerer Zusammenhang bei der Einrichtung eines Partyservice zu bejahen, wenn der Wert der verabreichten selbsterzeugten Speisen mehr als 70% des Wertes der Lcistung ausmacht[937].

Das Merkmal der Inhaberschaft derselben Rechtsperson kennt keine Ausnahme. Daher sind insbesondere auch Erzeugergenossenschaften keine landwirtschaftlichen Nebenbetriebe[938].

Das Merkmal der Üblichkeit wird in der Rechtsprechung und der Literatur in zahlreichen Variationen vertreten, die keine konkreten Rückschlüsse auf nicht entschiedene Einzelfälle zulassen. Um auch hier zu interessengerechten Ergebnissen zu gelangen, ist zu fordern, daß die konkrete Art der Verwertung in dem betreffenden Betriebszweig der Urproduktion üblich ist, wobei Maßstab die Verkehrsauffassung ist, die dem Wandel der Zeit unterliegt[939]. Ob eine Tätigkeit nach der Verkehrsauffassung der Urproduktion oder dem Gewerbe zuzuordnen ist, ist zum einen an Hand der Judikatur der vergangenen Jahrzehnte zu ermitteln, zum andern sind - wie im Fall der Straußwirtschaften oder des ambulanten Verkaufs landwirtschaftlicher Erzeugnisse - Wertungen des Gesetzgebers zu berücksichtigen.

Können weder aus der Judikatur noch aus dem Gesetz Rückschlüsse gezogen werden, ist auf folgende Regeln zurückzugreifen:

- Der Vertrieb roher Erzeugnisse ist grundsätzlich ein landwirtschaftlicher Nebenbetrieb, es sei denn, der Verkauf findet in einem Ladengeschäft oder einer sonstigen gewerblichen Niederlassung im Sinne von § 42 Abs. 2 GewO statt.
- Handelt es sich dagegen um ein be- oder verarbeitetes Erzeugnis, so ist ein landwirtschaftlicher Nebenbetrieb anzunehmen, solange die Be- oder Verarbeitung nicht in einer handwerksfähigen oder fabrikmäßigen Weise erfolgt und keinLadengeschäft oder eine sonstige gewerbliche Niederlassung im Sinne von § 42 Abs. 2 GewO eingerichtet wird[940].

3. Selbst wenn die Grenzen eines landwirtschaftlichen Nebenbetriebs (z.B. mangels Wahrung des inneren Zusammenhangs) überschritten sind, liegt nicht eo ipso ein Gewerbebetrieb vor. Denn sowohl nach der "Gesamtbildtheorie" als auch nach der sogenannten "begriffsimmanenten Lösung" liegt solange kein Gewerbe vor, als sich die Tätigkeit in einem geringen Umfang hält und keine nachhaltige Gewinnerzielungsabsicht gegeben ist. Ob diese Prüfung nach Bejahung aller vier Positivmerkmale und drei Negativmerkmale anzustellen ist, so die "Gesamtbildtheorie", oder ob die Prüfung innerhalb des Merkmals Gewinnerzielungsabsicht erfolgt, so die "begriffsimmanente Lösung", kann

---

936) Siehe 2. Abschnitt II.2.b.bb).
937) Siehe 2. Abschnitt II.2.b.bb).
938) Siehe 2. Abschnitt II.2.b.dd).
939) Siehe 2. Abschnitt II.2.b.dd).
940) Siehe 2. Abschnitt II.2.b.dd).

letztlich dahinstehen, da jeweils dieselben Erwägungen angestellt werden[941].

4. Unter die selbstgewonnenen Erzeugnisse, die gemäß § 55a Abs. 1 Nr. 2 GewO reisegewerbekartenfrei vertrieben werden dürfen, fallen sowohl rohe als auch be- und verarbeitete Erzeugnisse[942]. Selbstgewonnen sind Erzeugnisse, wenn sie zu mindestens 70% aus selbsterzeugten Rohstoffen bestehen[943]. Fleisch von Gehegewild ist zwar kein Jagderzeugnis im engeren Sinn des § 55a Abs. 1 Nr. 2 GewO, gleichwohl ist es zumindest heute noch grundsätzlich hierunter zu fassen, weil es nicht einleuchten will, daß ein Landwirt das Wild, das er als Jäger erlegt hat, im Reisegewerbe veräußern darf, das Gehegewild dagegen nicht[944]. Will ein Landwirt alkoholische Getränke bei Überlandfahrten verkaufen, so ist er hierzu nach § 56 Abs. 1 Nr. 3 Buchst. b 2. Halbsatz GewO befugt, sofern dies in fest verschlossenen Gefäßen geschieht. Er bedarf aber hierzu einer Reisegewerbekarte[945]. Bei den Überlandfahrten darf der Landwirt grundsätzlich keine Proben verabreichen. Eine Verabreichung von Weinproben in nicht fest verschlossenen Gefäßen wie Probiergläsern ist nur dann erlaubt, wenn der Weinbauer nicht sofort erfüllen kann und will (z.B. weil er eine Bestellung anstrebt). Denn sonst liegt ein nach 56 Abs. 1 Nr. 3 Buchst. b 1. Halbsatz GewO verbotenes Feilhalten geistiger Getränke vor[946].

Nach § 57 GewO besteht grundsätzlich ein Anspruch auf Erteilung der Gewerbekarte. Die Entziehung richtet sich nach den den §§ 48 und 49 VwVfG entsprechenden Landesregelungen.

Zu beachten ist, daß jeder Reisegewerbekartenpflichtige bei der Ausübung eines Reisegewerbes eine Reisegewerbekarte mitzuführen hat. Das gilt selbst für Familienmitglieder und solche Personen, die nur zeitweise unselbständig beschäftigt sind[947].

5. Seit der Einfügung des § 67 Abs. 1 Nr. 1 2. und 3. Satzteil GewO dürfen auf Wochenmärkten auch alkoholische Getränke feilgeboten werden. Voraussetzung ist lediglich, daß sie aus landwirtschaftlichen Erzeugnissen hergestellt wurden. Zur Veräußerung befugt sind sowohl die Landwirte selbst als auch Markthändler[948]. Anbieter auf einem Wochenmarkt ist jeder, der am Markt oder an Märkten regelmäßig teilnimmt und dabei eine Gewinnerzielungsabsicht verfolgt[949].

Will ein Winzer auf einem Volksfest oder einem Winzerfest, das als

---

[941]) Siehe 2. Abschnitt II.2.b.cc).
[942]) Siehe 2. Abschnitt III.3.
[943]) Siehe 2. Abschnitt III.3.
[944]) Siehe 2. Abschnitt III.4.
[945]) Siehe 2. Abschnitt III.5.
[946]) Siehe 2. Abschnitt III.7.
[947]) Siehe 2. Abschnitt III.9.
[948]) Siehe 2. Abschnitt IV.2.
[949]) Siehe 2. Abschnitt IV.2.

Privatveranstaltung anzusehen ist, Wein ausschenken, bedarf er hierzu einer Gestattung nach § 12 Abs. 1 GastG. Eine Freistellung nach § 14 Satz 1 GastG oder § 26 Abs. 1 GastG scheidet aus[950].
Wer zum Kreis der Teilnehmer der festgesetzten Veranstaltung gehört, hat nach § 70 Abs. 1 GewO grundsätzlich auch ein Recht auf Teilnahme. Genügt nicht für alle Bewerber die Kapazität, steht die Bewerberauswahl nach § 70 Abs. 3 GewO im Ermessen des Veranstalters. Anerkannte sachliche Gründe sind die Auswahl nach dem Prioritätsprinzip, der Gesichtspunkt "bekannt und bewährt", das rollierende System und das Losverfahren. Dagegen ist die Bevorzugung einheimischer Bewerber gegenüber fremden Bewerbern kein sachlicher Grund, weil § 70 GewO die Marktfreiheit bezweckt[951].
Wird ein Markt nicht festgesetzt, sondern von einer Gemeinde als öffentliche Einrichtung betrieben, bestehen hinsichtlich der Bevorzugung einheimischer Bewerber keine Bedenken[952].
Der Ausschluß von Marktteilnehmern richtet sich nach § 70 Abs. 3 GewO beziehungsweise § 70a GewO[953].
6. Der Betrieb einer Straußwirtschaft im Sinne von § 14 Satz 1 GastG ist bundesrechtlich daran geknüpft, daß er
a) gewerbsmäßig erfolgt und
b) nur selbsterzeugter Wein oder Apfelwein ausgeschenkt wird.
Der Betrieb einer Straußwirtschaft ist abzugrenzen vom landwirtschaftlichen Nebenbetrieb einerseits und dem Betrieb eines Gutsausschanks andererseits.
Kennzeichnend für die zum landwirtschaftlichen Nebenbetrieb zählenden Weinproben ist, daß
a) die Proben in kleinen Mengen verabreicht werden,
b) die verabreichten Speisen vornehmlich der Neutralisierung der Geschmacksnerven und der Förderung der Bekömmlichkeit und nicht der Stillung des Hungers dienen[954].
Werden die Grenzen des weder anzeige- noch erlaubnisbedürftigen landwirtschaftlichen Nebenbetriebs überschritten, wird die Tätigkeit zwar gewerblich. Es ist in diesem Fall aber nicht automatisch vom Betrieb einer zwar nicht genehmigungsbedürftigen, aber anzeigepflichtigen Straußwirtschaft auszugehen, da ein solcher von der weiteren Voraussetzung des Ausschanks von lediglich selbsterzeugtem Wein sowie weiteren in den Gaststättenverordnungen der Länder niedergelegten, im einzelnen differierenden Einschränkungen abhängig ist. Werden diese nicht eingehalten, ist vom Betrieb eines genehmigungsbedürftigen Gutsausschanks auszugehen. Der gesetzlich nicht

---

950) Siehe 2. Abschnitt IV.4.
951) Siehe 2. Abschnitt IV.5.
952) Siehe 2. Abschnitt IV.6.
953) Siehe 2. Abschnitt IV.7.
954) Siehe 3. Abschnitt II.2.a).

näher geregelte Gutsausschank ist eine herkömmliche Schankwirtschaft im Sinne des § 1 Abs. 1 Nr. 1 GastG. Dementsprechend nimmt er zwar nicht an den Privilegierungen der Straußwirtschaft hinsichtlich Küche, Toiletten usw. teil, dafür gelten für den Gutsausschank aber auch nicht die Einschränkungen in bezug auf die beschränkte Betriebsdauer und den Ausschank von selbsterzeugtem Wein.
Unter den selbsterzeugten Wein im Sinne des § 14 Satz 1 GastG fällt Wein jeder Entwicklungsstufe, nicht dagegen noch ungegorener Trauben- beziehungsweise Apfelsaft. Daß dieser in einer Straußwirtschaft erlaubnisfrei ausgeschenkt werden darf, folgt mittelbar aus § 6 Satz 1 GastG[955].
Der Begriff des eigenen Erzeugnisses im Sinne des § 14 Satz 1 GastG setzt voraus, daß der in der Straußwirtschaft auszuschenkende Wein ausschließlich selbsterzeugt ist. Es gilt die "Tropfentheorie", d.h. bereits ein geringer Zusatz an zuerworbenem Wein nimmt dem selbsterzeugten Wein das Merkmal des eigenen Erzeugnisses. Die beim landwirtschaftlichen Nebenbetrieb maßgebende Grenze von 30% gilt schon deshalb nicht, weil es sich bei dem Betrieb einer Straußwirtschaft um eine gewerbliche Tätigkeit handelt[956].
Sogenannter Hefebrand ist kein Wein im Sinne des § 14 Satz 1 GastG, was im Gegenschluß aus § 26 GastG folgt[957].
Unter Apfelwein fällt auch ein Gemisch aus Apfel- und Birnenwein beziehungsweise Apfelwein und Speierling, weil Birnenwein und Speierling traditionellerweise dem Apfelwein zur Geschmacksverbesserung zugesetzt werden. Auf reinen Birnenwein ist § 14 Satz 1 GastG analog anzuwenden, da der dem § 14 Satz 1 GastG zugrundeliegende Gedanke der Aufrechterhaltung eines alten Rechts der Obstbauern auch hier zutrifft[958].
Bei den selbsterzeugten Getränken im Sinne des § 26 Abs. 1 Satz 1 GastG ist zu unterscheiden: Bei landwirtschaftlichen Erzeugnissen wie Traubenwein, Obstwein, Beerenwein, Tee und dergleichen müssen die Früchte beziehungsweise Bestandteile selbstgezogen sein, wohingegen es bei Fabrikationserzeugnissen wie Bier, Branntwein und Sodawasser darauf ankommt, daß das Getränk selbst hergestellt worden ist. Hier kann es dahinstehen, ob Winzersekt ein landwirtschaftliches Erzeugnis oder ein Fabrikationserzeugnis ist, solange die Herstellung im Auftrag und auf Rechnung des Weinbauern geschieht[959].
Im einzelnen haben die Länder von der ihnen durch § 14 Satz 1 GastG gewährten Ermächtigung zum Erlaß von Rechtsverordnungen unterschiedlichen Gebrauch gemacht. Die gesetzliche Vorgabe, daß der Betrieb einer

---

955) Siehe 3. Abschnitt II.2.b.aa).
956) Siehe 3. Abschnitt II.2.b.cc).
957) Siehe 3. Abschnitt II.2.b.dd).
958) Siehe 3. Abschnitt II.2.b.ee).
959) Siehe 3.Abschnitt II.3.

Straußwirtschaft vier Monate im Jahr nicht überschreiten darf, kann durch eine Aufteilung des Betriebs umgangen werden[960].
Bis auf Rheinland-Pfalz enthalten alle Gaststättenverordnungen der Länder, die den Betrieb von Straußwirtschaften von der Erlaubnispflicht freistellen, eine Begrenzung auf 40 Sitzplätze. Eine Überschreitung der Sitzplatzbegrenzung macht die Straußwirtschaft zum erlaubnispflichtigen Gaststättenbetrieb, dessen Fortsetzung nach § 31 GastG in Verbindung mit § 15 Abs. 2 Satz 1 GewO verhindert werden kann. Dabei ist stets das Übermaßverbot zu beachten, d.h. eine vollständige Betriebsschließung ist ultima ratio. Es ist vorher zu prüfen, ob nicht Mahnung oder Teiluntersagung ebenso zum Ziel führen[961].
Unter die einfach zubereiteten warmen Gerichte, die in Straußwirtschaften verabreicht werden dürfen, fallen einfache Fertiggerichte und Kochgerichte von kurzer Zubereitungszeit[962].
Die Untersagung des Betriebs einer Straußwirtschaft erfolgt im Falle der Unzuverlässigkeit nach § 35 Abs. 1 GewO, ansonsten nach der einschlägigen Untersagungsvorschrift in bezug auf Straußwirtschaften, die alle Gaststättenverordnungen enthalten. Für Gutsausschankbetriebe gelten die allgemeinen gaststättenrechtlichen Regelungen des § 15 GastG und die dem § 48 VwVfG entsprechenden Landesregelungen[963].
7. Nach § 1 Abs. 1 Satz 1 HandwO ist der selbständige Betrieb eines Handwerks als stehendes Gewerbe nur den in der Handwerksrolle eingetragenen natürlichen und juristischen Personengesellschaften gestattet. In die Handwerksrolle werden auf Antrag oder von Amts wegen diejenigen eingetragen, die selbst zur Ausübung eines Handwerks im Sinne des § 1 Abs. 2 HandwO befähigt sind oder einen befähigten Betriebsleiter haben. Das gilt auch für handwerkliche Nebenbetriebe, sofern sie nicht unerheblich sind[964].
Die Ausübung nur einer wesentlichen Tätigkeit eines Handwerks genügt nicht, um ein Handwerk annehmen zu können. Daher ist auch das Backen von Bauernbrot durch einen Landwirt kein Bäckerhandwerk[965]. Dagegen übt derjenige Landwirt, der sein selbstbezogenes Vieh selbst schlachtet und weiterverarbeitet, das Fleischerhandwerk aus. Denn er übt in seiner Person mehrere Teiltätigkeiten aus, die nach der Berufsbildverordnung für das Bäckerhandwerk für dieses wesentlich sind. Die Berufsbildverordnungen haben zwar nur Indizcharakter[966]. Da die hier anfallenden Tätigkeiten sich jedoch nicht auf wenige Handgriffe beschränken, die innerhalb kurzer Zeit erlernbar sind,

---

960) Siehe 3. Abschnitt II.3.b).
961) Siehe 3.Abschnitt II.4.d.cc).
962) Siehe 3. Abschnitt II.3.
963) Siehe 3. Abschnitt II.5.d).
964) Siehe 3. Abschnitt III.2.
965) Siehe 3. Abschnitt III.2.c.aa).
966) Siehe 3. Abschnitt III.2.c.bb).

und sich auch nicht auf einen Typ von Arbeitsgängen beschränkt, für dessen einwandfreie Ausführung lediglich eine Anlernzeit von wenigen Monaten erforderlich ist, liegt hier ein eintragungspflichtiges Handwerk vor[967].

Dafür, daß Landwirte, die ihr Getreide selbst vermahlen, ein Handwerk ausüben, spricht zwar die Berufsbildverordnung zum Müllerhandwerk. Da die hier anfallenden Tätigkeiten aber in aller Regel innerhalb kurzer Zeit so erlernt werden können, daß sie einwandfrei ausgeübt werden können, handelt es sich hier grundsätzlich nicht um ein eintragungspflichtiges Handwerk, sondern um ein nicht eintragungsbedürftiges Minderhandwerk.

Wird bei einem handwerklichen Nebenbetrieb die Unerheblichkeitsgrenze nicht überschritten, entfällt die Pflicht zur Erbringung eines Befähigungsnachweises beziehungsweise einer Ausnahmebewilligung oder zur Einstellung eines befähigten Betriebsleiters ebenso wie die Eintragung in die Handwerksrolle. Der Landwirt steht sich dadurch auch deshalb besser, da vor allem die Handwerkskammerbeiträge nicht anfallen[968].

Voraussetzungen für einen unerheblichen handwerklichen Nebenbetrieb der Landwirtschaft sind:

- Untergeordnete Bedeutung im Rahmen des Gesamtbetriebs
- Verbundenheit mit dem Hauptbetrieb in organisatorischer, wirtschaftlicher und fachlicher Hinsicht; außerdem Personenidentität zwischen dem Inhaber des handwerklichen Nebenbetriebs und des landwirtschaftlichen Hauptbetriebs
- handwerksmäßige Warenherstellung oder Leistungsbewirkung für Dritte
- Unerheblichkeit.

Nach § 3 Abs. 2 HandwO wird eine Tätigkeit in unerheblichem Umfang durchgeführt, wenn der durchschnittliche Jahresumsatz oder die durchschnittliche Arbeitszeit eines Ein-Mann-Betriebes des betreffenden Handwerkszweigs überschritten wird. Der durchschnittliche Jahresumsatz eines Ein-Mann-Fleischereibetriebes betrug 1994 62.800 DM. Die durchschnittliche wöchentliche Arbeitszeit eines solchen Betriebes ist zwischen 64 und 70 Stunden anzusetzen[969].

Schließen sich zwei oder mehr Landwirte zu einer fleischverarbeitenden Gesellschaft des bürgerlichen Rechts zusammen, muß nach § 7 Abs. 4 Satz 2 HandwO ein persönlich haftender Gesellschafter für die technische Leitung verantwortlich sein, der die Voraussetzungen für die Eintragungen in die Handwerksrolle erfüllt. Erfüllt keiner der beteiligten Landwirte die Voraussetzungen, muß ein Metzgermeister oder der Inhaber einer Ausnahmebewilligung nach §§ 8, 9 HandwO angestellt werden, der

---

967) Siehe 3. Abschnitt III.2.c.bb).
968) Siehe 3. Abschnitt III.3.
969) Siehe 3. Abschnitt III.4.

- persönlich haftender Gesellschafter und
- für die technische Leitung verantwortlich ist.

An das Erfordernis der technischen Leitung sind strenge Maßstäbe zu stellen, damit nicht durch die Anstellung von Strohmännern das Ziel der Gleichstellung der Personengesellschaften mit den herkömmlichen Meisterbetrieben unterlaufen wird[970].

Die Untersagung der Fortsetzung von Handwerksbetrieben im Sinne von § 1 Abs. 1 HandwO richtet sich nach § 16 Abs. 3 HandwO, bei eintragungspflichtigen Nebenbetrieben kann die zuständige Behörde wahlweise ein Bußgeldverfahren nach § 117 Abs. 1 Nr. 1 HandwO oder ein Verfahren auf Betriebsschließung nach § 16 Abs. 3 HandwO einleiten. Bei unerheblichen handwerklichen Nebenbetrieben ist auf § 35 Abs. 1 Satz 1 GewO zurückzugreifen[971].

7. Nach § 3 LadschlG gelten die allgemeinen Ladenschlußzeiten für Verkaufsstellen. Eine beispielhafte Aufzählung von Verkaufsstellen findet sich in § 1 Abs. 1 Nr. 1 bis 3 LadschlG. Eine Auslegung nach Wortlaut, Entstehungsgeschichte und Gesetzessystematik führt zu dem Ergebnis, daß auch landwirtschaftliche Verkaufsstellen miterfaßt sind. Sogenannte Bauernläden fallen ebenso darunter wie Ladengeschäfte von Gärtnereien und dergleichen. Keine Verkaufsstelle und damit keine Bindung an die allgemeinen Ladenschlußzeiten nach § 3 LadschlG liegt dagegen vor, wenn Früchte auf dem Feld oder aus der Scheune heraus verkauft werden[972].

Bei betriebseigenen Räumen, in denen Weinproben abgehalten werden, ist zu unterscheiden: Bei kleinen Winzern, die nur ab und zu eine Weinprobe abhalten, fehlt es regelmäßig an einer Verkaufsstelle im Sinne von § 1 Abs. 1 Nr. 2 LadschlG, da das Merkmal "ständig" bei ihnen nicht vorliegt. Dieses setzt eine gewisse Regelmäßigkeit voraus. Damit sind die Verkaufsstellen kleiner Winzer nicht nach § 3 LadschlG an die allgemeinen Ladenschlußzeiten gebunden[973].

Fällt eine Tätigkeit nicht unter § 3 LadschlG, ist zu prüfen, ob § 20 Abs. 1 Satz 1 1. Halbsatz LadschlG eingreift, wonach während der allgemeinen Ladenschlußzeiten (§ 3) auch das gewerbliche Feilhalten von Waren zum Verkauf an jedermann außerhalb von Verkaufsstellen verboten ist. Die Vorschrift bezieht sich allerdings nur auf das gewerbliche Feilhalten. Der Terminus gewerblich ist im Sinne von Gewerbsfähigkeit zu verstehen mit der Einschränkung, daß das Merkmal der Selbständigkeit nicht gegeben zu sein braucht, damit auch das Reisegewerbe in jedem Fall miterfaßt wird. Solange also keine Verkaufsstelle vorliegt und die Verkaufstätigkeit der Urproduktion

---

[970]) Siehe 3. Abschnitt III.5.
[971]) Siehe 3. Abschnitt III.6.
[972]) Siehe 3. Abschnitt IV.2.a.bb).
[973]) Siehe 3. Abschnitt IV.2.a.bb).

zuzurechnen ist, braucht der Landwirt keine Ladenschlußzeiten zu beachten[974]. Nach § 19 Abs. 1 LadschlG unterliegen festgesetzte Wochenmärkte im Gegensatz zu Jahrmärkten und Volksfesten grundsätzlich den allgemeinen Ladenschlußzeiten. Dasselbe gilt für Privatmärkte[975].

8. Die Landesfeiertagsgesetze vervollständigen die sonn- und feiertäglichen Beschäftigungs- beziehungsweise Betriebsverbote der Gewerbeordnung (§ 55e GewO) und des Ladenschlußgesetzes. Eine konkrete Störung der Sonntags- beziehungsweise Feiertagsruhe ist wegen der doppelten Zielsetzung der Feiertagsgesetze (Schutz der Religionsausübung und Schutz der Sonn- und Feiertage als Tage allgemeiner Arbeitsruhe) nicht erforderlich. Es genügt eine abstrakte Gefährdung[976].

Aus der Judikatur zu den Feiertagsgesetzen der Länder lassen sich einige Grundsätze als Beurteilungsmaßstab für Zweifelsfälle herleiten:

- Widerspricht eine Tätigkeit in keiner Weise der Sinngebung der Sonntagsruhe, ist sie zulässig.
- Eine Tätigkeit, die zwar der Freizeitgestaltung dienlich, aber auf einen Werktag verschiebbar ist, ist grundsätzlich unzulässig.
- Läßt sich Konkurrenzdruck und Entgeltlichkeit feststellen, fehlt es aber gleichzeitig an einer werktäglichen Charakteristik oder handelt es sich um eine nicht verschiebbare - jedoch der Freizeitgestaltung und Erholung dienliche - Betätigung, ist eine Abwägung erforderlich, die regelmäßig zu einem eingeschränkten Betrieb führen darf[977].

§ 55e GewO, nach dessen Wortlaut die in § 55e Abs. 1 Satz 1 GewO genannten Tätigkeiten mit Ausnahme des Feilbietens von Waren im Reisegewerbe verboten sind, erlaubt nicht in Ausnahme von § 20 Abs. 1 Satz 1 LadschlG das Feilbieten von Waren im Reisegewerbe an Sonn- und Feiertagen. Das ergibt sich vornehmlich aus der Entstehungsgeschichte und der Gesetzessystematik. Folglich gestattet § 55e GewO landwirtschaftlichen Direktvermarktern nicht entgegen § 20 Abs. 1 Satz 1 1. Halbsatz LadschlG ihre Erzeugnisse im Reisegewerbe zu veräußern[978].

Die in allen Landesfeiertagsgesetzen vorgesehene Möglichkeit einer Ausnahmeerlaubnis für eine Veranstaltung an Sonn- und Feiertagen eröffnet der Behörde ein Ermessen. Maßstab ist der Sinngehalt des Art. 140 WRV. Daher kommt ist die Erteilung einer Ausnahmeerlaubnis nur in engen Grenzen zulässig[979].

---

[974]) Siehe 3. Abschnitt IV.2.c.cc).
[975]) Siehe 3. Abschnitt IV.3.d).
[976]) Siehe 3. Abschnitt V.2.
[977]) Siehe 3. Abschnitt V.3.
[978]) Siehe 3. Abschnitt V.4.
[979]) Siehe 3. Abschnitt V.5.

9. Das mit den Fragen des Gewerberechts und des Gewerbenebenrechts in bezug auf die landwirtschaftliche Direktvermarktung in engem Zusammenhang stehende Straßenrecht unterscheidet zwischen (erlaubnisfreiem und kostenlosem) Gemeingebrauch und (erlaubnisbedürftiger und gegebenenfalls mit Kosten verbundener) Sondernutzung sowie der sonstigen Benutzung. Daneben besteht der sogenannte Anliegergebrauch als nach herrschender Meinung eigenständiger vierter Nutzungsart.
Das Verhältnis von Straßenrecht und Straßenverkehrsrecht wird von dem "Vorbehalt des Straßenrechts" und dem "Vorrang des Straßenverkehrsrechts" bestimmt. "Vorbehalt" des Straßenrechts bedeutet, daß der Straßenbaulastträger durch die Widmung rechtlich verbindlich den Nutzungsrahmen festlegt, innerhalb dessen die straßenverkehrsrechtlichen Vorschriften zur Anwendung kommen. "Vorrang des Straßenverkehrsrechts" bedeutet, daß das Straßenverkehrsrecht in Ausschöpfung der Gesetzgebungskompetenz des Art. 74 Abs. 1 Nr. 22 GG Verkehrsrecht und Verkehrsregelungen im straßenrechtlichen Gewand oder auf straßenrechtlicher Grundlage verdrängt. Allerdings gibt es auch Ausnahmefälle, in denen Straßenrecht und Straßenverkehrsrecht nebeneinander zur Anwendung kommen. Das ist dann der Fall, wenn ein und derselbe Sachverhalt nach den Vorschriften beider Materien unter unterschiedlichen Gesichtspunkten beurteilt und mit Mitteln beider Materien auf ihn reagiert werden kann[980].
Da das Aufstellen von Verkaufseinrichtungen, wie z.B. Tischen, im öffentlichen Straßenraum keine Teilnahme am Verkehr darstellt, ist hier von einer erlaubnisbedürftigen und bei Vorliegen entsprechender Satzungen kostenpflichtigen Sondernutzung auszugehen. Dabei kommt es nicht darauf an, wo und wie die Verkaufseinrichtungen aufgestellt sind. Maßgebend ist, daß die Straße nicht vorwiegend zu Verkehrszwecken genutzt wird[981].
Eine Sondernutzung liegt auch dann vor, wenn Verkaufsstände auf Privatgrundstücken zur Straße hin aufgebaut werden und die Straße gleichsam als Verkaufsraum genutzt wird[982]. Dasselbe gilt nach der Rechtsprechung des hessischen VGH, wenn ein Direktvermarkter seinen Stand auf einem Privatgrundstück neben der Straße aufbaut und die Verkehrsteilnehmer auf der Straße parken, um bei ihm zu kaufen. Denn auch wird der Verkaufsraum auf die Straße ausgedehnt, da Parken zum Zwecke des Einkaufs und eigentlicher Einkauf als einheitlicher Lebensvorgang aufzufassen ist[983].
Bedient sich ein Direktvermarkter zum Absatz seiner Produkte eines Verkaufsfahrzeugs, so ist die Auslieferung bestellter Ware als Gemeingebrauch,

---

[980]) Siehe 4. Abschnitt I.
[981]) Siehe 4. Abschnitt II.
[982]) Siehe 4. Abschnitt II.1.b).
[983]) Siehe 4. Abschnitt II.1.c).

das regelmäßige Abfahren bestimmter Strecken unter kurzzeitigem Anhalten zu Verkaufszwecken hingegen als Sondernutzung anzusehen[984].
Beim Marktverkehr liegt eine Sondernutzung seitens des Veranstalters, nicht aber seitens der einzelnen Marktbeschicker und Marktbesucher vor. Nur dann, wenn der Beschicker den Verkaufsraum über den Marktplatz hinaus auf die Straße ausdehnt, liegt Sondernutzung vor[985].
Auch bei der Außenwerbung ist danach zu unterscheiden, ob die Nutzung des öffentlichen Straßenraums vorwiegend Verkehrszwecken dient oder nicht. Daher ist die Inanspruchnahme öffentlichen Verkehrsraums in bezug auf Reklame an Fahrzeugen nur dann Sondernutzung, wenn der Zweck, Reklame zu machen, bei der Nutzung der Straße im Vordergrund steht[986]. Da auch der Luftraum über öffentlichen Straßen Bestandteil der Straße ist und eine in diesen Luftraum hineinragende Reklameanlage keine Verkehrsteilnahme beinhaltet, ist diese erlaubnispflichtige Sondernutzung, wenn der Grundstückseigentümer hierauf nicht angewiesen ist und/oder die Anlage nicht gemeinverträglich ist. Bei Anlagen der Außenwerbung sind § 9 Abs. 1 Nr. 1 FStrG und die entsprechenden Vorschriften der Landesstraßengesetze sowie die Vorschriften der Landesbauordnungen zu beachten[987]. Zumindest bei einer kommerziellen Lautsprecherwerbung aus Fahrzeugen ist von einer erlaubnispflichtigen Sondernutzung auszugehen. Nach § 33 Abs. 1 Satz 1 Nr. 1 StVO in Verbindung mit den dazu ergangenen Verwaltungsvorschriften ist der Betrieb von Lautsprechern aus Fahrzeugen grundsätzlich verboten. Erlaubt sind von Hand betriebene Handschellen und Handklingeln. Elektrische Klingeln sind dagegen unzulässig, auch wenn sie in der Praxis häufig geduldet werden[988].
Die Erteilung einer Sondernutzungserlaubnis steht im Ermessen der Behörde, so daß nur ein Anspruch auf ermessensfehlerfreie Ermessensausübung besteht. Als Ablehnungsgrund kann nicht jeder sachliche Grund herangezogen werden. Es muß sich - sofern nicht eine besondere gesetzliche Regelung besteht - um straßenspezifische Gesichtspunkte handeln. Diese beschränken sich nicht auf solche der Straßenbaulast und Verkehrsbelange (Auswirkungen auf den Gemeingebrauch und die Sicherheit und Leichtigkeit des Verkehrs), erfaßt sind z.B. auch Interessen der Straßenanlieger und Gesichtspunkte des Schutzes und der Pflege des Stadtbilds [989].
Bei illegaler Sondernutzung bestehen für die meisten Bundesländer spezielle Ermächtigungsgrundlagen, in den übrigen ist Ermächtigungsgrundlage die polizeiliche Generalklausel. Ein Einschreiten steht zwar im pflichtgemäßen

---

[984]) Siehe 4. Abschnitt II.2.
[985]) Siehe 4. Abschnitt II.3.
[986]) Siehe 4. Abschnitt III.
[987]) Siehe 4. Abschnitt III.1.a.bb).
[988]) Siehe 4. Abschnitt III.2.b).
[989]) Siehe 4. Abschnitt IV.

Ermessen der zuständigen Behörde. Bei einer nur formellen Illegalität der Sondernutzung ist aber von einer Ermessensreduzierung auf Null dahingehend auszugehen, daß ein Einschreiten ermessensfehlerhaft wäre[990].

[990]) Siehe 4. Abschnitt V.

II. Ausblick

Die Arbeit kommt auch zu dem Ergebnis, daß das Gewerberecht und das Gewerbenebenrecht teilweise reformbedürftig sind.
So wäre es an der Zeit, § 6 Satz 2 GewO dahingehend zu ändern, daß Viehzucht nur insoweit von dem Geltungsbereich der Gewerbeordnung ausgenommen ist, als sie auf überwiegend eigener Futtergrundlage betrieben wird. Dies würde zu einem Landwirtschaftsbegriff führen, der im Einklang mit § 201 BauGB[991] und den Zielsetzungen von § 2 Abs. 2 Nr. 10 ROG[992] stünde. Nach § 2 Abs. 2 Nr. 10 Satz 1 ROG "sind die Voraussetzungen dafür zu schaffen oder zu sichern, daß die Landwirtschaft als bäuerlich strukturierter, leistungsfähiger Wirtschaftszweig sich dem Wettbewerb entsprechend entwickeln kann und gemeinsam mit einer leistungsfähigen, nachhaltigen Forstwirtschaft dazu beiträgt, die natürlichen Lebensgrundlagen zu schützen sowie Natur und Landschaft zu pflegen und zu gestalten".
Einer Änderung bedürfte auch die Regelung über den Betrieb von Straußwirtschaften. Nicht erforderlich erscheint eine Wiedereinfügung der Vorschriften des bisherigen Gaststättengesetzes, wie sie bereits in den achtziger Jahren einmal diskutiert wurde.[993] Jedoch sollten die §§ 14 und 26 GastG zu einer einheitlichen Vorschrift verschmolzen werden[994], dabei aber inhaltlich dahingehend abgewandelt werden, daß in Straußwirtschaften alle eigenen Erzeugnisse, also außer Wein auch z.B. Hefebrand, verabreicht werden darf. Denn in der Praxis zumindest von Rheinland-Pfalz und Hessen wird es schon jetzt - zu Recht - geduldet, daß ein Winzer in seiner Straußwirtschaft seine ganze Produktpalette anbietet. Dem Vernehmen nach gehen zahlreiche Winzer sogar davon aus, daß sie dies im Einklang mit der Rechtsordnung tun. Es auch kein überzeugender Grund für eine Beschränkung auf Wein ersichtlich. Auch Sinn und Zweck von § 14 GastG - die Hebung der wirtschaftlich notleidenden Winzer durch eine Förderung des Absatzes - sprechen für eine Erweiterung der Ausschankerlaubnis auf eigene Erzeugnisse.

---

[991]) Siehe dazu BVerwG, Urt. v. 4.Juli 1980 - 4 C 101/77 - NJW 1981, S. 139 (140) m.w.N.
[992]) Verkündet als Art. 2 des Bau- und Raumordnungsgesetzes 1998 (BauROG) vom 18.Aug. 1997 (BGBl. I S. 2081).
[993]) Vgl. dazu: *Lippstreu*, GewArch. 1993, S. 445, (446) m.w.N.
[994]) *V. Ebner*, WiVerw 1987, S. 69 (82 und 92).

Anhang: VGH Baden-Württemberg, Urteil vom 18.Mai 1988 - 3 S 1085/88 -[995]

Der Kläger, der einen landwirtschaftlichen Betrieb mit Ackerbau, Schweinehaltung und Weinbau betreibt, wendet sich gegen eine Nutzungsuntersagungsverfügung. Am 8. August 1984 erteilte ihm das Landratsamt Heilbronn eine Baugenehmigung für einen "Kelleranbau mit Probierstube". Dem schriftlichen Teil der Baugenehmigung ist im Anschluß an die Bedingungen und Auflagen der Hinweis beigefügt: "Es wird darauf hingewiesen, daß der Weinprobierkeller nicht als Gatstätte betrieben werden darf."
Der Kläger führt in dem ca. 60 qm großen und mit 56 Stühlen ausgestatteten Weinprobierraum in Abständen von 10 bis 14 Tagen regelmäßig Weinproben durch. Die Weinproben werden an Personengruppen von wenigstens 15 bis höchstens 55 Personen abgegeben. Eine Weinprobe umfaßt 6 bis 12 verschiedene Weine. Zu den Weinproben reicht der Kläger Bauernbrot und Käse. Der Weinausschank erfolgt in 1/10 l-Kelchgläsern. Pro Person verrechnet der Kläger für eine derartige Weinprobe zwischen 5,- und 7,- DM - je nach Umfang der Probe. Der Kläger wendet sich gegen eine Nutzungsuntersagungsverfügung des Landratsamtes, die damit begründet wurde, der Weinprobekeller werde als Gaststätte genutzt. Der Klage wurde stattgegeben.

Aus den Gründen:

Nach § 64 Satz 2 LBO Baden-Württemberg kann die Nutzung von Anlagen, die im Widerspruch zu öffentlich-rechtlichen Vorschriften genutzt werden, untersagt werden. Ein Widerspruch zu öffentlich-rechtlichen Vorschriften liegt hier nicht vor, denn die vom Kläger durchgeführte Nutzung seines Weinprobekellers ist durch die Baugenehmigung des Landratsamts Heilbronn vom 8.8.1984 gedeckt.
Nach dieser Baugenehmigung darf der umstrittene Raum zur Durchführung von Weinproben, nicht aber als Gaststätte genutzt werden. Genehmigt wurde damit die Nutzung eines durchaus in gaststättenähnlicher Art ausgebauten Raumes zur Abhaltung von Weinproben. Weinproben eines selbsterzeugenden und selbstvermarktenden Weinbauern dienen vorrangig der Präsentation der Erzeugnisse zur Förderung des Absatzes. Sie wollen den Verbrauchern das Genußmittel Wein durch eine Darstellung über An- und Ausbau dieses

---

[995]) Das Urteil wird an diese Arbeit angefügt, da in der Arbeit bei der Frage der Abgrenzung der Straußwirtschaft zum landwirtschaftlichen Nebenbetrieb mehrfach darauf Bezug genommen worden ist und es, soweit ersichtlich, bislang noch nicht veröffentlicht worden ist.

Naturprodukts näher bringen und Kaufanreize schaffen. Da der Wein je nach Anbaugebiet, Rebsorte und Ausbauart in individuell verschiedenen Geschmacksrichtungen angeboten wird, ist es üblich, daß sich der Kunde vor dem Kauf in einem Weingut selbst davon überzeugt, welcher Wein seinem Geschmack am besten entspricht. Dies geschieht durch das Abgeben verschiedener Weine in kleinen Probiergläsern, wobei die charakteristische Eigenart jeder Weinsorte erläuternd dargestellt wird. Zur Geschmacksneutralisation zwischen den einzelnen Weinen wird üblicherweise Brot gereicht, das aber auch die Bekömmlichkeit des Alkohols fördern soll. Die zusätzliche Abgabe kleiner Hartkäsewürfel zur Förderung der Bekömmlichkeit des Weins mag nicht bei allen Weinproben üblich sein, fällt aber andererseits auch nicht völlig aus dem Rahmen des üblichen Ablaufs einer Weinprobe. Insbesondere kann daraus nicht der Schluß gezogen werden, dadurch trete neben die Verkostung des Weines gleichwertig die Verabreichung von Speisen, wie sie für eine Gaststätte typisch sind.

Die Forderung eines Entgelts durch den Kläger zur Deckung seiner Unkosten, die im übrigen nicht nur aus dem Wert der abgegebenen Waren, sondern auch aus den Organisationskosten bestehen, steht der Annahme einer Weinprobe im Rahmen der Urproduktion eines Weinbauern nicht entgegen (vgl. Mörtel/Metzner, GastG, § 1 RdNr. 4). Vielmehr ist es durchaus üblich für Weinproben für einen größeren Personenkreis ein Entgelt zur Deckung der Unkosten zu verlangen.

An den Weinproben des Klägers nimmt auch nicht jeweils ein völlig unbestimmter Personenkreis teil, sondern der Kläger veranstaltet die Weinproben zur Erweiterung seines Kundenstammes in erster Linie für die Mitglieder von Vereinen. Dabei ist unbeachtlich, ob sich diese ausschließlich zur Weinprobe zum Kläger begeben, oder ob die Weinprobe im Rahmen eines auch andere Ziele ansteuernden Vereins- oder Betriebsausflugs stattfindet. Schon wegen der Erläuterungen ist es unmöglich, gleichzeitig mehreren Gruppen verschiedene Weinproben anzubieten, wie dies in einer Gaststätte möglich wäre. Daß bei Weinproben oft eine gelockerte Stimmung herrscht, verändert ihre Qualität nicht in Richtung auf eine reine Unterhaltungsveranstaltung.

Zusammengefaßt steht fest, daß der Kläger den als Weinprobekeller genehmigten Raum ausschließlich zur Durchführung solcher Veranstaltungen in unregelmäßigen Abständen nutzt. Die Weinproben stellen einen Teil der Vermarktungsstrategie des Klägers dar. Sie bleiben als Urproduktion Teil des Weinan- und ausbaubetriebs des Klägers. Die Schwelle zur Gaststätte oder zu einer gaststättenähnlichen Einrichtung wird dabei nicht überschritten. Weder die Zahl der Weinproben, noch die Art ihrer Durchführung, noch der angesprochene Personenkreis weisen auf eine Gaststättennutzung des als Weinprobekeller genehmigten Raumes hin. Die Förderung des Verkaufs von Flaschenwein als wirtschaftliches Ziel überwiegt die Möglichkeit, durch Weinproben nennenswerte Einkünfte zu erzielen. Ist die vom Kläger zwischen April 1985 und Oktober 1986 durchgeführte und in Zukunft beabsichtigte Nutzung des Weinprobekellers durch die Baugenehmigung des Landratsamts Heilbronn vom 8.8.1984 gedeckt, so fehlen die tatbestandlichen Voraussetzungen für eine Nutzungsuntersagungsverfügung.

Stichwortregister

Franz Trompedeller

Selbständigkeit in der Landwirtschaft

Eine empirisch-theoretische Untersuchung

Frankfurt/M., Berlin, Bern, Bruxelles, New York, Oxford, Wien, 2000.
VIII, 233 S., 2 Tab.
Europäische Hochschulschriften: Reihe 5, Volks- und Betriebswirtschaft. Bd. 2598
ISBN 3-631-36183-1 br. DM 79.–*

Zunehmende Marktmacht führt zu einem Rückgang an Selbständigkeit qualitativer und quantitativer Art. Die Arbeit untersucht die Orte der Entstehung und des Verzehres von Selbständigkeit sowie den Beitrag, den die Landwirtschaft zu einer Kultur der Selbständigkeit erbringen könnte. Gesellschafts- und Wirtschaftsform können nicht getrennt betrachtet werden. Um breitgestreute Selbständigkeit dauerhaft sichern zu können, wäre die Ökonomie nach dem Subsidiaritätsprinzip zu ordnen. Die Entwicklung zu immer größeren Einheiten – in der Landwirtschaft zu agrarindustriellen Unternehmen – wird als naturgesetzhaft und unvermeidlich gehalten. Viele neuzeitliche Denker halten jedoch eine Umorientierung für möglich und zum Schutze der Freiheit für unabdingbar.

Aus dem Inhalt: Verankerung der Selbständigkeit in Verfassung und Wirtschaftsordnung der Bundesrepublik Deutschland · Ursachen des Rückgangs der Selbständigkeit in der Landwirtschaft · Quellen der Selbständigkeit · Selbständigkeitsrückgang als Verlust für die Gesellschaft · Selbständigkeitsverlust: Schicksal oder Mangel an Entscheidungen?

Frankfurt/M · Berlin · Bern · Bruxelles · New York · Oxford · Wien
Auslieferung: Verlag Peter Lang AG
Jupiterstr. 15, CH-3000 Bern 15
Telefax (004131) 9402131

*inklusive Mehrwertsteuer
Preisänderungen vorbehalten

Homepage http://www.peterlang.de

MIX
Papier | Fördert
gute Waldnutzung
FSC® C083411

Kolibri 360 GmbH
Ferdinand-Jühlke-Straße 7
99095 Erfurt, Deutschland
produktsicherheit@kolibri360.de

Druck:
CPI Druckdienstleistungen GmbH
im Auftrag der
Kolibri 360 GmbH
Ferdinand-Jühlke-Str. 7
99095 Erfurt